本书是国家社科基金重点项目（项目号：16AYY004）的研究成果并得到"国家万人计划领军人才"的资助

浙江师范大学语言学书系

新型城镇化进程中的语言生态研究

LANGUAGE ECOLOGY IN THE PROCESS
OF NEW URBANIZATION

张先亮　王倩　等 著

中国社会科学出版社

图书在版编目(CIP)数据

新型城镇化进程中的语言生态研究/张先亮等著. —北京：中国社会科学出版社，2023.5

（浙江师范大学语言学书系）

ISBN 978-7-5227-1793-7

Ⅰ.①新… Ⅱ.①张… Ⅲ.①城市化进程—语言学—生态学—研究—中国 Ⅳ.①H0-05

中国国家版本馆 CIP 数据核字（2023）第 065027 号

出 版 人	赵剑英
责任编辑	郭晓鸿
特约编辑	杜若佳
责任校对	师敏革
责任印制	戴 宽

出　　版	中国社会科学出版社
社　　址	北京鼓楼西大街甲 158 号
邮　　编	100720
网　　址	http://www.csspw.cn
发 行 部	010-84083685
门 市 部	010-84029450
经　　销	新华书店及其他书店
印　　刷	北京明恒达印务有限公司
装　　订	廊坊市广阳区广增装订厂
版　　次	2023 年 5 月第 1 版
印　　次	2023 年 5 月第 1 次印刷
开　　本	710×1000　1/16
印　　张	25.25
插　　页	2
字　　数	379 千字
定　　价	136.00 元

凡购买中国社会科学出版社图书，如有质量问题请与本社营销中心联系调换

电话：010-84083683

版权所有　侵权必究

撰写者（按音序排列）

李翠媛　林敏杏　如亚楠　王　敏

王　倩　席俊杰　叶　静　张敏霞

张先亮　张　翔

目 录

前言 ·· （1）

第一章　新型城镇与语言生态 ······································ （1）
　第一节　新型城镇 ·· （2）
　第二节　语言生态的属性特征 ······································ （5）
　第三节　语言生态在新型城镇化进程中的地位和作用 ·················· （19）

第二章　新型城镇路街名语言生态比较研究 ·························· （29）
　第一节　新型城镇路街名与语言生态 ································ （31）
　第二节　新型城镇路街名语言内部生态系统 ·························· （36）
　第三节　新型城镇路街名语言外部生态环境 ·························· （56）
　第四节　新型城镇路街名的语言生态建设 ···························· （80）
　第五节　结语 ·· （99）

第三章　新型城镇商店名语言生态比较研究 ·························· （101）
　第一节　商店名对新型城镇生态的影响 ······························ （101）
　第二节　生态视角下新型城镇商店名的语言特征 ······················ （107）
　第三节　生态视角下新型城镇商店名的文化特征 ······················ （124）
　第四节　新型城镇商店名的语言生态状况及对策 ······················ （129）

第五节　结语 …………………………………………… (141)

第四章　新型城镇化中的方言生态位研究 ……………………… (142)
　　第一节　生态位理论与语言生态位 …………………………… (142)
　　第二节　生态位重叠与方言生态位优化 ……………………… (146)
　　第三节　生态位互补与普通话和方言的生态和谐 …………… (158)
　　第四节　生态位维护与方言的可持续发展 …………………… (161)
　　第五节　方言节目与语言生态建设 …………………………… (173)
　　第六节　多语言环境下的语言资源保护 ……………………… (185)

第五章　新型城镇化中政务新媒体语言生态位研究 …………… (197)
　　第一节　新型城镇化中的政务新媒体语言 …………………… (198)
　　第二节　新型城镇政务新媒体语言生态位适应 ……………… (221)
　　第三节　新型城镇政务新媒体语言生态位缺失 ……………… (232)
　　第四节　新型城镇政务新媒体语言生态位维护 ……………… (247)
　　第五节　结语 …………………………………………………… (259)

第六章　新型城镇化与市民语言能力 …………………………… (261)
　　第一节　新型城镇化与语言生活新问题 ……………………… (261)
　　第二节　语言能力的内涵及现状 ……………………………… (265)
　　第三节　新型城镇化与市民语言能力 ………………………… (269)
　　第四节　结语 …………………………………………………… (278)

第七章　新型城镇化中语言与贫困的生态研究 ………………… (280)
　　第一节　新型城镇化与贫困 …………………………………… (280)
　　第二节　语言生态系统下语言与贫困的关系 ………………… (288)
　　第三节　语言与贫困的作用特点及路径 ……………………… (299)
　　第四节　语言生态下的脱贫振兴之路 ………………………… (314)

第八章　新型城镇语言服务生态研究…………………………（323）
　　第一节　语言服务生态与新型城镇化………………………（326）
　　第二节　城镇语言服务的生态平衡…………………………（335）
　　第三节　结语…………………………………………………（350）

参考文献……………………………………………………………（353）

后记…………………………………………………………………（383）

前　言

本书研究新型城镇化进程中的语言生态问题，结合我国新型城镇化进程中多语多方言的独特现实阐释语言生态的理念，根据新型城镇化的差异分类选点调查语言生态情况，然后根据调查的结果，分析问题，探索并提出语言生态建设的相关策略和建议。经过五年多的努力，取得了较好成果——在《中国社会科学》《语言文字应用》《浙江社会科学》等杂志发表了15篇学术论文，其中4篇分别被《中国社会科学》（英文版）、《新华文摘》、《中国社会科学文摘》转载。

1. 理论基础、文献概述与研究空间

生态语言学研究各种语言（及其变体）与其发挥功能的社会环境之间的互动关系，是生态学、人类学、人口学、历史学、社会学、政治学等与语言学相结合而形成的新兴语言学分支，是在语言接触研究和语言相对性观念的传统基础上，在诸多世界语言加速消亡而语言工具性特征在语言规划中过度强化的现实背景下，人们由关注语言内部的结构转向关注语言和外部环境的互动关系，语言生态学应运而生。"语言生态"（language ecology）概念最早是美国斯坦福大学的豪根（Haugen）在20世纪70年代提出的，他主张从语言与外部环境的关系出发分析研究语言，语言与所在族群、社会、文化及地理环境相互依存、相互作用的生存发展状态，就好像自然界特定生物和非生物的生态。80年代，德国Bielefeld大学一批学者发展了生态语言学，使学科理论框架得以确立，从而也引起更多的学者关注，由此又进一步推动了生态语言学的发展，涌现了一批研究生态语言学的学者，如 Trim、Fill、Mühlhäusler、Mufwene、Fishman、Bang、Wendel、Voegelin、Tsuda、Philipson、Baker、Brenzinger，等等。研究主要集中于语言多样性、语言接触和语言衰亡、语言与人权、语言与政治、语言与宗教、语言与外语教学、语言的标准化、语言使用态度、语言帝国主义、语言殖民等方面。在 20 世纪 80 年代，李国正（1987，1991）就将生态学的理论和方法用于汉语研究，但直到最近 20 多年，我国学者才开始较多注意从生态语言学角度探讨语言的生态问题。从发表的相关论文来看，除了对西方语言生态学一般理论的介绍（范俊军，2005；冯广艺，2010；姜瑾，2009 等）外，目前我国生态语言学研究成果主要有以下几方面：汉语的生态问题（杨朝军，2009；何菁，2007；瞿继勇，2006 等）；汉语应用中的生态问题（高玲，2007；张力月、肖丹，2008；廖秋玲、黄远振，2008 等）；语言教学中的语言生态问题（沈映梅，2007、2008；王家和，2008；国文，2006；张彦文、刁洁，2009 等）；语言翻译中的语言生态问题（祖利军，2008 等）。特别值得一提的学者冯广艺，近来持续关注语言生态问题，发表了一系列的论文，为后续的相关研究提供了良好的理论基础和研究展望。

我国的语言生态研究还处于建设和尝试阶段，主要的不足有三个方面：（1）理论体系尚欠完善。正如冯广艺（2010）所指出的那样，"我国对语言生态学的研究还只停留在零散的、不成系统的层次上，对于语言生态学的核心问题还没有完全弄清楚，有的论述还很肤浅，真正从学科体系上对语言生态学进行系统的、深入的、全面的研究的论著还很少见到。有的单篇文章中，只是简单地套用语言生态学的相关理论来谈某些具体问题，给人生搬硬套的感觉"。（2）缺乏大规模的语言生态数据调查与分析，也特别缺乏区域性的、解剖麻雀式的语言生态个案研究，无论是研究数据还是研究方法，都亟须拓荒创新。（3）尚未见到有关新型城镇化进程中的语言生态方面的研究成果。

2. 现实状况、政策导向与研究诉求

我国目前正处于新型城镇化快速发展的阶段。新型城镇化建设是我国未来几十年重点关注的对象，成为继工业化之后推动经济社会发展的新引擎。新型城镇化是一项庞大的系统工程，也是一场深刻的经济和社会变革。城镇化的迅猛发展导致了诸多"城市病"。为了协调解决"城市病"问题、实现可持续发展目标，党的十八大提出了"五位一体"总体布局，首次将生态文明纳入社会主义现代化建设目标，这对于突破传统城镇化模式，协调人类社会与自然生态，发展新型城镇化具有重大的指导意义。党的十八大后，中央专门召开了新型城镇化建设工作会议，出台了《国家新型城镇化规划（2014—2020年）》。新型城镇化，就是坚持以人为本，以新型工业化为动力，以统筹兼顾为原则，推动城市现代化、城市集群化、城市生态化、农村城镇化，全面提升城镇化质量和水平，走科学发展、集约高效、功能完善、环境友好、社会和谐、个性鲜明、城乡一体、大中小城市和小城镇协调发展的城镇化建设路子。

我国高速的城镇化过程中，来源多样的人员大量聚集，社会关系复杂化，信息传播媒介多样化，带来很多语言方面的问题。语言关系正在发生复杂深刻的变化，新媒体语言应用活跃、频繁、高效和多变，逐步影响现实空间的语言使用；当今社会语言生活日益丰富，语言需求日益多元，语言热点日益增多，语言引发的社会问题日益频繁和复杂多变，人民群众的语言观念发生深刻变化；尽管语言文字资源丰富，但也存在着或显或隐、或锐或缓的多种语言矛盾，有可能会导致语言冲突，进而演变成"社会问题"。近些年，中国的各项改革都进入"深水期"，语言矛盾易于由少增多、由隐转显、由缓变锐，许多社会矛盾也可能用语言矛盾的方式表现出来，因此中国也可能进入了语言矛盾容易激化，甚至容易形成语言冲突的时期。这些新的挑战都说明语言生态问题日趋凸显。

新型城镇化进程中的语言文字建设问题得到了各级政府的重视和科学规划。值此新型城镇化快速发展和语言文字事业面临新任务的时期，国家及时出台了《国家中长期语言文字事业改革和发展规划纲要（2012—2020年）》，把新时期的语言文字事业提高到了非常重要的地位，提出"围绕中心、服务大局，拓宽视野、改革创新，增强国家语言实力，提高国民语言能力，构建和谐语言生活，推进语言文字事业全面发展"的指导思想；提出"大力推广、规范使用、科学保护、和谐发展"的工作方向；

提出八项创新和保障措施。而从"语言生态"的角度来研究新型城镇化进程中的语言问题，是"创新理念思路"和"创新工作机制"的需要，而"科学保护、和谐发展"正是"语言生态"的应有之义。

3. 研究价值

（1）进一步拓展生态语言学的研究对象，完善其内涵体系。我国的这种语言生态现象，与国际学界基于语言接触、语言殖民、语言衰亡、语言教育为主体的生态语言研究有所不同，我国是个多语言多文字的国家，同时也是个多方言的国家，我国在推广普通话和规范汉字方面已经取得很大成效，在快速的城镇化进程中，少数民族语言、外语和汉语方言的实际使用情况和语言态度都发生了复杂多样的变化，语言与语言、汉语与外语、民族语言与普通话、普通话与方言、方言与方言、强势方言与弱势方言等之间的关系多层叠加，这为语言生态研究提供了新的对象和课题。

（2）从生态语言学角度研究和实践是构建和谐语言生活、促进社会生态文明建设的需要。生态语言学就是把语言看作生态系统不可分割的一部分，主张运用生态学的概念、理论与方法去研究语言，去对待和处理语言动态发展中的矛盾，揭示语言与环境的相互关系。要想使语言和谐、健康地发展，就必须关注、保护这个生态链的平衡，这样语言才能更好地发挥它应有的功能。没有和谐的语言生态就不可能有和谐的城镇生态、社会生态。所以，要建设新型城镇的生态文明离不开语言的生态文明建设，在新型城镇化生态文明的建设中，如何同步实现语言的生态文明已不仅仅是个人的生活小事，而是国家的战略大事。

（3）语言生态建设是解决当前新型城镇化进程中社会文化问题的重要途径。改革开放以来，我国的经济发生了翻天覆地的变化，但文化建设没有引起足够的重视。一切向"钱"看的观点通过各种语言渠道慢慢渗透到人们的头脑，"悠悠万事，唯钱为大"，"赚钱才（财）是硬道理"，不讲诚信、唯利是图、见利忘义、制假售假、坑人害民的事就不断出现。从语言入手，发扬优秀传统文化，弘扬主流文化，摒弃消极文化，是解决生态不文明的一个重要途径。

（4）为政府制定各类新型城镇的语言政策提供重要参考。本选题的研究围绕如何构建语言生态文明而展开，通过各类典型新型城镇的调查，获取翔实的材料，通过分析研究，提出相应对策，这对政府制定各类新型城镇的语言政策具有积极的现实意义。

4. 研究内容

本书的研究对象是新型城镇化进程中的语言生态问题，主要目标是通过厘清当前新型城镇化进程中不同城镇的语言生态状况，运用生态学原理，分析在新型城镇化进程中存在的各种非生态的语言现象，并研究影响语言功能的各种因素，考察语言（方言）生存与发展的生态环境，揭示语言生态的地位和作用，特别是在新型城镇化生态文明建设中的重要功能，以及与新型城镇生态文明的密切关系等。

本书共八章，分四块，形成"一总三分"的架构。

"一总"是总的理论，主要集中在第一章。比较系统地探讨了新型城镇与语言生态的相关理论问题，如新型城镇的性质、内涵、语言生态的属性特征、新型城镇与语言生态的关系、语言认同、语言生态在新型城镇化建设中的地位和作用等，为后续研究做好铺垫。该章关于"试论语言生态的属性特征"内容发表于《语言文字应用》杂志上，并被《中国社会科学文摘》转载。关于"语言生态在新型城镇化进程中的地位和作用"的内容也发表在《语言文字应用》杂志上。

城镇化是人类发展的一个重要的模式，但城镇化的快速发展也带来不少问题，因此，国家提出新型城镇化概念，新型城镇化的"新"字就是要由过去片面注重追求城镇规模扩大、空间扩张，改变为以提升城镇的文化、公共服务等内涵为中心，真正使城镇成为具有较高品质的适宜人居之所，如果用一个词来概括就是"生态"，也就是说凡是"生态的城镇"就是"新型的城镇"，就是符合新型城镇化的理念。

"生态"是当前的一个热词，受到人们普遍追捧，因为任何行业、任何领域都有生态与非生态的问题，随着建设生态文明社会的不断推进，人们的生态意识越来越强。在新型城镇化进程中，如何做到城镇的生态，是政府和社会首先要考虑的、迫切需要解决的问题，而语言生态又是这一生态系统中非常重要的方面，自然会引起人们特别是语言工作者的关注。

城镇生态与语言生态既是两个相对独立，又是相互依存、相互作用，存在着紧密联系的体系，我们重点讨论了语言生态的属性特征以及它在新型城镇生态中的地位和作用。

生态语言学的研究虽取得了不少成果，但毕竟研究时间不长，对一些基本的、核心的问题尚缺乏科学统一的认识，即使有些普遍认同的也仍有待商榷，无论在广度还是深度上都有很大的探究空间，比如语言生态的性质、特点、功能、定位等问题。

作为生态语言学的核心概念，"语言生态"一般都是类比自然生态学中的"生态"，如何跳出这种惯性思维，揭示语言生态的属性特征，是科学认识语言生态，构建生态语言学的前提。我们从三个方面论述了语言生态与自然生态存在本质差异，第一次揭示了语言生态的属性特征：语言生态是以适应社会发展、平衡社会生活、构筑和谐关系为标准。

在生态文明建设过程中，语言生态越来越彰显出其独有的功能。首先，语言生态是生态文明的重要组成部分。生态文明是一个庞大的系统，它由无数子系统组成，它们都是构成生态文明的不可或缺的一部分，且语言生态环境又是一个重要的支撑点。其次，语言生态问题是影响社会生态文明的重要因素，它直接或间接地影响着整个社会的生态，影响着生态文明建设。比如语言认同、方言、民族语言、外观语言、语言资源、语言污染等，无不影响着社会生态，所以要建设生态文明离不开语言的生态文明，没有和谐的语言生态就不可能有和谐的社会，语言生态对于社会生态文明建设，对于社会现代化发展的意义是不言而喻的。再次，语言生态是解决社会中某些生态不文明的有效途径。比如目前社会上出现的一些问题，像道德建设、食品安全等方面的问题，表面看是社会生态问题，但实质上与语言生态息息相关。因此，在生态文明的建设中，如何同步实现语言的生态文明已不仅仅是个人的生活小事，而是国家的战略大事。

"三分"是指三个板块。

第一个板块是新型城镇化进程中景观语言生态的调查与研究。由第二、第三章组成，分别选取以浙江省杭州、金华、义乌、横店为代表的"四类城镇"，运用生态语言学理论考察路街名和商店名的语言生态现状，比较它们的相似性与差异性，归纳出非生态的类型，分析其产生的原因并提出对策，希冀有助于新型城镇化进程中的语言生态建设。

路街名是新型城镇重要的外观语言，是新型城镇的组成部分，影响新型城镇化的语言生态。我们以"语言生态学"理论为指导，结合杭州、金华、义乌、横店等四类城镇路街名实例，对浙江城镇路街名的内外生态系统进行考察，并提出相应的对策，以促进新型城镇化语言生态的建设。

从语言内部生态系统来看，不同城镇路街名的内在相似性较为明显。语音上以三音节和四音节为主，结构上以"专名＋通名"为主，派生结构运用较为普遍，词义指称明确、层次分明、特征鲜明。

从语言外部生态环境来看，不同城镇路街名的外在差异性较为明显。不同的自然因子、历史因子和产业因子造就出城镇多样化的路街名，其中杭州路街名展现"南宋皇城""西子湖韵""网商硅谷"的城镇金名片，金华突出"历史名城""金婺双龙"的城镇特色，义乌路街名有意识体现"小商品市场"中诚信务实的精神内涵，横店则将"影视文化"贯穿其中。

从语言生态文明建设来看，城镇路街名在规范化、信息化、公众参与度及基础设施建设等方面取得了不错的成绩，符合语言生态的要求；在规章制度制定，命名重复性、对称性、严谨性、文化性，消失和更新速度等方面存在一些问题，不符合语言生态要求。最后，在充分考虑对良好语言生态构建的指导性作用下，对不符合语言生态要求的路街名提出相应对策：政府相关部门应该引起重视，在加强语言政策制定的基础上，维持语言内部生态系统和谐，保持语言外部生态环境稳定，积极发挥人群系统作用等。

商店名也是新型城镇的外观语言，是新型城镇的组成部分，同样也会影响新型城镇的建设。我们以浙江省杭州、金华、义乌、横店四类城镇商店名为研究对象，运用生态语言学理论考察它们的语言生态现状，分析比较它们的相似性与差异性，并对非生态的商店名提出改进的对策，不断完善新型城镇化进程中的语言生态。

在生态环境系统中，不同的因子对语言的影响是不同的。对商店名而言，功利心理促使人们尽可能地使用最精练的形式达到最佳的信息传达目的，因此商店名在音节数量上主要以三、四、五、六音节为主，过短或过长都不利于信息的传递和消费者的识记。而羡美心理又决定商店名在语言使用上要具备一定的审美价值，因此店铺多采取双声叠韵和平仄相间的命名方式。历史的发展更迭促使商店名在词汇选择上紧跟时代步伐，不同行业的商店名词汇各具特色。人们审美需求的不断提高促使商店名在担负指引标识功能的同时，更表现出审美功能，语符元素的多种搭配方式使商店名成为塑造城镇面貌中最活跃的成分。历史特色为店铺的命名提供了文化支撑，商店名依托城镇独有的文化传统，从中汲取营养，使不同城镇的商店名表现出明显的文化差异。

不容乐观的是，一些商店名还存在书写不规范、洋化、雷同化、一味推崇金钱的不良价值取向等非生态问题，影响了城镇的语言生态和谐，不利于新型城镇的生态文明建设。相关部门必须对此加以重视，并从商店名的外文使用、视觉审美、人文关怀、翻译美感等方面进行管理，使商店名在新型城镇的生态文明建设中发挥其应有的价值和作用。

第二个板块是新型城镇化进程中语言"新问题"的调查与研究。由第四、第五章组成。新型城镇化是我国历史上从未有过的一场深刻变革，涉及很多新问题，本书选其中两个为代表：一是方言的生态问题；二是政务新媒体语言的生态问题。

中华人民共和国成立以后，我们一直强调推广普通话，而对方言的使用，尤其是普通话与方言的生态问题缺乏必要的重视，以至于在某些地方出现了比较极端的事件，甚至影响到社会的生态。新型城镇化的建设就是要构建和谐的社会，要解决普通话与方言的生态问题。

我国的语言生态虽然丰富多彩，却隐含着一些非生态因素。就方言生态来说，方言的衰落趋势、方言与普通话的冲突、方言之间的强弱分化等问题越来越受到社会各界关注。方言生态问题日益严重，而人们对待方言问题却始终没有一致的态度。随着新型城镇化战略的提出，将生态发展提到了新的高度。语言的生态既是社会生态的外在表现，也是社会生态发展的基石。方言问题如果长期得不到解决，就有可能威胁到语言生态的构建，甚至影响到社会生态文明的大局。

方言之所以成为难题，关键在于人们的方言观念还很传统。随着语言生态学的兴起，用生态的眼光重新审视语言，为我们研究方言提供了崭新的视角。一切语言包括方言都不是自给自足的系统，它们都需要在各自的语言生态系统中占有一定的空间位置、获取一定的生存资源并发挥一定的功能作用，而生态位就是一种语言或方言所有生存条件和价值的总和。我们将生态学研究热点生态位理论与方言研究结合起来，提出方言的语言生态位概念，并以杭州方言为例，从生态文明的视角来探讨方言生态位的相关问题。其中关于"方言节目与语言生态建设"的内容发表在《浙江社会科学》杂志上。

政务新媒体语言的生态问题也是新型城镇化中遇到的新问题。政务新媒体的兴起与新型城镇化的提出几乎同步，新型城镇如何适应政务新媒体，而政务新媒体又如何更好地服务新型城镇是摆在我们面前的新问题，需要好好研究，促进双方和谐发展。第五章重点以上海的政务新媒体"两微"使用情况为例，探讨了新媒体的语言生态问题。

随着移动互联网的普及和网络信息时代的到来，政务语言的载体包括政务传统媒体和政务新媒体。"政务新媒体"指政务主体以数字化、互联网和移动通信等技术为基础，处理政治事务、回应社会关切、服务民生需求的新媒体类别，主要是政务微博、政务微信和政务移动客户端（即"两微一端"），也包括政府门户网站和新媒体＋政府新闻发布（王建华，2019）。

政务新媒体语言是一座城镇的名片，是新型城镇化建设的重要组成部分。政务新媒体具有多样性、互动性和及时性等特点，其语言具有新颖性、亲民性和多模态等特点。语言生态位为政务新媒体提供时空、资源和功能三个维度，同时，三个维度的规则也制约着政务新媒体语言，政务新媒体语言为适应语言生态位,就要不断突破时空限制、丰富语言资源和提升语言功能。

政务新媒体语言生态位随着不同因子的变化而变化,当不能适应语言生态位时,就会造成政务新媒体语言生态位的缺失:表现在时空维度上的不协调,缺乏及时性和全面性;资源维度的不匹配,主要是语言文字使用不当和人群系统不主动;功能维度的不完善,体现在人际交流、传递信息等功能上。

政务新媒体语言生态位是影响新型城镇生态文明的重要因素,必须引起足够重视。要从政府、社会、专家学者、公民四个角度出发,进一步完善法律法规与相关政策,加强政务新媒体语言规范,积极发挥人的能动作用,维护功能维度的完整性,促使政务新媒体语言可持续发展,维护政务新媒体语言生态位,有效推进新型城镇化建设。

第三个板块是新型城镇化进程中语言"新要求"的调查与研究。由第六章、第七章、第八章组成。新型城镇化进程中必然会遇到许多新问题,就需要有新方法去解决,同时也会有新要求,以适应新型城镇化的建设。在这一板块,我们主要探讨了三个问题:一是新型城镇化对市民语言能力的新要求;二是新型城镇化对"语言扶贫"的新要求;三是新型城镇化对"语言服务"的新要求。

新型城镇化是当前我国的一项重大的国家战略,也是社会发展的必然。"新型城镇化"与"市民语言能力"的关系非常密切。新型城镇化为市民语言能力的发展提供了广阔的舞台,而市民的语言能力又是新型城镇化的基础和动力,在其建设中起着至关重要的作用,可以毫不夸张地说,没有与之相适应的市民语言能力,就不可能有真正意义上的新型城镇化,前者语言能力的强弱直接影响着后者的发展水平。因此,从语言能力入手,是解决新型城镇化过程中一些棘手问题的有效手段,而新型城镇化也为市民语言能力的提高提供了可能。我们基于语言生态的视角,对市民语言能力的构成、现状等进行了分析,并提出了相应的对策建议。该内容发表在《中国社会科学》杂志上,并被《中国社会科学》(英文版)转载。

新型城镇化也面临着新的共同富裕的问题，我们从生态观的角度探讨了新型城镇化与贫困的关系，语言与贫困的关系，语言与贫困的作用特点及路径，语言与扶贫的和谐构建等问题。

贫困作为全球"三P"（pollution 污染、population 人口、poverty 贫困）问题之一，是人类发展进程中不可忽视的重大问题。贫困问题是新型城镇化的重要原因也是可能结果，虽然绝对已消除，但相对贫困仍将贯穿新型城镇化的全过程，新型城镇化建设与贫困治理是一个问题的两面。

语言与贫困涉及因素众多，需要我们正确看待两者的关系。从语言生态视角来看，语言与贫困的关系更多地存在于语言外生态系统中，并非具有直接的决定性关系。贫困作为社会经济的相关因素与语言相交于语言生态的自为环境系统、相关于自在环境系统，通过人群结构环境系统、社会结构环境系统、文化结构环境系统和自然结构环境系统相互作用。其中人群系统是语言与贫困相互关联的中介系统，自在环境系统的自然结构、社会结构和文化结构为语言与贫困的交互影响提供了更为广阔的联系场所。

语言生态系统强调重视语言系统和外部环境系统的相关性，从语言生态视角来看，语言和贫困主要是通过物质、能量和信息的交换相互影响、相互作用。各相关因子作用的联动和叠加，使语言生态与贫困的运动呈现双向性、层次性和隐蔽性的特点。

消除贫困是新型城镇化建设的一个重要目标，国家及时施行了"推普脱贫攻坚计划"，语言在扶贫脱贫中的作用得到了越来越多的重视。语言与扶贫之路的发展要想实现良性循环，需要促进语言和贫困共存的生态系统间物质、能量和信息交换的畅通。这要求我们对待语言和贫困问题不能简单化，要为语言扶贫搭接好所存在的时空支撑，使发展因地制宜、与时俱进，在衔接工作机遇的同时，使语言扶贫政策与人群系统相适应。

随着全球化的发展和科技的进步，语言服务的地位和重要性日益凸显。从语言生态学视角出发，我们可以发现，语言服务生态系统是一个不断与外界进行物质、能量、信息交换的开放系统。语言服务生态的平衡机制与其系统的开放性、层次性、多元性和时代性特点密不可分，这些特点使语言服务系统能在一定的时空范围内，通过供需上的输入和输出平衡，实现其整体的相对稳定性。全球化和科学技术的发展又使系统的内外对接出现了不同程度的不对称，而出现一些干扰语言服务生态的因素主要体现在物质、能量和信息性的不对等上。语言服务生态系统与环境的互动互适、协同进化可以通过正确发挥人的主观能动作用助推内外系统间物质能量信息的对称交流。从资源、功能和空间三个方面维护语言服务的生态位，通过完善语言服务生态系统的结构与功能，使其生态达到和谐平衡。有关"语言服务在新型城镇化中的地位与作用"的内容曾发表在《浙江师范大学学报》上，并被《新华文摘》转摘。

第一章　新型城镇与语言生态

城镇化是人类发展的一个重要模式,但城镇化的快速发展也带来了不少问题,诸如"人口膨胀""环境恶化""交通拥堵""生活质量下降"等诸多城镇生态问题。为解决这些问题,党的十八大明确提出了新型城镇化的目标任务,中央还专门召开了新型城镇化建设工作会议,出台了一系列政策措施。国家主席习近平多次对深入推进新型城镇化建设作出重要指示,强调新型城镇化建设"要坚持以创新、协调、绿色、开放、共享的发展理念为引领,以人的城镇化为核心,更加注重提高户籍人口城镇化率,更加注重城乡基本公共服务均等化,更加注重环境宜居和历史文脉传承,更加注重提升人民群众获得感和幸福感。要遵循科学规律,加强顶层设计,统筹推进相关配套改革,鼓励各地因地制宜、突出特色、大胆创新,积极引导社会资本参与,促进中国特色新型城镇化持续健康发展"。[①] 李克强总理在 2019 年国务院《政府工作报告》中提出,要促进区域协调发展,提高新型城镇化质量。国家发改委也发布了《2019 年新型城镇化建设重点任务》。2020 年 5 月 22 日,李克强总理在 2020 年国务院《政府工作报告》中又提出,加强新型城镇化建设,大力提升县城公共设施和服务能力。城镇化是我国发展的引擎,新型城镇化是我们发展的价值追求,近几年的政府工作报告几乎都会提"新型城

[①] 《坚持以创新、协调、绿色、开放、共享的发展理念为引领　促进中国特色新型城镇化持续健康发展》,《人民日报》2016 年 2 月 24 日第 1 版。

镇化",说明这个带有价值取向的发展战略将是过去一段时间也是未来一段时间的重点工作。

在党和政府的高度重视下,新型城镇化一直在稳步有序的发展。随着对新型城镇化内涵认识的加深,一个热词——"生态"——受到人们的普遍追捧,因为任何行业、任何领域都有生态与非生态的问题,随着建设生态文明社会的不断推进,人们的生态意识越来越强。无论是自然生态、社会生态还是价值生态,人们都希望新型的城镇是和谐的、友好的,是传统与现代交融的,是可持续发展的,或者说,整体上是"生态的"。在新型城镇化进程中,如何做到城镇的生态,是政府和社会首先要考虑、迫切需要解决的问题,而语言生态又是这一生态系统中非常重要的方面,自然会引起人们特别是语言学工作者的关注。

城镇生态与语言生态既是两个相对独立,又是相互依存、相互作用,存在着紧密联系的体系,本章重点讨论语言生态的属性特征以及它在新型城镇生态中的地位和作用。

第一节 新型城镇

城镇化是人类社会的必然,是社会发展到一定阶段的产物,是人们为了进行政治、经济与文化活动而集聚的结果,是人类重要的居住环境。良好的城镇生态是人类生存繁衍和社会经济发展的基础,是社会文明发达的标志,是实现城镇可持续发展的必要条件。城镇的生态环境质量直接影响着城镇的可持续发展、经济的可持续发展和社会进步及现代化建设。因而,城镇的生态环境建设在维护整个生态平衡中具有特殊的地位和作用。保护城镇生态环境,实现城镇的可持续发展,使子孙后代能够有一个永续利用和安居乐业的生态环境,已成为时代的紧迫要求和人民的强烈愿望(鲁敏、李英杰、李萍,2002)。

城镇生态理念并不是现代人的专利,自有城镇以来,人们对城镇就具有了朴素的生态理念。比如古希腊柏拉图的《理想国》,16 世纪美国政治家托马斯·莫尔（Thomas More）的《乌托邦》，19世纪末英国人欧文（R. Owen）的《过分拥挤的祸患》以及1898年英国学者霍华德（E. Howard）的《明日的田园城市》等著作，都反映了当时人们对保护城镇自然生态环境的渴望和研究，都蕴含着朴素的城镇生态学哲理。

在中国，我们的祖先虽无有关城镇生态的论著，但不等于说没有城镇生态的理念，依山傍水建造城镇，建房要讲究风水等理念，就含有生态思想。风水，本为相地之术，即临场校察地理的方法，也叫地相，古称堪舆术。"堪"是天道、高处，"舆"是地道、低处。"堪舆"是指研究天道、地道之间，特别是地形高下之间的学问。它是以古代有机论自然观为基础，把古代天文、气候、大地、水文、生态环境等内容引进城镇及村落选址，还有宫殿建设的艺术之中。

风水的核心思想是人与大自然的和谐，早期的风水主要关乎宫殿、住宅、村落、墓地的选址、朝向、建设等方法及原则，原意是选择合适地方的一门学问。通俗地讲，风水好的地方，居于此处，象征人事兴旺，盼望后代富贵、显达。严格地讲，即是符合风水中"富"和"贵"原则和标准（即所谓"好风水"）的地理位置或环境。

由此可知，讲究风水就是审慎周密地考察、了解自然环境，顺应自然，有节制地利用与改造自然，创造良好的居住与生存环境，赢得最佳的天时地利与人和，达到天人合一的至善境界，这种生态理念很值得今天的城镇建设者借鉴。

当然，真正运用生态学的原理和方法对城镇环境问题进行深入研究的，还是从20世纪开始。20世纪初，国外一批科学家将自然生态学中的某些基本原理运用于城镇问题的研究，最著名的要数英国生物学家盖迪斯（Patrick Geddes），他从一般生态学进入人类生态学的研究，即研究人与城镇环境的关系，他在1904年所写的《城市开发》和《进化中的城市》中，把生态学的原理和方法应用于城市研究，将卫生、环境、住宅、市政工程、城镇规划等结合起来研究，开创了城镇与人类生态学的新纪元（鲁敏、李英杰、李萍，2002）。

科学研究总是与问题紧密地联系在一起，正是由于20世纪西方工业化、城镇化快速发展，给城镇带来了诸多生态问题，才引起了国际社会的普遍关注，进而推动城镇环境与生态问题科学研究的发展。1970年联合国教科文组织第十六届大会上提出开展"人与生物圈"国际科学合作长期研究计划，并于次年启动，该计划非常重要的一项内容就是城镇生态问题。为了与国际社会合作，共同努力解决这一普遍性的难题，在此次会议上，我国加入了"人与生物圈"计划，并于1978年成立了国家委员会，开启了中国生态学等学科领域学者与国际同行的学术接触。90年代前，我国学者主要是对国外城镇生态问题研究成果的介绍，如1984年，联合国教科文组织（UNESCO）的综合性刊物《国际社会科学》（中文版）在中国创刊，当年第4期专门刊发了由联合国教科文组织生态科学司组织的系列文章，系统介绍了1972年"人与生物圈计划"启动以来国际生态与环境领域的研究进展，生态城镇构想是该计划中关于城镇生态与环境问题研究的重要成果（蒋艳灵、刘春腊、周长青、陈明星，2015）。

在国内，涉及城镇生态理论研究的论著很少，究其原因与我国城镇化水平不高有直接关系。近代以来，战争不断，生产力水平和城镇化水平都很低，中华人民共和国成立后也是百废待兴，加之长期"以阶级斗争为纲"，工业化和城镇化没有受到应有的重视。改革开放后，中国经济的高速增长带动了城镇的发展，尽管城镇化初期所带来的负面影响并不突出，但随着大量的农村人口快速向城镇集聚，有钱的到城镇买房，享受城镇优质的生活，没钱的就到城镇打工，努力成为城镇的一员，由此推动了城镇快速扩张，小镇变成小城市，小城市变成中城市，中城市变成了大城市，大城市变成了特大城市。而城镇化的快速扩张，带来的问题也越来越多、越来越严重，从而引起了政府和学界的普遍关注。尤其是最近20年，人们越来越清楚地认识到，要想做到城镇可持续发展，就必须关注城镇的生态问题，城镇的生态已显得越来越重要、越来越迫切。新型城镇化的概念就是在此背景下提出的，《国家新型城镇化规划（2014—2020年）》明确提出新型城镇化就是要"紧紧围绕全面提高城镇化质量，加快转变城镇化发展方式，以人的城镇化为核心，有序推进农业转移人口市民化；以城市群为主体形态，推动大中小城市和小城镇协调发展；以综合承载能力为支撑，提升城市可持续发展水平；以体制机制创新为保障，通过改革释放城镇化发展潜力，走以人为本、四化同步、优化布局、生态文明、文化传承的中国特色新型城镇化道路，促进经济转型升级和社会和谐进步，为全面建成小康社会、加快推进社会主义现代化、实现中华民族伟大复兴的中国梦奠定坚实基础"。

新型城镇化的"新"字就是要由过去片面追求城镇规模扩大、空间扩张，改变为以提升城镇的文化、公共服务等内涵为中心，真正使城镇成为具有较高品质的适宜人居之所。

党的十八大提出了社会主义现代化经济建设、政治建设、文化建设、社会建设和生态文明建设"五位一体"总体布局，首次将"生态文明"纳入社会主义现代化建设目标，这对突破传统城镇化模式，协调人类社会与自然生态，发展新型城镇化具有重大的现实意义，同样对于城镇生态建设也具有指导意义。学界对此的研究也是前所未有的重视，随着研究的不断深入，研究的领域也不断拓展，蒋艳灵等（2015）概括了中国城镇生态研究的热点领域主要有：城镇生态规划设计、城镇生态与可持续发展、城镇生态与生态环境、城镇生态指标体系、城镇生态的对策建议、城镇生态与循环经济、城镇生态与低碳、城镇生态与城镇发展、城镇生态与生态文明、城镇生态评价、城镇生态与生态系统、城镇生态与城镇化、城镇生态问题、城镇生态模式、城镇生态与人居环境、城镇生态与生态经济、城镇生态与生态足迹等。其中，城镇生态建设、城镇生态规划设计、城镇生态与可持续发展、城镇生态与生态环境等四个方面是研究热点领域中的重点。由此可见，城镇生态的研究已经涉及城镇的各个领域。我们有理由相信，在政府、学者、大众的共同努力下，具有中国特色的现代化城镇将会越来越生态。

第二节　语言生态的属性特征

"语言生态"一词最早产生于20世纪70年代豪根发表的一篇名为

《语言生态》的报告，文中借对"自然生态"的隐喻定义了"语言生态"，指出"语言生态是指特定语言与环境之间的相互作用关系"，生态语言学在此基础上诞生。之后近半个世纪的探索，生态语言学的研究取得了不少成果，但毕竟研究时间不长，对一些基本的、核心的问题尚缺乏科学统一的认识，即使有些普遍认同的也仍有待商榷，无论在广度还是深度上都有很大的探究空间，比如语言生态的性质、特点、功能、定位等问题。

作为生态语言学的核心概念，"语言生态"一般是类比自然生态学中的"生态"来理解，类似的情况还有"生态系统"与"语言生态系统（或生态语言系统）"、"生态环境"与"语言生态环境"、"生态运动"与"语言生态运动"等。并且，这种类比不只限于术语上的借鉴，还表现在将自然或生物生态学原理和方法应用于生态语言学中，从而产生了类似于自然生态学方面的一些理论观点，如生物生态学主张生物多样性，生态语言学主张语言多样性。这种隐喻形式的语言生态研究已经成为生态语言学的主流研究范式。①

因此，如何跳出这种惯性思维，揭示语言生态的属性特征，是科学认识语言生态，构建生态语言学的前提。

一 语言生态与自然生态存在本质差异

生态语言学是语言学和生态学的交叉学科。自然科学领域的生态学产生在前，语言学对生态学的借鉴在后，生态语言学自产生之日起便与生态学有了不解之缘。应该说，生态语言学与生态学存在一定程度的可类比性，因而这种研究模式有其价值和可行性；但是我们更应该看到，语言生态与自然生态存在着本质的差异，只有重视了这种实质性的差异，才能真正认识语言生态的性质，避免被表面化或片面化的理论推导

---

① 这一范式，被有的学者（韩军，2013）称为"豪根模式"，是一种语言生态的比喻观；另一大研究范式是"韩礼德模式"，强调语言对人类生存大环境的影响，被认为是语言生态思维的非比喻观。除了豪根模式中所涉及的语言多样性外，后者也将涉及语言多样性问题，并提出了有名的语言多样性影响生物多样性的观点。

所得出结论。

1. 自然生态强调自然性关联，语言生态强调社会性关联

传统意义上，生态学被认为是生物学的分支，它主要研究的是生物与周围环境的相互关系。人类出于对生存的好奇，从最初的"对世界上的生物进行简单的分类"，到后来"对生物体的运作方式以及它们之间、它们与环境之间关系的探讨"，[①] 使生态学一步步深入，研究内容也越来越丰富，产生了一系列的理论。其中，生物学家通过对大量生物现象的观察和研究，发现了生物与周围环境相联结的一个重要支撑来自"生态链法则"。

生态链法则，简单理解，就是我们常说的"食物链"，即生态系统中各种生物之间通过一系列的吃与被吃的捕食关系联系在一起，常见的如"草→兔子→狼""花草植物→昆虫→鸟→老鹰""泥土、浮游生物、藻类→虾→小鱼→大鱼→人"等。在这个庞大的关系网中，种类繁多的生物可以根据它的能量和在物质运动中所起的作用，划分为生产者、消费者和分解者。生产者主要指绿色植物；消费者有食草动物、食肉动物和杂食动物，按地位分为一级、二级、三级、四级和最高级消费者（人类），它们之间形成了不同级别的营养级；分解者主要是各种细菌和真菌，也包括某些原生动物及腐食性动物。生态学家认为，能量在各营养级中转化会产生降衰，而生物体之间正是基于能量流的传递摄取（营养关系）而形成的这种守恒关系。

由此可见，生物与生物之间、生物与环境之间正是通过这种食物链关系紧密联系在一起的，由一条条食物链形成一个庞大而复杂的食物网，它的最大特点就是一级一级环环相扣，呈现出如塔罗牌式的连锁反应。显然，人类的语言不是这样的。

语言生态同自然生态有着本质差别的关联状态，它是一种非食物链式的。如果把自然生态中各生物之间的关联称为自然性的关联，那么语言生态中各语言之间的关联则是社会性的，具体表现为：

---

① 美国不列颠百科全书公司编著：《不列颠图解科学丛书：生态学》，伍锋、徐锡华译，中国农业出版社2013年版，第4页。

首先,两者构成生态系统的因子不同。生态因子,是生态学的一个重要概念,也叫环境因子,是"指对生物个体或群体的生长、发育、生殖和分布等生命活动起直接或间接影响的各个环境因素"。自然生态因子包括非生物因子(光、温度、湿度等)和生物因子(指其他同种或异种有机体)。语言生态因子则包括"自然结构环境"(地理、气候、景观等因子)、"社会结构环境"(经济、民族、阶级、宗教、政治等因子)、"文化结构环境"(物质文化、思维、习俗等因子)、"自为环境"(意向、人格、性格、年龄、角色、情感、情境、心理等因子)(李国正,1991)。可以看出,语言生态因子除了"自然结构环境"与自然生态因子相同外,其他的因子都是自然生态所不具有的。这种生态因子的差异性,将直接影响两种生态系统内部的关系。

其次,生长规律不同。语言虽然也有产生、发展的过程,但与自然界有机体的产生、发展过程有着本质差异,最根本的一条就是语言的一切受到社会的制约,因为语言是由"人"来使用的,而"人"是处于"社会"中的。马克思在其社会理论中,通过"语言—人—社会"这一链条,清楚地阐述了语言的社会性,指出语言随社会的产生而产生,随社会的发展而发展(卫志强,2015)。处于以人文社会为主导环境中的语言生态的发展变化,会比处于主要依赖自然环境中的生物生态的变化更为复杂。语言在发展过程中的特点还表现在:语言不能几代同堂,只要产生了"子语","母语"就告结束;一种语言的"死、活"要看它是否为当代人所运用,"死"的语言还可以在文献中保留,有生必有死,这是生死的共同规律,但语言的老、死却只是一种可能,是否成为现实,取决于具体的社会条件。

再次,改变生态所带来的影响不同。在自然生态中,生物与生物之间存在非常紧密的依存关系,某一生物遭到破坏或消失,就会影响到另一生物。这有两种情况。一是"共生"关系,彼此互为"共生共死"的依存,失去一方,另一方也将不复存在。比如植物中的地衣、豆科植物与根瘤菌,天麻与密环菌等;动物中的牛、羊等反刍动物与瘤胃微生物,海洋生物群落中的小丑鱼和海葵等。二是"非共生"的依存关系。

比如蛇和老鼠，不存在一方消失另一方也消失的现象。

在自然生态中，无论是"共生"还是"非共生"关系，一般来说，只要一方遭到破坏，生态系统就会失去平衡，由此将带来严重的后果。比如 20 世纪 50 年代，我们曾将麻雀作为"四害"来消灭，其结果是出现了严重的虫灾，使农业生产遭到巨大的损失。其原因是麻雀吃害虫，消灭了麻雀，等于消灭了害虫的天敌。再比如蛇和老鼠，古人有"蛇吞老鼠 6 个月，老鼠吃蛇 6 个月"的说法，也就是说，一年当中，当蛇冬眠时，老鼠吃蛇，当蛇苏醒时，老鼠被蛇吃，这样维持两者平衡。然而，随着社会的发展、城镇化的推进，人类生存空间的扩大，蛇的生存空间越来越小，其数量锐减，其结果是老鼠的数量越来越多，鼠害增多。2016 年夏季我国频发的水患灾害，"安徽水患调查：大量新城镇破坏生态增大洪水风险"（王珊，2016）。这些案例告诉我们，人类要尊重自然生态的平衡，维护好生态链。

而语言生态则不同，一种语言的弱化甚至消失并不会直接危害另一种语言。虽然从语言接触层面来说，不同语言之间存在着一定的关系，如外来词语的引入、语言发音的借用、语法架构的借鉴等，但与自然生态中生物之间的那种存活与否的直接影响是不同的，没有"共生"的依存关系。从语言与文化的关系来看，尽管某语言的消亡会带来该语言所承载的某种文化的消失，但也不会危害到另一种语言的文化，与自然生态中的那种食物链式的自然性关联是不同的。人类有史以来各种语言的产生、发展或消亡，都证明了这一点。甚至在某一地域范围内，一种语言的消亡往往会增强另一语言的控制力和活力，不会带来诸如自然界中那种"蛇少了，老鼠增多了，鼠患来了"的后果。这是语言生态区别于自然生态的又一显著特征。

2. 自然生态主张生物多样性，而语言并非越多越好

生物学家主张生物多样性，这已经在生物学界形成了共识。生物多样性，简单的理解就是生物种类多种多样，生态学中定义为"生物界的多样化和变异性及物种生境的生态复杂性"，主要包括遗传基因的多样性、物种的多样性、生态系统的多样性、景观的多样性等，这里的多样

性具体标准包括"在一定面积中的物种数量（丰富度），以及全部物种的个体数目的分配情况（均匀度）"（杨持，2013），其中物种多样性是生物多样性的关键。这种观点直接影响到生态语言学，学者们类比生物学家的生态观，主张语言的多样性。比如有学者认为，生物多样化的环境能形成丰富多样的食物链，适合人类生存与进化；生态多样化造成了人类种群的多样化，从而直接促成了文化的多样性。语言是人类进化的产物，本源上也是生物多样化的结果。生物多样性和语言多样性是生命系统多样性的表现形态，是地球生态系统自我调节的结果。还有学者认为，人类丰富多样的知识只有依靠多种多样的语言才能充分反映；减少语言的多样性，就会缩小人类可以利用的知识库，从而削弱人类适应自然环境的能力。环境—知识—语言，是人类生命的基本链条，三者紧密相关。①"如果不保护和维持语言的多样性，就会给我们人类文化多样性和生物多样性带来灾难性的后果"（吴利琴，2007）。

这种类比很容易给人造成错觉，似乎语言与生物类似，多样性是各自生态的必备条件，而没有看到它们之间的差异，语言生态并不是以语种越多越好为前提的。

生物学家主张生物多样性的理论基础是：一个复杂的食物网在维持生态系统稳定方面至关重要，复杂的食物网要靠多样的生物来支撑。食物网越复杂，生态系统抵御外力干扰的能力就越强，反之越简单，生态系统就越容易波动甚至毁灭。比如在一个岛上如果只生活着草、兔子和狼，这时兔子一旦消失，狼就会饿死，如果除了兔子之外还有其他的食草动物（如牛、马或鹿等），那么兔子消失，对狼的影响也就不会那么大了。同理，如果狼先灭绝了，兔子的数量就会急剧增长，此时草就会遭到过度啃食，结果导致兔子和草的数量大大减少，甚至会双双消亡，如果除了狼还有其他食肉动物（如老虎、豹子或狮子等），那么狼的灭绝就不会那么容易造成生态系统的崩溃。人类从自然界中获得生存的必需品，生态系统的可持续发展是人赖以生存的基础，因此保护生物多样

---

① 转引自范俊军《生态语言学研究述评》，《外语教学与研究》2005年第2期。

性势在必行。可见，生物多样性是建立在对食物网复杂程度的考量上，而语言不是。

语言是一种特殊的社会现象，它的产生和发展与社会状况息息相关。自从有了人类，才有了语言，语言的发展也是紧随社会的步伐而变化。古代社会的朝代更替、战乱、人口迁移，现代社会的城镇化、经济一体化、互联网发展，都可能改变人类语言的面貌。既然语言种类的多少与社会发展状况相连，那么只要适应社会的发展，适应人们的需要即可。

事实上，无论从社会发展、文化传承、经济原则，还是人的语言能力来看，语言并非越多越好。

人类社会发展史表明，社会生产力和文明程度与语言数量不是成正比，而往往表现为社会生产力、文明程度越低，语种数量越多；社会生产力、文明程度越高，语种数量越少。其原因在于生产力水平低，人们交流范围有限，基本上过着老死不相往来的生活，逐步形成了各自的语言。社会的发展，城镇化的进程，打破了过去的生活模式，五湖四海的人聚集在一起，为了更加直接、直观地建立亲密的人际沟通关系，就需要有相对统一的语言进行交流，原先的小范围使用的语言必然会弱化甚至消失。美国学者乔纳森·普尔分析了130多个国家的发达程度和语言多样性的关系，得出"一个在语言方面极其繁杂的国家总是不发达的，而一个发达的国家总是具有高度统一的语言。语言的统一性是经济发展的必要非充分条件，而经济发展是语言统一性的充分非必要条件"的结论。[1] 试想，如果美国一直使用上千种印第安语言的话，能有今天的高度文明？

至于文化传承，一直是呼吁语言多样性的主要依据。语言的多样性，既有利于文化的多样性，传承和发展人类文明，也有利于民族团结、社会安定。不可否认，语言对文化的记载、传承起到了十分重要的作用，但我们也应该明确以下几点：文化的形成和传承，语言并不是唯一的手段；人类文化的共性大于差异性，共性的文化不受语言不同的影

---

[1] 转引自田鹏《语言政策与国家认同：原苏联民族政策的失误与思考》，《俄罗斯东欧中亚研究》2013年第1期。

响；文化是动态的，一来并非只有用过去的、老的、未改变的语言记录的才是文化，现在的、新的、发生变化的语言记录的就不是文化，二来即使是同一种语言的文化也不是一成不变的。因此我们允许语言乃至语种发生变化，其变化过程本身也是人类文化发展变化的体现。

从经济原则来看，语言自然是越少越好。法国语言学家马丁内指出"经济原则是支配人们言语活动的规律，它不仅仅是'节省力量消耗'的同义语，而是指在保证语言完成交际功能的前提下，人们自觉或不自觉地对言语活动中的力量的消耗作出合乎经济要求的安排……"（周绍珩，1980）。当人们的沟通交流需要通过多种语言进行转换来实现时，中间过渡的语言数量越多，耗损也就越大，不可否认这本身是对人类资源的一种浪费。

对个人而言，无论是内在的语言能力还是外在的语言能力，都是有限的（张先亮，2015）。有人通过测试也发现，从语言能力这一方面来说，一个人掌握了多种语言并不能简单地认为其语言能力素质就高（陈思、周兢，2014）。语言能力是一个受多种因素共同作用的指标。

当然，我们说语言并非越多越好，并不是一味反对语言多样性，而是希望对语言多样性的实质有更深刻的认识。适量的、符合人类社会发展需要的，才是生态语言学研究语言生态时应有的理念。

二 语言生态的两种再平衡机制

以上的论述说明，理解语言生态不应简单地类比自然生态，而应该抓住它的本质，找到语言生态建设和发展的关键，这个关键点就是"社会性"。语言生态应以适应社会发展、平衡社会生活、构筑和谐关系为标准。

1. 自然的语言消亡是语言生态的一种平衡

生态语言学家十分关注语言发展的生态趋势，尤其是濒危语言问题。联合国教科文组织（2003）《语言活力与语言濒危》报告数据显示：全世界6000多种语言中，约96%的语言的使用者只占人类总人口的3%左右，其中至少有半数语言，其使用人口正在减少；有学者估计到21

世纪末，在全世界的大部分地区，约 90% 的语言可能被强势语言取代。这说明语言的减少是必然的现象，是不以人的意志为转移的。

理论上，语言消亡的原因，可以分为自然的和非自然的两种。自然的语言消亡，相对于人力压迫而言，呈现出一种自然而然的"生老病死"的规律；非自然的语言消亡，即指类似于战争侵略、种族逼迫式的人为消灭。实际上，语言的消亡并不存在纯粹意义上的自然消亡，某种语言的消亡或多或少会受到外力环境因素的影响。只是有时这种外力冲突表现得较为强烈，有时表现得较为缓和、易于接受罢了。联合国教科文组织濒危语言问题特别专家组（2006）在一份报告中也指出："语言濒危既可能因外部力量所致，如军事、经济、宗教、文化和教育的逼迫等；也可能由内部因素引发，如语言族群对母语的消极态度。内部压力往往有其外部根源……"

强调自然的语言消亡，是为了区别于战争侵略、种族压迫式的语言消亡。虽然从社会层面来说，由于战争等原因而造成的语言消亡，也应该是社会关系（经济、政治、文化等）在语言方面调整再平衡的表现，但我们反对人为压迫式的语言消亡。而自然的语言消亡是必然的，也是必要的，是语言生态的一种再平衡。

语言消亡，是语言竞争的结果。如果社会停留在相对封闭的自给自足的农业社会，不同种族、地区之间的沟通不频繁，语言接触相对较少，那么语言竞争相对较弱，往往一代人甚至几代人始终用一种语言交流就能满足交际的需要，此时，只要不发生自然灾害、瘟疫一类导致当地居民灭绝的事情，该语言就不会消亡。而现代社会，经济全球化、世界一体化、信息化步伐不断加快，人与人、地区与地区之间的沟通日益频繁、紧密，语言接触增多，语言竞争加大。强势语言拥有更强的适应能力和竞争力，因此，对于原先掌握弱势语言的人，不得不消极甚至放弃已掌握的语言，转而主动学习强势语言，使用人数的减少使弱势语言加速走向消亡。虽然现代社会，这种趋势的速度和范围令我们感到担忧，但又不得不承认，这是社会的选择，也是个人的选择，它的背后隐藏着语言对社会发展的适应，是语言生态的再平衡，是对语言生态环境的再适应。

2. 语言增多也是语言生态的一种平衡

从社会角度看,世界上的语言数量减少是语言发展的必然趋势,但就个人而言,使用掌握语言的数量普遍在增加。随着社会的发展,城乡一体化的进程,人与人交流的广泛,尤其是广播电视进入千家万户,国民的语言能力大大提高,包括掌握语言的数量,在当今社会,不仅城镇公民能使用普通话、家乡话或所在地的语言进行交际,即使在广大的农村地区,绝大部分公民除了使用当地语言交际外,还会说或听懂普通话。"双语"现象逐渐成为现代社会人们交际的特征。

进入全球化时代后,世界已变成"地球村",因而就需要一种流通范围广的语言来满足政治、经济、科技的交际需要,英语在这样的需求下逐渐扩大使用范围,成为事实上的国际通用语。"英语热"已成为我国语言生活中的重要组成部分。早在十年前,有人就做过统计:我国的教育系统里,各级各类学校的学生加上社会成员,约有3.5亿人在学习英语,这个数字几乎是美国、英国和加拿大人口的总和(张忠霞,2005)。我国英语学习和使用的增多,除了英语这一强势语言自身的因素外,也有我国为了适应世界经济发展和信息化的需求,还有学习者的现实需要等因素,这些因素共同构成了英语增多的生态环境。

从"单语言"到"双语言"的转变是语言生活在目前阶段的重要特点。在当前的情况下,我国需要推进两个"双语言"的发展:国内双语言,指普通话和地域方言、普通话和少数民族语言,这是维护国家统一、促进民族团结和社会发展、不断完成现代化目标的重要举措;国际双语言,指普通话和外语,这是我国加强与其他国家的沟通与交流、走向国际舞台的必然要求。因而,发展两个"双语言",是时代的需要、国家的需要,也是语言生态再平衡的结果。

另外,互联网新兴语言的发展也是语言生态的一种体现。人类社会发展到现阶段,地域方言的增加几乎不可能,但社会方言增加的现象还是时有发生。其中,网络语言作为一种新兴的社会方言,它的产生就是对社会发展和人们生活的再适应。进入信息时代后,互联网技术日新月异，给人们的日常生活带来了巨大的改变，互联网成了现代生活的一部分。尤其是年轻一代，他们在各种社交网站上的沟通占去了日常交流的半壁江山，因此催生了极具特色的网络语言。虚拟化、年轻化、开放性、随意性、多样性、创新性等表达特点，都是不同于传统语言的新兴网络语言的特征（刘乃仲、马连鹏，2003），易被年轻人接受。新兴网络语言的产生以及这些网络流行语的快速更替也从一个侧面说明了语言生态再平衡的能力。

因此，面对语言的消亡或增多，我们都应本着科学的生态观，从语言生态角度分析其发生变化的个中要素，合理的就应该顺应和承认，不合理的就应作必要的引导，促使其朝生态方向发展。

三 构筑和谐关系是语言生态的重要特征

"生态"一词有两个基本的用法，一是作名词，"指生物在一定的自然环境下生存和发展的状态，也指生物的生理特性和生活习性"，[1]并引申出泛化的"环境""状态"之意，如"生态平衡""自然生态""政治生态"等；一是作形容词，其本身就包含了"生态平衡""生态和谐"的意思，指符合环保、和谐理念的健康的状态或特性，如"这个产品很生态""生态建筑""生态旅游""生态农业"等。相应的，"语言生态"就有两个义项：一是指语言在一定的社会环境中所呈现出来的各种状态；二是指语言处于一种健康和谐的关系中。我们研究语言生态，追求的目标就是让各种语言关系健康和谐的发展，因此构筑和谐关系是其重要特点。这一特点主要由外部的社会发展的需要和内在的生态系统的运作所决定。

1. 社会发展要求语言生态必须重视构筑和谐关系

随着人类社会的发展，物质文明和精神文明日益提高，这样的时代和社会环境从深层次激发了潜在人们头脑已久的语言生态观，人们对与自身有关的生态问题的思考和研究随之增多。加之构建社会生态文明是

---

[1] 中国社会科学院语言研究所词典编辑室编：《现代汉语词典》（第7版），商务印书馆2016年版。

我国当前的重要任务,而作为生态文明建设不可或缺的语言生态建设自然被提上议程。

不可否认,在语言生活中还存在不少非生态的问题,有的还比较严重。就拿"双语"来说,这一现象在我国已是一个不争的事实,但如何从生态角度去处理好并非是件简单和容易的事。比如普通话与方言的关系问题就存在着两种倾向:过度重视普通话,排挤方言的主张大有人在;但过度重视方言,排斥普通话的也不是个案。像畲语,怎么把握是很值得探讨的问题。浙江景宁畲族自治县原先是一个小县——云和县的一个乡,四周被高山围着,畲语的使用范围就那么点地方,使用人口也只有几百人(范俊军,2005),出了这山就没用了,可现在因为是民族自治县,要求公务员学畲语,学生学畲语,学校教畲语。从语言生态角度看,我们不应该强迫式地让人学习,以延缓语言的消亡,而应采取更为人性化科学化的方法去保存、保护它,协调好语言客观发展和人类主观愿望的关系,这才是语言生态所追求的目标。

另一"双语"现象,即普通话与外语的生态问题,表现为过分重视英语而忽视母语。小到父母对孩子语言教育的关注倾向和投入,大到学校对学生语言水平的关注倾向和要求,都在一定层面上反映了语言生活中所存在的非生态问题。据报道,在上海举行的第四届全球华人物理学家大会禁说中文,尽管都是黄皮肤黑头发的华人学者参加,但从论文汇编到会议网站,从演讲到提问,甚至会场门口的指南,全是英文,中英文双语要求被组织者以国际惯例为由遭拒绝……难怪有人批评说"再没有哪个民族有我们对待自己的传统文化这么心狠,也再没有一个民族像我们一样这么不热爱自己的母语"。[①] 另外,我们虽然投入大量的人力物力,可效果并不理想,只是英语独大,其他语种人才缺乏,难以适应国际化的需要。有人统计,美国军方可以掌握500多种语言,可以为公民开设200多种语言课程,而我国所掌握的外语大约百种,能够开设的外语课程只有50种左右(李宇明,2011)。难怪有全国政协委员在会上疾

[①] 参见人民网,2004年7月9日。

呼：学生在学习英语的过程中深受其害，荒废正常的学业，使整个中国的教育质量遭到毁灭性打击，汉语也遭遇前所未有的危机。英语目前一语独大，如果不能从宏观上科学规划外语教育，对公共外语教育单一化倾向的蔓延熟视无睹，听之任之，后果必将会是严重的。[①] 这些观点虽有些过激，但也说明在处理"双语"关系上存在较严重的生态问题。

再比如语言人与社会的关系也存在生态问题。在这一领域可以说语言生态被严重污染："三俗"语言随处可见，"假大空"语言虽不能说已成常态，但也绝非个例或偶然。语言生态是传递积极的正能量，而非消极的负能量。语言污染破坏了语言生态，其危害性远不是影响交际的问题，它不仅会侵害我们"真、善、美"的母语及母语所承载的文化，更会腐蚀国民的精神、伦理和道德，导致道德堕落。正如著名语文教育家于漪所说：语言品质的下降，继而带来的是文品的下降，文品下降带来的是人品的下降。这种连锁反应式的品质下降是在无意识中发生的，而我们还可能不自知，不自觉，不自省（于漪，2016）。美国政治家布罗茨基也曾说过："是语言的堕落导致人的堕落。"它破坏了正常的人际关系，直接影响到社会的和谐稳定。因此，社会发展的需要要求语言生态必须重视构筑和谐的关系。

2. 生态系统的运作促使语言生态实现和谐关系

语言生态是指一种语言生存的环境，其主要任务是处理好与语言有关的各种关系，包括语言人与自然、语言人与社会、语言人与语言、语言与社会、语言与语言（包括语言与方言、语言与民族语言；民族语言与民族语言；民族语言与方言）、语言与社团、语言与民族、语言与国家等的关系，还包括人们的语言观、语言生态理念（冯广艺，2013）。处理好这些关系既是生态语言学的任务，也是衡量语言是否生态的主要标志，是语言生态的重要特点。良好的语言生态应该是有宽松的语言环境，各种关系和谐有序，主次分明，互相补充，协调发展，共同为人们的交际服务，为社会发展服务，发挥继承文化、弘扬优秀文化的独特功能。

[①] 参见《南方教育时报》（多媒体数字版）2016 年 11 月 18 日。

任何"生态要素",一旦演变成一种"系统",那么该"生态系统"就具有一定的自我调节功能,即在面临自身内部因素变动或受到外部因素影响时,该系统能够启动一系列调节机制,以重新适应变化了的环境,这是每一种生态系统都具有的运作方式,区别只是有强弱大小而已。一般来说,稳定的、成熟的生态系统内在自调节功能强大一些,松散的、初生的生态系统内在自调节功能弱小一些。生态学把这一过程称为"反馈",当生态系统中某一成分发生变化时,其他成分必然会出现相应的变化,这种变化又会反过来影响最初发生变化的那种成分,使其变化减弱或增强(杨持,2013)。如某一地区的食草动物突然激增,导致大量植被被过度啃食,一时无法恢复生长,亦无法满足日益激增的食草动物的需求,生态系统失去了平衡。这时超出环境负荷的一部分食草动物要么饿死要么逃离到其他可以提供食物的地方,相应地,该地区的植被生长又慢慢恢复到平衡状态,这就是一个自发调节的过程。

语言生态系统也存在自我调节功能,它不仅有受外界或内部因素影响而被动发生变化的一面,也有从自身协调层面主动应对变化、重回稳定状态的一面。语言生态系统的这种自我调节功能表现为对系统内各语言间、语言要素间和谐关系的追求。如在现代文明社会,某些濒危语言或方言的削弱甚至衰亡,往往是因为该种语言或方言的交际价值弱化(而且往往文化价值也会随之弱化),已不能满足人们发展的需要,此时语言生态系统会作出一定的取舍,在这种此消彼长的动态过程中实现系统的再平衡、再协调。又如网络文化时代,网络词语层出不穷,有的甚至打破语言原有的构造规范,其合理与否一度引起人们的激烈讨论,但是很快我们发现语言系统对这种现象也会有一个自净化过程,多表现为随着时间的发展,肯定、保留某些,否定、舍弃某些,整个社会的语言系统不会轻易地紊乱。这些都是语言生态系统在运作过程中对构筑和谐关系的追求。

当然,语言生态系统的自我调节能力也有限度,需要在一定的可承受能力范围内才能起作用。这也就是为什么仍需要我们进行必要的语言干预,实行语言规划的原因。生态语言学方面的研究更需要为此服务。

生态语言学是一门不同于纯理论研究的语言学科，它的应用性很强，其价值正是在协调现实语言生活的实践中得以实现。最初，"语言生态"是作为"自然生态"的隐喻概念进入学者的视野，它的产生打通了语言学与生态学的关系，奠定了生态语言学的研究基础，建立了语言学领域新的研究范式，可以说具有开先河之功。但是，来源于对"自然生态"的隐喻类比并不意味着两者在内涵和外延上的同质化。语言不同于自然物，语言生态中的多方关系是一种社会性的复杂关联，语言生态变化所产生的影响不同于自然生态变化，语言也并非越多越好。无论是必然的、自然的语言消亡，还是语言的增加，许多时候都是语言生态再平衡的机制在起作用。这些都意味着，维护语言生态平衡，才是生态语言学该有的核心理念。

语言交际应该传递积极的正能量，这是符合语言生态的，凡是传递消极负能量的，即使是存在的，也是不合理的，是缺乏生态的。语言生态以适应社会发展、平衡社会生活、构筑和谐关系为标准。

第三节　语言生态在新型城镇化进程中的地位和作用

我国目前正处于城镇化快速发展的阶段，但城镇化的推进也带来了诸多城镇生态问题。这些问题已引起党和政府的高度重视，在举国上下都关注生态文明的今天，语言生态在生态文明建设中的地位和作用却没有被人们认识，特别是在非语言学界，大家关注的都是有形的，如环境污染、生态破坏等问题。即使在语言学界，有关城镇化进程与语言生态关系的研究也非常薄弱。本节就语言生态在新型城镇化进程中的地位和作用展开论述，以引起人们的重视。

一　语言生态是新型城镇生态的重要组成部分

城镇化所带来的种种问题，所造成的种种恶果，毫不夸张地说都在于缺乏"生态"理念，没有用生态理念去指导实践。所以，党的十八大

"五位一体"的建设思路是看到了问题的实质,当然所赋予"生态文明"的重要地位也是前所未有的。

生态文明是人类文明的一种形式。在漫长的人类历史长河中,人类文明经历了原始文明、农业文明、工业文明三个阶段。每一阶段的文明都是建立在与社会发展相适应的基础之上,是某一历史时期的产物。同样,生态文明就是社会发展到现阶段的必然要求,是新型城镇化的标志所在。

生态文明是一个庞大而复杂的系统,是生态哲学、生态伦理学、生态经济学、生态语言学等生态思想的升华与发展,是人类文化发展的重要成果。其内涵非常丰富,从大的方面看,既包括物质文明,也包括精神文明,涉及方方面面,可以说任何物质或精神方面的问题都有生态问题。

语言生态是指一种语言生存的环境,包括与其他语言的关系,也包括语言政策和人们的语言观、语言生态理念,其主要任务是处理好与语言有关的各种关系。良好的语言生态应该是有宽松的语言环境,各种语言或方言各有主次、互相补充、协调发展,共同为人们的交际服务,发挥继承、弘扬优秀文化的独特功能(张先亮、陈菲艳,2012)。

语言生态属于精神生态的一部分,和谐的语言生态环境是生态文明建设的一个重要支撑点,没有和谐的语言生态就不可能有和谐的城镇生态。众所周知,语言是一种特殊的社会现象,是人类最重要的交际和思维的工具,是音义结合的符号体系,文字又是记录语言的符号。它们都是人类特有的,是人类共同创造的宝贵财富,是一种文化现象,是精神文化的一部分,是一个重要的、特殊的组成部分。

从生态学角度来看,语言本身也是一个复杂的生态系统,语言内部各要素都是一个个生态链。语音、文字、词汇、语义、语法等各要素均按照生态的要求处在某个生态位上,它们相互协调、相互制约,构成和谐的生态体。如果某个生态位变化,往往会影响另外生态位的改变,以实现新的生态链的平衡。比如古汉语词汇是以单音节为主,现代汉语变为双音节为主,其主要原因是古代汉语里有浊声母、入声韵尾,语音音节比较多,仅《切韵》收录的汉语音节就有三千多个,而现代汉语入声消失了，音节明显减少。音节的简化，带来同音字的增加，而为了减少同音字所造成的歧义，最有效的办法就是增加双音节词，因此，语音上的改变带来词汇上的变化。同样，汉语中名词的附加成分"子、儿、头"等，原来都是实词，逐步虚化为名词的附加成分，由于语法上的生态位发生了变化，促使语音上的生态位也发生了变化，这些成分都念轻声。

生态语言学就是把语言看作生态系统不可分割的一部分，主张运用生态学的理念、方法去研究语言，去对待和处理语言动态发展中的矛盾，揭示语言与环境的相互依存。要想使语言和谐、健康地发展，就必须关注、保护这个生态链的平衡，这样语言才能更好地发挥它应有的功能。

二 语言生态问题是影响新型城镇生态文明的重要因素

如前所述，语言生态是整个生态文明的重要组成部分，直接或间接影响着整个社会的生态，影响着城镇化进程中的生态文明建设。所以要建设城镇的生态文明离不开语言的生态文明，没有和谐的语言生态就不可能有和谐的城镇，语言生态建设对于社会生态文明建设，对于新型城镇化发展的意义是不言而喻的。

在当前新型城镇化进程中，还存在不少语言生态问题，比如语言认同、城镇方言、城镇民族语言、城镇外观语言、城镇语言资源的开发与利用、城镇语言污染等，这些语言生态的不和谐必将影响城镇的生态文明。

语言认同是指个人或群体对某一语言承认、认可的过程或趋同的结果。语言认同也是文化的认同，是一种文化心理的趋同现象，关乎一个民族的认同、一个国家的认同，是一个民族的精神所在，是对国家整体认知、国家情感归属的心理与行为的过程（张先亮、陈菲艳，2012）。因此，在城镇化进程中，国家非常重视语言认同的建设，包括颁布法令、考核验收等，通过多年的努力，目前在城镇中，特别是在大中城镇，无论是哪个阶层、哪个行业，对普通话的认同度普遍比较高。当然也存在一些非生态的现象，比如某些城镇在处理普通话和方言的关系上出现了两种极端的观点或行为：一是只允许普通话存在，反对方言的存在。认为推广普通话是国策，作为一名公民就应该无条件的贯彻执行，任何有碍的东西都要坚决地抵制，方言与普通话是势不两立的，方言的存在将会严重影响普通话的推广，为了国家的利益，就要使用统一的普通话。有人还专门撰文，从文化角度去阐述，提出"说方言是没有文化"的主张，引起当地人的普遍愤慨。另一极端观点与此正好相反，他们认为方言是一个民族、地域文化的结晶，是这个地域祖祖辈辈共同创造的宝贵财富，作为后人有责任、有义务继承和发扬。推广普通话将严重削弱方言，最后会消灭方言，为此提出"保卫方言"的口号，甚至为了方言的权益而不惜上街游行。

在城镇化发展中，除了以上两种极端观点外，随着城镇的不断扩大，老城区与新城区的语言也会出现矛盾。以浙江杭州市为例，城区扩大后，原萧山市成为杭州的一个区，尽管在行政区划上都是一个城市，但在人们的观念、文化、语言等方面仍存在很多不一致。杭州老城区的人看不起杭州新区的萧山人，总觉得他们是"乡下人"，更不可能去说萧山话了；而萧山人也不买老杭州人的账，毕竟作为县级市的萧山，曾经名列全国百强县前茅，内心充满自豪感，也没有把杭州人放在眼里，更不愿意放弃本地方言而去说杭州话。这种情况在其他城镇中也或多或少地存在。

普通话除了与方言存在生态问题外，还有与外语的生态问题，表现为过分重视英语而忽视母语。另外，国家虽然投入大量的人力物力，可效果并不理想，只是英语独大，其他语种人才缺乏，难以适应国际化的需要。

同样，在一些民族居住的城镇里，还存在着普通话与民族语言的关系，尤其需要我们慎重处理，因为它关系着民族之间的和谐，而没有民族之间的和谐，要实现新型城镇化也是不可能的。

因此，如何处理好普通话与方言、普通话与民族语言、普通话与外语、民族语言与民族语言、方言与方言之间的关系，是新型城镇化进程中构建语言生态需要解决的问题。

在新型城镇化进程中，城镇外观语言生态也存在亟待解决的问题。城镇外观语言是城镇软实力的重要组成部分，也是城镇人文景观的一部分，能够直观展现一座城镇的外部形象，反映出一个城镇的品味，是城镇的"立体名片"，同时城镇外观语言也是城镇语言环境和城镇语言生活的重要组成，对城镇生态语言的构建具有十分重要的意义。然而现实情况并不理想，一是城镇路街名普遍存在雷同现象，缺乏城镇的个性化特点。比如"人民路、解放路、胜利路、中山路"等几乎成为多数城镇的路街名称。尤其是路街名未能反映城镇的文化内涵，我们无法从路街名中看出一个城镇的文化特点。二是招牌广告语言普遍存在"媚俗"和"低俗"等非生态现象。比如崇洋媚外的名称，走在大街上随处可见："曼哈顿"广场、"加州1885"、"巴黎街"、"纽约巷"、"威尼斯"等。商场里的名称更是如此，当你走进商场，一眼望去全是外文符号，有如身临国外商场的感觉。我们曾对浙江某二类城镇的一个大型商场做了有关商店名语言使用的调查，从二楼女装区到三楼男装区共92家商家的招牌，使用汉字作为招牌名的有13家，只占总数的14.13%，其余的商家均使用外文（多为英语和法语）招牌，其中有23.9%的外文招牌无明显汉语译名，认读困难的招牌也屡见不鲜，如 CIELBLELL、CHCUM、K. A. K. O、RYNA、S. R. GdF、G'RSΛGA 等。这种情况似乎与城镇、商场大小成正比，城镇越大、商场越大，使用外文的比例就越高。

　　招牌的低俗化现象也不容忽视，为了取个新颖的商店名，店主往往绞尽脑汁，以吸引眼球，本来这是无可厚非的，问题是有些人片面追求"新""奇""特"，诸如"他马地大酒店""皇家酒店""光棍草鸡店""小兔崽子""小胖矮子""老聋子""衣冠勤瘦""包二奶内衣""土八路烧烤店""黑心汤圆""艳福酒吧""晓三奶茶店"等，全不顾及国家有关取名的规定和顾客的接受度及道德的容忍度。我们完全可以肯定，任何一座城镇凡是充斥着这些形形色色的语言问题，那么就不可能有语言的和谐，缺乏和谐的语言也就难以实现语言的生态，没有生态的语言就难以有生态的城镇。

三　语言生态是解决新型城镇某些不文明现象的有效途径

　　在新型城镇化建设中出现的某些问题，表面上看是城镇生态问题，但实质是语言生态问题。有个名人说过,要消灭一个民族,就要瓦解它的文化;要瓦解它的文化,首先要消灭承载它的语言。这一名言说明语言在整个生态文明中起着至关重要的作用。

语言学界也有一个著名的假说,即萨丕尔-沃尔夫假说。萨丕尔在《作为一门科学的语言学的地位》一文中指出:"人并不是独立生活在客观世界中,也不是像平常理解的那样独自生活在社会之中,而是受着已经成为社会交际工具的那种语言的支配。认为自己可以不使用语言就能适应现实的情况,认为语言是解决交际中的具体问题或思考问题时偶然使用的工具,那是非常错误的。事实上,所谓的客观世界在很大程度上建筑在社团的语言习惯上。"[①]

沃尔夫发展了萨丕尔的观点,形成了"语言决定论"和"语言相对论"两个基本观点:"语言决定论"即语言决定思维、信念、态度等。语言不同的民族,其思维方式完全不同;"语言相对论"即语言反映思维、信念、态度等。或者说思维相对于语言,思维的模式随着语言的不同而不同。

这一假说无论是强式表述或弱式表述,都表明语言在思维中起着非常重要的作用。当前,城镇化中出现的不少问题久而未决,其原因与此不无关系,也就是说要真正解决城镇化中的某些生态问题,还是离不开语言生态。

比如道德滑坡、食品安全就是当前一个严峻的社会问题,也是城镇生态建设中遇到的重要问题。我们总是不解:这座城镇怎么了,人们的生活水平越来越高,但人与人之间的感情却越来越冷漠。走在大街上,跌倒无人扶、被偷无人管的情况时有发生;在家庭中,亲情也不如以前,以至于国家层面要出台法律规定子女要定期回家看望父母;没有血缘关系的夫妻也就可想而知了,离婚率越来越高就是一个答案。另外,虽然人们的生活水平越来越高,可是吃的东西却越来越不放心,现在如果有人问你,你吃的东西安全吗,我们谁也回答不了。从奶粉到大米,从

---

① 参见刘润清《西方语言学流派》,外语教学与研究出版社 1995 年版,第 179—180 页。

素菜到荤菜，这些与每个人息息相关的食物，有时真让大众难以放心。

因此，在构建生态城镇中，以上问题是必须解决的，而要解决这些问题虽然可以从法律等方面去采取措施，但还不够，因为还有深层次的问题——认知、文化，而文化的问题又受到语言的制约，所以要从根本上解决还需齐抓共管，但语言永远都是一个非常重要的抓手。

以婚姻为例，中华民族传统教育是视夫妻为一家人，"嫁鸡随鸡，嫁狗随狗"一直被理解为歧视妇女，其实这是对双方而言的，既约束了妻子，也制约了丈夫，对丈夫来说，你要承担一种责任，不能随意离婚。在传统的族群宗谱中，妻子是入宗谱的，女儿是不入宗谱的，也有一些地方，在为去世长辈立碑的署名上，只署儿子、儿媳、孙子、孙媳，不署女儿、孙女，这些都说明妻子是这个家庭里的一员。这种教育逐渐形成了中国人的婚姻观念：一个人一旦结婚，夫妻之间便成为用血缘关系凝结在一起的至亲，生是一家人，死了同葬一个墓。遗憾的是，这几千年形成的传统文化被新文化运动打破了，人们追求西方人的婚姻观念，所谓的爱情至上。爱情不等于亲情，爱情容易变化，所以容易离婚；亲情稳固，所以不容易分开。只有当爱情变为亲情，这种爱情才会牢固。现在离婚率很高，有人还认为是社会进步的表现，其实离婚率高除了经济因素外，主要是人们的婚姻观起了变化，这才是决定因素。高离婚率对家庭的和谐，对城镇的生态都带来不少负面影响，应该引起我们的反思。

同样，道德滑坡、食品安全等问题离不开语言这条途径。如果从语言角度来看，产生以上这些问题的主要原因有二：一是"假大空"语言的污染；二是"以钱为纲"的语言污染。

就人类本性而言，说假话比干坏事更具挑战性，因为人类的道德底线是诚实，说假话就是不诚实，不诚实必然导致道德堕落。要让一个说假话脸不红的人干坏事时反倒脸红，实在是太难了，即使不是不可能的（张维迎，2012）。可见假话具有极大的危害性和破坏力，因此我们的祖先一直非常重视诚信建设。当初造的字"信"就是指"人言为信"。《说文解字》的解释是"信，诚也"，也就是说，人是讲诚信的，人说的话是真实的，可信的，不能是假的，说谎的。

孔子关于"信"的思想在《论语》中就有充分的论述。《论语·为政》曰："人而无信，不知其可也。大车无輗，小车无軏，其何以行之哉。"说的是做人之本，如果一个人没有"信"，就好比车子不装横木一样，将会寸步难行。《论语·颜渊》记载："子贡问政。子曰：'足食，足兵，民信之矣，'子贡曰：'必不得已而去，于斯三者何先？'曰：'去兵，'子贡曰：'必不得已而去，于斯二者何先？'曰：'去食，自古皆有死，民无信不立。'"这是孔子讲为政之道，"信"在治理国家中的重要作用，即使"去兵""去食"，也不能"去信"，信在治理国家中处在首要位置，没有老百姓对统治者的"信"，再多的粮食和军备也无济于事。

后代贤哲们继承并发展了孔子的诚信思想，并将这一思想通过家庭、蒙学、书院、社会等全方位的教化，逐渐形成了具有中国特色的诚信文化，在中国传统的道德体系中，诚信居于核心地位，成为维系社会秩序的道德规范，其影响涉及社会的方方面面，大至治理国家，小至个人言行。成为一个人的立身之本，一家企业的修业之基和一个国家的立国之本。

然而，这种优秀的传统文化在近代被淡化了，特别是"文革"期间遭到了严重破坏。"鼓励说谎、重用小人，导致良心麻木；强迫服从，打压正气，摧毁独立人格；撕裂亲情，摧毁传统，导致人性扭曲；假话遍地，伪善盛行，导致人心败坏"（方朝晖，2014）。

"文革"极端语言造成的后果绝不亚于对经济的破坏所造成的后果，因为经济可以在比较短的时间内恢复，而语言所形成的文化却难以在短时间内改变。事实也证明了这一点，"文革"后，经过几十年的努力，我国的经济发生了翻天覆地的变化，一跃成为世界第二大经济体，而诚信文化的重构仍然任重而道远，说假话在某些领域或某些人，不是越来越少，而是越来越多，越来越高明，越来越固化，所不同的只是更具明显的时代特色：打上"钱"的烙印（张先亮，2015）。

"文革"结束时，国民经济到了崩溃的边缘，当务之急是发展经济，提高人民的生活水平，所以改革开放后，国家出台一系列发展生产力的举措，应该说，在当时背景下，这些举措是非常及时的，也是完全必要的，其效果也十分明显。但美中不足的是，在大力发展经济的同时，我们忽视了文化方面的建设，没有做到"两手都要抓，两手都要硬"，相对于经济建设，文化建设没有引起足够的重视。以至于一切向"钱"看的观点通过各种语言渠道慢慢渗透到人们的头脑。比如政府考核以 GDP 为纲，GDP 成为衡量政绩的唯一依据，成为领导升迁的砝码；舆论宣传也随处可见"钱"字，画家以他的画价定身价，明星以出场费高低定身价，学者以看片费、演讲费多少定身价，爱情以"高富帅""白富美"定身价。某电视台有一求职栏目，其中有一环节叫"谈钱不伤感情"，明星做的大幅广告"赚钱（财）是硬道理"矗立在高速公路两旁。所有美好的事物：品德、学识、爱情、艺术，乃至良心，都被金钱吞噬，剩下的只有一堆无情、无味、无趣、无聊的数字——金钱的数目。过去谈钱都感觉不好意思，有羞涩感，现在以钱为纲，以钱为荣，炫耀金钱。"悠悠万事，唯钱为大"，"赚钱才是硬道理"的思想在人们的头脑中越来越强化，越来越有市场。

　　这种物欲横流的结果将导致人们的价值观发生改变，我们一直提倡的集体主义价值观慢慢被淡忘，随之而来的是拜金主义、拜权主义、享乐主义、利己主义等价值观，这些价值观的滋生并被认同，必然会导致道德的滑坡。贪官为了获得钱财可以理直气壮地说假话，接受贿赂和以权谋私心安理得，压根儿没有道德约束。商人为了获得钱财，可以抛弃"君子爱财，取之有道"、"诚者，天之道，诚之者，人之道"、"君子喻于义，小人喻于利"的传统优秀文化，"一切为了赚钱，为了赚钱可以不顾一切"。这种极端利己主义的价值观，又反过来促使他们不讲诚信、唯利是图、见利忘义，于是制假售假、坑人害民的事就会不断出现。这种价值观道德观的沦落同样会影响到普通人。比如马鞍山一席高档婚宴上，丈母娘在女婿改口后给了对方一个价值 400 万元的惊喜：一辆宾利汽车。亲友团中一位小伙子当场发起了酒疯，站起来直指自己的父母怒吼："没有一百万！你们生我出来干吗！不是害我吗！"男子的父亲一声不吭坐在座位上,母亲则一直默默流泪。① 更有甚者,当目睹有人落水、车祸等危及生命时,有人竟然会毫不掩饰地说:"要救人先拿钱""拿钱来就救人",人性在金钱面前黯然失光,良知在金钱面前霍然泯失。因此,要消除这些消极的东西,从语言入手,发扬优秀传统文化,弘扬当代主流文化,摒弃一切消极文化,树立正确的价值观、人生观,不失为一种有效的途径。这也就是"法治与德治"兼顾。

综上所述,要建设城镇的生态文明离不开语言的生态文明,在新型城镇化生态文明的建设中,如何同步实现语言的生态文明已不仅仅是个人的生活小事,而是国家的战略大事。

---

① 《金陵晚报》2013 年 10 月 5 日。

第二章　新型城镇路街名语言生态比较研究

路街名是城镇中供车辆行人往来通行的道路名称。在浙江城镇中，路街名后缀通名主要有"路""街""巷""弄""里""大道（大街）"等。作为城镇外观语言的重要组成部分，路街名对构建新型城镇语言生态具有重要的作用。

以往对路街名的研究，集中体现在探索路街名的结构和文化方面，研究对象是某个城镇的路街名，而对不同类别城镇路街名从语言生态进行比较研究目前还未发现。

本章选取浙江具有代表性的四类城镇——杭州、金华、义乌和横店的路街名作为研究对象，对其语言生态进行考察。四类城镇按行政级别标准进行分类：一类城镇指省会城市，二类城镇指地级市所在地城市，三类城镇指县级市所在地城市，四类城镇指镇级市。

选取的语料有：一类城镇杭州1611条，二类城镇金华578条，三类城镇义乌340条，四类城镇横店58条。

杭州语料主要来源于《杭州市地名志》《上城区志》《杭州市萧山区地名志》；金华市语料主要来源于《金华市志》《金华市婺城区志》；义乌市语料主要来源于《义乌市志》《义乌市交通志》；横店语料主要来源于横店地名办提供的资料。由于路街名随城镇化进程不断变化，为防遗漏，我们结合实地调查、百度地图、纸质地图和各地地名办公布的通知和公告等进行删补。

在杭州新十区中①，选取上城、下城、西湖、滨江、经济技术开发区②（以下简称"开发区"）和萧山等六区的路街名为代表。因为无论是地理位置还是城镇的功能特色，这六个城区对杭州都十分重要，在自然风光、人文历史、产业发展等方面都极具特色，具有代表性。其中上城区、下城区、西湖区是老城区，滨江区、开发区、萧山区是新城区。

上城区自古就是杭州的核心城区，曾是隋唐至民国时期的州治所在地，南宋定都杭州后在上城区建立皇城、修筑宫殿，因而上城区是杭州古城遗址，历来都是杭州市的文化中心。下城区在南宋皇城以北，杭州习称南上北下，故称下城区。下城区有西湖文化广场、武林广场，这一带是杭州最热闹繁华、人流最密集的区域，是杭州传统商贸中心。上城区和下城区历史悠久，大街小巷密集如网，许多街巷背后都有动人的故事，挖掘这些老街名源远流长的历史文化内涵，有利于保存城镇古老记忆，延续城镇历史文脉。

西湖区是杭州旅游业的发祥地，辖区内有现今《世界遗产名录》中国唯一一个湖泊类文化遗产——西湖文化景观。为营造和谐的语言生态环境，西湖区内的路街命名多展现"东方韵·西子情"的自然因子。因此，西湖区路街名是新型城镇化进程中营造生态的语言氛围、创建特色鲜明的城镇品牌的典型代表。

滨江区位于钱塘江南岸，于1996年12月正式批准设立。该区是浙

---

① 2021年4月9日，国务院批复杭州行政区划优化调整，涉及本章行政区域的有：

一、撤销杭州市上城区、江干区，设立新的杭州市上城区，以原上城区、江干区的行政区域（不含下沙街道、白杨街道）为新的上城区的行政区域，上城区人民政府驻望江街道望潮路77号。

二、撤销杭州市下城区、拱墅区，设立新的杭州市拱墅区，以原下城区、拱墅区的行政区域为新的拱墅区的行政区域，拱墅区人民政府驻拱宸桥街道台州路1号。

……

五、设立杭州市钱塘区，以原江干区的下沙街道、白杨街道和杭州市萧山区的河庄街道、义蓬街道、新湾街道、临江街道、前进街道的行政区域为钱塘区的行政区域，钱塘区人民政府驻河庄街道青六北路499号。

这里的"行政区划优化调整"不涉及街道名和社区名，因而本章选取的原六区路街名语料依旧有效。

② 杭州经济技术开发区，1993年4月经国务院批准设立，是全国唯一集工业园区、高教园区、出口加工区于一体的国家级开发区，委托管理下沙和白杨两个街道。

江省最重要的科技成果产业化基地、技术创新示范基地、创新型人才培养基地和高新技术产品出口基地。滨江区区位条件十分优越，是杭州未来的城市副中心和科技城。

开发区是1993年4月经国务院批准设立的国家级开发区，是全国唯一集工业园区、出口加工、高教园区于一体的国家级开发区，区内建有浙江省最大规模的下沙高教园区。开发区可谓杭州的工业、高教中心。

萧山区是杭州南大门，东临绍兴市，于2001年3月撤市设区，并入杭州，与杭州主城区一江之隔，其综合实力居浙江各县（市、区）首位，在经济、文化上相对独立。新型城镇化进程中，通过对萧山区与主城区路街名分析研究，可以窥探新区在融入老区的过程中如何处理语言动态矛盾，保持语言生态和谐，为建设生态文明城镇提供参考。

除杭州外，其余城镇语料均根据行政区划选取该城镇的所有城区路街名。其中金华选取市辖区婺城区和金东区。义乌选取下辖的8个街道，包括稠城街道、北苑街道、稠江街道、江东街道、后宅街道、城西街道、廿三里街道、福田街道。横店选取下辖的10个社区，包括横店社区、桥下社区、禹阳社区、禹山社区、屏岩社区、荆溪社区、南上湖社区、禹东社区、米塘社区、维风社区。

我们将运用生态语言学理论，对不同类别城镇路街名的语言生态进行比较分析，探讨路街名语源、语音、结构、词义及演变规律，研究路街名在外生态各因子的影响下所体现出来的生态规律与非生态现状以及应对策略，揭示城镇路街名与语言生态的关系，试图为不同城镇在新型城镇化进程中给路街命名提供建设性意见。

第一节　新型城镇路街名与语言生态

一　语言生态对路街名提出新要求

语言生态学的基本任务是运用生态学的理论和方法，研究语言生态问题，探究语言生态规律，为人类形成健康和谐的语言生态提供理论和实践参考。路街名，是城镇中供人和车辆通行的道路名称，与人们日常生活息息相关，属于城镇语言的一部分，对社会语言的生态有一定的影响。新型城镇化进程中，语言生态建设对路街命名提出了新的要求：路街名应该集实用、文化、美学等功能于一体，体现人文关怀，为人们营造一种健康生态的社会语言氛围。

首先，语言生态要求路街命名实现规范性、合理性。从本质上来说，良好的语言生态环境是生态文明建设的重要支撑点，构建良好的语言生态，就是要强化和巩固语言的交际功能，维护和完善语言交际功能的合理分布，使语言对人类的生态文明建设发挥积极作用。良好的语言生态环境对城镇路街名的规范性、合理性提出要求。语言随着社会的产生和发展不断变化，因而语言也是反映社会的一面"镜子"，路街名属于社会常用语言的一种，从中我们可以清晰地看到社会面貌。城镇化进程中，我国路街名在语言生态上还有所欠缺，如出现街名重复，滥用通名，命名单一化、模式化等问题。语言的平衡规律和调节规律要求加强不同类别城镇之间的联系，实现信息共享，在人文建设方面注重发挥城镇特色，路街命名多样化、特色化，从而实现不同区域之间的协调、平衡发展。这对构建城镇生态的语言环境、推动新型城镇化发展、建设生态文明社会都具有重要意义。

其次，语言生态要求各类城镇路街及时更新命名，实现信息共享。大街小巷是我们每天都要经过的地方，与我们的生活密切相关。新型城镇化进程中，信息产业快速发展，智能手机快速占领市场，电子地图得到广泛运用。但是，由于相关部门的数据并未实现信息共享，运营商只能通过传统的扫街方式收集数据，导致许多路街即使有正式命名，也并未得到实际运用，造成了资源的浪费。如2017年著名的"葛宇路事件"，一位名叫"葛宇路"的学生在2014年找到一条未进行标识的道路，并贴上自制的"葛宇路"路牌。随后，高德地图、百度地图等常用电子地图收录了这条道路，并以"葛宇路"命名。后经核实，这条路街的官方名字为"百子湾南一路"，是北京市规划委朝阳分局于2005年3月命名的，此后，"葛宇路"被拆。路街名是一种城镇外观语言，而非仅仅存在档案馆和资料室里供人查阅的材料。我们查阅各类城镇地名办公布的地名公告,发现还有不少类似的"葛宇路",这些路街已经被正式命名,却没有实现信息共享,在电子地图上还未更新。在新型城镇化进程中,信息产业快速发展,以网络为载体对路街名进行信息化管理,有利于推动文化产业创新,提高管理效能,实现资源共享,推动生态文明社会建设。

最后,语言生态与语言人唇齿相依,语言生态要求发挥语言人的积极作用,以建设和谐的生态社会。语言是人类特有的表达、沟通、交流的工具,反映出语言人的文化素质和道德修养,影响人际关系和谐发展及新型城镇生态文明建设。语言生态环境决定语用主体的动态趋向、语用活力和语用变化,作为语用主体的语言人在构建良好的语言生态系统中的作用是无可取代的。路街名属城镇常用语言的一种,在很大程度上代表一个城镇的形象和定位。在"以人为本"的语言生态环境下,应发挥城镇语言对城镇中语言人的积极作用。通过和谐的城镇语言丰富新型城镇多元文化,全面提升新型城镇人文精神,塑造新型城镇健康形象,来构筑和谐的新型城镇人际关系,大幅提升新型城镇人民满足感、自豪感和幸福感,逐步达到新型城镇化对生态文明建设的核心要求。

二 路街名对语言生态建设的作用

路街名对语言生态的建设也发挥着重要作用。首先,语言是人类重要的信息载体。路街名是城镇重要的外观语言之一,在一定程度上代表一个城镇的形象。语言规范性是建设新型城镇语言生态体系最基础、最必要的工作之一。若路街命名用字不规范、低俗化、媚俗化或产生不良含义和歧义,则对构建新型城镇语言生态体系、塑造新型城镇健康形象产生不利影响。

在城镇路街命名、更名过程中,为保证路街名规范和谐,各地地名条例均要求路街命名含义应当健康,符合社会道德风尚,不规范的路街名应该更名。《浙江省地名管理办法》(以下简称《办法》)规定,"地名损害国家主权、领土完整和公共利益的,或者含义不健康的,应当更名"。《杭州市地名管理规范》(以下简称《规范》)规定,"使用少数民族(不包含外文)音译命名,原意应健康,中文名称无不良含义,且不致产生歧义","损害国家主权、领土完整和公共利益的地名,应当更名""生僻字、异体字,以及带有侮辱性、歧视性的应当更名"。

为构建新型城镇语言生态体系,建设新型城镇生态文明社会,部分路街名因与城镇健康形象不符被改名,如杭州的十五奎巷,因巷徽州会馆内有一大石龟,俗名石乌龟巷,后嫌其不雅,改称十五奎巷。此外,城镇行政区域的调整也会对路街名产生影响。如因临安撤市设区,划入杭州市,根据省市地名管理办法中"同一城镇的道路名称不得重名"的规定,临安民政局随即发布公告,辖区内45条道路"更名换姓"。

其次,语言多样性是维系语言生态系统的基本条件。语言多样性不仅要求语言的数量多,还要求语言的类型多种多样,语言的地域分布"各得其所"。在新型城镇化发展过程中,多样性的、有特色的路街名是不同城镇反映地域特质、彰显文化底蕴的重要表现,也是构建语言生态体系、建设生态文明社会的重要组成部分。

在新型城镇化的快速发展过程中,"千城一面"的路街名让不少城镇陷入同质化危机。有的中小城镇盲目模仿大城市,在路街命名上生搬硬套,使城镇面貌变得生硬、浅薄和单调。语言多样性原则要求城镇路街命名多种多样,不同路街名处于合理的语言生态位,充分发挥语言的交际功能、情感功能、社会映射功能及文化传承功能。

一个城镇的特色,是取之不尽、用之不竭的综合资源。城镇路街名有的具有悠久的历史,有的是地方特色代表,有的具备特殊象征意义,整个路街名体系可以充分彰显出城镇的特色风貌,如广州的岭南文化和西关风情,成都的巴蜀文化和移民痕迹,曲阜的儒家文化和书院气息,洛阳、安阳的中原文化和王城文明……这些不同类型的城镇的路街名既多种多样,又独具特色。事实上,要想提高城镇品位,提升城镇魅力,建设生态文明社会,路街命名的关键是要保持语言多样性,突出地方特色,构建和谐语言生态体系。

再次,生态的路街名可以丰富新型城镇多元文化,构建新型城镇语言生态体系，对建设生态文明社会有良好的支撑作用。《规范》中提出，鼓励城市文化多样化发展，促进传统文化与现代文化、本土文化与外来文化交融，形成多元开放的新型城镇文化。《浙江新型城市化发展"十三五"规划》中也提出，"加快形成多元、开放、包容的现代城市文化"。多元的新型城镇文化反映在方方面面，其中生态的新型城镇语言、和谐的路街命名可以反映新型城镇的多元文化，提升新型城镇的开放性和包容性，提高新型城镇竞争力。

生态的路街名可以反映新型城镇不同的自然文化。从新型城镇规划角度来看，新型城镇建设应该全面融入生态文明理念，其中最重要的一点是强调"低冲击"的开发思路，也就是尽可能减少对原有自然环境的干扰，尽可能尊重和保持原来的地形、地貌、水文等特征。不同的自然环境提供不同的自然资源，在生态文明的理念下，新型城镇的建筑设施因地制宜，尽量做到"低冲击"当地环境，逐步形成新型城镇特质文化再塑造的差异性。由于自然条件的先天不同，不同类别的新型城镇路街名反映当地不同的自然文化景观，为新型城镇多元文化提供基础。

生态的路街名能够延续新型城镇的历史文化。丰富的历史文化遗产是新型城镇的金名片。习近平总书记曾指出，历史文化是城市的灵魂，要像爱惜自己的生命一样保护好城市历史文化遗产。地名是历史文化的重要载体，是城镇发展变迁的见证，记载了城镇兴衰演变的重要痕迹，具有鲜明的地方特色和城镇文化内涵，也是人们情感的寄托。路街名作为地名的重要部分，有的在城镇中存在了上千年。它们不仅是城镇的标志"符号"，也是城镇兴衰的"活化石"。挖掘城镇老街名源远流长的历史文化内涵，有利于保存城镇古老记忆，延续城镇历史文脉，形成多元城镇文化。

生态的路街名展现出新型城镇的产业文化。产业文化是推进新型城镇化的重要载体，也是多元、开放、包容的新型城镇文化重要组成部分，培育生态化的产业已经成为新型城镇化可持续发展的关键环节。由于产业与经济发展直接相关，为达到宣传特色产业、发展新型城镇经济、增强新型城镇知名度的目的，许多新型城镇的路街倾向于直接以本地的特色产业命名。产业文化与路街名形成一个整体，为彰显新型城镇特色营造氛围，建设生态文明社会。

第二节 新型城镇路街名语言内部生态系统

李国正（1991）将语言生态系统所对应的环境系统叫作语言的外部生态环境系统，语言系统内的其他单位及其相互关系叫作内部生态环境系统。语言内部生态系统由语音结构、规则结构和语义结构三个子系统构成。因此，路街名语言内部生态系统也可从这三方面入手，考察语言内部特征的异同性及原因，为构建和谐语言内部生态体系，为和谐语言社会和生态文明建设提供参考。

一 语音系统

（一）音节种类

路街名属于地名的一种，现代汉语标准地名是"专名+通名"结构，因而路街名最少也是双音节词，由单音节专名和单音节通名组成，如：观巷、直街。为避免地名重复而产生歧义现象，路街名一般以多音节词为主。城镇路街名的音节种类在不同城镇之间及同一城镇内部都呈现出较大的差异性。

1. 不同城镇比较

将各类城镇路街名的音节种类相比较，我们发现，杭州路街名音节种类最多，金华与义乌次之，横店最少。音节种类情况如表2-1所示：

表2-1　　　　　　城镇路街名音节种类和数量

音节\城镇数量	杭州	金华	义乌	横店
双音节	18	1	1	0

续表

音节 城镇 数量	杭州	金华	义乌	横店
三音节	992	478	216	36
四音节	421	90	90	22
五音节	130	6	23	0
六音节	26	2	5	0
七音节	21	1	5	0
八音节	3	0	0	0
总计	1593	577	339	58

从表 2-1 可以看出，杭州路街名音节种类情况较为复杂，少到双音节，多到八音节，路街名音节长短不一，种类丰富，语言多样性特征明显。横店路街名音节种类情况最为简单，只有三音节和四音节两种形式。金华与义乌音节复杂程度居中，但双音节与五音节以上的路街名相对于杭州来说数量较少。

杭州路街名音节种类之所以多样性特征明显，是因为杭州规模最大，历史最为悠久。南宋杭州建立为都城，厚重的历史底蕴为路街命名提供了大量素材。老城区内街道密集，纵横交错，为纷繁复杂、长短不一的音节提供基础。如杭州上城区的南山路 232 弄、甘水巷洋房山，下城区的所巷、回龙庙前一弄、凤起桥河下等。

在通常情况下，城镇类别越高，规模越大，历史越悠久，路街名的音节种类多样性特征越明显。和谐的语言生态系统具有较强的平衡规律和调节规律。在不同的历史时期，语言内部各要素与社会的联系程度有差异，因此发展变化并不平衡。在这种情况下，语言生态系统会做出相应的调整，尽量做到相对平衡，抑制强势语言要素的过猛发展，减缓弱势语言要素的过早衰亡。杭州古老的城区存留较多历史悠久的地名，尽管这些老路街名规范性相对较弱，在语言的平衡规律和调节规律下，部分具有旺盛生命力的老地名依旧沿用至今。此外，杭州发挥人群系统作用，政府部门积极采取措施保护老地名，新建路街也尽可能利用旧的语言形式标记，城镇的不断发展变化并未使这些旧街名完全消失。

反之，城镇道路建设越新，路街命名越规范，路街名的音节种类也就越少。以横店为代表的第四类城镇，路街名的音节种类最少，只有三音节和四音节两种。因为"专名+通名"是最规范的路街名结构，三音节路街名快捷方便，便于记忆，最符合现代汉语双音节化规律，是最和谐的音节形式。在新型城镇化建设过程中，横店的路街名一般按照"双音节专名+单音节通名"的三音节形式命名，如十里街、繁荣街、同乐街，镇北路、登龙路、昌盛路等。

为了保持语言生态系统的稳定性，减轻人们记忆负担，语言系统自身会作出相应的调整，利用现有的构词规则合成新词，派生形式便是其中一种。部分新建路街名以派生形式产生，如都督北街、都督南街、环城北路、江南二路等。这类四音节路街名读作二二音步，遵循双音节化规律，指向性明确，方便人们记忆，符合语言生态规律，因而在新的路街命名中更容易被认可和运用。

金华和义乌的历史较为悠久，城镇规模也较大，路街名音节种类相对于横店要丰富得多，但比起一类城镇杭州仍有差距，比如双音节路街名只有一个，分别是金华的"后街"和义乌的"直街"，六音节及以上的路街名也只有一些宽阔路街的辅路，如金华的八一北街辅路、八一南街辅路，义乌的五洲大道辅路、伏龙山北路辅路等。

2. 城镇内部比较

在同一城镇的不同城区，路街名音节种类也存在差异性。以杭州为例，各城区路街名音节数量情况如表2-2所示：

表2-2 杭州各区路街名音节统计

音节 \ 数量 \ 城区	上城区	下城区	西湖区	滨江区	开发区	萧山区
双音节	4	5	3	4	0	2
三音节	282	274	167	126	12	131
四音节	120	114	83	20	19	65
五音节	68	25	12	0	18	7

续表

音节＼数量 城区	上城区	下城区	西湖区	滨江区	开发区	萧山区
六音节	6	12	7	1	0	0
七音节	12	9	0	0	0	0
八音节	1	1	0	0	0	1
总计	493	440	272	151	49	206

从表2-2可知，杭州上城区和下城区路街名音节种类多样性特征最为明显，六音节、七音节和八音节路街名几乎都出自这两个城区。上城区自古以来就是杭州的核心区，是南宋时期皇城所在地，下城区是南宋皇城的北部，杭州最热闹繁华、人流最密集的区域，是杭州传统的商贸中心，所以这两个城区面积不大但路街密集。

路街名较多反映语言生态环境的历史因子，语言在历史的发展过程中不断更新，不断变化，语言生态系统也在一直运转，说明语言的平衡机制和调节机制在发挥作用。由于双音节化规律，大部分音节较长的路街名在历史的发展过程中被逐渐淘汰。另外，语言的平衡机制对路街名音节种类进行调节，尽量保留原有语音形式，减少其衰亡速度。因此，在老城区，一些路街以"文化性老地名+实用性方位词或数字词"组成，形成少量音节较长的路街名。如"狮虎桥河下、斗富二桥东河下、大资福庙前、凤山路铁路边、回龙庙前一弄"等。这些路街名既保留了原有的语言形式，传承城镇的历史文化，又具有较强的指位性特征，是杭州在新型城镇化进程中注重语言生态建设的体现。

相对来说，音节种类较为单一的是滨江区和开发区，特别是开发区，只有三音节、四音节和五音节三种形式的路街名。这两个区开发较晚，城区较新，语言历史因子影响较小，因而语言形式较为单一。在路街命名的过程中，三音节、四音节地名简洁便利，与两区科技创新、产业开发、智慧人才的语言外部生态环境相适应。

同样作为国家历史文化名城，二类城镇金华与杭州各城区路街名音节种类的分布具有相似性，老城婺城区和新城金东区的路街名音节数量情况如表2-3所示：

表2-3 金华城区路街名音节统计 单位：个

音节\城区数量	婺城区	金东区
双音节	1	0
三音节	397	81
四音节	80	10
五音节	5	1
六音节	2	0
七音节	1	0
八音节	0	0
总计	486	92

由表2-3可知，婺城区路街名音节种类远多于金东区，该区域从双音节路街名到七音节路街名都具备，而金东区除了康济街辅路一个五音节路街名外，其余都是三音节和四音节的，这是因为婺城区是金华市中心城区，是全市政治、文化和商贸中心，历史悠久，相对来说路街名更加纷繁复杂。

综上所述，城镇类别越高，规模越大，城区历史越悠久，语言生态系统平衡机制和调节机制越成熟，路街命名音节种类多样性特征就越明显，如杭州的上城区、下城区和金华的婺城区。新兴城镇和新兴城区的路街名基本上集中在三音节和四音节上，如杭州的滨江区和开发区，金华的金东区以及横店。这些区域道路修建时间较晚，路街名受历史因子影响较小，更加注重效率，强调实用性和规范性，所以基本集中在三音节和四音节上。

（二）音节比例

从路街名音节比例看，不同城镇呈现出较大的共性特征：无论城镇规模的大小，三音节路街名总是占比最大，四音节路街名次之。各类城镇音节比例情况如表2-4所示：

表 2-4　　　　　　　　城镇路街名音节比例统计　　　　　　　单位：%

音节＼比例　城镇	杭州	金华	义乌	横店
双音节	1.1	0.2	0.3	0
三音节	61.6	82.7	63.5	62.1
四音节	26.1	15.6	26.4	37.9
五音节	8.1	1.0	6.8	0
六音节	1.6	0.3	1.5	0
七音节	1.3	0.2	1.2	0
八音节	0.2	0	0.3	0
总计	100	100	100	100

从表 2-4 看出，所有城镇的路街名三音节占绝对优势，其中杭州、义乌和横店三个城镇占比均超过 60%，金华更是超过 80%。

三音节路街名通常由双音节专名加单音节通名组成。双音节专名符合现代汉语词汇双音节化的语音规律，形式简单，便于记忆，表现力强，能够较好地实现语言的交际功能，符合语言生态原则，因而广泛运用于路街命名中。

四音节路街名主要有四种形式。一是双音节专名+（方位词或数词+单音节通名），这种形式的路街名读作二二音步，符合现代汉语双音节化规律，因而在四音节中占比最大，如杭州的美院北街、枫桦东路、健身一弄等，金华的八一北街、人民东路、青山一弄等，义乌的开元南街、听涛北路、诚信一街等，横店的康庄北街、四合北路、江南二路等。二是三音节专名+单音节通名，如杭州的五里塘路、桃花漾街、双眼井巷、蔡家桥弄等，金华的河盘桥路、金钱寺街、郑岗山巷等，义乌的蔡院厅路、八角井街等，横店的广州街路、度假村路、明清宫街等。三是双音节专名+双音节通名（大道、大街），如杭州的金沙大道、1号大街，金华的迎宾大道、龙潜大道，义乌的通港大道、茂盛大街，横店的影视大道等。"大道（大街）"原本是一个短语，指宽阔的道路，后被延伸为宽阔道路的通名，词义有了扩大。语言生态学主张以语言及其所在环境的相互关系出发来分析研究语言，语词新义项的产生与语言所在的社会生态环境密切相关。王希杰（1991）曾指出，社会的变动往往要引起语言和社会之间的矛盾。这一矛盾是语言发展变化的催化剂，是新词语得以产生的一个基础。新型城镇化进程中，新修的城镇主干道比原有的道路更长、更宽，原有的路街通名不再具有区分的功能，因而产生了一种"有实无名"的矛盾，为解决这一矛盾，语言结构系统做出相应调整，最简单的方式便是利用现有的语音形式标记新的含义，因而词汇含义有所扩大，"大道（大街）"便被用作道路通名，表示比"路""街"更宽、更长的城镇主干道。四是无通名形式，如杭州的上香古道，金华的西峰寺背、道前营房等。

在四音节路街名中，前三种路街名形式更加常见，在各类城镇中都可以找到例子，后一种无通名形式只存在于一些历史悠久的老城区中，新兴城镇很难见到。另外，在杭州和金华还有"（方位词+双音节专名）+单音节通名"的特殊形式，如杭州的东太平巷、南瓦子巷、上灰团巷、横饮马巷、东张家弄、外东山弄，金华的下园地巷等。这种形式的四音节路街名在杭州老城区最多，一般是较老的地名，且只出现在"巷""弄"中，不出现在"路""街"中，这与路街名和汉语的发展史息息相关。当城镇化进程加快，路街命名增多，人们记忆负担必将加重，为保持语言生态系统的稳定性，语言自身会做相应的调整，于是便有了派生形式路街名。这种特殊形式最初可能与现今数量较多的"双音节专名+（方位词+单音节通名）"形式并存，广泛运用于路街命名。但是按照现代汉语词汇双音节化的规律，四音节词语一般倾向于二二音步，而这种四音节路街名将方位词提前，按照词汇内部凝聚力来说，中间的双音节专名凝聚力最强，不能分开，于是只能勉强将前面的方位词与后面的路街专名相结合，读作三一音步。这不符合现代汉语词汇双音节化规律，语音内部和谐程度不足，违反语言生态要求，因此在历史发展过程中逐渐被淘汰，新建路街一般不使用这种命名方法，于是只能在老城区里的老巷弄名中窥知一二。

三音节和四音节路街名形式简单，音步和谐，便于记忆，符合语言生态原则，因此被广泛采用，即使是老城区也占到九成，在新兴城镇或新兴城区中，占比甚至达到100%。双音节表达力较弱，且通名容易被固化，难以起到"分类"的作用，因而在路街命名中极少用到。五音节及以上音节的路街名结构复杂、音节冗长，不利于人们记忆和使用，与语言生态中的语言和谐原则相悖，因而这些音节的路街名较为少见。

二　结构系统

在汉语地名学中，一般将结构系统分成两个方面：原生结构和派生结构。原生结构就是基本结构，由专名和通名组成；派生结构是在原生结构的基础上派生出新的结构。下面将从这两个方面分析四个城镇路街名的结构。

（一）"专名+通名"结构

"专名定位、通名定类"是现代汉语标准地名的命名准则。专名表达人们对自然事物最初的感性认识，通名表达人们对自然事物的理性分类，记录人们改造自然的种种举措。在路街名命名过程中，通名体现出行政管理的不同划分，对新型城镇化进程中的语言政策和语言规划尤为重要。

1. 不同城镇比较

通名用字的复杂性与一个城镇的历史和规模有很大关系，通常表现为一类城镇＞二类城镇＞三类城镇＞四类城镇，见表2-5所示：

表2-5　　　　　　城镇路街名通名用字数量和占比

城镇 通名	杭州 数量	杭州 占比（%）	金华 数量	金华 占比（%）	义乌 数量	义乌 占比（%）	横店 数量	横店 占比（%）
路	593	36.8	257	44.5	246	72.4	39	65.0
街	123	7.6	198	34.3	65	19.1	13	21.7
巷	258	16.0	79	13.7	2	0.6	0	0
弄	343	21.3	9	1.6	0	0	0	0
里	83	5.2	5	0.9	0	0	0	0
坊	7	0.4	0	0	0	0	0	0
线	0	0	13	2.2	12	3.5	4	6.7

续表

城镇 通名	杭州 数量	杭州 占比（%）	金华 数量	金华 占比（%）	义乌 数量	义乌 占比（%）	横店 数量	横店 占比（%）
大道（街）	39	2.4	5	0.9	14	4.1	4	6.7
通道	2	0.1	0	0	0	0	0	0
堤	5	0.3	0	0	0	0	0	0
无通名	158	9.8	12	2.1	1	0.3	0	0
总计	1611	100	578	100	340	100	60	100

就语料看，各类城镇"专名+通名"的结构占主导，其中杭州占90.2%，金华占97.9%，义乌占99.7%，而横店路街名全部属于这种结构。由于无通名形式出现较早，存留不多，只能在一些悠久历史的老城区找到，新兴城镇很难见到，因而各类城镇"专名+通名"这种常规结构占比通常表现为：一类城镇＜二类城镇＜三类城镇＜四类城镇。

杭州路街名通名用字最多，主要有"大道（大街）、路、街、巷、弄、里、坊"等，使用频率由高到低依次为：路、弄、巷、街、里、大道（大街）、坊、堤、通道等。"路"的使用频率最高，"街"的使用频率未进前三名，反而是"巷""弄"数量较大，排在"街"的前面，这与一般城镇不同，分析其原因应该是受到语言生态的历史因子和经济因子的影响。南宋定都杭州后，商品经济发展到新的阶段，城镇商业空间快速扩展，导致街巷空前增加。为适应商品经济发展，这些街巷的修建大多以市民阶层的商品交易为目的，较为狭窄，除几条主街外，多以"巷""弄"为通名。这些路街名延用至今，因而"巷""弄"数量较大。20世纪90年代，杭州新设滨江区、开发区，21世纪初，设立萧山区和余杭区，城镇化进程不断加快，城区向钱塘江以南拓展，修建大量路街。这时新修道路的主要功能在于交通而非商品交易，因而在杭州新城区内，道路多以"路"而非"街"为通名。道路出现后，路街两边出现各种交易场所，许多直接以路为市，于是这些道路功能从以前的交通为主变为交易为主，完成了街道化的转变，而通名并未改变，因此，在杭州新城区，"街"的使用频率就比较少。

金华的路街名通名频率由高到低依次为：路、街、巷、线、弄、里和大道（大街）。"路"和"街"作为城镇中较为宽阔的道路名，所占比重较高，两者加起来占所有路街名的 78.8%。

在路街名中，金华出现了一个通名"线"。"线"作为较新的通名，出现相对较晚，最先一般是指从城镇边缘地带直接通向郊区或外地的道路。《现代汉语词典（第 7 版）》对"线"的解释为"交通路线"，而"路线"的解释为"从一地到另一地所经过的道路（多指规定的或选定的）"，其功能主要体现在"快速直达"上面。随着新型城镇化不断推进，城镇规模不断扩大，原本在城镇外围的"线"也成为城镇内部路街通名之一。如金九线，是金华通向北部九龙村的道路专线；孟龙线，是孟宅村通往东龙口村的道路专线。

义乌的通名用字有路、街、线、巷和大道（大街），种类相对杭州和金华来说少了很多。通名中"路"的数量最多，占七成多，"路"和"街"加起来超过总数的九成，在义乌路街名中占绝对优势。

"巷"在义乌路街名中只有两个，分别是稠州西路二三零巷和贝村路三一八巷，这两个巷名以街道附近门牌号直接命名。小巷弄名是最能代表城镇历史因子的"活化石"。早期的义乌老城区被抗日战争摧毁，直到 1949 年义乌解放，老城区依旧衰破不堪，几乎所有的路街设施都是后来建成并命名的，因而在义乌的路街通名中，我们几乎找不到"里""坊""巷"等代表悠久历史因子的用字。20 世纪 80 年代开始，义乌小商品市场经济的快速发展推动了义乌城镇化进程，带动城镇路街建设。改革开放后建设的路街相对较为宽阔，因而在义乌，"路""街""大道"这样的通名出现较多，这种现象与义乌外部语言生态环境的发展变化息息相关。

横店路街名全部属于"专名+通名"的形式，通名只有路、街、线和大道。与义乌相似，横店路街通名中"路"和"街"数量最多，占比高达 86.7%。"大道"占横店路街通名 6.7%，相对于其他城镇来说，比例最高。语言是社会的一面镜子，反映社会发展状况，外部生态环境的变化在语言上有直接体现。作为新型小城镇代表的横店，一方面交通设施发展较快，路街较为宽广；另一方面反映了命名者的认知和心理，这些因素都会在路街命名上得到体现。

一般来说，省会城镇路街名通名用字多于地级市，地级市路街名通名用字多于县级市和镇级市，"巷""弄""里""坊"这些通名一般只出现在一类和二类城镇老城区。地名是人们生活的活化石，这些通名经过历史的变迁依然存在于老城区中，反映出当时人们的生活状态。第三类、第四类城镇由于经济发展较晚，相对来说历史底蕴不够深厚，路街建设较为宽阔，通名用字倾向于用"路""街""大道"，很少出现代表历史沉淀的通名用字"巷""弄""里""坊"等。

2. 同一城镇比较

路街名结构的差异不只体现在不同城镇间，还体现在同一城镇内部。如杭州各区路街通名用字情况，见表2-6所示：

表2-6　　　　杭州路街名通名用字数量和占比

城区 通名	上城区 数量	上城区 占比（%）	下城区 数量	下城区 占比（%）	西湖区 数量	西湖区 占比（%）	滨江区 数量	滨江区 占比（%）	开发区 数量	开发区 占比（%）	萧山区 数量	萧山区 占比（%）
路	106	21.5	112	25.5	130	47.8	91	60.3	16	32.7	138	67.0
街	19	3.9	31	7.0	35	12.9	17	11.3	5	10.2	16	7.8
巷	108	21.9	100	22.7	46	16.9	4	2.6	0	0.0	0	0.0
弄	126	25.6	127	28.9	38	14.0	13	8.6	0	0.0	39	18.9
里	43	8.7	37	8.4	1	0.4	1	0.7	0	0.0	1	0.5
大道（街）	2	0.4	2	0.5	0	0.0	5	3.3	28	57.1	2	1.0
坊	6	1.2	1	0.2	0	0.0	0	0.0	0	0.0	0	0.0
通道	0	0.0	2	0.5	0	0.0	0	0.0	0	0.0	0	0.0
堤	0	0.0	0	0.0	3	1.1	0	0.0	0	0.0	2	1.0
无通名	83	16.8	28	6.4	19	7.0	20	13.2	0	0.0	8	3.9
总计	493	100	440	100	272	100	151	100	49	100	206	100

由表2-6可知，上城区和下城区作为杭州市内最古老的中心城区，两区内的大街小巷密布如网，路街名丰富多样，通名种类最为丰富。路、弄、巷、街、里、大道（大街）、坊在内的常用通名在这两区均能找到。此外，上城区和下城区的通名"巷""弄""里"加起来占本区

总数的一半以上，远远超过其他区域。两个区域"巷"的数量与"路"相当，"弄"的数量甚至超过"路"的总和。

开发相对较晚的西湖区、滨江区和萧山区，通名"路"均占本区总数的一半以上。特别是萧山区，"路"的占比高达67.0%，"巷""弄""里"则相对较少。开发区内甚至没有通名"巷"、"弄"和"里"，反观比"路"更宽阔的"大道（大街）"有28个，占整个杭州城区总数的71.8%。"路"作为城镇建设中较宽阔的街道，一般来说，城区建设越新，道路越宽阔，所占比重越大。有些新兴城区甚至大量使用比"路"更宽阔的通名"大道（大街）"。相对来说，"弄""巷""里"较为狭窄，一般集中在老城区。老城区内街道较窄，里弄巷道交错纵横，旧街道众多，沿用旧地名的情况也多。

西湖区和萧山区出现特殊的通名"堤"，分别是西湖区的苏堤、白堤、杨公堤；萧山区的湘堤和越堤。苏堤、白堤、杨公堤环绕西湖区内最著名的自然人文景观西湖而建，湘堤、越堤则是围绕被誉为西湖"姊妹湖"的湘湖而筑。这五条路街以"堤"为通名，与本区域的自然景观相辅相成，体现出杭州江南水乡的独特魅力。

再看金华两区路街通名用字情况，见表2-7所示：

表2-7　　　　　　金华路街名通名用字数量和占比

城区 通名	婺城区		金东区	
	数量	占比（%）	数量	占比（%）
路	205	42.2	52	56.5
街	167	34.4	31	33.7
巷	79	16.3	0	0
弄	9	1.9	0	0
里	5	1.0	0	0
线	5	1.0	8	8.7
大道（街）	4	0.8	1	1.1
无通名	12	2.4	0	0

从表2-7可以看出，婺城区通名种类齐全，含有路、街、巷、弄、

里、线、大道（街）等七种，金东区通名种类较少，没有"巷""弄""里"三种通名，其中通名"线"有 8 个，占本区总数的 8.7%，超过婺城区近 8 个百分点。两个区域的通名用字与城区建设情况相符：婺城区是老城区，开发较早，街道巷弄繁多；金东区是新城区，开发较晚，街道相对稀少。

婺城区的"大道（街）"有 4 个，分别是迎宾大道、金安大道、龙潜大道和临江大街，而金东区只有 1 个，即概念大街。这说明金东区虽然是新兴城区，但开发力度仍然不够，而老城区婺城区拓展明显，开发更加完善，道路系统更加完整。

俄国学者尤里·特尼亚诺夫认为，语言天生具有历史属性，与历史是统一的。语言外部生态环境中，历史因子对语言具有深远的影响。将杭州和金华内部城区比较后可以发现，小巷弄密布的城区一般就是该城镇历史最悠久的地区。杭州的"巷""弄""里""坊"在上城区和下城区数量最多，占比最大，这两个区域在杭州的历史也最悠久，同样，金华的"巷""弄""里"只出现在婺城区，该区也是金华的历史文化中心。

此外，新老城区的通名用字具有很强的倾向性。在杭州，代表老城区的上城区和下城区通名用字倾向于用"巷""弄""里""坊"，而代表新城区的滨江区和开发区的通名用字则倾向于用"路""街""大道"。同样，在金华，通名"巷""弄""里"只出现在婺城区，在该区所占比例接近 1/5，代表新城区金东区的通名用字倾向于用"路""街""线"。

这是因为在城镇道路规划中，为了满足道路设施的车流量、人流量在一定年限内的增长程度，新兴城区的路街一般都建设得相对宽而长，这时候用"巷""弄""里"等通名就与路街的实际长度、宽度不符。另外，由于语言经济性原则，多个通名的使用增加人们的记忆量，不符合语言生态要求，为了减少记忆负担，人们就会优先选择更为常用的路街通名。

（二）派生结构

派生结构是在原生结构基础上派生出新的结构，通常是在原结构"专名+通名"上加数词或方位词组成。派生结构的路街名能有效缓解人们的记忆负担,给人们生活带来便利。

1. 数词派生

数词派生路街名就是在原"专名+通名"的基础上增加数词成为新的路街名的一种方法,如中山一路、中山二路等。在数词派生的路街名中,不一定都是原来的路街名,如杭州的路街名永锦一弄、永锦二弄、永锦三弄,其原生地名并非"永锦弄"路街名,而是附近的小区名"永锦苑";金华的路街名青山一弄、青山二弄、青山三弄,其原生路名也并非"青山弄",而是附近的社区名"青山社区";义乌的路街名丹晨一路、丹晨二路,其原生名也并非"丹晨路",而是附近的小学名"丹晨小学";横店的园二路、园三路、园四路,其原生地名取自附近著名景点华夏文化园。数词派生的路街名像毛细血管一样有序排列在老城区的社区内部,因其严整有序、指向性强、便于记忆的优点为人们所喜欢。在各类城镇中,一类城镇杭州和二类城镇金华的数词派生路街名主要以弄名为主,这些弄堂多分布在老城区的社区内部。老城区社区内部的小街巷纷繁复杂,数词在原有地名的基础上派生出新的路街名,一方面为原生老地名赋予新的生命,起到保护旧地名的作用;另一方面也可以使街道排列有序,方便人们的生活。相对来说,数词派生路街名的文化性相对较弱,所以一般各类城镇的主干道不太会以此命名,而新型城镇是人的城镇化,城镇生态文明建设促使人们对路街命名赋予更多的关注,要求路街命名在实用的基础上,充分挖掘地名文化内涵。我国传统文化博大精深,汉字历史源远流长,城镇主干道往往贯穿整个城镇,是城镇的标志性道路,命名时应更多挖掘城镇文化,彰显城镇特色,不宜过多使用数字派生形式。

在三类城镇义乌路街名的数词派生中,除丹晨一路、丹晨二路,稠州西路二三零巷和贝村路三一八巷外,其他都是通名"街"派生出来的,如稠关一街、稠关二街,迎恩门一街、迎恩门三街,宾王商贸区一街、宾王商贸区六街等,这类街名派生在义乌有 34 个,数量较多。这种现象主要受义乌语言生态环境中的经济因子影响,义乌小商品批发市场始建于 1982 年,历经 30 多年的发展,已经成为全球最大的小商品集散中心，被联合国确定为世界第一大市场。小商品市场交易的出现，满足了经济发展所带来的不断扩大的产品交易与交换需求，也带动了市场的道路基础设施建设。《现代汉语词典（第7版）》对"道路"的解释为"地面上供人或车马通行的部分"，对"街道"的解释为"旁边有房屋的比较宽阔的道路"。"路"的主要功能为"通行"，"街"的主要功能为"交易"。义乌新修的路街相对宽阔，集中于市场内部，两旁多有房屋，以产品交易为主要功能，因而以"街"而非"路"为派生通名。

在第四类城镇横店，数词派生形式很少，更倾向于用方位词，这与横店的道路设施的新旧、长宽有一定关系。

2. 方位词派生

方位词派生是指在原有结构基础上增加方位词而派生出新的路街名的一种方法。相对于数词派生来说，方位词派生一方面有明确的指位性作用，又不像数词派生一样容易被滥用，另一方面可以最大限度地保留路街名的文化性，随着城镇化的推进，路街越修越宽，方位派生的路街名因其对称性和指位性优势出现在各类城镇的主要街道上。数词派生更多地出现在老城区的社区内部，原生地名往往沿用社区老地名，而方位派生则更多用于对新城区主干道的命名，原生地名有的是沿袭代表城镇特色文化的老地名，如杭州的灵隐北路、灵隐南路，金华的金星北街、金星南街，义乌的稠州西路、稠州北路，横店的万盛北街、万盛南街等；有的是在城镇不同的文化基础上重新创设，如杭州的文海北路、文海南路，金华的宾虹东路、宾虹西路，义乌的振兴东路、振兴西路，横店的康庄北街、康庄南街等。

在"专名+通名"的结构中，杭州方位词派生的路街名主要是路名和少量街名，如近江东路、徐家埠北路、中河中路、美院北街、复兴南街等。这些路街名大多是"专名+（方位词+通名）"结构，四音节为主，成对出现，如有近江东路便有近江西路，有美院南街也有美院北街。

除了路名和街名外，杭州方位词派生的路街名还包含一些无通名结构。它们当中有的方位词派生于专名后，如斗富一桥东、斗富二桥西、元帅庙前、大河下、小河下、武林桥河下；有的方位词派生于专名前，如南观音洞、北落马营、里太祖湾。这些无通名结构路街名大多历史悠久，指位特征明显，但没有代表路街类别的通名。语言的使用关键是看语言是否能有效发挥它的交际功能，语言的表达效果依赖于良好的社会语用环境，"专名定位，通名定类"便是路街名的社会语用环境。由此观之，无通名结构受到"路街名应该有通名"的社会语用环境影响，无法彰显语言的表达效果，在使用上不如"专名+通名"的结构清晰明了，因而在历史长河中逐渐被淘汰，只留下星星点点的记载。

金华路街名派生结构中，"街"和"路"的派生占多数，且基本都是三音节路街名加单音节方位词的形式，如双龙南街、双龙北街，玉泉东路、玉泉西路等。与杭州相似，一般来说，这样的派生路街名都以成对的形式出现，既符合街道命名的整体性原则，又有明确的指示性，符合语言工具性属性。

另外，婺城区的方位派生路街名有近50个，金东区只有4个。方位词派生结构的路街名因指位性明确，简化人们的记忆，符合语言生态的要求，在城镇主要街道命名中使用频率较高。这也说明在新型城镇化进程中，婺城区的街道发展更成熟、更完善，金东区在城镇路街发展上还有较大的提升空间。

义乌路街名方位词派生形式主要是"路"的派生，如听涛北路、听涛南路，雪峰东路、雪峰西路、甘塘西路、江东南路、江东中路、金鳞北路等。由于义乌城镇道路修建基本与义乌江平行，义乌江在义乌境内为东北—西南走向，因而义乌路街大多和义乌江一样，呈现出东北—西南的路街名。如"江东南路"对应的不是"江东北路"，而是"江东中路"；"江滨西路"对应的不是"江滨东路"，而是"江滨北路"和"江滨中路"。由于城镇道路命名规划不够严谨，导致一些没有对应的派生路街名，如有"甘塘西路""金鳞北路"等，而没有"甘塘东路""金鳞南路"等。路街名不对称现象在一定程度上反映了城镇化进程中的社会问题：部分城镇路街名规划不足，命名不够严谨，城镇语言生态程度不高等。

横店路街名只有方位词派生形式，如康庄北街、康庄南街、兴盛东路、兴盛西路。派生形式的路街名在整个街道命名系统中占比较高,横店路街名中通名"路"共有39个,"路"的派生形式有11个,占"路"总数的28.2%;通名"街"共有13个,"街"的派生形式有6个,占"街"总数的46.2%。

3. 派生规律

在新型城镇化进程中,派生形式的路街名受到人们普遍认可,因此在各类城镇中所占比例均较高,一些开发较完善的新兴城区、大力改造的老城区的主要街道都倾向于用派生路街名。如杭州开发区内,派生形式的路街名数量超过其他形式的路街名;金华婺城区内,派生形式的主要街道基本奠定城镇格局;义乌城区派生路街名有80个,占义乌路街名的近四分之一;横店的派生路街名有17个,占横店路街名总数的近三分之一。

从语音系统来看,派生路街名一般是四音节,二二音步的读法遵循现代汉语双音节化规律,读起来朗朗上口,符合语言生态要求。从语用效果来说,与传统形式路街名相比,派生路街名多有方位词和数词,指位性更强,能有效发挥语言的交际性和工具性功能,符合语言生态原则,因而认可度较高。

在路街名派生形式中,主次街道使用情况有所差异,基本遵循城镇主要干道用方位词派生,次要街道或老城区小的里弄用数词派生的规律。如杭州、金华、义乌、横店均有环城路的方位词派生路街,各类城镇都出现诸如环城东路、环城西路、环城南路和环城北路的路街名。环城路一般是市区入口,是城镇重要的路街,用方位词派生能够明确道路方位,发挥语言交际功能,方便人们生活。

城镇的主要干道一般都比较长,为了便于门牌号码的查找和管理,较长的路街一般需要分段。运用方位词"东西南北中"给人直观的方向感,使人们生活更加便利,还能有效解决门牌号码管理问题,使城镇路街名形成一个整体生态系统。

次要街道或老城区小的里弄,则基本倾向于用数词派生。如杭州次要街道工大一路、工大二路,水城一街、水城二街,小的里弄焦家里一弄、焦家里二弄、焦家里三弄；金华老城区的青山一弄、青山二弄、青山三弄；义乌次要街道丹晨一路、丹晨二路等。

次要街道一般围绕主干道展开，同一方向可能不止一条，用方位词派生的方式容易造成混淆，破坏语言的生态，相反，用数词派生简单方便，更加适宜。老城区纵横交织的里弄将建筑分隔开，就像切豆腐块一样，既密密麻麻又整整齐齐，同一方向的里弄用数词派生的方式命名能够快速了解里弄的数量和大致方位，更加符合语言生态原则。

三 词义系统

交际是语言的主要功能，语义系统是实现交际功能的重要条件，因此，在语言内部生态系统中，语义系统处于核心地位，同样路街名的词义系统也具有这样的功能。指称明确、层次分明、特征鲜明是路街命名对词义的基本要求，也是路街命名应该遵循的语言生态原则。

（一）指称明确

路街是城镇中供车辆行人往来通行的道路，用于保证城镇的经济活动，路街命名与城镇经济活动密切相关。城镇路街名的词义必须具有明确的指称性，可以发挥指位性功能，这一特点在各类城镇路街名上表现突出，且形式多样，例如：

以附近山水命名：杭州的紫阳山（紫阳山上）、山子弄（连接山子巷）、孤山后山路（孤山之后）、西溪河东（西溪河东面）、水北街（京杭大运河北面）、之江路（沿钱塘江，也称"之江"而建）；金华的四眼井巷（附近有井名四眼）、婺江东路（近婺江）；义乌的东河街、后河街、西江路、江滨北路、江东南路、江东中路（这些路街均沿义乌境内最大河流义乌江而建）等。

以典型标志物命名：杭州的四牌楼（直接以附近的楼为名）、太庙巷（靠近太庙广场遗址）、海潮寺弄（海潮寺附近）、美院北街（中国美术学院以北）；金华的通济街（通济桥附近）、府前路（市政府前面）；义乌的福田路（东靠福田公园）、县前街（义乌政府前面）、西站大道（附近有小区西站一区、西站二区）；横店的邮电路（路边有中国邮政储蓄银行)、明清宫街（著名景区明清宫附近）、影视大道（贯穿横店影视城）等。

以通往方向命名：杭州的西湖大道（通往西湖）、下沙路（横贯下沙街道）；金华的金安大道（连接金华市区和安地镇）；义乌的机场路（通往机场）等。

以路街形状命名：杭州的直大方伯（明布政使宅邸所建之处，布政使又称方伯，宅邸跨越横、直两巷，故有横、直大方伯之称）、横饮马巷、九曲巷；金华的八曲巷、七字巷、十字巷；义乌的直街等。

这些指位明确的路街名，方便人们记忆和寻找，提高效率，符合语言生态原则。

（二）层次分明

通名体现行政管理的不同划分，代表路街的层级大小。一般来说，第一类城镇路街层级较多，通名用字也较多；第四类城镇路街层级较少，通名用字也较少。

历史比较悠久的城镇，建立之初范围并不大，交通工具种类少，没有大型交通工具，那时候修建的道路基本供人们步行，并不宽敞。这些狭小的街道被人们称为"巷""里""弄""坊"，现存的"巷""里""弄""坊"基本上都是由老地名沿袭下来的。后来城镇不断发展，街道扩建，出现了"路"。随着城镇经济水平的提高，交通工具的革新，出现了比"路"更宽广的"大道（大街）"。因此，在杭州、金华这样的一二类城镇中，路街的长度和宽度大致按以下顺序排列："大道（大街）" > "路" ≈ "街" > "巷" > "弄" ≈ "里" > "坊"。

义乌、横店城镇起步较晚，为了适应城镇经济的发展水平，城区在建立之初就规划出相对宽敞的道路，命名为"街""路"，将特别宽和长的路街称为"大道（大街）"，因此，在义乌和横店这样的小城镇，通名用字较少，极少出现代表城镇悠久历史文化的通名用字"巷""里""弄""坊"等。

（三）特征鲜明

与北方政治、伦理为主导的文化不同，我国南方文化具有唯美、诗性的特征，其中最具代表性的就是江南文化。江南，自古以来就是人人神往之地，早在唐代，白居易就在《忆江南》中为人们勾勒出江南水乡令人迷醉的景象：江南好，风景旧曾谙。日出江花红胜火，春来江水绿如蓝。能不忆江南？

除第四类城镇横店外，浙江各类城镇的路街名呈现出鲜明的特征性，其中以江南水乡文化为典型。江南水网纵横，河湖密布，我们收集到许多含"塘""莲""荷""溪""井"等代表水乡特色用字的路街名，如表2-8所示：

表2-8　　　　　　　　城镇路街名特色用字

城镇 用字	杭州 个数	杭州 举例	金华 个数	金华 举例	义乌 个数	义乌 举例
塘	19	安家塘、白塘里、池塘巷、转塘直街、塘头路	6	荷塘巷、芦塘街、骆家塘街	7	深塘路、草塘沿路、甘塘西路
莲	6	莲章弄、莲花街、莲池路	2	莲塘街、莲湖路	2	莲藕街、采莲路
荷	4	荷花池、荷花池头、老荷花弄、新荷花弄	2	荷塘巷、东荷街	4	荷花街、夏荷路、荷园路、采荷路
溪	6	九溪十八涧、西溪河下、梦溪街、湘西路	17	外溪巷、通溪街、文溪街、夹溪路、双溪西路	10	武溪北街、香溪路、清溪东路
井	15	白井儿头、六眼井、井弄、百井坊巷	4	四眼井、蓝馥井、绿井巷	1	八角井街

江南文化不仅体现在城镇路街名用字上，还体现在路街名意象的营造上。如杭州的青芝坞、月湾潭、彩霞岭、苏堤、白堤、燕春里、荡漾弄、茶叶弄、金鱼弄、春雨巷、蝶飞巷、屏风街、河坊街、桃花漾街、新螺路、浣纱路、竹清路；金华的绿竹巷、鱼声巷、螺蛳巷、白露街、柳青街、桃花路、碧春路；义乌的溢香街、春晗路、秀禾路、听涛北路等。这些路街名有燕蝶鱼螺、桃柳竹茶等生物景观；有丘陵山坞、波涛清潭等山水景观；有秋冬春夏、雨露风霞等天象气候景观；有绿柳红

花、金鱼白露等色彩景观。通过不同意象的选择与组合，展现出一个虚实相生、动静结合、物我相融、生态和谐的气象，展示烟雨江南极具鲜明的特征。

第四类城镇横店是一个新兴的小城镇，以影视文化为特色，所以路街名多与此有关，如影视大道（直接以横店影视城为名）、秦清路（连通影视城两大景点："秦王宫"和"清明上河图"的重要道路）、明清宫街（靠近影视城著名景点"明清宫苑"南面）、广州街路（围绕影视城的"广州街·香港街"而建）。

第三节　新型城镇路街名语言外部生态环境

城镇路街名不只是受到语言内生态环境影响，更多的还受到语言外生态环境的制约，它与自然、社会、文化等外部生态环境有着密切联系。路街名在产生之初，指位性和指代性是人们赋予其最重要的功能，随着历史变迁、文化传播、经济发展，外部生态环境对地名产生越来越大的影响，于是人们不再满足于路街名仅有的指位性功能，而是深入挖掘地名背后的东西，赋予路街名新的含义，因而，理解街名所蕴含的文化内涵，离不开对所在的语言外部生态环境探讨。

新型城镇化要求城镇建设既能和谐发展，又能彰显特色，城镇规划能够反映多元文化，不同类别的城镇反映不同的主题。由于自然因子、历史因子、产业因子等外部生态环境的不同，各类城镇的路街命名呈现出多样性特征。

一　自然因子

任何一座城镇都是屹立在具有一定自然地理特征的地表上，城镇的形成、建设、发展都与自然环境有着千丝万缕的联系。不同的自然环境提供了不同的自然资源，城镇的建筑因地制宜，呈现出不同形态，这就造成城镇特质文化再塑造的差异性。由于地理条件的不同，城镇路街名反映出当地不同的自然文化特征。

杭州江河湖山交融，有着优越的自然环境。杭州西北部和西南部属浙西丘陵区，主要山脉有天目山、龙门山、千里岗等。东北部和东南部属浙北平原，地势低平，河网密布，主要河流有钱塘江、东苕溪。世界上最长的人工运河——京杭大运河也穿过杭州城区，世界文化景观遗产——西湖坐落于杭州。元朝时意大利著名旅行家马可·波罗曾称赞杭州为"世界上最美丽华贵之天城"。

金华城区处于金衢盆地中东部，北靠金华山（又称长山，俗称北山），南临仙霞岭余脉（南山），金华江（婺江）、义乌江和武义江三江在此汇合。独特的山水地貌造成了金华独一无二的秀美风景，自然旅游资源十分丰富。

义乌处于浙江省中心轴，境内山脉属浙中山系，为仙霞岭余脉、会稽山余脉、玉壶山脉（即金华山，俗称北山）及大盘山中的一支余脉延伸而成。市区内主要流经的江溪为义乌江（史称乌伤溪、义乌溪、东阳江）、大陈江和洪巡溪。

横店地处浙江中部的一个半山区，镇内主要是山坡和丘陵地带，交通较为闭塞。境内主要河流为南江，由东至西贯穿全境，另一河流为东溪，是南江的主要支流。

（一）自然因子相似性

最初地名是人们赋予一定地理实体的名称，给人第一直观感受就是地名所指代的地理实体，路街名也不例外。在各类城镇路街命名中，除小城镇横店外，无论有怎样的自然环境基础，为宣传城镇自然风光，体现地名指位性特点，均存在以本地特色自然山水命名的路街名。比如杭州的天目山路、万松岭路、钱江路、湘溪路；金华的芙峰街、赤松路、婺江东路、婺江西路；义乌的伏龙山路、黄山街、丹溪路、铜溪路。这些路街名受自然因子的影响，代表城镇的山水特色，是城镇文化软实力的一部分。

随着历史不断变迁，自然条件不断变化，山川可能夷为平地，水流可能干涸，最初指代这些山水位置和范围的路街名却像化石一样保留下来。如杭州的"艮山",原是杭州城北的小山,宋在此建有城门艮山门,现不存。"荷花池头",南宋府治故址,因府内有很大一块荷花池头,府前大片区域被称为荷花池头,清康熙年间被大火夷为平地,仅保留巷名。金华的"西峰寺背""浇花岭""玩云岭",原来均为城内小山岭,随着城镇不断改建,已被夷为平地,仅存街巷名。通过对路街名的深入研究,可以探讨这些地名的由来,以及该区域的地理演变和城镇的路街名文化。

(二) 自然因子差异性

除相似性外,自然因子在更大程度上表现出差异性,不同城镇拥有各自的山川、水流及自然景区,造就出不同的城镇路街名,体现出独特的城镇文化。

1. 以山川命名

总的来说,杭州的自然因子呈现出多样性特征,自然生态系统相对和谐。在杭州市内,地势有高有低,山地、丘陵、平原应有尽有,山水交融的自然生态环境为杭州路街命名提供大量的可取素材。

杭州市区以山川为名的路街有50多条,有直接以山命名的,如施家山、尼龙山、粮道山、吴山、仁寿山、云居山、紫阳山、樱桃山;有以山名加方位词命名的,如艮山上、宝石山下、凤山路铁路边;还有以山名加通名命名的,如江山弄、石山下一弄、凤凰山路、吴山路、天目山路、凤山路、馒头山路、万松岭路、天竺路、北干山南路、北干山北路等。这些路街名以杭州本地的山川为名,一方面有直接的指位性作用;另一方面可以充分体现杭州的山水文化,营造优美自然的城镇氛围,保护生态的城镇环境。

金华以本地山川为名的路街名有南山路、北山路、大盘路、赤松路、九峰路、凉帽山路等。也有一些路街虽以山川为名,但随着地质不断变化,路街附近的自然景观也有所改变,现今找不到当初指位性的山川。如直接以山岭为名的路街名浇花岭、玩云岭;以山岭为专名的路街名青山一弄、郑岗山巷、青芝山路、黄芝山路等,从这些路街名可以窥见金华历史上的自然环境状况。

义乌以山川命名的路街名主要有：伏龙山北路，取自城西街道伏龙山，山上群峰环列，石峻林翠，风景靓丽；黄山街，取自黄山，位于义乌上溪镇，以"黄山八面厅"的建筑雕刻出名；香山路，取自金华山在义乌境内的余脉香山；东山路，取自稠岩东山坳；竺阳路，取自竺阳洞，俗称祝公岩。

小城镇横店鲜有以自然山水命名的路街，其路街命名的自然文化特征并不明显。原因就在于横店发展较晚，某种程度上与其他三类城镇的新兴城区高度相似，路街命名以体现地方特色影视产业因子而非自然山水因子为标准。

2. 以水流命名

水是人们的生命之源，城镇的建立、发展和可持续都离不开水源。江河不仅可以为城镇的兴建提供优质水源，还可以起到保护、美化城镇的作用。人具有天然的亲水性，爱水近水是人的习性，以至于听到"江""河""湖""溪"等词语的时候无意识地产生一种亲切、舒适、平静、安宁之感。为表达人们对水源的亲近和感激，各类城镇都以当地特有的河流湖泊来命名路街。

杭州有大面积平原地带，这些地区地势低平，河网密布。在我们收集到的语料中，杭州以水流命名的路街有110多条，主要来源于钱塘江、钱塘江支流及京杭大运河。如大河下、小河下、断河头、陆家河头、长浜河下、保安桥河下、西溪河东、河水弄、漾河弄、河坊巷、西磨河巷、河坊街、槐河街、云河巷、钱江路、之江路（之江，钱塘江别称）、近江东路、近江西路、九溪路、白马湖路等。

金华以水流命名的路街主要取自婺江、义乌江和武义江三江及其支流，如通溪街、熟溪街、文溪街、溪下街、花溪路、夹溪路、潜溪路、婺江东路、婺江西路、双溪西路、丹溪西路、临江东路、临江西路、通江路、滨江路等。

义乌以水流命名的路街主要取自义乌江水域的溪水支流。如丹溪路，取自吴溪，有光明溪、丹溪、声闻溪的别称；盘溪路，取自盘溪，是声闻溪的支流，盘溪在山盆村自南流入声闻溪，汇合后称丹溪；青溪路，取自东青溪，由稠城街道抱湖塘村汇入义乌江；后溪路，取自义乌江支流后溪，曾称镜溪、瑞云溪、紫溪；铜溪路，取自义乌江支流铜溪；香溪路，取自义乌境内主要支流香溪，因水源主要来自香山坚漆老岭得名。义乌也有因境内义乌江得名的路街，如东河街、后河街、西江路、柳河路、江滨北路、江滨西路、江滨中路、江东南路、江东中路等，这些路街并未直接用义乌江命名，而是泛用"江""河"来代称。

3. 以特色自然景区命名

自然景观本属于山川水文的一部分，之所以将其单列，是因为自然景区在城镇建设、路街命名中的特殊性。新型城镇化进程中，许多城镇都被打上"著名旅游城镇"的名片，但城镇是否"著名"不能妄下判断，只能以景区的知名度、游客数量的多少作为主要依据。而吸引游客最重要的因素，便是自然景区。如果能将城镇特色自然景观与路街命名相结合，既可以于无形之中宣传特色自然景观，又可以营造生态城镇语言氛围，加强游客旅游审美体验，彰显城镇特色自然因子。

有人说，若要选出一个最能代表杭州的词语，恐怕没有比"西湖"更适合的了。天下西湖三十六，就中最美在杭州。西湖秀美的自然山水为杭州赢得"上有天堂，下有苏杭"的美誉。可以这么说，西湖之于杭州，恰如塞纳河之于巴黎，泰晤士河之于伦敦。为提升城镇品牌效应，保护西湖文化的完整性，杭州城区内以西湖自然景观命名的路街名非常多，如武林桥河下、九溪十八涧、金沙堤、北山街、南山路、武林路、灵隐北路、灵隐南路、天竺路、西湖大道等。

西溪国家湿地公园和湘湖旅游度假区也是杭州着力打造的特色景观旅游地。为加强旅游审美体验，打造城镇景观文化，杭州也有部分以西溪和湘湖为名的路街名，如西溪河东、西溪河下、西湘路、湘溪路、湘湖路、湘云路、湘堤、越堤等。这些路街名很容易让人联想到西溪人家、幔港寻幽、湖心云影、湘堤卧波、越堤夕照等景区画面，给人清新脱俗的平静之感，进而满足人们的精神想象，营造和谐城镇语言生态环境，建设社会主义生态文明社会。

金华最负盛名的旅游地是双龙风景名胜区，该自然景区分为双龙洞、黄大仙、尖峰山、大盘天、赤松山（也称"优游园"）和家园里（也称"仙鹤妍"）。景区山上林海莽莽，洞内水流潺潺，是休闲纳凉的避暑胜地。为了找准城镇定位，发挥山水优势，推动本地旅游产业发展，金华部分路街名直接以双龙景区各景点命名。如双龙北街、双龙南街，直接取自双龙风景区；芙峰街，取自芙蓉峰（俗称尖峰山）；大盘街，取自景区主峰之一大盘山；赤松路，取自赤松山；朝真路、冰壶路、仙瀑路，分别取自景区溶洞朝真洞、冰壶洞、仙瀑洞。此外，"双龙"中的"龙"字象征祥瑞，在《礼记·礼运第九》中与凤、龟、麟一起并称"四灵"，是中华民族最具代表性的传统文化之一。金华以"龙"命名的路街名多达16条，如龙乾大道、华龙南街、迎龙北街、金龙路、九龙路、龙岩街、孟龙线。

除双龙景区外，金华著名风景区还有仙源湖旅游度假区、永康方岩风景名胜区、九峰山、琅峰山风景名胜区等。仙源湖源于20世纪建立的安地水库，度假区内群山环绕，森林茂密，水质清澈，碧波荡漾，湖光山色，交相辉映。"仙源"之名来源于清朝雍正期间，金华县令赵泰生为安地村口四脚亭设一牌匾，匾上题有"仙源深处"四字。金华市区路街名取自仙源湖的是仙源路。方岩街取自方岩风景名胜区，该区以山岩奇特，风景秀丽而闻名遐迩，素有"人间仙境"之称。九峰街、琅峰街取自九峰山、琅峰山风景名胜区。两处景区山奇水秀，石怪洞幽，是金华重要的旅游胜地。

义乌取自本地特色自然景区的路街名有龙潭路和武岩北路、武岩南路。龙潭路，取自龙潭谷景区，谷中松茂竹郁，绿荫蔽日，自然风光秀丽多姿；武岩北路、武岩南路，取自武岩山景区。武岩山是会稽山余脉分支华溪武岩山，古时此地有"华溪八景"：武岩远眺、滴珠书院、竺阳夕照、宝华斜月、梓潼帝阁、桂林月色、玉屏翠竹、松径风涛。

从前面分析可知，城镇路街名所体现的自然因子呈现出规律性特征。一般来说，规模大，历史较为悠久的城镇，早期以自然地理特征命名的路街名较多。这些路街名被保留下来，形成了城镇独特的自然文化，比如杭州。有的小城镇，路街鲜有以本地自然山水命名的，其路街命名的自然文化特征不明显，比如横店。这是因为这类小城镇发展较晚，早期道路稀少，后期经济发展起来，一般更多地以表现城镇特色的产业文化命名。

相对来说，省会城镇更加重视自然旅游资源与城镇路街规划的相互促进作用，通过本城具有独特象征意义的自然山水对景区内部、周围的路街命名，使之成为一体，从而营造和谐的语言生态环境，衬托城镇的风韵与文明。这类城镇由于范围大，功能多，以自然风景命名的路街名往往以景区为中心成团状出现，遍布在整个城镇中。比如，在杭州的路街命名中，尤其重视西湖、湘湖景区的自然因子，将景区周围的路街名称与景区名称作为一个整体，确定整体板块的命名基调。层次分明、浑然一体的路街名对景区自然风景起烘托、渲染作用，营造出一种宁静、优美的路街名自然生态环境。西湖景区路街名以山体命名居多，因西湖东南、西南、西北三面环山，东北开阔的平原为杭州市区，以西湖群山命名西湖景区内的路街，可以凸显杭州"三面云山一面城"的独特自然景观。湘湖景区附近以"湘"为主题命名的系列路街名极具特色，如湘湖路、湘溪路、湘云路、湘师路、湘虎路等，这些路街名群既能与"湘湖"相呼应，体现地名命名的整体性原则，又能使人自然而然联想到万顷碧波的湘湖风采，创建杭州山水城镇品牌，建设城镇生态文明社会，达到构建良好语言生态之目的。

城镇相对较小，城镇功能不是很完善，自然景观还未完全开发，景区周围并未形成完整的交通体系。为了凸显城镇的山水文化，以自然景观命名的路街名只能以点状散布在城镇各个角落，不能与景区一起形成相对完整的板块，金华、义乌的路街名均呈现这一特点。在这些城镇中，与重要自然景区相关的路街走向往往与该景区的具体方位有直接关系。如金华双龙风景区在市区北部，以此命名的路街"双龙北街""双龙南街"呈南北走向，指向景区方位；义乌武岩山风景区在市区北部偏东，"武岩北路""武岩南路"离该景区较近，呈南北走向，大致指向景区方位。

城镇路街名自然因子中还有一个明显特征，以水流命名的路街名。

一般来说，老城区在该城镇主要河流以北，新城区在河流以南。水是人的生命之源，当初城镇基本上都是傍水而建，且在江河以北，所以老城区路街大多沿河而建，由于路街名的指位性特征，一般就直接以本地的江河名命名。如杭州，以境内最大河流钱塘江（也称之江）命名的路街，分别是钱江路、之江路、钱潮路，这些路街名无一例外都分布在河流以北的老城区；在金华，以境内最大河流金华江（也称婺江）命名的路街婺江东路和婺江西路，也分布在婺城老区。

随着城镇不断扩大，就向江河以南的地区发展，一般称之为江南新区。由于早期老城区路街已经直接以表指位性的江河命名，为避免命名重复，新区一般不用城内重要江河直接命名，为体现路街指位性特征，江南靠近主要河流的路街一般就以滨江、江南等概括性专名命名。如杭州滨江区，在靠近钱塘江南部以"滨"为主要用字的一系列路街，滨盛路、滨文路、滨安路、滨兴路、滨康路等。

二 历史因子

地名是历史文化信息的载体，是城镇发展变迁的见证，记载了城镇演变的重要痕迹，具有鲜明的地方特色和历史文化内涵。路街名作为地名的重要组成部分，有的在城镇中存在了上千年，它们不仅是城镇的标志"符号"，也是城镇兴衰的"活化石"。挖掘城镇老街名源远流长的历史文化内涵，有利于保存城镇古老记忆，延续城镇历史文脉，形成和谐、人文、生态的城镇文化。

（一）历史因子的相似性

从历史发展来看，路街名属于地名，是人们赋予的，并不是本身有或天然的。路街名经历了从当地少数人所知到逐渐为众人所使用，再到社会标准化、地区法定化的发展过程。早期路街名出现的时候，无通名形式，仅表示地理方位，起定位作用。随着时间的积累，人类历史发展不断变迁，人们逐渐认识并改造自然，出现了"定类"的通名。于是早期仅指代地理方位的无通名形式的路街名逐渐被淘汰，遗留下来的几乎都符合现代汉语标准地名"专名定位、通名定类"的命名准则。因此，我们搜集到的四类城镇所有承载悠久历史文化信息的路街名几乎都属于"专名+通名"形式。在上千年的发展史中，历史文化反映在城镇路街名里，各类城镇都会运用典型的人或事去记载悠久的历史。

国家颁布的《地名管理条例》规定，一般不以人名作地名。但是，千百年的历史长河中，许多杰出的民族英雄、文人墨客为城镇的历史写下光辉篇章，在不违反法规条例的基础上，以这些人名为路街命名，反映人民常怀感恩、不忘历史的人文情怀，为传承发扬地方名人文化、塑造良好城镇形象提供内在动力。浙江四类城镇都有以历史名人命名的路街。这些路街名有直接以人名命名的，如杭州的马塍路、中山北路、中山中路、中山南路，金华的清照路、艾青路、宋濂路、刚中路、飘萍路、宾虹东路、宾虹西路，义乌的宾王路、望道路、戚继光路、宗泽路、宗泽北路、宗泽东路，横店的济慈路等；也有少量以姓氏命名的，主要集中在杭州，如苏堤、白堤、杨公堤、岳王路、岳营巷、岳帅里、岳武弄；还有以别称、字号、后世追封名命名的，如杭州的蕲王路，金华的龙川路、陶朱街、陶朱路，义乌的香山路、丹溪路等。

此外，杭州和金华都是国家历史文化名城，义乌建县也有两千多年。国家历史文化名城，或是我国古代政治、经济、文化的中心，或是近代发生过重大事件的重要城镇。这些千年古城保存了大量的历史文物与革命文物，体现了中华民族的悠久历史、光荣的革命传统与光辉灿烂的文化。它们的留存，为今天的人们回顾我国历史打开了一个窗口，这些历史文化深深烙印在城镇路街名中。

在杭州，因典型政治、经济事件命名的有："百井巷"，源于百井坊巷，五代吴越国凿井99处于坊内，称百井坊巷；"直箭道巷"，吴越建国初，这里海潮强烈，筑塘工程受阻，钱王钱镠数次向天神祈祷，但潮患依旧，于是铸剑射潮，箭镞经过之处，正是现在的直箭道巷；"元宝巷"，原为元朝浙江行省府库藏元宝的地方，街东端曾置有石头雕刻而成的大元宝为标志；"教场路"，原南宋皇家家庙景灵宫所在地，元拆其建筑，将之改为杭州驻军教场，在此武术骑射、阅兵演习，教场路得名于此；"清泰街"，源于原南宋都城东门，元攻占杭州后被毁，后复建城垣，改名清泰门；"粮道山巷"，明清设粮道于此，被人视为"民食之根"，粮道，即主管粮食的道台；"火药局弄"，明洪武年间倭寇扰乱沿海地区，当局视火药为抗倭利器，在此生产火药；"饮马井巷"，明称为张司马巷，清改称饮马井巷，因清军马队来此打井水饮马得名；"城隍牌楼巷"，宋称吴山庙巷，属保民坊，因巷正对着宝月山城隍庙，明代称城隍庙街，清改称城隍牌楼，民国称城隍牌楼巷；"抚宁巷"，明清两朝巡抚衙门设于此，故取名抚宁巷；"将军路"，清朝顺治二年清军入驻杭州，城内建筑旗营，旗营将军署位于此；"直大方伯"，明朝仁宗时，布政使应朝玉在巷内建起了大宅邸，布政使俗称方伯，故名大方伯里，宅邸跨越横、直两条巷，所以又有横、直大方伯之称；"望江门外直街"，源于明清十座城门之一的望江门，望江门在城东南，城门上可远望江面，故名。

因古代教育文化得名的有："祖庙巷"，宋以前就有此巷，南宋时开始出名，巷子出名的原因在于这里出了名人蒋崇仁，为杭州百姓做过不少好事，由于他的祖居和祖庙遗址在这条巷里，长期受人祭祀，受人尊重而把巷称为祖庙巷；"三元坊巷"，明朝宰相商辂曾在巷中读书，他是明代科举考试中唯一"三试第一名"的才子，即所谓的"三元及第"，杭州知府为了庆贺，将此巷改称三元坊巷；"学士路"，学士，古代对有学问者的通称，北宋苏轼担任杭州知府期间，路经至此看到学童听课时只读不写，原来是学童家境贫寒买不起纸笔，因送纸笔非根本性方法，苏轼便亲临指导教学童在泥地上写字，此后长期送纸笔并亲自探望学童，此事对学生鼓舞很大，于是将私塾的空地分成两半，一半用作课余休息，一半用作泥地写字，坊外街道本为划线用的"学字界"，因音近讹传为"学士街"，后路面扩宽命名为"学士路"。

金华也是一座历史名城，南宋著名词人李清照曾经用"水通南国三千里，气压江城十四州"的诗句生动概括出金华重要的地理位置和雄伟的气势，朱元璋称金华为"浙江之心"。金华素有历史文化之邦、名人荟萃之地的美誉。悠久的历史为金华留下丰富的物质文化遗产和深厚的人文精神积淀，一些典型的事件在路街名中也多有体现。例如：

"熙春巷",是金华古子城内的一条古巷。明万历《金华府志》、清光绪《金华县志》记载,金华古城池始建于唐天复三年(公元903年),子城在大司前谯楼至星君楼一带及大司后披仙台一带(即现在的东市街以西,八咏路以北,酒坊巷以东,将军路以南),周四里,筑以周长九里一百步、高一丈五尺、厚二丈八尺的城墙,有四门,南称保宁门,东称熙春门,西称桐树门,北称金华门。熙春巷就位于古熙春门城垣遗址上。

"醋坊岭",原称苏坊岭,因宋代诗人苏轼的后代移居于此,且此处有一道山岭而得名,明代徐霞客在他的游记中仍称为苏坊岭,明代后期,此地有许多酿造米醋的作坊,又因"苏"与"醋"在金华方言中读音相似,故称"醋坊岭"。

"旌孝街",因明代吴氏少女事亲至孝的行为命名,明代金华有吴氏少女,居住在今东关一带,家虽贫穷,然事亲至孝,有一天进入城内为老母亲买猪肉,屠夫见其长得俏丽便趁递肉的时候调戏她,这位少女见自己嫩白的双手被玷污后,愤怒之至,拿起屠刀,砍掉了自己被玷污过的那只手,后少女因失血过多而死于城门外石桥上,后人为缅怀这位少女,便将石桥改名为旌孝桥,把此地段路街改为旌孝街。

"金钱寺街",取自金钱寺,又名法隆寺,据康熙年间《金华府志》记载:"法隆寺,在县南三里……幢下石隙周匝有大金钱,径二寸许,以杖举之,完转其中,竟莫之得,俗呼金钱寺",金钱寺是国家级历史保护文物,距今已有1100多年的历史。

千年古城义乌曾被日本侵略者摧毁大半,直到中华人民共和国成立后,老城区依旧衰破不堪,几乎所有的路街设施都是后来建成并重新命名的,古老的路街名存留不多,其中承载义乌城镇记忆的有西门街、湖清门、北门街、南门街、县前街等。

位于绣湖公园边上的西门街是义乌城区现存的唯一一条古街。明万历《义乌县志》在"义乌县志旧图"中,在"街"的条目中,城区仅有县前直街(旧称"泗州境")、上市街(旧称"川桥境")、下市街(旧称"文明境")三条路街的记载。"上市",就是现今西门街的入口。清嘉庆《义乌县志》中,"街"条目下,所列的路街有四条:"县前直街(即东街)、上市街(县西,在迎恩门内,与西街相贯)、南街(旧名下市街)、西街(湖清门内)。"在这些街道中,上市街(西门街)是最繁华的一条街道,街内有众多的建筑:童大宗祠、旌节牌坊、育婴堂、崇祀坊、童忠义祠(纪念抗倭名将童子明)、大夫第、迎恩门、养济院等;在西门街老人的记忆和现存的建筑中,有会魁第、绳武堂、还金堂、六横堂、戚宅里、城隍庙等;还有近代名人故居,如辛亥革命者童必挥故居等;也有近代义乌工商业的雏形如童慎记印刷厂、义乌工商业资本龚聚源等。这些古建古迹,涉及义乌古代的政治、科举、经济、军事、商业、民政、信仰、民俗,可以说是义乌明清时代的一个缩影。

湖清门,出自义乌老城七座城门(朝阳门、卿云门、文明门、迎恩门、湖清门、通惠门、拱辰门)之一。据载,明崇祯十一年(1638),义乌知县熊人霖任职后重建了老城七座城门和城楼,尔后还写了七首城门诗(为《七门诗》),《湖清门》即为其中的一首:"西北高楼雄古都,远吞云影入平湖。人夸草木明如锦,我识山川聚可图。鲁颂释丁天作泮,越谣跛巳水传觚。却缘婺女金针妙,绣谱难将巧手摹。"

北门街,出自"会稽门"。宋元时期,义乌古城虽无城垣,但有城门,"东曰东阳,南曰绣川,西曰金华,北曰会稽"。

南门街取自"南门",南门是义乌古县城南面的一座城楼,这一带古称"文明镜",明清时代的南门叫"文明门"。它坐落于县署正南,面对屏如几案的天马山,和风吹拂,馥香南来,因此曾叫南熏门,和湖清门一样列为"老七门"之一。

县前街,是义乌市政府前面的一条横向街道。取自"县前直街",明万历年间就有记载,旧称"泗州境",它因地处县署门前而得名。

(二)历史因子的差异性

同自然因子相似,各类城镇因著名人物、典型事迹、历史沿革等的不同,历史因子对路街名的影响同样显示出差异性。

为反映城镇特色的历史文化和精神,不同的城镇选取不同的历史人物为路街命名。这些历史人物有的出生于此地,有的为当地作出过突出贡献。

北宋都城开封为金所灭后，宋高宗赵构不得不南下逃亡，被迫向金俯首称臣，偏安一隅，定都临安。许多能人将士强烈渴望朝廷收复中原，北伐抗金，有的甚至以身殉国。为纪念这些抗金英雄，各类城镇至今仍存部分以爱国英雄命名的路街名，其中以杭州城中纪念忠武王岳飞的最多，如：岳王路、惠岳路、岳营巷、岳官巷、岳帅里、岳武弄等。杭州城内以其他抗金英雄命名路街名有：

马塍路，取自南宋抗金英雄马塍。北方民众南逃时，守将马塍阻拦金军，掩护百姓撤退，最后力尽殉国。百姓到杭定居后为马塍修建祠庙，称为马塍庙，后来这片地方被称为马塍庙直街。中华人民共和国成立后新建道路，因与原来的马塍庙直街有继承关系，故称马塍路。

金祝南路、金祝北路，取自两位南宋抗金英烈的姓，金指金胜，祝指祝威，均是南宋时保卫杭州的英雄。宋南迁后，金兵气势汹汹，宋军节节败退。在此危难之时，军中尉将金胜和祝威，不畏强暴，迎难而上，凭借熟悉地理环境，巧设陷阱，诱敌深入，打得金兵锐气大伤，但因奸细告密，金、祝二将被金兵俘获并遭杀戮。为纪念这两位抗金英雄，后人将杭州城内两条路取名为金祝路。

蕲王路，取自抗金名将韩世忠。韩世忠曾在此地居住，病逝后被宋孝宗追封为蕲王，所以此路建成后就命名为蕲王路。

除抗金英雄外，还有纪念典型人物，发展城镇特色，营造城镇氛围的。如西湖文化是杭州城镇文化的灵魂，所以路街命名过程中将西湖历史人文情怀结合在一起，像著名的"西湖三堤"。苏堤（苏公堤）、白堤（白公堤）、杨公提，合称西湖三堤，为纪念在杭期间为城镇作出突出贡献的杭州知府苏轼、白居易和杨孟瑛三人命名。"欲把西湖比西子，淡妆浓抹总相宜""乱花渐欲迷人眼，浅草才能没马蹄"等诗歌极大传播了西湖的美景，使之拥有"上有天堂，下有苏杭"的美誉。

金华、义乌也有一些以抗金民族英雄命名的路街。如金华的刚中路，以宋朝名臣郑刚中命名。郑刚中出生于浙江金华曹宅郭门村，绍兴二年以第三名进士及第，是"探花"出身的朝廷大臣，更是一名民族英雄和爱国名将，在抗金北伐的问题上坚定不移，与秦桧产生矛盾，后被其迫害致死。郑刚中的民族气节和英雄气概为后人敬佩，金华人为纪念这位英雄而将金东区的一条路街命名为刚中路。另外还有义乌的宗泽路，以宋朝抗金名将宗泽命名。宗泽，浙江义乌人，为人刚直豪爽，沉毅知兵，在抗金战争中屡立战功，名震北方，曾二十多次上书高宗，力求收复中原，还都东京，后因意见未被采纳，壮志难酬，忧愤而逝。

除抗金英雄外，义乌还有一条戚继光路，以明朝抗倭英雄戚继光命名。明嘉靖三十四年，戚继光被调往浙江，防守宁波、绍兴、台州三郡。到浙江赴任后，发现金华、义乌的人较为彪悍，于是戚继光来到两地，招募了三千人，将其练成一支精锐的部队，后称"戚家军"。

同样以历史人物为路街命名，杭州以抗金英雄、知府官吏为主，金华、义乌和横店则以本地文人墨客为主。

金华素有"小邹鲁"之称，人文底蕴深厚。在金华，历代贤臣、学者才俊、妙手丹青灿若星辰，千百年来，无数文人墨客见证金华悠久的历史文化。以这些有杰出贡献的历史名人为路街命名，体现出金华人尊贤重史、崇尚科学的人文情怀。除义乌籍人士外，金华城区反映历史名人文化的路街主要有：

陶朱街、陶朱路，因春秋时期陶朱公范蠡得名。据考证，陶朱公晚年与西施南迁金华，对金华作出巨大功绩，主要有四个方面：一是带领金华先民从渔猎为主的时期过渡到农耕为主的时代；二是率领先民集群而居初建金华村镇；三是发明创造了有利于农耕和商业活动的工具及经验；四是以身作则，为后人留下一座智慧和道德的丰碑。

清照路，以宋代爱国女词人李清照命名。李清照晚年避难金华，登八咏楼写下《题八咏楼》，诗云："千古风流八咏楼，江山留与后人愁。水通南国三千里，气压江城十四州。"这首诗充分表述了八咏楼的气魄、金华重镇的形势和李清照的爱国炽情，成为历代题咏八咏楼杰出的代表作。

宋濂路，以明初开国文臣宋濂命名。宋濂，金华浦江人，曾被明太祖朱元璋誉为"开国文臣之首"，在佛学、文学、史学等方面深有造诣，后人将其与高启、刘基巧称为"明初诗文三大家"。

李渔路，以清初剧作家、戏剧理论家李渔命名。李渔，金华兰溪夏李村人,被誉为"世界喜剧大师""东方莎士比亚""中国戏剧理论始祖",存留下来的戏剧主要有《笠翁十种曲》《万年欢》《偷甲记》《四元记》《风筝误》等。

艾青路,以现代著名诗人、文学家艾青命名。艾青,原名蒋正涵,出生于金华市金东区畈田蒋村,在金华度过小学、初中时代,其处女作《大堰河——我的保姆》,感情诚挚,诗风清新,一经发表就轰动诗坛。除此之外,金华市还以该代表作中的人物原型"大堰河"命名了"大堰河街"。

这些以文人墨客命名的路街主要集中在江南新开发区与金东新城区。主要是因为在新型城镇化进程中,为宣传金华历史名人文化,政府有意识、有规划地设计了这些路街名的命名方案,使其形成了一个独特系列。

义乌古称"乌伤",自秦王在此建乌伤县,已有两千多年历史。古老的义乌大地,山川秀美,物宝天华,人杰地灵。千百年来,义乌出现过许多杰出的文人雅士、古圣先贤、民族英雄,这些名士先贤为义乌历史写下光辉篇章。以这些人名为路街命名,表现出义乌人民永怀感恩、不忘历史的人文情怀,为传承发扬义乌地方名人文化、塑造良好城镇形象提供内在动力。义乌市区内,为纪念名士先贤的路街名主要有:

宾王路、宾王商贸区一街至六街,以"初唐四杰"之一的骆宾王命名。骆宾王,浙江义乌人,七岁能诗,号称"神童",据说《咏鹅》就是此时所作。作品辞采华丽,格律谨严,代表作有《帝京篇》《为徐敬业讨武曌檄》等。

香山路、香山北路,以南宋诗人喻良能命名。喻良能,浙江义乌人,人称"香山先生",其文精深简雅,读之愈久而意若新,著有《香山集》。与喻良能、喻良弼、陈炳和何恪合称"乌伤四君子"。

丹溪路,以元朝著名医学家朱震亨命名。朱震亨,义乌赤岸人,别名朱丹溪,因住所临近丹溪而得名。在医学上力倡"阳常有余,阴常不足"之说,申明人体阴气、元精之重要,被后世称为"滋阴派"("丹溪学派")的创始人。

望道路,以教育学家、语言学家陈望道命名。陈望道,1891年出生于浙江义乌分水塘村,曾译《共产党宣言》,著《修辞学发凡》。1920

年9月到复旦大学任教,期间潜心学术、培养学生,为中国人民的革命事业培养了大批优秀人才。

雪峰东路、雪峰西路,以现代著名诗人、文艺理论家冯雪峰命名。冯雪峰,义乌赤岸人,湖畔诗社初始成员之一,左翼文化战线重要领导人之一,代表作《湖畔》《春的歌集》《蕙的风》等。作品以爱情抒情短诗为主,表现了新文学运动初期青少年对美好生活的向往和对幸福爱情的憧憬。

新兴城镇横店以人命名的路街有:济慈路。该路街名取自著名物理学家、教育家严济慈。严济慈,东阳横店人,中国现代物理学研究工作的创始人之一、中国光学研究和光学仪器研制工作的奠基人之一、中国研究水晶压电效应第一人。

(三) 历史事件的差异性

浙江各类城镇中,杭州具有建都史,历史因子对杭州路街名的影响最为深远。唐灭亡后,钱镠创建吴越国,定都杭州,杭州的政治地位在历史上首次超过苏州与越州,之后的杭州也一直保持浙江区域的中心城市地位。至北宋,杭州被誉为"东南第一州"。南宋时期,宋徽宗第九子赵构建都临安,杭州经济人文发展到巅峰。现今杭州城内存留大量的路街名都与南宋时期建都历史有关,这些路街名反映出杭州的皇城文化,也是杭州城市语言生态体系的重要外在表现之一。

1. 以城墙或城门命名

宋城路:因路基为南宋皇城南宫墙基为名。

庆春路:得名于庆春门。庆春门,始建于南宋绍兴二十八年,是杭州古代东城门之一。

太平门直街:路西的庆春门俗称太平门,路在门外,故名。

艮山上:得名于杭州十大古城门之艮山门。艮山门是杭城古代的东北门,五代吴越时筑罗城,为十城门之一保德门,南宋绍兴二十八年,移门址于菜市河西,改名艮山门。

清波街、清波门外、清波桥河下:取自清波门。清波门,吴越时期名涵水门,南宋绍兴二十八年增筑杭城,涵水门是西城门之一,重建命名为清波门。

凤山路：取自凤起门。凤起门，南宋杭州南城门。门旁有六部桥，是南宋三省六部官署所在地，南宋的政治中心。

城头巷：此地是南宋临安古城正东门——崇新门基址，因此得名城头巷。

2. 以御用旧址命名

太庙巷：因巷里有太庙得名。南宋皇帝祭祀祖庙于此。

佑圣观巷：以佑圣观而得名，佑圣观原属兴礼坊，为南宋孝宗潜邸，宋孝宗在此建宅并居住30余年，宋光宗、宋宁宗均出生于此。后改为皇家御用道观。

五柳巷：因附近有南宋御园"五柳园"得名。

东园巷：巷子的位置处于南宋皇家富景园一侧。富景园，俗称东御园。

南宋御街：南宋都城临安铺设的一条主要街道，位于临安城的中轴线，是皇帝于"四孟"（孟春、孟夏、孟秋、孟冬）到景灵宫（供奉皇室祖先塑像的场所）朝拜祖宗时的专用道路。

3. 以行政官署命名

严官巷：南宋在此设有中央机构玉牒所、封桩所，属于南宋高层统治的核心区域。

察院前巷：南宋左丞相府、右丞相府、参知政事府、枢密院府均建于此，地名大渠口。元设置江南行御使台，名察院，治江南三省。

六部桥直街：取自桥名"六部桥"。南宋时六部二十四司官署多建于六部桥西，早期六部官员需通过桥至中央枢密院，因此称为"六部桥"。

金钗袋巷：南宋都城经贸核心区域，赵宋王朝主管业务买卖的"榷货务"及其直辖机构茶场、杂货场、杂买物设于此。因宫中多女眷，需要绫罗绸缎、胭脂水粉和金银首饰等精细商品，有的需要用精美器皿金钗袋盛装，故而名为金钗袋巷。

牛羊司巷：南宋有官署牛羊司在此巷。牛羊司，是南宋掌管御膳和祭奠所用的牛羊等牲口的机构。

叭蜡子巷：南宋称康佑坊，南宋官署八作司所在地，俗称八作司巷。八作司，掌管土木匠工、京城修缮，下设八个小机构。明后因常人不懂"八作"之义，音近被讹传为叭蜡子巷。

焦营巷：南宋称马营巷，该地驻马军营司，属武备门节制司城内四将中的东将，有骑兵500人。因繁体马字与焦字形相近，故焦营巷实为马营巷之讹传。

旧藩署：南宋初为驻兵的殿司寨，后改为安抚司署，又称秘书省。清嘉庆年间改为布政使署（即藩署，设有金库，收存地方钱粮收入）。民国时此地称旧藩署。

林司后：南宋时期，此地位于翰林司营之后而得名。翰林司营，专门掌管朝廷内外宴会所需酒果的机构。

清吟巷：南宋曾有皇城司"亲事指挥营"驻于此，故俗称"亲营巷"。后有文人迁住来这里，才改称"清吟巷"。

4. 以经济生活命名

横紫城巷、直紫城巷：南宋时巷内曾有造纸作坊，因而旧名纸成巷、纸陈巷，紫城从纸陈转化而来。原紫城巷由两条巷交叉组成，民国时，南北向的称直紫城巷，东西向的称横紫城巷。

刀茅巷：南宋时一批从开封来的铁匠在此以打造农具兵器为生。因时值乱世，人们纷纷习武自卫，购买刀矛，一时刀矛畅销，于是"刀茅巷"取代北宋旧称"茅柴巷"，成为新的路街名。

马市巷：南宋时这里是马匹交易的场所，故称马市街或马市巷。

灯芯巷：南宋时称同德巷，因巷内产灯芯，俗称灯芯巷。

后市街：南宋时此街紧邻东面的南宋御街——全城最为繁华的主干道，所以称为后市街。后市街因曾是南宋几代皇后的居住地而更为独特，如宋高宗尊为太后的"昭慈圣献孟太后"，光宗之妻"慈懿李皇后"，理宗之妻、度宗之母"寿和圣福皇太后"，度宗之妻"金皇后"等，在入宫前都居住于此。

杭州路街名所反映的历史因子多种多样，除皇城文化因子外，城内还有大量的特色历史人文景观遗迹，如西湖文化，包括传说文化、宗教文化、龙井文化等。虎跑路，因"虎跑梦泉"的传说而来。传说唐代高僧性空住在西湖之山，后来因水源短缺，准备迁走。有一天，他在梦中得到神的指示：南岳衡山有童子泉，当遣二虎移来，白天果然看两只老虎跑到翠岩做穴，石壁涌出泉水，虎跑梦泉由此得名。法相路，路以寺命名。《西湖游览志》记载，后唐的时候，有名高僧在此修道，此僧生有异相，耳长九寸，吴越王待以宾礼，居法相院，寺名法相寺，俗称长耳寺。龙井路，以西湖龙井命名。龙井茶产于西湖一带，由古代茶农创制于宋代，已有一千二百多年历史，位列中国茶品之首。西湖龙井之茶名始于元，著称于明，盛于清。清高宗乾隆六巡杭州，四度亲临西湖茶区，将西湖龙井推到登峰造极之地。

与西湖的精致秀雅不同，杭州文化中的运河文化更侧重于民间、民俗文化，与生活在底层的老百姓更接近，属于一种码头文化。隋炀帝扩建京杭大运河并使其南北贯通，穿越杭州城区，城区内运河沿线产生大量以河、桥、闸、埠、坝派生出的路街名。如大河下、小河下、小河直街、骆驼桥河下、太平桥直街、虎狮桥路、闸弄口、徐家埠路、徐家埠一弄、永昌坝、响水坝弄。这些路街名通俗易懂，与人们生产生活息息相关，具有浓郁的市民生活风情。

我们把影响城镇路街名的历史因子相比较发现，作为省会城市的杭州尤其注重对历史文化的保护。在杭州的老城区内，大街小巷纵横分布、细密如网，这些街巷几乎每条都有历史来历。为宣传"南宋皇城""人间天堂"等特色名片，杭州出版社曾出版过一系列关于介绍杭州老城区路街名来源的书籍，值得其他城镇借鉴。

杭州路街名体现的历史因子主要集中在南宋时期，这与南宋时期在此建都的历史关系密切。杭州是中国八大古都之一，政府部门注重保护"皇城文化"特色。在我们搜集到的老城区路街名中，大部分都以南宋时期的城墙城门、皇家御址、政治官署和经济生活为名，这些路街名见证了杭州曾经的辉煌繁荣并沿革至今。

三 产业因子

（一）产业因子相似性

城镇产业是推进新型城镇化的重要载体，培育生态化的产业已经成为城镇化可持续发展的关键环节。产业化与城镇化良性互动，可以增加经济效益，刺激需求增长，促进城镇生态发展。

改革开放以来，浙江民营产业迅猛发展，成为我国民营经济发展最快速的省份之一。在2018年全国工商联发布的中国民营企业500强榜单中，浙江有93家民营企业入围，这也是浙江连续20年蝉联全国第一。民营经济是浙江经济的发动机，民企产业是浙江产业的主力军。随着新型城镇化进程的加快，浙江商帮产业因子体现在浙江各城镇的路街名中，这是浙江区别于其他省份城镇路街名的重要特征，也是浙江城镇路街名的共性特征。

杭州、金华、义乌和横店都有较多以"商贸"命名的路街。如杭州以"商"字命名的路街：商聚街、商乐街、商顺街、商贸街、商河路、商贸东路、商贸中路、商贸西路；金华以"贸"字命名的路街：繁贸街、工贸街、国贸街、自贸街、振贸街；义乌以"商贸""繁盛"命名的路街：商城大道、国贸大道、商博路、永贸路、弘贸路、德贸路、万贸路；通盛路、春盛路、百盛路、文盛路、华盛路、秋实路、万盛街、仓实街、茂盛大街；横店以"繁盛"命名的路街：兴盛路、昌盛路、万盛北街、万盛南街、富民路、繁荣街。

这些路街名突出浙江商帮精神，传播商贸文化。自古以来，浙江商帮白手起家，自觉地继承历史文化，在不同的时代与时俱进，创造性地走在时代潮流的最前列。

（二）产业因子差异性

1. 杭州——智慧创新

2016年2月，杭州被联合国教科文组织评为"学习型网络城市"。杭州是迄今为止全球首批、全国首个加入该网络的城镇。杭州不仅是一座古老秀美的城镇，更是一座高速发展、日新月异的新都市，以互联网和电子商务为代表的杭州龙头产业走在全国前列。为了促进信息化产业发展，打造"天堂硅谷"的金名片，杭州招商引资，鼓励创新，广纳人才，提供生态的创业环境。这种产业因子文化同样体现在杭州的路街命名上。

党的十九大提出，加快建设创新型国家。创新是引领发展的第一动力，是建设现代化经济体系的战略支撑。杭州市委、市政府提出，杭州要率先成为特色鲜明、全国领先的智慧经济创新城镇。科技创新的美好意愿也表现在杭州路街命名上。在目前收集到的杭州路街名语料中，以"新"命名的高达47条，"新"与"旧"相对，表示事物向好的方面发展，例如：

西湖区的创意路、科海路、胜利新村一弄、胜利新村二弄、新沙路、育新路；滨江区的科技馆街、新浦路、新月路、新和路；萧山区的建新弄、新建弄、新城路、环新路、新港路、新桥路、新如路等。此外，以新兴技术物联网、互联网的"联"字命名的路街也有很多，如：联中街、联慧街、物联网街、中联路、新联路、网商路等。

人才强国战略是国家重大战略，没有强大的知识人才队伍做后盾，企业创新就是无源之水、无本之木。在经济发展过程中，杭州充分发挥高校人才荟萃的优势。在路街命名上，出现许多以"智""学""文"等命名的路街。这些路街名大多出现在杭州高校周围，既发挥路街名的指位性功能，又传达政府广纳人才的意愿，例如：

以智慧才干的"智"和"才"命名：仁智里、求智弄、求智巷、启智街；育才巷、兴才街、育才路、育才北路等；以学富五车的"学"命名：学士桥、学士坊、大学路一弄、芦学街、学源街、学正街、学林街、大学路、学士路、勤学路、学久路等；以文思泉涌的"文"命名：文晖里、西文里、宗文弄、文青弄、东文弄、文昌巷、文龙巷、文野巷、西文街、东文路、文晖路、文津路、文渊路、文溯路、文泽路、文海南路、文海北路、文津北路等。

另外，杭州还有不少以艰苦创业的"业"命名的路街，如劝业里、大业巷、置业街、新业街、敬业路、影业路、安业路、诚业路、建业路、居业路、立业路、勤业路、伟业路、振业路等。

2. 金华——八婺技艺

"八婺"指的是明成化七年（1471）金华府所管辖的金华、兰溪、东阳、义乌、永康、武义、浦江、汤溪（后来撤县并入金华县，现婺城区管辖）八个县，如今，"八婺"已经成为金华的代称。八婺大地历史悠久，人文底蕴深厚，由此形成了内涵丰富、个性突出的八婺文化。八婺文化主要包括：学术文化、手工技艺文化、婺商文化、戏曲文化、古建筑文化、生活文化（突出的是民间宗教文化和民俗文化）。其中别具一格的手工技艺产业在金华的路街名上有较好体现。

"酒坊巷"，是唐代金华所建的城中城——古子城中最出名的一条街巷，因宋代在此处开有戚家酒坊而得名。金华府酒，是八婺产业上的一枚璀璨的瑰宝，在我国古代许多文献、史籍、著作中都有大量的记载，延续到今天。在古代，金华地区婺江流域的东阳、义乌、兰溪等县所产的外销酒，都称金华酒或金华府酒。历史上的金华酒，曾赢得"天下第一酒"的美誉，据明万历《金华府志》记载："时金华县有酿酒坊24家……。"著名文学作品《金瓶梅》中，西门庆每天起床都要"拿小银钟筛金华酒"，潘金莲则说"吃螃蟹，得些金华酒吃才好"。清代袁枚在《随园食单》中赞美金华酒甘甜的口感："金华酒，有绍兴之清，无其涩，有女贞之甜，无其俗，亦以陈者为佳，盖金华一路，水清之故也。"如今，金华府酒被列为中国酒文化之萃。早在1915年，取自金东区曹宅镇曹恒聚酒坊的洋酒就在巴拿马万国商品博览会上荣获金质奖。1963年，金华府酒在全国第二届评酒会上被评为全国优质酒，获银质奖。

特色饼一条街，位于金华古子城历史产业景区内，是2019年上半年金华打造"一街六馆"所修建的新街道。"一街六馆"包括金华特色饼一条街，以及金华酥饼馆、金华火腿馆、金华酒馆、金华道情馆、金华婺剧馆、金华中医馆。"一街六馆"将金华具有深厚特色的"八婺文化"基因进行挖掘和再现，让古城在更好地利用中得到保护和提升，使之成为市民眼中的城市记忆载体、游客眼中的城镇产业名片，成为"活"的古街古巷。特色饼一条街，以著名的八婺手工技艺产业——金华酥饼命名。金华酥饼是闻名遐迩的传统特产，也是八婺手工技艺产业文化中位于现今的金华城区最为出名的特色产业。关于金华酥饼，当地流传着许多传说：隋代程咬金曾在金华开过酥饼店，是酥饼行业的祖师；明代朱元璋攻克金华后，曾与军师刘伯温在婺州明月楼品尝酥饼；

太平天国时，金华民众曾以酥饼慰劳屡败清军的李侍王等。在特色饼一条街，除了金华酥饼，还有金华土烧饼、兰溪鸡子馃、磐安饺桶饼、永康肉麦饼、永康角干麦饼、义乌东河肉饼、义乌麻糍、浦江麦饼、武义方饼、曹宅油煎馃、雅畈肉饼等一系列体现八婺技艺产业的饼类，可以说是最新出现的金华城市路街名片。

可惜的是，在金华的路街名中，我们仅仅搜集到两条关于"八婺产业"的路街名，其中"特色饼一条街"还是2019年新修建的。由此观之，相关部门对八婺产业这一如此具有地方特色的城镇名片还未引起足够的重视。从杭州、义乌和横店的产业发展现状来看，浙江其他城镇都积极将代表自身特色的产业文化融入路街命名中，以此突出城镇特色，将文化产业无形间转化为物质财富。"八婺产业"历史悠久、内涵丰富、个性鲜明，是金华现今最大的产业优势之一，如果能将八婺传统产业文化与金华路街命名二者结合，能在一定程度上构建金华生态语言体系，形成金华地方语言特色，从而加快推进八婺产业快速发展。

3. 义乌——诚信务实

市场交易，信义为先。从小小"货郎担"到国际商贸城市，义乌能与全国各地、世界各国客商贸易往来，市场经久不衰，日益繁荣，靠的是明礼诚信的精神与和谐包容的博大胸怀。义乌路街主要体现义乌人民诚信务实、祈求鸿运、兴旺的商贸精神。为彰显义乌精神，传播商贸文化，打造义乌国际商品城市品牌，义乌市区出现许多以"诚""信""盛""鸿""运"等命名的路街名，如：

以"诚信"命名的：诚信大道、诚信一街、诚信二街、诚信三街；

以"兴旺"命名的：永兴路、东兴路、振兴路、复兴路、兴工路、东旺路、龙腾路；

以"鸿运"命名的：联运路、鸿运路、联合路、德胜路、开运路；

以"通达"命名的：顺通路、恒通路、汇通路、广通路；

以"海纳百川、兼容并蓄"的包容气度命名的：五洲大道、四海大道。

为完善国际商贸名城，加快小商品出口进程，义乌修建内陆口岸义乌港，以"义乌港"命名的路街名有金港大道、通港大道、富港大道、汇港路、宝港路。

过去的三十几年，义乌的经济发展已经取得举世瞩目的成就，但是近年来，义乌发展模式开始遭遇瓶颈，我们从路街命名中也能窥见一二。与杭州对智慧、创新、人才的强烈渴望不同，三类城镇义乌以小商品市场出名。在传统市场贸易过程中，"诚信"是最重要的，在诚信的基础上，商家对上天祈求"鸿运"，因而在义乌出现大量以"诚""信""盛""鸿""运"等命名的主要街道，占义乌路街名总数的近10%，而以智慧、创新、科技等命名的路街却少有出现。

近年来，对浙商文化的研究，学者多引用"草根"一说。野草平凡却具有顽强的生命力，看似散漫不羁，却能够生生不息。草根文化，指生于民间、长于民间的文化，没有经过主流意识的管理和规范，充满乡土气息。在浙江，"行担经济"是浙商草根文化的代表，其中以义乌的"货郎担"为典型。由于生存的艰辛，"勤劳""节俭""诚信"成为义乌商人资本原始积累的重要品质。

但是随着城镇化进程加快，廉价劳动力的优势渐渐消失，薄利多销的优势不再突出，仅有传统勤俭、诚信的品质已不能满足义乌经济发展的需要。义乌想要完成产业升级，实现可持续发展，必须突破草根文化的局限性，重视创新、教育、科技和人才。从路街命名上我们能够看出，相关部门对智慧、创新、教育、人才、科技的重视程度还有提升空间。

4. 横店——影视产业

横店位于浙江省中部，原是个交通闭塞的小山村，自然资源和地理区位不占优势，经济相对落后。在求学致用、讲求实用、利义并重、重视工商传统优秀文化精神的激励下，当地人民在艰苦的条件下善于抓住机遇、迎难而上，与环境抗争。20世纪末横店经济迅速崛起，影视旅游产业蓬勃发展。2016年10月，横店被列为第一批中国特色小镇，享有"中国磁都""中国好莱坞"的美誉。及时开发、利用产业文化力，发挥产业文化力对经济的推动作用是横店崛起的重要原因。以路街名为外在语言符号，将路街命名与横店商业文化结合，是横店开发、利用产业文化力的表现之一。

作为横店的支柱产业，影视业带动横店传媒、娱乐、旅游、音乐、广告等其他文化产业的快速发展。横店影视城以其厚重的文化底蕴和独特的历史场景而被评为国家5A级旅游区。在横店，直接以影视城景点为路街命名，既可为人们指位，又可加强横店影视城的宣传，发挥地名文化对影视经济的推动作用，一举两得，例如：

以横店影视城命名的：影视大道；以附近的华夏文化园命名的：华夏大道，园二路、园三路、园四路；以红军长征博览城命名的：长征路；以连接清明上河图与秦王宫命名的：秦清路；以明清宫苑命名的：明清宫街、明清西路；等等。

此外，横店是目前全国最大规模的磁性材料生产、出口基地，被称为"中国磁都"，所以以"磁"命名的路街有：东磁路、东磁西路。

第四节　新型城镇路街名的语言生态建设

一　新型城镇路街名语言生态现状

语言生态是整个生态文明的重要组成部分，路街名语言生态又是语言生态的一部分，也是城镇生态的有机组成，它直接或间接影响着城镇化进程中的生态文明建设。从前两节城镇路街名语言生态比较中可以看出，四类城镇路街名基本符合语言生态要求，无论是内生态系统还是外生态系统。具体表现在以下六个方面。

1. 理念不断增强

思想解放是推动社会整体创新的前提，理念创新和转换是推动新型城镇化进程的先导。浙江各类城镇不断打破习惯势力的束缚，创新思维方式和思想观念，生态意识越来越强，在路街名命名上，人们不再只关注实用价值，而是转变为"实用价值与文化价值并存"的生态理念。上至管理人员，下至普通群众，对路街名重要性的认识不断提高。

新型城镇化的核心是人的城镇化，要求将生态理念和原则融于城镇化的全过程，因此，新型城镇化建设对城镇管理体制提出了新的挑战。

实践证明，提高城镇管理水平，创新城镇管理工作，必须从转变城镇管理理念做起。

《浙江省互联网发展报告2018》指出，浙江正从网络大省向网络强省跨越。以互联网产业为依托，浙江各类城镇智慧城管的发展走在全国前列。在路街命名方面，各地积极转变城镇管理理念，采取大数据、物联网、云计算等现代化手段，实现系统化、高效率的路街管理模式。比如2019年上半年，浙江完成省内高速和普通国道命名编号调整工作，所有的公路都拥有唯一的"身份证"，为人们工作和生活带来了极大的便利。又如2018年底，在民政部地名地址库试点示范创建工作评估中，杭州市综合评分全国第一，地名信息化建设全国领先，这与杭州市政府善于转变城镇管理理念有着密不可分的关系。杭州政府按照"标准化、信息化、精细化"的城镇管理理念，积极利用大数据服务，探索地名库建设及地名数据服务应用，最终形成《杭州市区划地名数据共享与交换编码》，在全省率先形成"数据库+编码+系统+网站"的地名管理信息化建设体系，为"最多跑一次"改革提供了有利契机。在省会杭州的带领下，浙江各类城镇都积极转变城镇管理理念，加快路街名数字化、信息化进程，实现信息共享，提高工作效率，充分体现出了"人的城镇化"。

2. 措施逐步到位

在创新型城镇管理理念的带动下，近年来，各类城镇纷纷出台地名管理规范，如《杭州市地名管理规范》《金华市地名管理实施办法》《义乌市地名管理实施细则》《东阳市地名管理实施细则》。这些规则自上而下明确指出地名文化保护的重要性，制定路街命名、更名的原则和程序，对推进路街命名规范化建设具有重要意义。

早在2012年，浙江就出台了《浙江省地名管理办法》（第309号）。该办法规定：县级以上人民政府民政部门应当建立本行政区域的地名数据库，及时更新地名信息，实现地名信息共享，保证地名信息真实性和准确性。

为保护路街名的人文性，自20世纪80年代以来，浙江省地名委员会及相关专家学者就开始整理地名文献，先后出版了《浙江地方史论文资料索引》（1982）、《浙江地名简志》（1988）、《浙江地名趣话》（1991）、《浙江省通志馆馆刊》（1997）、《陈桥驿方志论集》（1997）等，这些文献资料对研究浙江地名有重要作用。21世纪以来，我国经济发展进入新的阶段，新型城镇化进程显著加快，研究地名中路街名文化的书籍不断出版，其中以杭州出版社出版的文化系列通俗读物最多，如《杭州街巷》（2005）、《故事小巷》（2005）、《杭州的街巷里弄》（上、下）（2006）、《西湖地名》（2006）和《杭州街巷旧闻录》（2007）等。此后，各地开始编纂新的地名志。如今，上城区、西湖区、萧山区的地方志已经出版。《杭州市地名志》（上、下）于2013年出版，《金华市婺城区志》于2011年出版，《义乌市志》于2013年出版。这些地方志书的编纂对路街名的统计、梳理做了大量工作，对路街命名研究和路街名文化保护极具意义。

为塑造城镇形象、提升城镇品位，浙江各类城镇纷纷投入文化基础设施建设中。国应有史，郡当有志，家需有谱。在路街名方面，浙江各类城镇积极建设地方方志馆，宣传地域路街命名文化，开发利用地名资源。杭州市方志馆已于2016年6月在上城区南宋皇城德寿宫遗址处正式开馆，其办馆理念为"寻城市之根、触文化之脉、探兴替之路、赏风物之韵、存乡愁记忆、图继往开来"。义乌方志馆也于2014年11月在美丽的绣湖之畔举行开馆仪式，在这里市民可以探寻义乌路街命名文化积淀，感受别样义乌风采。金华方志馆也在积极筹备建设中，不久将与大家见面。

3. 参与度不断扩大

我国《地名管理条例》规定，地名命名应当"尊重当地群众的愿望，与有关各方协商一致"。在城镇路街命名过程中，公众的参与程度，提供意见专业性，都让人眼前一亮。浙江政府部门把路街命名的主动权和决定权交给公众，鼓励社会群众参与城镇建设管理，真正实现城镇的共治共管、共建共享，增强广大群众的归属感与荣誉感，切实保证了以人为本的新型城镇化发展理念。比如在对钱江新城的路街命名上，杭州市地名办专门组织研讨会，与会专家提出六套命名方案，最终达成共识，设计出一套风格统一、特色鲜明的咏潮名诗路街命名系统，即金秋路、涌潮路、松湾路、江涛路、蓬莱路、灵栖路、白虹路、凌云路、瑶琳路、银河路、碧海路、雪嶂路等12条路街名。这些路街名的专名组成了金秋涌潮、松湾江涛、蓬莱灵栖、白虹凌云、瑶琳银河、碧海雪嶂的杭州传统特色景观，每组景名相互联系，极富诗情画意，烘托出典雅清丽的杭州意蕴，体现出和谐的语言生态。

金华市在路街名命名中也广泛听取群众和专家的意见，如地名办为开发区32号道路的命名举行了一场别开生面的论证会，会议征集广大群众意愿，经过群众和专家讨论，建议该路命名为"志和路"。以"志和"命名该路不仅可以展现金华的区域景观特点，也可以承载深厚的文化内涵，直观展示了"小邹鲁"深厚的历史文化积淀，对提高城镇软环境质量、反映金华特色历史文化，有言传文载的"口碑"作用。

又如为挖掘义乌特色的地名文化资源，义乌地名办近年来广泛征集义乌地区地名故事，丰富义乌地名库，提高地名命名工作的社会参与度，对重要地名的命名增加社会征集、公示环节。自2010年开始，义乌路街命名、更改、撤销等一系列公告均发布在义乌市地名网上。这些措施符合地名管理条例的规定，提高了公众参与路街命名的积极性、主动性和创造性。

4. 规范化不断提高

浙江政府相关部门高度重视地名的规范化。自2016年以来，根据浙江省印发的《加强地名文化保护清理整治不规范地名工作实施方案》，各类城镇积极开展地名清理工作。根据地名管理规定，各类城镇对路街命名工作进行了严格的梳理整治，加强路街名规范化管理。

2019年，杭州印发了《杭州市进一步清理整治不规范地名工作实施方案》，梳理出了476条不规范地名，涉及路街名的主要集中在：有路无名、道路重名、路街标志牌标注错误、电子地图标注错误等。如下城区的标准地名"东文街"，路牌上错误标注为"东文路"；上城区的标准地名"侯潮东路"，实时电子地图错误标注为"侯潮路"；西湖区的标准地名"三墩街"，实时电子地图错误标注为"振中路"。另外，还有一批在民众中运用或实时网络电子地图能够找到,实际上还未命名的道路,如上城区的凤凰支路;江干区的1号路、2号路;西湖区的西和路、玉古支路、光明日报支路、藕舫中路。也有一批重复命名的道路,主要集中在萧山区,如文化路、新河路、振东路、河西路、庙前路、新华路、长生弄。本次整治活动持续半年,针对搜集到的不规范路街名,相关部门将结合实际,在不影响社会正常生产生活秩序的前提下,采取集中变更或逐步变更的方式予以整治,进一步规范路街名。

2015年,金华因城区道路扩建,路街发生变化,将"金带街"和"东市街"合并更名为"东市北街","宏济街"更名为"东市南街"。东市街是金华最古老的街名之一,因古代在此有集市得名。此外,金华城区的路街基本沿用了"东西为路,南北为街"的命名方式。路街南北相对,东西有别,规范化命名有利于增强金华路街名的整体性和规范性,改善语言环境,提高城镇品位。

2019年,义乌大力开展不规范地名整治工作,一共梳理出21条路街命名不规范现象。其中道路交通标志与路街标准名称不符的有:光华路,交通标志错误标注为"工业大道""神舟路";文盛路,交通标志错误标注为"十二号路";宏农路,交通标志错误标注为"十一号路";四季路,交通标志错误标注为"北景路";春瑞路,交通标志错误标注为"三十四号路";春阳路,交通标志错误标注为"三十六号路";春潭路,交通标志错误标注为"文政东路"。天地图与路街标准名称不符的有:崮山路,错误标注为"九号路";佛堂大道,错误标注为"稠佛路";南山路,错误标注为"环城南路"。本次路街名规范化管理工作更新、清理了大批不规范路街名,方便了民众生活,符合语言生态要求,为构建义乌城镇生态语言体系、实现国际商贸城语言生态提供了重要支撑。

5. 人文性不断显现

人文精神属于社会意识,取决于客观生存方式,又反作用于人的经济发展。浙江山地丘陵多,耕地少,故有"七山一水二分田"之说,严苛的地理条件决定了浙江人"穷则思变、自强不息"的生存理念。自古以来,实事求是、经世致用的"实学"主张深刻影响了浙江人的思想。

路街名作为地名的重要组成部分,不仅是名称代号,在更大的意义上承载着城镇的历史沉淀和人文气息,而这些人文信息又能反作用于城镇经济。路街名命名的人文性,既能彰显城镇特色文化,又能带动相关产业发展,实现城镇发展"双赢",符合浙江倡导的"有用之学"。

比如杭州政府为主城区22条新的路街命名。其中有些沿用充满历史质感的老地名,体现路街命名的人文性。一条条路街代表的就是一个个悠久的历史故事,为城镇增添了厚重的历史气息和人文沉淀,促进了城镇旅游产业发展。比如"归德弄",寓意崇贤尚德、遵循本心、顺乎自然,最早可以上溯到南宋名寺"归德院"。传说宋高宗赵构南渡时,突然"幸临"杭州,但当时城门早已关闭,在寻宿营地时,宠臣康履派人找到了一座附近的寺院"归德院",高宗当晚就在此落脚。深夜,门外响声大震,高宗以为金兵追至,正准备逃跑,探子来报,说这是钱江潮声。于是,高宗就写下了"潮鸣"两字。由此,归德院就改名为"潮鸣禅寺"。如今,杭州城内还有许多以"潮鸣"命名的地名,如:潮鸣街道、凤起潮鸣、潮鸣寺巷、潮鸣苑。又如"海潮寺巷",出自杭州古寺"海潮寺"。杭州素有"东南佛国"之称,在众多寺院中,海潮寺和灵隐寺、净寺、昭庆寺并称杭州"四大丛林"。《武林梵志》当年记载说,"凡进香普陀者,必聚足于此,犹径山之有接待院也"。如今,杭州市内也有以"海潮"命名的地名:海潮路、海潮支路、海潮新村。尽管海潮寺早已毁于战火,可老杭州对寺庙仍念念不忘,巷以寺名,也期待老寺有一天重见天日。

又比如金华市地名办为开发区32号道路的命名为"志和路"。名称出自唐代知名诗人"张志和"。张志和是金华历史上著名诗人,也是金华人耳熟能详的文化名人,其代表作《渔歌子》——"西塞山前白鹭飞,桃花流水鳜鱼肥。青箬笠,绿蓑衣,斜风细雨不须归。"除了有名人命名的含义外,会议上的地名专家表示,这条道路连接金华市体育中心,以"志和"路命名可以很好地诠释"有志者事竟成""有志气不服输"等体育竞技精神,其延伸意义具有时代性。

2019年,义乌市民政局公布的7条路街名文化意义丰富。其中文清路，以南宋名人徐侨命名。徐侨，义乌清德里龙陂（今浙江义乌佛堂镇徐塘下村）人，谥号"徐文清公"。著名婺剧《徐文清公》，便是以徐侨为官生涯中的真实故事为基础，构架了"谏君""减赋""惩贪""赈粮""拒敌""归隐"等主体事件，塑造了一个心系黎民、不畏权贵、反腐惩贪、廉洁自律、以实心行实政的古代清官形象。灌聪路，以义乌第一个图书馆——灌聪图书馆名之，含灌输聪明才智之意，契合科教园区，故名。金谷大道，位于佛堂镇，金谷是此一带的古地名，有金秋丰收之意，也有寓科教园区结出丰硕成果之意。

6. 特色性不断彰显

路街命名的特色性是一座城镇区别于其他城镇的重要标志，也是城镇内部不同城区定位不同的外在表现之一。总的来说，浙江四类城镇中，每类城镇的路街名都内涵丰富、特色鲜明。杭州以皇城文化、西湖文化、互联网文化为特色，金华以八婺文化为特色，义乌以小商品市场为特色，横店以影视产业为特色。

路街命名的特色性除了表现在不同城镇之间，也表现在同一城镇内部的不同城区。不同城区因在城镇的定位不同，路街所呈现的命名也不相同。如近几年杭州新命名的路街：上城区、下城区的西文巷、双源巷、双晖巷、思潮巷。这两个老城区，承载着杭州的悠久历史，这些路街命名有的沿革古老地名，有的含义隽永深远，与厚重古老的特色城区氛围相协调。西湖区的墩池路、清谷路、荡鱼街、梦蝶街、霞鸣街、金兰巷、荡漾弄、踏云弄，这些路街名用字清丽，选词灵动，充满一种含蓄而梦幻、雅致而浪漫的江南水乡情趣，与西湖区"东方韵·西子情"的特色语言氛围相契合。开发区和滨江区的诚业路、诚品路、创品路，这些路街名体现出在新兴产业的带动下，以诚待人、创新创业的新城区特色。不同城区的路街名根据城区的自身特色命名，具有极高的可识别性，有利于挖掘杭州特色文化，彰显杭州精神风貌。

金华近几年的路街命名中，江南区域的南北向主干道多以金华市所辖县（市）名称命名，如武义街、东阳街、义乌街；东西向主干道多以金华市的历史名人命名，如宾虹路、李渔路、丹溪路、东莱路、志和路、龙川路等。与江南区域不同,江北区域多沿用原有地名,如人民路、解放路、新华街、八一街等,时代特色浓厚。由此可见,江北区域承载着金华重要的历史文化特色,江南区域则彰显新时代特色,二者分工不同,却又和谐共生,展现出金华城镇内部协调统一的生态语言氛围。

7. 信息化不断推进

互联网高速发展为文化产业创新提供了便捷、经济、多渠道的技术平台,浙江是全国信息经济发展最活跃的省份之一,以互联网为载体对路街名进行信息化管理,有利于共享数据资源,提高管理效能,推动产业创新。

近年来,浙江一类城镇杭州以"数字地名"为基础,扎实开展地名信息化建设。形成《杭州市区划地名数据共享与交换编码》,建立市区地名地址数据库。在原7万多条地名数据、300万条地址数据的基础上,清洗新增地址数据8万条。依托地名地址数据库、天地图,杭州升级完善地名地址管理平台,实现地名数据线上流转,业务网上办理,完成与国土、建委等部门数据的实时共享及省、市、区(县、市)三级数据无缝对接。成为名副其实的全国地名地址库试点创建工作先进单位,综合评分位列全国第一。

在杭州的带领下,除横店外,其他城镇均创办城市地名网站,建立路街名数据库,路街名信息化建设在国内处于领先地位。我们可以利用互联网方便快捷地搜索杭州地名网、金华地名网以及义乌地名网,通过互联网浏览路街名的相关信息。网站内设立了电子地图、地名公告、地名文化、地名知识等单独板块,既可以实现数据共享,方便民众生活,又可以宣传城镇特色,弘扬地名文化。

当然,在路街名建设中,还存在一些非生态的现象,影响着新型城镇的生态文明建设,需要引起重视。具体表现为以下七个方面。

第一,规章制度还不够完善。

城镇路街名命名是一个系统工程,需要理论指导,需要完善的规章制度,而理想的规章制度应该具有系统性、继承性、独特性与前瞻性,能反映出城镇历史文化。规章制度的不够完善影响了城镇路街命名工作，也是各种问题不断出现的根本原因。

首先，现行的《浙江省地名管理办法》（第309号）施行于2013年，而上一次颁布《浙江省地名管理办法》（第56号）是在1994年，两者间隔近20年。也就是说，在1994年到2013年浙江经济高速发展、城镇化进程快速推进、城镇道路交通大范围新建期间，浙江省的路街命名一直按照1994年公布的条例执行，而20年前的"管理办法"具有明显的局限性和滞后性，不能适应具体情况、满足现实需求。

其次，母法的不够完善会影响到子法的制定与落实，因为浙江各类城镇在制定本地的规章制度时会依据省级的法律条文。比如现行的《杭州市地名管理办法》发布于2014年，距上次发布也有14年；《金华市地名管理实施办法》施行于2015年，距上一次发布相应的办法整整有20年；《义乌市地名管理实施细则》发布于2003年，距今也有15年了。这些办法条例或颁发时间过久，或间隔时间过长，无法满足新型城镇化进程中大量涌现的新的路街命名及新旧地名冲突的需求。

最后，这些地名管理条例制定得还不够具体，比如除杭州外，其他城镇在路街名命名条例中均未提出专名、通名等具体要求，给命名带来不必要的麻烦。

第二，路街名重复现象。

随着城镇规模不断扩大，城镇道路建设快速发展，路街规划工作有时很难赶上道路建设的速度，不少新建成的路街来不及确定名字，有的就直接把设计图纸上的非正式名称投入使用，有的甚至由施工单位擅自命名，造成路街名重复，更多的则是城镇行政区域调整，原先不是同一城镇的变成了同一城镇，由此带来了不少重复的路街名。

按照命名原则，在同一城镇，除派生路街名外，同类路街的专名不得重名，但现实中往往会出现专名完全重名或高度相似的情况。比如杭州的"高银巷"和"高银街"，"太平巷"和"太平里""太平弄"等，很容易被认为是同一条路街。从翻译的角度看，这种同样的专名、相似的通名不易区分，以汉译英为例，"高银巷"和"高银街"的通名尚且可以用"Lane"与"Street"区分，但"太平巷""太平里""太平弄"

的通名则很难用不同的英语来表述，因为在英语中，"巷""里""弄"都是用同一个单词来表示。作为省会旅游城市的杭州，其开放程度越来越高，外国人无论是常住还是短期旅游的越来越多。即便是在新冠肺炎疫情期间，据杭州市公安局出入境管理局工作数据显示，2020年1—12月份，临时来杭境外人员共94958人次，其中，外国人56243人次；全市共受理境外人员证件17001人次，其中，外国人签证15799人次。《杭州市旅游国际化行动计划（2021—2025年）》中提出，2025年杭州将全面促进更深层次、更高质量的国际旅游发展，加快建设"国际重要的旅游休闲中心""世界一流旅游目的地"，力争接待入境过夜游客突破150万人次，旅游外汇收入突破7.4亿美元。外籍人士的常住数量、海外游客的入境人次是衡量一个城镇国际开放交流程度的重要指标。杭州在迈入国际化步伐的同时，需要为外籍人士提供工作、生活、旅游上的便利，而城市路街的外文翻译便是其中非常重要的一部分。

更为严重的是专名和通名都重复。按照《浙江省地名管理办法》（第309号）规定，同一城镇、乡（镇、街道）内的道路不得重名，但同样一个"人民路"，同时存在于杭州的萧山区、滨江区、余杭区。这是因为随着杭州经济高速发展、城镇规模扩大，原有的城区面积已经不能满足日益增长的经济和人口需求，于是在1996年，杭州设立滨江区，2001年，设立萧山区、余杭区。三个新区设立较晚，调整后的杭州市区与原杭州六个区在道路规划、路街命名上并未达到生态的状态，也未引起政府部门足够的重视。这种现象在老城区也有个别案例，如上城区、下城区的"小井巷"，同样一个巷名同时存在两个区，显然是不合理的。还有金华的秋滨街道的"迎福路"和新狮街道的"迎福路"。相对于专名重名来说，街名重名的现象更容易造成人们生活的不便，尤其是外来人员。

第三，通名命名不严谨。

通名可以将道路分出层次、分出级别，人们在日常生活中，可以通过一条路街的通名直接区分不同路街之间在长度、宽度、走向上的个体差异。通过分级作用，使得城镇的"大街小巷"具有明显区别特征。各类城镇均存在通名命名不严的现象，具体体现在与路街长度、宽度和指代方向的不一致上，这种现象弱化了路街通名的分级、定位作用，应该给予更多关注。

城镇通常对道路通名的使用有一定的规定，如杭州规定路街通名可使用大道、大街、路、街、巷、弄、直街等。道路宽度在60米以上且长度在10千米以上的主干道宜用大道（大街）为通名，南北向道路长度在600米以下的以巷为通名，东西向道路长度在600米以下的宜以弄为通名，历史风貌地区需要命名的支小路宜以巷、弄为通名。这里对大道（大街）、巷、弄等适用的范围都有明确要求。但在具体命名过程中容易出现偏差，人们倾向于使用代表"长""宽"的通名"路"和"街"，这是一种不符合语言生态学的认知和习惯。生态批评语言学的创始人韩礼德就曾指出，人类在词汇运用现象中，往往呈现增长主义的意识形态。例如人们在询问的时候总是用表示增长的词语：你多大了？车开得多快？他长得高不高？人类潜意识里就有增长主义的意识，认为这样代表进步，但这些意识违背生态语言学倡导的适量、和谐原则，造成资源的短缺和浪费。同样，路街通名的使用应当以路街的长宽及其所承担的具体功能为标准，而非一味追求"大的""宽的""长的"。各类城镇路街通名中，滥用大道（大街）、路的现象比较多。

在我们收集的语料中，只有金华的路街名基本符合南北为街、东西为路的道路交通体系，其他三类城镇的路街通名与道路指代方向没有明确的关系。根据杭州市《地名管理规范》规定，中心城区或郊区新城及大型居住范围内新建的路街，应符合南北为路、东西为街的命名原则。但从杭州实际路街名看，不管道路的走向如何，均倾向于使用通名"路"，以"路"为通名的道路在数量上远远超过以"街"为通名的道路。

义乌与横店的路街通名也与道路指代方向不明确，"路"的使用频率远大于"街"，尤其是新修的道路，无论走向如何，都习惯于用通名"路"，且在道路宽度上基本表现为路大于街。

第四，路街名不对称。

随着经济发展和城镇规模的扩大，城镇交通体系也在不断完善，与之对应的路街命名规划却存在缺失。路街的命名应该与城镇规划相符，具有整体性和统筹性，散乱无序的路街名不利于城镇和谐语言与生态文明的建设。

路街命名不对称主要体现在路街命名的缺失上，这种现象在派生路街名上出现较多。路街在兴建和命名的过程中，一般都具有整体性，如有某某东路，就会有某某西路；有某某北街，就会有某某南街，这些路街名都是成双成对出现的，然而事实并非如此。如杭州有望江东路、东新东路、江汉东路、甘长西路、金祝西路、董家西路、江虹南路、萧然南路、育才北路、文津北路、复兴南街，但是却没有与之对应的望江西路、东新西路、江汉西路、甘长东路、金祝东路、董家东路、江虹北路、萧然北路、育才南路、文津南路、复兴北街。金华有丹溪东路、李渔东路、下王东路、双溪西路，也没有与之对应的丹溪西路、李渔西路、下王西路、双溪东路。义乌有欧景东路、清溪东路、城中西路、稠州西路、工人西路、春晗南路、丹溪北路、稠州北路、工人北路，没有与之相对应的欧景西路、清溪西路、城中东路、稠州东路、工人东路、春晗北路、丹溪南路、稠州南路、工人南路。横店有东磁西路、明清西路，没有与之相对应的东磁东路和明清东路。

此外，对称的路街名要求在长度、宽度上大体一致，这样才能反映道路规划理念，使道路规划更有意义。有时为了保证路街名的对称性，一些本不应使用方位词派生的路街也直接以"东西南北"命名，虽然做到了对称性，但缺失了均衡度，同样不符合语言生态的要求。如杭州龙驹东路长度不及龙驹西路的四分之一，美院北街长度是美院南街的三倍多，金华婺江西路长度几乎是婺江东路的三倍，义乌工人西路的宽度只有工人北路的一半，等等。

第五，路街名消失。

路街名记载着城镇的历史，映现一座城镇的文化，可随着新型城镇化的推进，加速了老城区的改造，在这一过程中，由于缺失有效保护，致使大量的路街名消失，造成城镇文化资源的流失。

以杭州为例，据市地名办统计，1984—2005年间，因旧城改造、新修建筑、城区整治等原因，杭州市消失的路街高达800余条，基本集中在两个最古老的城区——上城区和下城区。见表2-9所示：

表2-9　　　　上城区、下城区1984—2005年路街名消失统计

城区	街道	数量	举例说明	时间和原因
上城区（341）	湖滨街道	88	松庐、营门口、居安里、平安坊一弄、嘉树巷、涌金路	1984建住宅楼；1998建西湖大道、吴山广场、酒店；2002旧城改造；2003建住宅楼；等等
	清波街道	47	南园、东廊下、东（西）都司卫、德润里、紫薇坊、诚仁里一弄	
	小营街道	122	梓敬村、小城隍庙前、福元里、戏院弄、土山一弄、大兴隆巷	
	南星街道	36	元帅庙、浙江第一码头、羊义弄、小桥外街、新生路	
	紫阳街道	45	三角地、余后里、大悲阁弄、江边路	
	望江街道	3	沙地路一、二、三弄	
下城区（173）	天水街道	20	胭脂桥、敬德里、三三坊、经折弄、清远桥直街	
	长庆街道	56	后城墙、福安里、广安弄、夏侯巷、青龙街	
	潮鸣街道	47	会安坝、庆春里、仓弄、锦衣一弄、千马巷	
	武林街道	50	城墙脚边、光荣里、剪刀弄、武林村一弄、双陈巷、西桥直街	

第六，路街名缺乏文化性。

路街名不仅仅只是一种符号，还蕴含着一定的文化，是历史文化信息的载体。随着新型城镇化快速推进，各类城镇不断扩大，道路大量增加，如何为这些路街命名也成为一个棘手的问题，缺乏文化性已成为不少新兴城区路街名的通病。比如杭州滨江区以反映美好兴盛愿望"滨"字系列的路街名有：滨安路、滨河路、滨康路、滨盛路、滨文路、滨兴路、滨怡路等，以"业"字系列命名的有：建业路、聚业路、安业路、诚业路等。作为杭州新成立的高新区，滨江区路街在命名上强调高新特色、寄予美好愿望都是值得肯定的，但是同样类型的路街名不宜过多，

还需考虑地域文化性的传承,像滨江区的长河、西兴、浦沿这些古镇均有着悠久历史文化,而这些地名文化挖掘得不够,在路街命名中没有得到很好的体现,这是许多新兴城区路街命名普遍存在的问题。

另外,新路街名存在滥用数词、序数词的现象。以前在浙江各类城镇中很难找到以数字命名的路街,可现在,随着城镇经济快速发展,国内外交流日益频繁,路街命名上也受到国外影响。美国纽约曼哈顿岛以序数词命名的路街最具代表性,由于道路整齐、便于查找,这些路街名受到人们的喜爱,加上命名简单方便,引得大小城镇相继效仿。比如杭州开发区的1号大街、2号大街、3号大街……27号大街;金华金东区的横一路、横二路、横三路、纵一路、纵二路……纵六路;义乌的长春一街、长春二街……长春七街。但是,这些路街名表面上看起来整齐明了,实则名称单调,极易混淆,缺乏内涵,与我国厚重意蕴的传统文化精神不相符合。

第七,路街名更新不及时。

路街名更新不及时表现为两个方面:一是有路无名,由于城镇道路交通设施建设过快,短时间内有的路街还未来得及命名,从收集语料发现各类城镇均存在这种情况,以至于许多地图导航不得不使用这样的语音提示,"前方左转(右转)进入未知道路";二是已有命名或更名,但后续工作没有跟上,致使有些路街名在网络实时地图与纸质地图上找不到对应的名称。根据地名办发布的公告,经核实发现以下路街名的资料在地图上并未得到更新。比如杭州的有:2014年的水澄北路、景明路;2015年的塘运弄、丰兰弄、益荣弄、嘉禾里支弄、泊贤巷、盈才巷、求宁巷、德福巷、环临巷、长裕巷、百盛巷、儿康路;2016年的章明巷、瑞银街、连江街、龙宇街、华彩路;2017年的禾福弄、泰景弄、南大巷、益泰巷、仁和仓街、德农路、桃隐路、翠柏东路、九睦南路等。金华的有:2012年的胡杨街;2013年的后畈西路、泰达路、玉云路;2014年的紫韵街、金武南街、金武北街、芦塘街、江飞街、江横街、江兴街、中天街、江逸街、金贤路、金德路、金鼎路、金品路、金狮路、日照路、阳岗路、灵岗路、江雅路、燕尾洲路;2015年的梅岭街、金粮街、鹤岩街、可友街、科园街、平山街、晚翠街、尚俭街、灵源街、朝皇路、作楠路、含珠路、翠微路、同创路；2016 年的智者街、洞山街、登云街、银塔街、龙坑街、白岩街、风门街、茶园街、石坞街、京溪街、永湖街、龙岩街、牧云街、博学街、兰台街、莲湖路、延兴路、北源路、石狮路、乌溪路、芝溪路、芝褚路、界塘路、山芝路、礼义路、尖峰路、项朱路、学前路、笃学路；2017 年的紫源街、金甬街、创新街、惠民路等。义乌的有：2009 年的雅锦路；2011 年的采莲路；2016 年的江湾街、浙医路、世俊路、恩惠路、官塘路；2017 年的钓鱼矶路、一峰塔路、塔洲路、塔南一路、塔南二路等。

未命名的及有名而未更新的道路给人们的生活带来不便，有悖语言生态的要求。

二 新型城镇路街名语言生态建设

城镇路街名中出现的这些不符合语言生态要求的现象，在一定程度上反映了各类城镇路街命名的非生态现状。随着新型城镇化进程不断加快，城镇路街设施将会更加复杂，命名工作仍然艰巨。为改善路街命名现状、不断完善城镇路街命名，以适应社会发展，建设和谐语言生态，构建生态文明社会的需要。

（一）加强语言政策制定

语言政策，通常是指一个国家为其语言规划实施所制定的方针性和指导性规定。语言政策的制定是对语言生态的一种人为的合理的干预，是维护语言生态的政府行为。只有自上而下及时、合理地制定相关语言政策，各市地名办工作才能有法可依、有规可循，才能保障路街命名规范化、有序化。

首先，语言政策的制定应该具有规划性、前瞻性。形成、维护良好的语言生态体系是一项长期的任务。制定合理的语言政策要求我们不仅考虑目前语言生态的具体情况，还要求超前对未来出现的格局做出科学合理的设计，因而，路街命名法规从根本上来说是一种全面、长远的计划和安排。我们在前面的问题中提到，城镇在地名法规上存在明显的滞后性与局限性。我国已经进入全面建成小康社会的阶段，新型城镇化进程快速推进，在这样一个经济持续发展、道路交通体系日益完善的特殊时期，路街命名法规应该因地制宜、及时更新，适应社会发展，适应未来发展。

其次，语言政策的制定应该具有专业性。路街名属于城镇景观语言的一种，路街命名法规需要结合语言文字、历史地理、城镇规划等各方面的专业知识，因此，在路街名的语言政策制定过程中，需要以专家团队为依托、多学科共同参与，从而保证法规条例的合理性。

再次，语言政策的制定应该具有地域性，符合各地语言生态实际。每个城镇因所处的地理位置的不同，表现出不同的自然环境、文化产业及城镇特质，在制定语言政策的过程中应做到从其语言生态实际出发，不断开发、创新，表现一定的地域文化特色，从而构建良好的语言生态体系。

各类城镇中，杭州的地名政策制定相对专业、具体，值得其他城镇借鉴。2014公布的杭州《规范》对杭州市区新建设的路街命名做出严谨、专业、详细的规定。如对数字路街名要求：道路名尽量避免出现序号，如"某某一路"，但可以在经济开发区、专属功能区范围内使用，其序号编排一般不超过"三"以上。对路街命名派生形式要求：原路名后加方位词予以区别，如"某某东路"，但不得将方位词前置，如"东某某路"。此外，对路街通名在使用时的走向、长度、宽度、适用地区等都有具体的要求。这样的地名法规条例对杭州路街通名、专名等提出专业性的要求，符合杭州道路建设情况，有效发挥了语言政策的指导作用。

最后，在语言政策制定、发布后，相关部门应当按照要求贯彻执行，保证实施效果。执行力是政府工作的生命力，是影响政府合法性的重要因素。再好的法规条例颁布后，没有强有力的执行力，都是纸上谈兵。

（二）维持内部生态系统稳定

从生态语言学角度看，语言内部的语音、词汇、语法等系统内部及系统之间应该达到生态和谐的状态。路街名属于语言中的专有名词，因而也应该维持内部生态系统的稳定性。各类城镇地名管理条例中，几乎都将重点放在用字规范性上面,如要求路街名用字符合国家通用语言文字法规定,避免使用生僻字,不使用繁体字、异体字、外文、阿拉伯数字、纯数字、基数词、序数词和标点符号等不规范字符。但是,对路街名内部要素及其关系的生态问题的重视程度还不够。

从音节元素上看,应该提倡使用三音节为主、四音节为辅的路街名。路街名音节数量过少表意欠缺,音节数量过多又繁复累赘,均不符合路街名的语言生态要求。我们查阅近两年来城镇的地名公告,新建路街音节数量以三音节为主,符合汉语语音规律。

从平仄元素上看,提倡使用平仄相间、音律和谐的路街名。在汉语的声调中,语音有高有低、有升有降、有长有短。四声中,平声高起高收,读起来音长高亢;仄声短促或曲折,读起来低沉压抑。各类城镇路街名中,存在少量全平或全仄的路街名。如杭州的浮山街、天虹街、松乔街、荡漾弄、草创路、九盛路、海普路;金华的丹南街、陶朱街、丹阳街、金盆街、双丰街、马路里、皂树巷、雅致路、邵泰路;义乌的梧桐街、桥西街、荷花街、四季路、百盛路、董店路、九号路;横店的繁荣街、阳光街、镇北路、影视大道等。我国古代格律诗中,"三平调"和"三仄尾"是要严格避免的。三字平声相连,读起来音长高亢,音律不够曲折动听,相对于全平来说,全仄的音读起来低沉压抑,极其拗口,更加不符合汉语高低曲折的音律和谐,在路街命名中运用很少。因而在路街命名中,应该尽可能做到平仄相间,读起来音韵和谐、朗朗上口。

从词汇元素上看,路街命名应该做到专名指称明确,通名层次分明。除此之外,专名应当兼顾当地历史、文化、地理和经济特征,通名应当与城镇规划所确定的使用功能相适应。在前面的问题中我们提到,有些城镇对通名"大道""路"使用不当。在新型城镇化进程中,许多城镇为顺利戴上"大都市"的华丽皇冠,频繁使用"大道""路"给路街命名,动辄就提出"迈向创新型国际化大都市"的口号,似乎小街小巷不符合"大都市"的定位。殊不知这样一味追求"高大上"的路街命名方式难以与其他城镇区分开来,无法彰显城镇特色文化,不利于人文城镇的建设。

(三) 保持外部生态环境和谐

语言生态要求我们既要维系语言内部生态系统稳定，又要保持语言外部生态环境和谐。路街名外部生态环境主要包括自然因子、历史因子及产业因子，生态的路街名应当在保持外部生态环境和谐性的基础上，积极体现城镇文化多样性特征。

各类城镇路街名中，杭州路街名的外部生态环境最为和谐，不管是风景优美的山水因子，源远流长的历史因子，还是日新月异的产业因子，在杭州路街名中都有比较充分的体现。杭州有意识地为自己贴上独特的"标签"，以至于人们在看到"西湖""南宋皇城""电子商务"等词汇时，第一时间就能想到杭州。

在旧城改造中，杭州非常注重保护老街名，尽量恢复消失的老街名。为保护历史文化遗产，杭州出版社出版了大量以"西湖""杭州"为主题的通俗文学作品，里面详细记载每条街巷的动人故事，将产业因子与历史因子相结合，使路街名有了新的生命。

在新路街命名中，杭州尽量做到分区分块，以每个区域的地域特色命名路街，做到城镇文化的多样性、区域文化的独特性、生态系统的和谐性。比如2017年发布的《杭州市人民政府关于对甬江路等部分道路桥梁过街地道命名的批复》（第20号）中确认了西湖区新建路街名：墩余路、莲池路、庄墩路、莲紫路、桃隐路、时雨巷、环墩巷、炮台巷、观音漾弄、草鞋桥弄、莲章弄、桃浦弄、西鉴弄、泰景弄等，这些路街名将西湖"东方韵·西子情"的自然因子完美交融，营造出物我交融的独特意境，构建出生态的城市氛围，充分发挥出自然因子对语言生态的积极影响。

但是，杭州部分新城区路街命名有所欠缺。有些新城区路街命名一味强调指位性和便捷性，忽视了外生态系统的多样性及和谐性，比如开发区的1号大街、2号大街……27号大街等就是典型的例子。有些区域新建路街名一味追求"创新""知识""高新"等"新气象"，忽视了区域内特有的传统文化，没能做到与原有的自然因子相协调，这些在前面已有详细论述。

金华、义乌、横店的路街名在保持外生态系统的和谐性方面还有待进一步提高,与外生态系统相结合的路街名不多,尤其是义乌,除表现小商品国际市场的产业因子外,许多有价值的地域文化因子都没有在路街名中得到体现。如义乌历史文化古镇和古村落"义亭、赤岸、大元、夏演、曹村、华溪、葛仙、杭畴、翁界、楂林、倍磊"等,这些地名均被录入《义乌市第一批地名文化遗产保护名录》,具有义乌地域特色文化,完全可以用到路街名中。此外,横店的路街名在地域文化上,特别是影视产业文化特色表现明显,但相对单一,人文魅力不足,有待深入挖掘。

(四)发挥人群系统作用

人群系统作为语言内外生态系统的中介机构,是语言运用的主体。一个社会和谐的语言生态环境的营造,依赖于人群系统的积极作用。前面提到,浙江城镇路街命名过程中,市民表现出强烈的参与热情。但是,路街命名多是专家学者以开研讨会的形式参与,在公民参与的广泛度、命名工作的宣传度、各级部门的重视度上略显不足,并未充分发挥人群系统的作用。大街小巷是我们每个人每天生活的地方,每个公民都有为其命名出谋划策的权利和义务,可在近几年浙江各类城镇地名办公布的地名公告中,几乎很难看见对路街命名的广泛征集活动。

不过近年来,国内不少城镇在路街命名中重视发挥人群因子的作用。如新疆伊宁市对新建道路65条、规划待建道路90条,共计155条道路公开征集道路名称的活动。活动面向全市大众,让广大市民参与,活动结束后公布道路拟命名建议方案,并作出路街命名理由、新名的含义等简要说明。四川成都市武侯区面向社会征集对8条新建路街命名,应征的地名一经采用,每个名称给予200元奖励。湖北襄阳市襄州区发布征集8条道路名称的公告,面向社会,要求每条道路名称需附50—100字的寓意说明。河南信阳市潢川县向社会广泛征集产业集聚区9条道路的命名,要求路街命名有利于经济社会发展,尊重地名的历史和现状,凸显社会文化发展和历史底蕴。以上这些做法都值得借鉴,在建设生态、创新、和谐、人文城镇的过程中,市民的热情参与是成功的关键。

第五节 结语

　　语言生态学主张从语言内部生态系统和外部生态环境的相互作用关系出发来研究语言，城镇路街名的研究也离不开这两个方面，从对浙江四类城镇路街名的分析研究，可以得出以下结论：

　　第一，从内部生态系统看。往往呈现出城镇类别越高，规模越大，历史越悠久，语言内部平衡机制和调节机制就越成熟，路街名音节种类和通名用字的多样性特征也越明显。从音节上看，三音节、四音节路街名形式简单，便于记忆，能够较好地实现语言的交际功能，符合语言生态原则，因而广泛运用于各类城镇路街名中。城镇路街名以"专名+通名"结构为主，派生结构为辅，为保持语言的和谐性，派生结构基本遵循城镇主干道加方位词派生，次要街道或老城区小的里弄加数词派生的规律。指称明确、层次分明、特征鲜明是路街命名对词义的基本要求，也是路街命名应该遵循的语言生态原则。

　　第二，从外部生态环境看。一类城镇范围大、功能多，以自然因子命名的路街名往往以景区为中心成团状出现，营造出和谐的语言生态环境。其他城镇范围小，功能少，交通系统不完善，以自然因子命名的路街名以点状散布在城镇的各个角落。同一城镇中，以水流命名的路街名呈现南北差异性，老城区在城镇主要河流以北，新城区在城镇主要河流以南，老城区路街以表指位性的江河专名命名，新区靠近主要河流的路街一般以滨江、江南等概括性专名命名。各类城镇以政治、经济、教育、文化、传说典故等作为路街命名依据，反映出历史因子的相似性。杭州的皇城文化、西湖文化和运河文化，是区别于一般城镇历史因子的重要特点，也是杭州城市语言生态体系的重要外在表现之一。此外，各类城镇以人名为路街命名，反映人民常怀感恩、不忘历史的人文情怀，为传承发扬地方名人文化、塑造良好城镇形象提供内在动力。随着新型城镇化进程的加快，浙江商帮文化体现在浙江各城镇的路街名中，这是浙江区别于其他省份城镇路街名的重要特征，也是浙江各城镇路街名的共性特征。产业因子渗透在各类城镇路街命名中，其中杭州重点开发互联网和电子商务产业，路街命名体现智慧创新的特征；义乌以小商品市场为代表，路街命名体现诚信务实的特征；横店以影视产业为支柱，路街命名体现影视文化特征。

  第三，语言生态是整个生态文明的重要组成部分，直接或间接影响着整个社会生态，影响着新型城镇化进程中的生态文明建设。各类城镇路街名在规范化、信息化，文献资料丰富性，基础设施的建设，公众的参与度上已经取得相应的成绩；在规章制度的缺失，路街命名的严谨性、对称性、文化性和重复性上还存在不足。在充分考虑对良好语言生态构建的指导性作用下，我们对不符合语言生态要求的路街名提出相应对策：政府相关部门应该引起重视，在加强语言政策制定的基础上，维持语言内部生态系统和谐，保持语言外部生态环境稳定，积极发挥人群系统作用，从而为构建新型城镇语言生态，打造新型城镇特色品牌，推进新型城镇生态文明建设作出贡献。

第三章　新型城镇商店名语言生态比较研究

　　商店名是新型城镇语言景观的一部分，商店名是否生态不仅影响一个城镇的外观形象，甚至影响城镇的生态文明建设，因此受到学界的关注，人们从不同的角度对商店名进行研究，并取得了丰硕成果，但从语言生态视角考察商店名的还比较薄弱，尤其是对不同城镇商店名的语言生态进行比较研究的还未看到。本章以生态语言学理论为指导，对浙江不同类型城镇的商店名进行考察，分析其生态和非生态的情况，并提出相应的对策，试图为新型城镇化中语言生态建设提供参考。

　　四类城镇各选取一个为代表：一类城镇以省会杭州为代表，包括上城、下城、拱墅、西湖、滨江等五个区的主要街道商店名1348条；二类城镇以地级市金华为代表，包括新华街、解放东路、胜利路、八咏路等街道1120条；三类城镇以县级市义乌为代表，包括宾王商贸区、稠州北路、工人北路等主要街道754条；四类城镇以镇级市横店为代表，包括万盛南街、江南路、康庄南路等街道549条。需要说明的是，所搜集的资料均来自路边的商店，商场内部的店名不计算在内。为使统计结果更加清晰直观，我们通过制作图表、列举数据、展示图片等方法进行。

第一节　商店名对新型城镇生态的影响

一　商店名的一般功能

　　商店名的一般功能有：指引标识、吸引顾客、树立品牌形象等功能。

1. 指引标识的功能

指引、标识是商店名的基本功能。商店名通过文字、图片、符号等形式将自己的经营类别标识出来，用来引导顾客。在商业空前繁荣的现代社会，每天都有新的店铺开张，各种各样的商店如雨后春笋般涌现出来，城镇街道布满了不同种类的商店，这时，商店名的指引、标识功能就为消费者快速找到自己所需的商店提供了方便。

标识作为人类活动的一种文化，有着悠久的历史。据文献记载，古代的路名、石碑、牌匾等都具有标识的作用，那些经营茶、酒、布匹之类的商家多用布帘或木牌制作成招牌、幌子，并在上面题上自己店铺的名称及字号，用以标明自己的经营类别及服务项目，这些招牌、幌子就是用于商业行为最早的"标识"，在贸易活动中扮演着十分重要的角色，并一直沿用至今。

2. 吸引顾客的功能

引导消费、宣传推广是商店名的主要功能。好的商店名不仅是店铺经营特色的浓缩，同时还能提升店铺的竞争优势，吸引更多顾客的关注，为商家赢取更大的经济效益，相反，商店名起得不好，在一定程度上将会影响消费者的选择，从而影响效益。

当前，文化已成为发展的新引擎，以文化拉动经济增长已成为一种新常态。商家在为店铺起名时，已经开始注意到从中国传统文化中汲取营养，将蕴含传统文化特色的词汇融入商店名中，为商店名注入特定的文化成分，这样做既提高了店铺的档次和品位，还成功地吸引了更多的顾客。如"福、乐、康、美、正、宏、和、顺"等，都是商店名中体现传统文化的字眼，像"天宏宾馆""永和豆浆""顺意来大排档"等。

随着人们思想的解放，店家在为店铺命名时也十分注重张扬个性。目前商店名中有不少新奇之处值得关注，最常见的是店家使用各种辞格来修饰商店名，如谐音、比喻、借代、夸张等，像"好旺脚""不老神"等。

不同的消费者有不同的心理需求，商家抓住消费者的实际需求为商店命名，如抓住消费者追求便宜、实惠的心理命名的，像"九分便利店"传达出店主只赚顾客九分钱利润的意思，"保暖内衣厂家直销"中

"直销"二字意味着会省去很多中间商的加价，自然会便宜一些；抓住消费者追求平安、快乐、多福的心理为商店命名的，像"好乐多""好万家宾馆""可乐汤圆""欢客便利"等；抓住女性追求美丽、时尚的心理特征命名的，像"都市丽人""时尚街""爱美阁美容养生会所"等。还有一部分消费者认为"外来和尚会念经"，喜欢购买洋货，商家就抓住这一心理，起一些有洋味的名字来迎合消费者的需求，如"菲梵巴黎""东方巴黎""异域风情""墨西哥风情餐厅"等。

总之，无论店铺如何命名，其出发点总是希望借助商店名吸引更多的顾客，从而获得更好效益。

3. 树立品牌形象的功能

帮助店铺树立品牌形象是商店名的重要功能。品牌代表着生产力、文化力和竞争力，作为一种无形资产，越来越成为竞争的焦点。为店铺树立品牌形象，既是商家赢得市场的重要战略措施，又是时代的迫切呼唤。

不难发现，当人们的物质生活水平达到预期目标后，往往就开始注重精神生活的追求，对应到消费领域，那就是越来越注重"品牌消费"，追求品质。过去人们单单以商品的价格和质量作为购买的参考因素，现如今，当市场逐渐完善，商品价格普遍降低，人们的购买选择更加丰富之后，店家再以便宜的价格作为竞争要素很明显已不是灵丹妙药，店家真正需要的是借助商店名树立自己的品牌形象，提高自己的核心竞争力，这也是知识经济时代商店名面向未来发展的必然趋势。

从情感上看，品牌能使顾客产生一定的消费认同感。一个好听的商店名是建立品牌的第一步，商店名不是说话，也不同于广告语那样可以直接吆喝，要想拉拢顾客，赚取更大的利润，就必须借助语言修辞的手段，让消费者过目不忘，并在心理上产生再次光顾的欲望。我们以联想电脑"Lenovo"为例说明品牌的重要性，2003年，联想集团用"Lenovo"代替原有的英文标示"Legend"，并在全球范围内注册。"Lenovo"是个混合词，"Le"来自原有标示"Legend"，"novo"是一个假的拉丁语词，从"新的（nova）"而来。改名后的英文标示"Lenovo"很容易让人联想到"创新"一词，这与IT行业追求创新的特点十分契合，得到了消费者的情感认同，一进入市场就深得大众的喜爱。

在竞争日渐激烈的商品市场中，商店名的品牌功能必将成为商店长足发展的竞争力，必将成为推动商店快速发展的引擎，因此，店家必须想办法实施品牌战略，发挥商店名塑造品牌形象的功能。

二 商店名对新型城镇生态的影响

商店名作为城镇语言景观中的一部分，是城镇语言生态体系的重要组成部分。对一个城镇而言，生态的商店名可以彰显其较高的管理水平，反映出丰富的城镇文化，树立良好的城镇形象，进而促进整个城镇的生态文明建设；而非生态的商店名则暴露出管理不当、精神文化缺失等问题，同时也会直接或间接地污染人们的精神世界，影响整个社会的生态文明。因此，商店名在构建语言生态、城镇生态方面发挥着重要作用，主要有以下三个方面。

1. 塑造新型城镇形象

新型城镇形象一般指新型城镇给予人们的综合印象和整体感受，是新型城镇的传统与现代文明的综合体现，一旦被社会大众接受，就会形成一种文化。独特的新型城镇形象是新型城镇发展的重要导向，是凝聚人心的一种手段，也是对外宣传的金色名片。

"佛靠金装，人靠衣装"说的就是形象的重要性，在外界还不了解一个人时，往往是根据其外在形象来判断的，城镇也一样，其景观往往给人烙上第一印象，并在很大程度上影响着对一个城镇发展好坏的判断。

现如今，社会经济处于快速发展阶段，每个城镇都十分重视商业的发展，在这种趋势下，各种各样的商店不断地涌现，五花八门的商店名布满了城镇的每条街道。可以说，城镇的形象在很大程度上是由商店名决定的，因此，商店名语言的重要性是不言而喻的。

商店名可以通过多种形式影响城镇的外观形象。首先，规范的商店名用字彰显城镇管理的高水平，错误杂乱的商店名则显示出管理的不当，影响整个城镇的形象。其次，商店名的色彩搭配也会在视觉上对城镇外观产生影响，如商店名的字体颜色与店铺内部设计及整条街道外观相协调，就会给市民带来精神上的愉悦感，使城镇具有美感。如一家叫"人鱼传说"的店铺，老板就在"鱼"字上做文章，将"鱼"字设计成美人鱼的图案（见图3-1），以此提升店铺形象，博人眼球，同时也丰富了城镇的美感体验。

图3-1　商店名美化城镇形象

相反，色彩搭配不协调或沉闷，就会使城镇显得缺乏生气，甚至产生副作用。比如2019年上海对常德路的街面招牌进行改造，为统一市容，用了黑白色彩（见图3-2），很快引起人们热议，被批是"殡葬风"，于是有关部门责成重新改造。

2. 丰富新型城镇文化

新型城镇建设是一个立体工程，既包括物质层面的建设，也包括文化层面、精神层面的建设。商店名在新型城镇化建设中不仅在视觉效果上为城镇的外观披上具体可感的物质外衣，也为城镇增添美的文化元素，将一座城镇打造成具有鲜明文化特色的栖息地。

如果说商店名在塑造城镇形象方面的作用具有可观性和可感性的话，那么它在丰富城镇文化方面的作用则具有一定的隐蔽性，因为商店名语言文字背后的文化意义常以其独有的方式对个人的价值取向、行为取向、生活方式乃至整个社会的精神文明建设产生这样那样的影响。我们在调查过程中发现，积极向上的商店名会给社会带来健康的信息反

图 3-2 色彩影响城镇形象

馈，为城镇文化增添阳光的一面；消极的或过于追求新奇的商店名则有损城镇的文化建设，进而影响市民的精神文明建设，甚至会给未成年人指引错误的成长方向。例如一家名叫"二逼家的徽菜"的店铺，乍一看与众不同，使用网络流行语紧跟时代潮流，但立马就会发现其商店名措辞十分不恰当，它向社会传播的是负面信息，甚至有故意以标新立异的方式来吸引目光的嫌疑，必然会对社会产生不良影响，也不利于城镇树立良好的文化形象。

21世纪是经济与文化一体化发展的时代，文化在新型城镇化建设中显得比以往任何时候都重要，因此，新型城镇化建设应当更加重视文化的作用，让文化成为驱动经济发展的内在动力，发挥商店名在树立新型城镇文化形象方面的作用，向社会传播正能量。

3. 彰显新型城镇特色

每个城镇的地理位置、规模大小、历史文化、物质资源、人口结构等因素都存在差异，也正是这些差异，才造就了一个个不同的城镇。独特的城镇形象有助于提升城镇的魅力和吸引力，而缺乏个性的城镇往往难有更好的发展，也容易在众多的城镇中被湮没。

特色是城镇的概括、浓缩和精华，是我们认识城镇及给城镇定位的最便捷的方式。比如提到北京，就会想到是历史文化名城，是中华人民共和国的首都，是政治、文化、国际交往的中心；提到上海，脑海中立马浮现出商业发达、车水马龙的画面；提起大理，一定会想到是旅游休闲的好去处；等等。国家在新型城镇化建设中提出"要走出一条中国特色的城镇发展道路"，这就要求我国的城镇化发展必须是独特的，是适应我国国情的，对应到各个城镇的发展，就要求我们将城镇建设成为彰显独特魅力的栖息地。

商店名在塑造城镇特色方面也发挥着一定的作用，通过观察一个城镇的商店名现状，能帮助我们对这个城镇的发展模式作出大致的判断。例如，商店名的外文使用比例高的城镇，说明城镇对外开放程度相对较高；商店名用字规范程度较高的城镇，说明规划管理水平也相应较高；商店名多出现繁体字或艺术字，说明该片区可能依托了某种历史文化。

目前无论是城镇化建设还是旧城改造，仍存在对城镇文化内涵和文化特色不够重视的问题，如城镇与城镇之间互相模仿、随意抄袭。以至于当你走在一个陌生的城镇时，不少街道布景商店名会让你感觉似曾相识，这样的城镇建设会让它失去个性，不符合生态城镇文化建设的要求。

第二节　生态视角下新型城镇商店名的语言特征

在自然生态系统中，任何生物的生存都不能脱离环境，在一定条件下，环境决定着生物的盛衰枯荣。相应的，环境在语言生态系统中也起着至关重要的作用，语言的变化发展很大程度上受环境制约。

本节将以统计数据为基础，从生态视角考察杭州、金华、义乌、横店四地商店名的语言特征，分析商店名在生态环境作用下的语音、词汇和语符搭配特点。

一　语音特征

商店名的指引标识功能决定了商店名必须保证能够完整准确地向消

费者传达自己的经营信息,从音节数量上看,过长或过短的商店名都不利于信息的有效传递,因此,三、四、五、六音节的商店名占优势,从汉语韵律节奏看,双声叠韵和平仄相间在听觉上具有和谐的韵律美而备受人们喜爱。

从语言生态视角分析,商店名在音节数量和音节搭配方面表现出来的特征与人群环境中的功利心理和羡美心理有很大关系。正是功利心理促使人们趋于使用最精练的语言来达到最佳交际目的的原因,才使得三、四、五、六音节的商店名在数量上占绝对优势;正是羡美心理在语言上的表现才使得讲究双声叠韵和平仄相间的商店名更容易受到消费者的青睐。

(一)音节数量

1. 四类城镇商店名音节数量的相似性

为了在统计音节数量时有一个统一的标准,这部分的数据只选择纯汉字商店名作为统计对象,包括杭州915条,金华823条,义乌388条,横店417条,情况如表3-1所示。

表3-1　　　　　　　　四类城镇商店名音节数量

音节数量（个）	商店名数量（个）				所占比重（％）			
	杭州	金华	义乌	横店	杭州	金华	义乌	横店
一	1	1	1	0	0.1	0.1	0.3	0
二	35	20	13	9	3.8	2.4	3.3	2.2
三	139	126	34	22	15.2	15.3	8.8	5.3
四	295	277	173	127	32.2	33.7	44.7	30.5
五	137	113	44	78	15.1	13.7	11.3	18.7
六	133	138	55	64	14.5	16.8	14.2	15.3
七	79	63	15	48	8.6	7.7	3.9	11.5
八	47	45	22	39	5.1	5.5	5.7	9.4
九	31	15	17	18	3.4	1.8	4.4	4.3
十	8	13	10	6	0.9	1.6	2.6	1.4
十一	3	8	2	3	0.3	1.0	0.5	0.7
十二	5	2	0	2	0.5	0.2	0	0.5

续表

音节数量（个）	商店名数量（个）				所占比重（％）			
	杭州	金华	义乌	横店	杭州	金华	义乌	横店
十三	2	2	0	1	0.2	0.2	0	0.2
十四	1	0	0	0	0.1	0	0	0
十五	0	0	1	0	0	0	0.3	0
总计	916	823	387	417	100	100	100	100

数据显示，这四类城镇商店名的音节数量总体上看有很大的相似性：商店名大都以三、四、五、六音节为主，其他音节数所占比重则以此为中心向两端递减。

商店名音节数量呈现出如此的分布状态并不是偶然的，而是与人们的心理认知规律有很大关系。三音节以下的商店名通常只显示了商店名中的专名部分，如"藏、享、甜"等，容易造成信息量不足，消费者无法从商店名上获得有效信息来判断其经营范围；而超过六音节的商店名则会增加人们的记忆负担，不利于消费者的口耳相传，也有可能将商店名的关键信息埋没。调查发现，过长的商店名在实际生活中通常不会以完整的形式出现，人们往往选择商店名中有代表性的部分进行记忆、传播，被缩略后的商店名在音节数量上仍多以三、四、五、六个音节为主，如"牛太郎自助烧烤""紫嫒抗衰老美容会所疤博士体验店"往往被缩略为"牛太郎""紫嫒美容"。

2. 四类城镇商店名音节数量的差异性

四地商店名的音节数量也存在一定的差异性，显示出各类城镇商店名的音节特征。如图3－3所示。

从表3－1和图3－3可以看出四类城镇商店名音节数量的不同点与均匀度。

杭州三、四、五、六音节的商店名占77％，其中以四音节商店名为主，占32.2％，三音节和五音节的比重都在15％左右，非常对称，这是杭州商店名音节数量的特点之一；其二，从整体看，杭州商店名的音节数量从一个音节到十四个音节呈链条状分布，音节数量跨度大，且中间

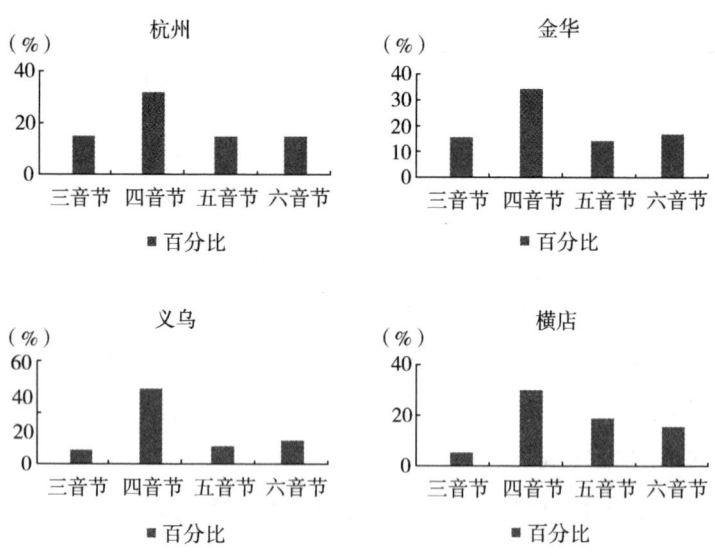

图 3-3 四类城镇商店名三、四、五、六音节的比重分布

没有间断，完整度较高，这一现象相对其他三个城镇来说较为特殊；其三，从音节数量过渡的平稳度来看，杭州商店名的音节数量呈现出以四音节为中心、向两端递减的态势，过渡相对平稳，没有大起大落。

金华商店名同样以三、四、五、六音节为主，所占比重达到79.5%，数量上略高于杭州，也以四个音节为主，但从音节比重的对称度和过渡的平稳度来看，不如杭州。从图中可以明显地看到，金华商店名中六个音节的数量没有按照下滑的趋势过渡，反而略高于五音节。从音节数量的链条分布状态看，金华商店名从一个音节到十三个音节也都有涉及，中间没有缺失。

义乌商店名中的四音节形式相对其他三个城镇来说数量最多，达到44.7%，但三个音节和五个音节的比重从外部对比看没有杭州、金华高，从内部比较看则与四个音节数量相差悬殊，这样的分布状态不是十分合理。而且也出现了同金华一样的现象，六个音节数量也高于五个音节，没有表现出向两端递减的态势。从连接上看，义乌商店名的音节数量在"链条"上有断裂，一到十五音节之间有空缺，且十五个音节是其他三个城镇所没有的。

义乌的商店名还有一个特点，就是纯汉字商店名占比最少，不少商店名都用多种文字，如"沙巴餐厅 SABA RESTAURANT مطعم صاباح""夏维夷 HAWAII 自助餐厅 烧烤海鲜火锅"等，这从一个侧面反映出该城镇的对外开放程度。

横店商店名的音节数量则以四、五、六、七音节为主，所占比重达76%，其中四音节最多，占30.5%。总体上看，横店商店名的音节数量以四音节为中心向两端递减，但三个音节的数量只有5.3%，明显低于其他三个城镇，也与五个音节数量不对称，此外，从音节的多样性来看，横店商店名种类没有其他三个城镇丰富。

由上可知，四类城镇商店名音节数量有很大相似性，基本上以三到六个音节为主体，尤其是四个音节的商店名深受人们的喜爱，这既是商店名功能属性的体现，也是人们认知、审美属性的体现。而不同点则反映出各城镇的特色：大城镇与小城镇的差异、历史文化名城与新兴城镇的差异、开放型城镇与一般城镇的差异。这些相似点与不同点也从一个侧面反映出语言生态的属性特征。

（二）音节搭配

商店名要做到生态，就要求内涵积极向上、传递正能量，形式简明、悦耳动听、易读易记。这种形式上的要求就与语音方面的因素有很大关系，音韵配合得当，具有美感，读起来就会朗朗上口，自然就适应了商店命名的生态要求。

1. 双声叠韵

双声叠韵是商店命名时经常使用的一种手段，这种形式能让商店名产生特殊的语音效果。双声词读起来有一种自然流畅的感觉，如"仿佛、明媚、踟蹰"等；叠韵词则能使声音变得响亮有力，如"逍遥、荡漾、彷徨"等。在商店名中，这种语音形式能起到同样的效果，如"芳菲窗帘、宝岛眼镜"，前者是双声词，流畅顺口，后者是叠韵词，铿锵有力。再如"菲菲家、茜茜名媛、点点房产"等商店名则是双声叠韵的一种特殊形式，即叠音词，它兼具双声叠韵的作用，商家利用这种语音形式不仅使商店名读起来富有韵律感，而且还蕴含着可爱、亲昵的色彩。因此越来越受到人们的关注并加以运用，许多知名品牌都采取这种方式命名，如"快客""宝岛眼镜""巴玛火腿bamaham""山山家"等，有的是双声，有的是叠韵或叠音，使商店名语言具有了音韵美，易读易记，无形中方便了消费者的口头传播，为商家的知名度打下了很好的基础。

随着对外开放的不断深入，外语元素也融入商店名中，尤其是将汉语"双声叠韵"的原理运用到外文元素中，以增加商店名的音韵美。比如义乌的"coco蔻蔻时尚造型""西树泡芙CHEZ CHOUX"，杭州的"SanSay""Mo & Co""CC & DD"等，这些商店名的英文部分或将首字母做重叠处理，或将整个单词重复，以达到易读易记的效果。商店名中使用外语元素调节音节搭配的现象在义乌和杭州两个城镇较多，特别是义乌。这与义乌外商人口多，外语文字在商店名中所占比重高有很大关系；而杭州作为省会城市，与外界的经济、文化交流频繁，不少国际品牌入驻杭州，英文商店名自然也会多一些。相对来说，金华和横店在这方面要弱得多，这从一个侧面反映出城镇的开放程度。

2. 平仄相间

汉语是有声调的语言，四声不同导致说话时语音有不同的变化，这种声调上的高低、升降、长短就是所谓的平仄，这也是汉语相对于其他语言比较独特的地方。现代汉语的平声读起来平直、舒缓，仄声读起来曲折、多变，各有特点。正是因为两者有不同的特色，如果能将其交错使用，就能使语言产生抑扬顿挫的音乐美。

这种语音上平仄相间的形式在商店名中的使用不在少数，在调查的四个城镇的商店名中都有用平仄相间的手段来调和商店名语音的。比如杭州的"知味观""采芝斋"等，分别是"平仄仄"和"仄平平"，这些老字号商店名都十分讲究平仄搭配，可以说在某种程度上也正是因为这些商店名采用了平仄相间的手段命名，才使其得以流传百年。又如金华的"东宝阁""聚缘斋""玉缘轩"等，这些依附金华古建筑八咏楼而经营玉器文玩的商家因其经营产品与传统文化密切相关，也十分注重商店名音节的平仄搭配。再有义乌的"陈年往事""蝶恋花艺"，横店的"来意杯""煮旋律"等时代性很强的现代商店名也都注意到了平仄的搭配。就连一些外文在翻译时为了让中国消费者更容易接受，也十分讲究使用平仄相间的手法，如"碧芙媞""雅戈尔"等。

二 词汇特征

社会环境在一定程度上决定着语言的发展变化，历史的更迭、政治形势的变化等都可以在语言上留下痕迹。商店名的用词也与时代发展紧密相连，不少商家在命名时"蹭热点"，选用时下最新的流行语。下面将从专名、业名和通名三个角度对商店名词汇特征进行考察。

（一）专名词汇趋向多元

专名也叫属名，是商店名结构的核心所在，也是最能体现店铺区别性特征的部分。例如经营"老北京布鞋"的商铺比较多，为了彼此之间有所区分，商家就会在商店名前加上具有区别意义的专名，像"天都老北京布鞋""金木鱼老北京布鞋""华联升老北京布鞋"等，有效地避免了混淆。

1. 外文专名

商店专名通常由汉字、拼音、外文、数字等构式，不同的专名元素往往代表着店铺的经营特色，使用外文是专名多元化的体现。

从专名的外文种类看，杭州、金华和横店三个城镇比较简单，且有共同点，即九成以上都由英文元素构成，剩下不到一成的则由韩文、日文充当，而义乌专名中的外语文字除了英文外，还有韩文、日文、法文，更多的是阿拉伯文，这与义乌的外来人口结构有直接关系。

从外文使用情况看，有全外文的，也有汉字注释的，如"Häagen-Dazs"和"AMASSA 阿玛施"，它们在各类城镇中所占比例如表3-2所示。

表3-2 四类城镇商店名的外文专名情况

	杭州		金华		义乌		横店	
	商店名数（个）	比重（%）	商店名数（个）	比重（%）	商店名数（个）	比重（%）	商店名数（个）	比重（%）
有汉字注释	321	23.8	185	16.5	308	40.8	70	12.8

续表

	杭州		金华		义乌		横店	
	商店名数（个）	比重（%）	商店名数（个）	比重（%）	商店名数（个）	比重（%）	商店名数（个）	比重（%）
无汉字注释	120	8.9	24	2.1	57	7.6	16	2.9
商店名总数	1348		1120		754		549	

杭州和义乌商店名专名部分无汉字注释的比例要高于金华和横店，分别为8.9%和7.6%，而金华和横店的比例在2%—3%之间，不及前两者的一半。调查发现，商店名不含汉字的店铺很大一部分源自国外品牌，如"CHANEL""McDonald's"等，前者是世界流行的女性奢侈品品牌，后者是全球连锁的快餐店品牌。虽然它们也有相应的中文名字，但由于这些品牌在世界各地的知名度很高，故商店的招牌上通常只显示其英文名。

这些大牌在地域选择上往往更倾向于经济发展好、消费水平高的城镇。杭州作为一类城镇，浙江省政治、经济、文化的中心，自然吸引了不少国际品牌入驻。另外杭州市民的外语水平相对较高也是专名部分多采用外文元素的原因之一。调查发现，这些外文商店名并不全是外来品牌，还有不少是商家自创的词语，如"MISSLIN""DANCING BOY"，虽然两个商店名都只显示了专名部分，缺少标明业务类型和商业通称的业名和通名，但只要稍微懂点英文的人就能从中判断出大致意思，前者的"MISS"是"未婚女士、小姐"的意思，后者的"BOY"是"男孩"的意思，这样就不会搞错店铺消费对象的性别特征了。

义乌尽管是三类城镇，但作为国际小商品城而驰名中外，是重要的国际贸易中心，吸引了不少外商前来旅游、交流，甚至长期居住。基于这样复杂的人口结构情况，义乌在商店名、路街名、公交站牌、广告语等涉及公共服务的语言景观中必然要融入外语成分，以方便外国人的生活。也由于这一原因，义乌商店名专名中的语言种类是四个城镇中最多的，除了英文、韩文、日文外，还有大量的阿拉伯语文字，以及少量的法语文字，如"FéRVIDE 法帝"。有不少商店名的专名同时包含多种语言，如图 3-4 的"朱和水口腔诊所"，同时使用了汉语、英语、韩语和阿拉伯语四种语言，这在其他城镇中都没有发现，包括一类城镇杭州市，由此也可以看出义乌的国际化程度及语言生态情况。

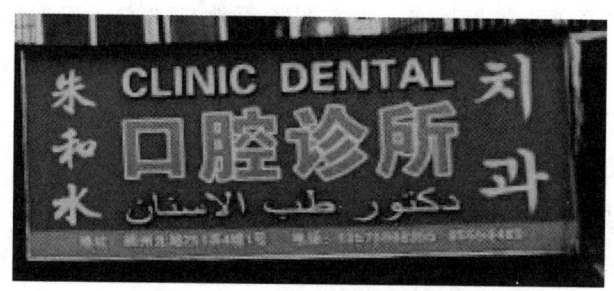

图 3-4　义乌市包含四种语言的商店名

2. 汉字专名

（1）地名专名

商店命名的方式多种多样，用地名作商店名称的专名部分是其中一种常见的方式，如"天津狗不理"。用地名作专名的好处是能让人依据地名对商店特色进行预先定位，如杭州的"西湖龙井""临安特产""古越會館""江南漁哥"等，看到这样的商店名不禁让人产生对江南独有的委婉、古朴味道的喜爱之情，与北方的豪放形成鲜明对比。这些以地名命名的店铺也在某种程度上为当地起到了一定的宣传作用。再如"金华酥饼""金华火腿"作为金华的特产，在浙江省、全国乃至世界都有影响，提高了金华的知名度，有不少游客会冲着"金华火腿"的名声而前来旅游观光。

（2）人名专名

以人名作专名的命名方式也比较流行。如"張小泉剪刀""都锦生丝绸"等，他们大都是店铺的创始人，在社会上享有良好的声誉，给人以历史悠久、值得信赖的感觉，因此受到不少商家的推崇、效仿。但过多的模仿，就会产生重复，且缺乏特色，如横店以"小……""阿……""……氏""……记""老……"等形式或直接以店主姓名作为专名的店铺不在少数。

（3）行业专名

汉语词汇包罗万象，商家命名时会根据自身的经营需要选取不同的词汇，不同行业的商店名往往呈现出不同的特点。如服装行业的"布语、春秋羊绒店、蓝蓝服饰、香衣阁"等常与"衣、布、服"等相关；餐饮行业的"蜜雪冰城""留夫鸭""稻香煲贝"等与食材相关；化妆品行业的"碧芙媞""欧莱雅""希思黎""奥尔滨"等往往是外语直接音译的结果。满大街的商店名千差万别，只要我们抓住各个行业的特征，就能对店铺的经营类别有一个较为准确的判断。

近几年，商店名在用词上出现了一些新的现象，如以影视明星或影视作品的名字命名的"蟹老板 肉蟹煲""朴灿烈面包店""来自星星的你 思密达韩式烧烤"等，商家借助这种方式可以吸引更多粉丝进店，从而增加销售量。除此之外，像"横蟹霸道""牛惑（潮汕牛肉火锅）""黑客"等似乎带有不文明思想的商店名也开始崭露头角，从行业来看，这种商店名用词新现象往往最容易出现在小型的、个体经营的服装店、餐饮店，而像医药店、高端珠宝店、电子产品店等经营贵重商品的店铺则不会出现这种现象，因为消费者在购买贵重产品时往往比较慎重，一个百年老字号的商店名会更符合消费者的心理预期，能更多的给消费者带来心理上的安慰，让消费者产生信赖感。从城镇来看，商店名语言新现象往往在大城镇先出现，这与城镇的教育水平、思想观念、开放程度等社会环境紧密关联，如全英商店名在大城镇的比例明显高于小城镇。

3. 数字、拼音专名

专名元素除中文、英语等语言外，数字、拼音元素也比较常见。

商店名中的数字元素通常充当汉字的谐音，比如"爱在一家亲1+7母婴生活馆"，数字"1+7"和汉字"一家亲"谐音，同时又含有一个孩子与七个大人加在一起的意思，向社会传播了家庭和睦、团结友爱的信息，给消费者一种积极的心理暗示，使人们在美的感受中获得了情感的满足，类似作用的商店名还有"5i5j 我爱我家""58同城"

等。包含拼音元素的商店名有的是为了给生僻字注音，如"垚 yáo 记水果"，有的是为了丰富商店名元素，如"英子的店 Yingzidedian""布衣草人 B. YCR"等。

(二) 业名归类细化

业名指店铺的业务类别，表示经营方式、经营规模、服务对象、原材料等信息，能给消费者提供快速识别商品种类的便利，比如杭州"龙井名茶""丝绸"闻名海内外，这类商店的业名就有"龙井茶叶专卖店""西丝娘娘"等；金华古子城一带以经营古玩玉器而出名，这些商店的业名也具有特色，如"老银莊""思玉轩""好石頭"等；义乌有不少融合国际时尚的商店，如"朵朵 duoduo 专业日式美睫美甲""city coffee 义乌市蓝爵咖啡厅"等；横店的有"海宁皮草厂家直销""庭豪台球俱乐部"等。随着新型城镇化建设步伐的加快，人们的生活水平不断提高，城镇也在为市民提供高档的消费服务，由此，很多地区出现了一批以休闲、娱乐为主的享受型店铺，从业名上我们可以窥知一二，如"碧水缘温泉会所""巍巍玉指美甲""安利生活体验馆""鼎阳健康养生会所"等。

(三) 通名彰显时代特色

一个完整的商店名由专名、业名和通名三部分组成，如"千禧板栗商店"，"千禧"是专名，是商店名的区别性名号，"板栗"是业名，表明商店的业务类型，"商店"是通名，是商业单位的通称或惯称。但随着城镇化进程的日益加快，这样完整形式的商店名已不多见，屈哨兵和刘惠琼（2009）在调查中发现："业名和通名的缺损和消失及其缺损消失的速度是与市场经济的推进速度密切相关的。"

我们以抽样调查的方式，选取杭州 234 个、金华 167 个、义乌 105 个、横店 107 个纯汉字商店名，分别计算出其专名、业名和通名的占比，如表 3-3 所示。

可以看出通名的使用有两个显著特点。一是越来越多的商店名省略了通名，四类城镇中有三分之二的商店名不用通名，杭州甚至只有四分之一的商店名使用通名，其原因主要是省略了通名既能使商店名简单明了而又不会引起歧义，符合语言生态的经济原则。二是在使用通名中，已越来越少采用传统的"坊、铺、店"等通名，取而代之的是"城、会所、中心、馆、府"等通名。比如"胜道易川运动城""唯玫时光养生会所""手机维修中心""丝绸之府""氧吧鱼疗馆"等。这些新的通名相比过去的"坊、铺、店"等所代表的规模要大得多，这种变化与社会经济的发展密不可分，也与人们"求新、求异""求大、求全"的心理有关。

表3-3　　四类城镇商店名称专名、业名、通名抽样调查概况

	专名（%）	业名（%）	通名（%）
杭州	100	74.4	25.2
金华	100	61.1	31.7
义乌	100	70.5	33.3
横店	100	61.7	32.7

通名虽然是商店名的通称，但为了营造与经营相吻合的氛围，人们同样会在通名上下功夫。比如金华古建筑八咏楼作为浙江省的重点文物保护对象，也是金华历史文化的一种象征，现借助其深厚文化底蕴而建立起来的古子城市场集中了一批经营古物文玩的商家，这片区域的商店在通名用字上呈现出与其他通名不一样的风格，大都以"轩、斋、楼、堂、阁、园、阙"等为通名，像"缘玉轩""百玉斋""更上楼"等。这种具有浓厚文化气息的通名用字不仅与金华八咏楼周围古色古香、典雅宁静的氛围融为一体，而且将古子城市场的商家紧紧地联系在一起，增加了整个市场的特色和竞争力，同时也会吸引同类型的店铺转移到这片区域。从城镇规划角度看，将同一类型的店铺集中在一起，无形中为消费者购物提供了方便，为城镇布局提供了合理规划，值得其他城镇借鉴。

历史的前进促使社会环境发生改变，语言为更好地适应社会、适应人群的需要也会发生相应的变化，从生态视角看，商店名词汇随时代的进步而发生的变化正是一种适应环境的生态表现。

三 语符搭配

语符包括文字、数字、标点符号、汉语拼音等。商店名的语符搭配在很大程度上是为了达到吸引顾客的目的而设计的，同时，受商店的经营类别、经营档次以及消费者的需求、审美趣味等多种因素影响，商店名的语符呈现出丰富、多样的特点。

1. 语符元素丰富

商店名的语符构成多姿多彩，包括：文字、数字、汉语拼音、标点符号、特殊符号等。

文字是传递店铺信息最有效的途径，各类城镇商店名使用汉字的频率都是最高的，但在外文的使用上，不同城镇存在一定差异，这与城镇的类别及特点有直接关系。

杭州商店名较多使用两种语言的文字，如"悠宝利Belie""罗森点点LAWSON""Just marriage 吉婚坊"等。

金华商店名使用外文有英文和韩文，含英文的商店名有201个，用韩文的商店名有6个，不过有不少商店名虽然没有出现韩文，但其风格却是"韩风"无疑，如"LUCKY TREE 幸运树韩国童品馆""韩国小屋""欧韩精品""韓城摄影公馆"等，这种充满韩式风格的店铺也应当被视作韩语商店名的一种补充。

很多人是从小商品开始了解义乌、认识义乌的，可以说是小商品让义乌这个默默无闻的县级城镇名扬海内外。作为国际小商品交流中心，每年都会吸引大量不同国家的人来这里做生意，不少外商还选择在此定居、开店、成立公司，与外国商人频繁来往，这种特殊的社会状况决定了义乌的商店名带有明显的特色，语言种类和外语所占的比重明显高于其他城镇，在义乌用纯汉字给商店命名的比重占51.3%，是四类城镇中最低的，而使用汉字和外文及外文种类的数量是四类城镇中最高的。

横店商店名中使用汉语占绝对优势，超过95%，包含英文的只有80个，含日文的商店名仅一例，如"蜜菓の蜜制鲜飲"。与其他三个城镇相比，使用外文及外文种类是最低的，但近年来，随着新型城镇化的不断推进，横店依靠影视文化及旅游产业大力发展经济，吸引了大量国内外的观光者，不少商家已意识到外文特别是英文在信息交流中的重要性，有意要借助英文来提升商店的吸引力和国际化程度，逐渐呈现出与国际接轨的态势。

一般来说，级别高的城镇使用外文的频率要比级别低的城镇高，当然也不是绝对的，如三类城镇义乌，商店名使用外文的频率要远远高于二类城镇金华，甚至超过一类城镇杭州，这与义乌对外开放的程度有关。

至于其他元素的语符虽种类多，但使用比例不高，在下文语符搭配里也会涉及，这里就不多论述。

2. 语符搭配多样

为使各城镇数据更加醒目，调查结果更加清晰，我们采用图表的方式展示四类城镇商店名的语符搭配状况，见表3-4所示。

表3-4　　　　　　　四类城镇商店名语符搭配情况

语符搭配模式	杭州 数量(个)	杭州 所占比重(%)	金华 数量(个)	金华 所占比重(%)	义乌 数量(个)	义乌 所占比重(%)	横店 数量(个)	横店 所占比重(%)	举例
纯汉字	916	67.9	823	73.5	387	51.3	417	76.0	稻香煲贝
汉字+英文	185	13.7	149	13.3	192	25.4	53	9.7	Beth Honey 贝丝蜜
纯英文	101	7.5	18	1.6	29	3.8	16	2.9	LOUIS VUITTON
汉字+拼音	42	3.1	44	3.9	40	5.3	38	6.9	英子的店 Yingzidedian
汉字+拼音+英文	24	1.8	16	1.4	2	0.6	4		JP 极品餐厅 JP Restaurant
汉字+符号	16	1.2	15	1.3	3		9		行雲 珠宝·古玩
汉字+英文+符号	16	1.2	23	2.1	22	2.9	4		年青·遇见 young meet
汉字+数字	13	1.0	6		1		1		速8酒店
英文+符号	13	1.0	5		5		0	4.5	Mo & Co
汉字+拼音+符号	5		1		2		0		布衣草人 B. YCR
英文+数字	5		1	2.9	1	3.1	0		3AM HAIRSALON
数字+英文+汉字	3	1.6	8		3		1		中国黄金 China Gold No. 003
数字+汉字+符号	3		2		1		2		7℃七度意大利银匠世家
汉字+拼音+数字	2		1		0		0		唐三彩 T3C

续表

语符搭配模式	杭州 数量（个）	杭州 所占比重（%）	金华 数量（个）	金华 所占比重（%）	义乌 数量（个）	义乌 所占比重（%）	横店 数量（个）	横店 所占比重（%）	举例
汉字+韩文	2		3		6		0		首尔火炉 서울 난로
汉字+法语+符号	1		0		0		0		拉姆咖啡 L'amour café
数字+英文+符号	1		0		0	3.1	0		85℃ Daily Café
汉字+英文+韩文	0		2		0		0		MINISO 名創優品 유 品을
汉字+英文+韩文+符号	0		1		0		0		韩式男装 J·M 한식 남장
汉字+英文+数字+符号	0		1		0		2		ShanHome 山山家 No.4 号店
纯数字	0		1		3		0		8090
纯符号	0		0		1		0		＋－×÷
汉字+英文+拼音+符号	0		0		1		0		C&WEI AI 唯爱概念婚礼会所
汉字+英文+阿拉伯文	0		0		25	3.3	0		沙巴餐厅 SABA REST-AURANT مطعم الصباح
英文+阿拉伯文	0	1.6	0	2.9	22	2.9	0		Turkish barber الحلاق التركي
汉字+韩文	0		0		6		0		千里足疗 천리에 치료하다
汉字+阿拉伯文	0		0		3		0		اوركسترا البحر 爱乐海也
汉字+法文	0		0		2		0		可頌坊 croissants de France
汉字+英文+韩文+阿拉伯文	0		0		2	1.8	0		عيادة الأسنان 朱和水口腔诊所 CLINIC DENTAL 치과
汉字+日文	0		0		1		0		蜜菓の蜜制鲜飲
汉字+数字+符号	0		0		0		2		韩·尚 横店198店
数字+符号	0		0		0		1		361°
汉字+日文	0		0		0		1		蜜菓の蜜制鲜飲
汉字+数字	0		0		0		1		2元起淘宝饰品
总计	1348	100	1120	100	760	100	552	100	

从表3-4数据可知，四类城镇商店名的语符元素搭配各具特色。

(1) 杭州商店名的语符元素构成

杭州商店名的语符搭配种类十分丰富，共有17种。其中，"纯汉字"的使用比例最高，共916例，达67.9%，这与商店名的服务对象不无关系；其次是"汉字+英文"和"纯英文"两项，分别有185例和101例，共占21.2%，说明英文元素在商店名中的使用已较为普遍，并为消费者所接受；接着是"汉字、英文、拼音、符号、数字"等几种语符两项或三项的组合，虽所占比例不高，但也丰富了杭州商店名的语符搭配种类，彰显了杭州多样的商店名文化。

(2) 金华商店名的语符元素构成

金华商店名的语符搭配模式丰富多样，目前搜集到的材料显示共有19种。商店名中纯汉字商店名在数量上占绝对优势，共823条，比例高达73.5%；其次是"汉字+英文"的搭配模式，共149例，占13.3%，说明汉字和英文的结合在金华商店名中较受欢迎；接着是汉字、英文、拼音及符号这几种语符的不同搭配模式，共116例，所占比例由1.3%到3.9%不等；最后是所占比例较低的其他语符搭配模式，共32例，占2.9%的比例。值得一提的是，商店名中包含韩文语符的不在少数，比其他三个城镇要高，说明韩式产品在金华有较大的市场。

(3) 义乌商店名的语符元素构成

义乌，金华市下辖县级市，以小商品市场而闻名中外。义乌国际商贸城被国家旅游局授予首个4A级购物旅游区，被联合国、世界银行等国际权威机构确定为世界第一大市场，被购物者誉为"亚欧购物天堂"。

义乌商店名的语符搭配模式种类繁多，共计24种，是四类城镇中最多的。从表3-4中可看出：表格前半部分，语符搭配模式与其他三类城镇大致相同，"纯汉字"比重依然最高，共387例，占51.3%；"汉字+英文"模式，占25.4%；"汉字+拼音""纯英文""汉字+英文+符号"三种模式，数量分别为40例、29例、22例，三项合起来约占总量的10%；剩下的模式由汉字、英文、拼音、数字、符号这几种元素混合构成，所占比重较小，仅有3.1%。表格后半部分，涉及汉语、英语以外的语言，包括韩语、日语、法语和阿拉伯语。尤其是阿拉伯语所占比例较高，这与来义乌做生意的外国人大部分来自中东国家有关。

（4）横店商店名的语符元素构成

横店是东阳县级市下面的一个镇，在新型城镇化的进程中，被列为"浙江省首批小城市培育试点镇"。因世界著名影视文化城——横店影视城而闻名中外，由此兴起的旅游产业极大地带动了横店旅游经济的发展，是重要的主导产业。横店商店名也以纯汉字为主，占比高达76.0%；其次是汉字+英文、汉字+拼音的搭配，占比分别为9.7%、6.9%；接着是纯英文及汉字+其他符号的搭配，占比分别为2.9%和1.6%；最后是汉字、英文、数字及符号的混合搭配，占比仅为2.9%。

3. 语符组合多变

商店名的组合"是指商店名称的构成元素彼此之间的一种线性排列"（刘惠琼，2009）。商店名是通过视觉传递信息的一种书写符号，它不同于说话或广播等带有听觉效果的传播方式，这就决定了商店名在向消费者传递信号时缺乏语气或语调，因此，店铺在命名时必须对消费者的来店心理、对商品的诉求进行预测，这种预测通常需要借助商店名语符的组合方式来实现。语符的构成要素在排列次序、高低、大小、颜色等方面有多种变化，是商家通过视觉效应来凸显的一种手段，以弥补商店名缺乏语调语气的不足，进而达到吸引消费者的目的。一般来说，无论是中文还是外文，位置靠前、字体较大、色彩鲜艳的元素是商家想要重点突出的信息（如图3-5、图3-6）。

图3-5 遇秦人 YU QIN REN

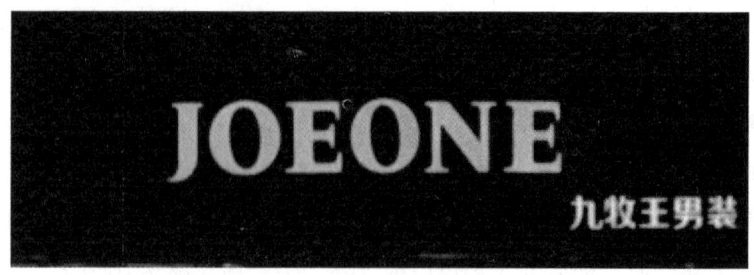

图3-6 JOEONE 九牧王男装

图3-5是中文商店名,字体大、位置醒目的"遇秦人"是商家要表达的重点,右上角的小图与下面的拼音是次要信息;图3-6外文"JOEONE"是信息的重点,字体大,位置居中,而右下角的中文名只是注释,字体也小。

图3-7商店名同时用三种语言,分别是汉语、英语和阿拉伯语,从排列次序上看,阿拉伯文排在最前面,英文排在第二,中文排在第三,位置明显不如另外两种显眼。原来这家餐厅是外国人开设,他们在为商店命名时将自己国家的语言放在了首要位置,是店主想要表达的重点信息。

图3-7 KINGS RESTAURANT & CAFE 慕路思餐厅

第三节 生态视角下新型城镇商店名的文化特征

语言与文化相互影响相互作用。城镇作为人类重要的栖居地在现代社会中有着不可替代的作用,每座城镇都有自己独特的历史和文化,不同文化生态影响下的商店名也呈现出不同的文化特征。

杭州、金华、义乌、横店在浙江省四类城镇中具有代表性，杭州是省会城市和经济、文化、科教中心，金华是浙江中部的历史文化名城，义乌作为国际小商品城而驰名中外，横店则以影视文化及旅游产业在国内享有盛誉。不同的文化在商店名中也得到体现，下面主要从生态视角探讨四个城镇商店名的文化特征。

一 自然文化因子

自然文化是文化的一个分支，是人类智慧与自然的结合，自然文化是影响商店名的重要因子，而商店名又会给自然文化增添光彩，两者相辅相成。

1. 西湖文化

西湖文化产生于杭州西湖这一特定的历史文化环境中，以西湖周边的自然景观和人文景观为载体，是杭州特有宝贵的物质财富和精神财富，是杭州区域文化的代表，它以丰富多彩的形式表现出来，影响着杭州人生活的方方面面。

杭州很多商家依附西湖文化及西湖的旅游资源，将商店命名为带有浓厚西湖情调的名称，如"西湖有约""西堤厚牛排"等。还有不少在西湖边上经营旅馆的商家，也给店铺名称注入了灵动、诗意的味道，让游客在住宿中能够享受到西湖的美，如"水墨居客栈""朴璞客栈""闲庭客栈""乐水轩""濂溪雅居"等。

2. 八咏楼文化

金华八咏楼创建于南朝，后又多次修建，历代文人游此，题咏颇多，李清照曾作《题八咏楼》："千古风流八咏楼，江山留与后人愁。水通南国三千里，气压江城十四州"，将金华八咏楼的名气进一步提升。这里文化气息十分浓郁，经营文玩古物的商家依托八咏楼的文化底蕴，集中发展商业，商店名古色古香，如"览玉轩""古泉斋""雅玉阁"等，在金华有着独特的魅力。这种依托当地文化的发展模式启发商家，商店名命名时要考虑当地的城镇规划：一方面商店名与周围环境相适应，可以更好地将当地文化与商业发展交融在一起；另一方面城镇不同区域的规划又可以帮助商家对自己的店铺有一个合理的定位，便于店主依托环境给商店取更有特色的名字。

二 传统文化因子

杭州是国务院首批命名的国家级历史文化名城，中国七大古都之一，拥有8000年文明史、5000年建城史，在中国乃至世界都享有很高的声誉。进入新时期以来，杭州也加快实施新型城镇化建设步伐，不断提升城镇的功能和形象，增强自身的综合实力和竞争力，为杭州走向现代化、信息化、国际化而不断努力。

唐朝灭亡后，吴越国率军统辖今浙江和江苏南部及福建北部一带，并定都杭州。吴越时期是杭州历史上经济社会发展的鼎盛时期之一，由此形成的吴越文化给杭州留下深深的烙印，不少商店名称就留有吴越文化的印记，如"越王珠宝Jovan""古越會館""新越烟酒"等。

除吴越文化外，杭州不同时期的称谓在现代商店名称中也有迹可循。著名词人柳永的《望海潮》中"东南形胜，三吴都会，钱塘自古繁华。烟柳画桥，风帘翠幕，参差十万人家"，描述的就是当时杭州城的繁华景象，"钱塘"指的就是杭州，这个称谓在商店名称中仍有保留，如"钱塘會 亚洲尊崇會所"。南宋时期立临安为行都，当时的杭州是全国的政治、经济和文化中心，繁华程度达到了杭州历史上最辉煌的阶段，今日杭州能有"人间天堂"的美誉，很大程度上得益于当时南宋经济文化的高度繁荣。

这些不同时期的称谓在现代商店名中的保留既增加了店铺的文化气息，也展示了杭州悠久的历史文化，将杭州的过去、现在和将来融合在一起，体现着杭州独特的文化味道。

传统文化中天人合一、吉祥平安、浩然正气、财源滚滚的思想在商店名里也得到体现，"福、乐、康、美、正、和、顺"等是商店名中的常用词汇。如体现和气生财的"永和豆浆""顺意来温州大排档""友和土菜馆"等；体现福气安康的"鸿福靓之堂""有福副食批发""君宝康孕婴童生活馆"等；包含传统吉祥物的"腾龙健身会所"等。

当前，文化已经成为城镇发展的新引擎，以文化拉动经济发展已经成为经济增长的新常态。商家在为店铺起名时，如果能从中国传统文化中汲取营养，选择蕴含传统文化特色的词汇作为店铺名称，为商店名注入特定的文化成分，不仅可以提高自己的档次和品位，吸引更多顾客的关注，更能体现顺应传统文化的思想。

三 产业文化因子

城镇发展依托各地独有的文化资源，以文化作为底蕴，为消费者提供具有鲜明特色的文化产品，越来越成为经济竞争的模式。下面以金华和义乌为例说明产业文化因子在商店名中的应用。

1. 金华——挖掘土特名产

金华有三宝，"火腿"、"酥饼"和"佛手"。金华人十分重视当地土特名产的宣传，作为金华三宝的特产美食，现在已成为对外宣传的名片，不光金华本地遍布"金华火腿""金华酥饼""金华佛手"这样名号的商店，即使走在其他城镇，这些字眼的商店名也不陌生。

商店名可以帮助人们记忆特产、宣传特产，商店名品牌打得越响亮，对产品的销售就越有利。不少消费者甚至是先知道商店名，觉得商店名有意思而后才去购买产品的，因此，越来越多的商家开始意识到商店名的商业价值，从店铺开张时绞尽脑汁想出独一无二的好名字到为商店名注册所有权，都是对商店名的重视和保护。

2. 义乌——商业文化因子

义乌有很多以"店"命名的地方，每个街道、镇都有，如"王店""吴店""毛店""前店""后店"等，正是因为当地人都经商开店，才会有这样的地名。多年来，义乌不仅重视开拓国内市场，与国内商人保持良好关系，形成了义乌商业发展的独特模式，而且十分重视与国外商人合作，发展出口贸易。在义乌，总能让人感觉到处都蕴含着无限商机。

为更好地发展商业，义乌特地规划出专门供商家经营的集中区域，如宾王商贸区、篁园服装批发市场、异域风情街等，为外地商家挑选、购买提供了极大便利,这样的规划方式值得其他城镇学习。

随着新型城镇化的推进,义乌的商业发展又有了新的经营模式。近些年,随着网络科技的逐步完善,义乌商家开始通过网络平台占据国内市场,淘宝、亚马逊等购物网站的发货地址大部分被义乌占据就是其重视商业发展的有力体现,最近,义乌小商品批发市场还形成了自己的官方网站——义乌购,说明义乌人在商业经营上确实能紧跟时代潮流,能抓住时代脉搏,敢为天下先。

四 人群文化因子

1. 包容开放

包容开放的思维成就了多语共存的商店名,为更多人提供了语言便利。比如义乌作为我国的小商品中心,外国人口占了很大比例,复杂的人口结构造就了义乌多语言共存的文化生态环境。在义乌,像"卡玛酒吧 KAMA""Turkish Barber"等包含多种语言的商店名称随处可见,最多的一个商店名用四种语言标写,这体现了当地人群的包容性。义乌能在如此短的时间内由不知名的小县城变为国际小商品市场中心,不光摆脱了贫穷的困扰,还走上了国际化的发展道路,毫无疑问与义乌所具有的兼收并蓄、海纳百川的包容文化有很大关系。也正是这一文化特征才吸引无数国内外人士来到这里,为义乌不断提供人才资源,同时也调动了当地人建设义乌的积极性。

横店影视城集拍摄、旅游、观光、度假为一体,发展模式同样吸引了大量外来人员涌入横店,影视明星、追梦者以及中外游客随处可见,这给横店带来经济效益的同时也在改变横店的人口结构,这种变化为横店商店名越来越多地使用外文元素提供了文化环境。横店民众在对外交流中以开放的心态接受外来文化,主动学习外来文化,同时也吸收了香港、台湾等地区使用繁体字的文化特色,并将其容纳到商店名文化中,如"欧克林 OKLEAN 健康體验館""Eredar 艾瑞达蛋糕"等。随着横店与外界文化交流的增多,英文及繁体字在商店名中的使用正呈现上升的趋势。

2. 注重时尚

思维方式制约着人们对新事物的理解。长期生活在一起的社会群体会形成相对一致的思维方式，不同群体对同一事物的解释往往会有不同的结果。一般来说，城镇越大，对外来事物的接受能力越强，越是偏僻、欠发达的城镇，就越封闭。

杭州是一座国际化、开放性的城市，随着经济全球化，杭州始终以一种开放包容的状态接纳各地人才，也在与世界接轨中逐步完善自己，以方便国际友人来杭旅游生活。

走在杭州的街头，随时可以感受到不同国家的文化在这里的交融，商店名称的形式也可以说明这一点。从语言种类上来看，杭州的英文商店名随处可见，除英语外，还有韩语、日语等；从内容上看，有不少商店名虽是中文形式，但其经营方式却是国外的模式，这些商店主要集中在餐饮类及服装类店铺中。近些年来，受文化交融的影响，港式、韩式、日式及西方快餐类商店在杭州街头遍地开花，如"韩千炉海鲜自助烤肉""港式茶餐厅""小林刺身"等，还有体现异域风情的"米诺风情酒店"等。这些充满国外境外文化的商店之所以能在杭州占据一定市场，与杭州的国际化及杭州人注重时尚有关，当然与各国电视剧在中国的热播，剧中的服装及饮食受到广大年轻人的追捧也不无关系。

此外，杭州一些综合性服务的经营模式也很有特点，如"星光电影主题酒店 MOVIE HOTEL"，将电影和住宿结合在一起，这种经营方式也是受国外文化的影响。正是杭州人拥有开放包容、注重时尚的思维方式，才使得国外文化能在杭州的土地上生根发芽，才可能为未来的无限发展提供更多机会。

第四节　新型城镇商店名的语言生态状况及对策

一　商店名语言生态状况双维透视

（一）适应语言生态的商店名

适应社会的发展需要并有效服务于社会是语言的生态表现。尽管语言生态的概念来源于自然生态，但不能将两者进行简单的类比，自然生态系统强调自然环境对生物的制约关系，语言生态系统是研究语言与社会环境之间的生态关系，而制约语言、决定语言盛衰枯荣的因素是社会的发展变化，因此，语言生态系统与自然生态系统的本质区别就在于语言的社会性。

基于以上观点，我们在判断一个城镇商店名的生态状况时，应结合语言的社会性综合考察。能适应社会的发展需要并有效服务于社会的语言现象应当被视为生态的；若某种语言现象有碍于社会进步或不能为社会提供有效服务，那么它就是缺乏生态的。

1. 从语言内生态系统看

（1）节律优美

商店命名通常以三、四、五、六音节为主，这也是商店名命名的"黄金格"。商店名过短会造成信息提供不全，这类问题通常出现在商店名中只有专名的情况，如"优加""原宿"，人们很难从商店名上判断其经营种类；商店名过长则会加重顾客的记忆负担，也不利于消费者之间的口耳相传，如"鼎旺木雕工艺品大卖场""星骑士牛排墨西哥风情餐厅"等。从数据上看，超过半数的商店名都符合命名的"黄金格"。

双声、叠韵增加了商店名在语音上的美感。不光是汉语商店名采用了双声叠韵命名，如"快客""宝岛眼镜""巴玛火腿 bamaham""山山家"等，有的英文商店名也采取同样的方式，将外文元素做类似于"双声叠韵"的处理，以增加商店名的音韵美。如"coco 蔻蔻时尚造型""西树泡芙 CHEZ CHOUX""SanSay""Mo & Co""CC & DD"等，这些商店名的英文部分或将首字母做重叠处理，或将整个单词重复，增加了商店名的音律美。

（2）词汇丰富

商店名的重要性是不言而喻的，所以商家都十分重视给自己的商店取名，无论是专名、业名还是通名都是经过深思熟虑，选择最适合自己，最能体现商店特色的名字，所用的词汇可以说丰富多彩，极具特色。并融入多种修辞手法，如谐音、夸张、借代、反语等：谐音双关主要是利用语音相近来引发语义上的联想，如"好旺脚""饰你饰我""煮旋律"等；夸张通常是将经营产品的功效作夸大处理，如"神鸡神鸭""不老神""千里飘香熏肉大饼"等；借代是利用两种事物的关联性，借与其密切相关的名称来代替原事物，如"纽扣"，是一家服装店，就是利用借代手法以局部代替整体的方式命名；"反语"是利用反话实现幽默感，如"丑妞名店""傻子瓜子"等。

（3）语言多样

随着全球化进程的加快，各国交流日益增多，为了更好地服务消费者，商店名中的语言种类也变得丰富起来。从语言生态学角度看，丰富的商店名语言种类是为了适应社会的发展需要，是一种良好的生态表现。

从城镇整体的语言种类看，每类城镇的商店名至少使用了两种语言，以汉语为主，其他语言种类则根据当地消费者的需要各不相同。其中，义乌由于居住人群复杂，商店名涉及的语言种类最为丰富，有中文、英文、韩文、日文、法文、阿拉伯文等。

从单个商店名的语言种类看，包含两种以上语言的商店名也逐渐增加，首选的语言是英文，因为商家考虑到英文在国内交流的重要性及流行性，并有意要借助以英文命名的方式来提升商店的吸引力和国际化程度。从收集的语料中，同一商店名包含语种最多的是义乌的一家牙科诊所，使用了四种语言（见图3-4）。

2. 从语言外生态系统看

（1）为更多人群提供语言便利

商店名中英文元素使用比重增加是适应社会变化的一种生态表现。改革开放以来，我国的对外交往频繁，不少外国人来华参观旅游、居住、开办公司，为适应这一社会环境的变化，为外国友人提供语言便利，商店名等城镇外观语言就必须作出相应改变，在商店名中适当增加语言种类不只是为了方便消费者，也是语言适应时代发展、社会需求的生态现象。如"李亚玲牙科 Lily's DENTAL"，商店名中英文部分处于副标题的位置，是对汉语的直译，仅起到标识的作用而又不抢占汉语的中心地位，两者相得益彰，既为外来人员提供了有效的信息，更好地服务不同人群，同时也提高了店铺的档次，增添了国际化色彩。

（2）彰显店铺经营特色

商店命名时需要考虑的因素有很多，不光要从消费者角度出发，选取最能迎合、吸引顾客眼球的字眼，还要从商家自身角度，选取符合自身特色的商店名。

繁体字的使用是商店名语言生态系统吸收接纳新元素以达到新的平衡的一种生态表现。不少店主已经将繁体字文化与店铺的经营特色很好地结合起来，融入商店名语言系统中。如经营奶茶制品的"蜜菓の蜜制鮮飲"，店家之所以使用繁体字命名，与奶茶店最初来源于台湾地区有关，因为使用繁体字是台湾文化的一大特色；再如"聚寶閣""未名畫廊"，以繁体字命名可以增加书香人文气息和文化底蕴；另外不少经营中式美食的店铺也利用繁体字命名，以此营造古朴、传统的氛围，增加文化特色，如"金華酥餅""叁汁焖锅""伊家鮮東陽菜餐館"等。

（3）体现时代特色

相比过去那些"某某铺、某某店、某某馆、某某行、某某坊"等通名来说，如今大量新通名的出现是语言满足社会发展要求、平衡社会生活需要的生态表现。社会环境中的经济因子是影响语言变化发展的重要因素，生产力的进步会使社会结构不断优化，社会关系逐渐复杂，人的智能水平不断提高，所有这些因素都会在宏观上作用于语言，使语言产生变化。经济的发展为其新通名的出现提供了必要的社会生态环境。

比照自然界生态系统的平衡理论，当社会环境发生变化时，语言生态系统也必须做出相应的调整以达到新的平衡。随着各城镇经济的发展和生活水平的提高，新的店铺类型逐渐增加，那些旧的通名已经不能满足日新月异的社会发展要求以及人们彰显个性的心理需要了。在这种情况下，"吧、中心、会所、超市、KTV"等新通名元素就应运而生。

因此，语言的变化取决于社会，根据社会环境的改变来调节自身以适应社会并服务社会，这是语言生态的重要表现。如果语言系统不能有效服务于社会，或阻碍社会健康发展，这种语言现象就是不健康的、非生态的。

(二) 缺乏语言生态的商店名

1. 缺乏合理规划

商店命名涉及千家万户，往往是一种自下而上的现象，店主有很大的自主权，可以根据消费者的心理以及所处的社会、文化因素来命名，这一性质给有关部门增添了管理的难度。

从管理部门来看，虽然对商店名有一些规定，但总体上既缺乏完整细致的规划，也缺乏有效的管理，致使商店取名各自为政，造成非生态商店名的出现。有些商家为追求商业利益，在给店铺命名时被"欺行霸市"心理操纵，以此来抬高自己，轻蔑同行，压制对手。这种非生态的社会现象暴露了城镇化进程中经济快速发展下一部分人"以钱为纲"、缺乏精神内涵、价值取向迷茫等问题。

2. 商店名不够规范

商店名不够规范主要表现为滥用繁体字和拼音不规范。

（1）滥用繁体字

对商店名称用字的原则应当是禁止使用错别字，限制滥用繁体字，提倡使用国家规定的简化字。对繁体字的态度之所以较宽松，强调限制使用，而不是全部否定，是因为人们对使用繁体字的态度分歧较大，实际情况中也存在使用繁体字比较合适的情况，如前面列举的繁体字元素与店铺经营特色有机融合的例子。

现将杭州、金华、义乌、横店这四个城镇商店名称中使用繁体字的情况作一比较，如表3-5所示。

表3-5　　　　　　　　四地商店名称繁体字的使用情况

	数量（个）	比例（%）	举例
杭州	91	6.8	浙藝匣館
金华	64	5.7	巴人理髮室
义乌	19	2.5	夢莊國際
横店	36	6.6	叁汁焖锅

新中国推行简化字已数十年，按照规定，应当把繁体字的使用限制在一个适当的范围内。在实际使用中，适当融入繁体字的元素，可以提

高商店名的审美情趣，为商店注入书香气息。比如一些老字号商店，多数都有着上百年的经营历史，商店名当中的繁体字极有可能与当时的社会用字有关，如"老鳳祥銀樓""知味觀"等；再比如许多古玩店、书画店以及一些特色餐饮店，商店名通常也以繁体字的形式出现，如"東寶閣""茶聖居茗茶"等，这些类型的商店喜欢使用繁体字与商店本身的经营类别息息相关，繁体字的形式可以增加文化内涵，显得更加古色古香。但如果滥用繁体字、混用繁体字，就难免有故弄玄虚之嫌，应当加以限制。如图3-8，商店名为"話機世界"的商铺，经营内容是手机一类的电子产品，产品十分前卫，店铺却以带有浓厚历史意味的繁体字形式命名。要知道，人们购买手机时，时尚元素是消费者考虑的一大因素，商店名使用繁体字会与消费者的心理预期产生较大出入，不是十分恰当。

图 3-8　話機世界

（2）拼音不规范

将拼音融入商店名称中也是一种流行趋势，不仅可以帮助消费者识别可能不认识的汉字，还可以让商店名更加多元，但使用不当，尤其是使用不规范的拼音，必须避免。比如杭州下城区的"ibudu 伊布都"，根据《汉语拼音方案》的拼写规定，凡是 i、u、ü 和 i、u、ü 开头的零声母音节，书写时要用 y 或 w，如：疑 yí、午 wǔ、玉 yù，而"ibudu 伊布都"的"i"位于开头位置，很明显其书写不符合汉语拼音规范。类似的情况还有"EJR 宜佳仁"等。还有一些商店名称的拼音书写存在明显错误，如"巴香水印 baxianshuiyin"的店铺，不难发现"香"的拼音有误，这样的错误不应出现在商店名中。

3. 语言污染

语言污染与语言不规范有着本质的差异，尤其在造成的后果上。语言污染特指"低俗、媚俗、庸俗"和"假大空"的语言。

（1）华而不实

为迎合人们追求"新""大"的心理，越来越多的商家使用"中心、城、会所、大超市"等字眼来装点门面。随着经济的增长、社会的进步、物质财富的增加，用这样的方式为店铺命名本来无可厚非，但一些商家不顾自身实际，命名时只管往大了说，根本不考虑名称与店铺的实际情况，如杭州一家名为"钱塘會亚洲尊崇會所"，名称中的"亚洲"二字用得未免有点夸张。类似的还有使用"皇"字来为店铺命名，以彰显自己的"富贵华丽"，如珠宝行业的"皇室太古ROYAL DECOR"，娱乐行业的"皇马国际娱乐会所"，餐饮行业的"辣皇尚 麻辣诱惑锅品"等，就连刺青行业也开始"跻身其中"，将店铺命名为"皇家刺青"。乍一看这些商店名，自然会让消费者对店铺的装修、等级、门面等元素产生较高的心理期望，但这些店铺的实际情况却并不像名字那样华丽，只会让顾客失望，甚至产生被欺骗的感觉，最终影响的还是商家自己的生意。

（2）崇尚庸俗

为了让顾客感受到至尊、独一、高档的消费体验，越来越多的商店倾向于用表面华丽实则庸俗的名称将店铺包装起来，像"贵族仟金""豪城宾馆""金都童装""白金汉宫国际会所"等，以此来博人眼球。它们都带有强烈的拜金主义、享乐主义色彩，塑造的是缺乏文化涵养的暴发户形象，暴露的是封建迷信追求物欲的庸俗思想，传达的是"一切向金钱看齐"的错误信息。这种商店表面上给顾客营造了高档消费的错觉，实则是一种价值观的误导，与当前提倡的节俭消费相悖，应引起相关部门的重视。

从心理学角度分析，这些商家在为店铺命名时，恰恰是抓住了人们一味追求物质、享受的欲望，一些消费者认为只要去了这些商店消费，那么自己就是有钱人，就可以到处标榜自己的社会地位有多高。殊不知这种社会等级划分的封建思想早已过时,且社会地位的高低也不是单凭金钱的多寡来衡量的,这种过分推崇金钱的价值取向十分不利于青少年正确价值观的形成以及社会良好风气的塑造。另外,从商家提供服务的方式来看,诸如这些带有"贵族""皇家""宫廷"等字眼的场所,其内部提供的服务方式也存在效仿封建时期文化糟粕的现象,比如穿仿古服装、双膝跪地或在称呼上体现封建社会的等级制度等,这种服务方式向消费者传达的文化价值观与社会主义精神文明建设的要求相悖,应当引起人们的警惕。

(3) 媚俗严重

近年来,随着英语的普及,人们的英语水平不断提升,为商家在商店名中融入英文元素提供了社会基础,也间接助长了商店命名"洋名热"的风气。商店名中的洋化现象相当普遍,主要有以下两种情况:

一是从国外引进的品牌,通常以全外文的形式出现,不标注任何中文翻译。这种商店名在高档商场中经常见到,如"PRADA""HELLO KITTY""GUCCI"等。

二是商家自己用外文命名,但实际应用中却常出现外文使用不规范的状况,如"EASTRED 东方红""SEVEN KISS 七吻""奢爱 Sheloves"等。还有一些包含英文的商店名仅仅是为了吸引顾客的眼球,营造一种高档的感觉,并无实际意义,如"J & M 快乐玛丽""时尚 E 人精品女装"等。

商家自己使用外文命名,还存在一种状况,就是一些冠以洋名的店铺实则并没有经营洋货。如横店"双双欧港韩精品馆""韩风阁服饰"等,这些店铺表面上看含有国外字眼,但实际经营的产品仍是国货,与消费者的预期大相径庭。

在商店名中添加外文元素固然能使人眼前一亮,但过分追求商店名洋化,影响汉语在我国的主导地位,不利于汉字的规范化及推广。

二 商店名语言生态的构建

商店名的生态建设,不同于传统意义上仅从商业盈利角度考虑的命名方式,而是要从新型城镇的生态、健康发展、和谐文明等方面综合考虑，不仅要发挥标识作用，要给人以美的享受，更要突出新型城镇的文化特色，展示新型城镇的文化底蕴，树立新型城镇的文明形象，成为增强新型城镇文化软实力的重要支撑点。在商业空前繁荣的现代社会，每天都有新的店铺开张，各种各样的商店如雨后春笋般涌现出来，商店名也越来越受到人们的重视。好的商店名不仅是店铺经营特色的浓缩，同时还能提升店铺的竞争优势；相反，商店名起得不好，在一定程度上也会影响消费者的选择。从语言生态角度看，针对商店名中出现的问题，我们必须把握好以下几点。

（一）加大商店名的监管力度

商店命名虽是一种自下而上的活动，更多是出于商家意愿的行为，但这并不等于说店主命名可以随心所欲。针对不利于语言健康的、破坏语言生态的商店名，政府有关部门完全有权监管。加大市场监管力度是很有必要的，可以有效避免非生态商店名的出现。当然在规划商店名时，要从语言生态学角度出发，站在生态文明建设的高度为新型城镇的发展做出理性思考，使商店名成为彰显新型城镇特色、生态的亮点。

（二）注重商店名的语言规范

规范是商店名的基本要求，抓好商店名语言规范，不仅能给商店带来经济效益，还能提高全民的语言文字规范意识。

商店名应当避免拼写错误或出现错别字的现象。前面介绍商店名非生态状况中已列举了一些，再如图3-9，商店名中表示"烫发"这一意义的英文单词"permanet"少了一个字母"n"，正确的书写应是"permanent"。

图3-9　欧尚 ANGEL permanet

图3-10 使用生僻字

"垚"是个生僻字,尽管商家用拼音标注,人们知道此字念"yáo",但给消费者的识别同样带来一定影响,所以取名应尽量使用常用字、规范字。

(三) 拒绝商店名的语言污染

语言的社会性特点决定了语言不是孤立的,它渗透于社会生活中。商店名称要发挥标识、宣传的作用,从而达到盈利的目的。动听的、充满人文特点的商店名不仅体现了语言的魅力,也在无形中展示了一个城镇的魅力。相反,随意粗俗的商店名只能给人缺乏文化底蕴的感受。

有家饭店命名为"二逼家的徽菜",虽标新立异,但不符合新型城镇化生态文明建设的要求,向社会传播的是不健康的价值观。这种语言粗俗的商店名反映出城镇景观管理的失职。

不少商店名喜欢用"皇家、帝都、贵、太子"等字眼,或者出现一些"仙、神、鬼"等封建思想的字眼,这些透露着崇拜权贵、庸俗低下的商店名在各类城镇中或多或少的存在。

商店名存在的用词粗俗、低俗、媚俗和假大空的现象污染了语言生态,破坏了社会和谐,不利于新型城镇景观的生态构建,应当引起有关部门的高度重视。

(四) 提高商店名的审美功能

商店命名,不应该只考虑标识、盈利功能,更要从新型城镇化的生态建设考虑,要彰显新型城镇的文化特色。比如在商店名称中融入书法、灯光、色彩等元素,提高翻译美感,在某种程度上能提高现代商店名的审美效果。

书法是中国传统文化的重要组成部分,是我们的国粹。不同的书体形式各有独特的艺术魅力。将书法艺术与商店名文字融为一体,如杭州的"集艺斋",使用的就是篆书(图3-11)。

图3-11 集艺斋

此外,像茶社、会馆等具有高雅情趣的店铺也可多使用带有古色古香的书体。

色彩和灯光也是增强商店名视觉效果的有效方法。根据不同年龄段、不同性别选择不同的颜色设计商店名招牌,会对消费者产生一定的视觉冲击。比如儿童一般喜欢鲜艳、具有跳跃性的颜色,成年人多喜欢素雅、沉静的颜色,因此,经营儿童、孕妇类商品的商家可多采用艳丽、明快的颜色,经营成人服装的店铺应使用素雅、洁净的颜色。

文学作品的翻译要讲求"信达雅",商店名的翻译虽说不像文学作品那样要求严格,但也要尽量体现出美感。无论是中文翻译成外文,还是国外品牌翻译成中文,都要尽可能展示出语言的魅力。商店名称的翻译通常采用音译的方式,除了人名、地名等一些专有名词无法翻译而采取直接用拼音标注外,为了使商店名变得生动好听,商家在音译的过程中往往倾向于选取那些蕴含积极美好意义的字眼。比如,"BEIN 比茵""Nolanbell 诺兰贝尔""ERAL·艾莱依"等,中文名称中的"茵、诺、兰、贝、依"都是中华文化中寓意美好的词。给中文商店名起个对应的英文名称也逐渐成为一种时尚,如横店超市"好乐多HALUDO"这个名称,中文名由三个并列的形容词构成,传达积极美好的含义,英文名与汉语拼音接近，较易拼读，同时又与中文名谐音对应，易读易记。翻译较好的还有"雅戈尔 YOUNGOR"，英文部分包含英文单词"young"，意为"年轻"。这样的翻译就恰到好处地给"雅戈尔"这个品牌注入了"青春、热情、朝气蓬勃"的含义，自然会受到消费者的青睐，也有利于彰显企业的文化品位，对品牌的长远发展很有益处。还有"艾瑞达 AIRU-IDA""四季瑞丽酒店 colouful season hotel"等，都体现了翻译的美感。

（五）重视商店名的教育功能

商店名的功能是全方位，除前面提到的这些作用外，还具有教育方面的功能。如义乌商店名的语言种类十分丰富，许多商店名包含不止一种语言，有两种的、三种的，甚至四种的。多语言商店名在为外国人提供便利的同时，也在无形当中发挥着语言教育的作用。街上随处可见的包含多种语言的商店名为市民提供了在实际运用中感受语言、学习语言的机会。

在思想教育方面，如"爱在一家亲1+7母婴生活馆"这个商店名，数字"1+7"既和汉字"一家亲"谐音，又蕴含一个孩子与七个大人加在一起的意思，这样的商店名传播给社会的是家庭和睦、团结友爱的信息，使人们在美的感受中获得了情感的满足。一方面对消费者个人的心理产生积极的影响；另一方面也丰富了新型城镇的美德文化，无形中起到了思想教育的作用。类似的商店名还有"5i5j我爱我家""幸福烤鱼"等。

（六）挖掘商店名的特色

商店命名的方式多种多样，利用名人名地为店铺命名一方面为这些名人、名地进行了再次宣传；另一方面，也会吸引一部分消费者慕名而来，进行购物。如以旅游胜地"西湖、钱塘"命名的商店，自然会吸引喜爱西湖、钱塘的消费者；以"金华、义乌、潮汕"等地命名的商店自然会引起对这些地方钟爱的消费者的注意。如"西湖龙井""金华火腿""玄坛百货""武林公馆"等。

以人名作专名的命名方式也比较流行。一些老字号店铺多是以其创始人的名字命名的，如"王麻子、王致和、狗不理"等。这样的店铺通常带有浓烈的历史文化气息。一些小说、电影、电视剧等作品中出现的人名也出现在商店名中，如"三郎（寿司）"；热播电视剧的名字也被作为吸引消费者的筹码运用在商店名中，如横店一家命名为"来自星星的你 思密达韩式烧烤"烧烤店，"来自星星的你"就是热播韩剧的名称。

第五节 结语

本章以新型城镇为背景，从语言生态视角分析了四类城镇商店名的语言特征和文化特征，并针对商店名语言非生态的状况提出相应的对策。

商店名作为城镇语言景观的一部分，在新型城镇化建设中主要发挥着以下作用：丰富新型城镇文化、彰显新型城镇特色、塑造新型城镇形象。不同城镇的商店名所处的生态环境各不相同，在语言和文化上显示出各自的魅力。从语言特征来看，商店名受生态系统中的社会因子、经济因子、心理因子等因素的影响，音节数量以三、四、五、六音节为主，音节搭配多采用双声叠韵和平仄相间的命名方式，以达到音律上的和谐动听。词汇上，商店名词汇包罗万象，不同行业的商店名在用词上表现出各自的特点，随着时代的进步，商店名用词也与时俱进，商店名语言在某种程度上反映出时代的变迁。消费者需求的不断提升促使商店名的语符元素向多样化的方向发展，语符模式丰富多样，组合方式多变，包含的语言种类也越来越多，满足了不同层次消费者的需求。从文化特征看，不同城镇的历史文化为商店名语言注入了深厚的底蕴，商店名又将无形的文化具象化，向社会宣传当地的文化特色，商店名与文化相辅相成，形成良好的生态循环。

然而，仍有不少商店名在语言使用上处于非生态状态，如用字粗鄙、过分求洋求大等，若不加以制止，必定会产生副作用，甚至影响生态文明建设。对商店名语言进行规范管理，不光是职能部门、语言工作者的任务，也是每个市民的职责。只要大家齐心合力，持之以恒，新型城镇商店名的语言生态建设定能完成，商店名也一定能成为新型城镇的一道亮丽风景。

第四章 新型城镇化中的方言生态位研究

2011年,我国城镇人口首次超过农村人口,城镇化率达到51.3%。城镇化的飞速发展带来了一系列"城镇病",给城镇生态造成了巨大的压力。其中,千百年来传承至今的方言,似乎也感染上了"城镇病",正随着城镇化而一步步迈入困境,主要表现为:方言总体出现衰落的趋势;普通话与方言之争;方言之间的强弱分化等。本章试图用生态位理论研究新型城镇化进程中的方言,并以杭州方言为例,用生态位理论来解释方言的演变、竞争、优化与发展等问题。

第一节 生态位理论与语言生态位

一 物种生态位

(一)物种生态位理论

作为自然生态学研究生物的一个重要概念,"生态位"自提出以来一直是国内外生态学领域的研究热点。1894年,美国密执安大学的Streer最早提到了"生态位",但未作任何解释。1910年Johnson最早使用"生态位"一词:"同一地区的不同物种可以占据环境中的不同生态位"(张光明、谢寿昌,1997),虽然他也没有对"生态位"的概念作进一步阐述,但此后"生态位"成了生态学的中心论题之一。

关于"生态位"的定义至今未有统一的意见,国内外学者给生态位下定义者为数不少，总的来看，有三种公认的定义范式。

1. 空间生态位。1917年，格林内尔（Grinnell）首次为生态位术语下了一个定义。他从生物与环境相互作用的角度出发，把生态位定义为"恰好被一个种或一个亚种所占据的最后分布单位（ultimate distributional unit），也就是物种的最小分布单元，其中的结构和条件能够维持物种的生存"（张光明、谢寿昌，1997）。这种定义突出强调生物或物种的空间分布，所以被称为"空间生态位"。

2. 功能生态位。1927年，艾尔顿（Elton）从功能角度把生态位定义为"物种在生态群落中的地位和角色"，"一个动物的生态位表明它在生物环境中的地位及其与食物和天敌的关系"（尚玉昌，1988）。这种定义特别强调某一物种在群落中的功能，从而使生态位这个概念的含义超越了单纯的物理空间或栖息地。

3. 多维超体积生态位。1957年，哈钦森（Hutchinson）考虑空间、资源等多种影响物种的环境因素，利用数学的点集理论把生态位概念抽象化，建立了生态位的多维超体积模式，进而把生态位定义为"有机体与它的环境（生物与非生物）所有关系的总和"（李光耀，2008）。这个定义从环境中多种因素对生物的影响作用来分析生态位，偏重于物种对环境资源的利用，是现代生态位理论研究的基础。

可以发现，这三种生态位定义范式虽各有侧重，但也存在明显的继承、包含和渗透关系。1983年，生态学家奥德姆（Odum）综合这三种定义范式，提出生态位是"一个生物在群落和生态系统中的位置和状况，而这种位置和状况则取决于该生物的形态适应，生理反应和特有的行为（包括本能行为和学习行为）"（金岩松、张敏、杨春，2009）。他进一步指出，生物的生态位不仅取决于它生活的地方即占据的空间，更取决于它干什么，即具有的功能。对此他提出一个著名的比喻，生物的生态位是生物的"职业"，而生存环境是生物的"地址"。

（二）生态位理论在语言学领域的应用价值

最早将生态位理论应用到语言学研究的学者是李国正（1991），他认为生态位这一概念"为语言变异的功能研究，提供了可资借鉴的内容",但遗憾的是,这种观点未能引起国内学者的重视。此后,王红艳(2007)在其硕士学位论文中首次提出了"语言生态位"的概念,并据此分析了语言濒危的原因和濒危语言得以继续存在的条件和机制。单辉(2008)在论述语言生态运动时也提到语言的生态位:"一种语言的生态运动,与自身所在的语言生态系统以及其他语言系统的相互关系有关;与它所处的生态位或生态成分的相互影响也有关",但未做进一步分析。另外,冯广艺(2012)在论述语言功能优化时,提及优化语言的交际职能,就是要找准语言在交际职能上的生态位。

二 语言生态位

(一)语言生态位的定义

李国正(1991)把语言生态位定义为"具有一定时空分布的语言变体与一定的环境因素,共同构成具有一定等级或取向的生态位"。王红艳(2007)根据物种生态位的三种定义范式,把语言生态位定义为"存在于特定人群中的某种语言在一定语言生态环境中的位置或者状态",并且指出语言生态位包括"时空环境内涵"、"功能梯度内涵"和"多维互动内涵"。

我们认为,两位学者的定义都较好地融合了物种生态位定义的三种范式,体现了时空分布、应用功能、环境影响等内涵。但是,作为现代生态位研究的基础,也就是目前最为学者所关注的多维超体积定义范式,并没有受到两位学者的重视。1957年,英国生态学家哈钦森(Hutchinson)从空间、资源利用等方面考虑,提出了多维超体积生态位的概念。他认为,"如果将影响物种的一个因子看作是一个维度,在此维度上,可以定义出物种的一个范围。假如同时考虑多个以至所有的维度,就可以定义出生态位"。这种定义的关键在于强调生态位的维度(周长发,2010)。以下,我们就试着从生态位维度出发来定义语言生态位。

影响语言的因素举不胜举,但概括来讲,语言的生命力也与生物一样,最关键的影响因素就是资源利用、功能大小以及所处的空间位置。

为了便于研究，我们就从语言的功能、资源和时空这三个维度来构建语言的生态位概念。

语言生态位的资源维度是指语言在其生态环境中占有并利用资源的状况，这决定了语言在生态环境中生存和发展的能力。语言必须依赖一定的人群而生存，这些人群又必须依赖一定的文化、社会、自然环境系统而生存，人群充当中介将文化、社会、自然环境中的各种信息经过筛选加工后传输给语言，作为语言系统的生存资源。换句话说，语言必须依赖一定的生态环境生存，而这些环境因素其实就是语言生存的资源。语言生态位的功能维度是指语言在反作用于生态环境时所充当的角色以其所具有的功能。而语言生态位的时空维度则是指语言使用的时间段及其地域空间。

从这三个维度出发，我们为语言生态位重新下了一个定义：语言生态位是指在特定的历史时期、地域空间中，某种语言在一定的语言生态环境中所占据的资源以及所具有的功能的总和。下面我们分别对语言生态位的三个维度进行具体分析。

（二）语言生态位的三个维度

1. 语言的生态环境资源

"语言的生态环境"与"语境"是截然不同的概念。传统语言学所研究的"语境"是指"交际过程中语言表达式表达某种特定意义时所依赖的各种表现为言辞的上下文或不表现为言辞的主客观环境因素"（王建平，1992）。而生态语言学认为，语言是人与环境相互作用的产物，语言不能脱离环境而存在。这里所说的语言的"生态环境"是指语言赖以生存的环境。语言必须依赖一定的生态环境生存，而这些生态环境具有明显的资源特征。

李国正（1987）把语言生态环境分为外生态环境和内生态环境：与语言系统相对应的环境系统叫作语言的外生态环境，包括自然环境、社会环境、文化环境以及族群环境，其中前三者合称自在环境，后者称为自为环境；语言的内生态环境系统则是指任何特定语言单位与其他单位的关系。

2. 语言的功能

说到语言的功能，传统的语言学研究最关注的就是语言的交际功能，附带也提及语言的感情功能、娱乐功能等。但是这种认识的实质是把语言的功能局限于语言所处的人群环境。从语言生态位的资源维度来看，人群环境虽然是语言所处生态环境中最重要的一个部分，但并非全部，语言的生态位还体现在语言的外生态环境与内生态环境中。语言处在一定的自然、社会、文化、人群环境以及自身的内部环境当中，语言在这些生态环境中同样发挥着功能，所以语言的交际功能并不是语言功能的全部，还有情感认同功能、社会映射功能、文化传承功能、自然保护功能、语言研究功能等。

3. 语言的时空分布

语言存在于特定环境中，占有一定物理空间。这种物理空间的占有是通过使用该语言的人在特定的自然、文化、社会、族群中占据相应的位置来实现的。此外，时间因素对于生态位的影响也不可忽视。某一时期的语言虽然具有一定的稳定性，但是语言无时无刻不在变化发展。在不同的历史时期，语言展现的面貌是不一样的，语言拥有的资源、发挥的功能，甚至语言所占据的空间位置也都是有差别的。因此，时间和空间都是语言生态位的重要维度。

第二节　生态位重叠与方言生态位优化

物种之间竞争的实质是生态位的重叠，竞争的代价和结果总是难以预料的，所以各个物种往往倾向于占据不同的生态位，尽可能避免或者减少生态位的重叠，从而实现共同生存的目的。

同样，语言之间也常常会出现竞争的局面，其实质也正是语言生态位的重叠和竞争。但语言也像生物一样，既相互竞争又相互协同。它们通过生存竞争，各自获得合适的生态位，保证自身的生存和发展；又通过协同作用，共同生存，求得彼此在一定时空条件下的共存与协同发展，从而共同形成稳定而多样的语言生态系统。

一 语言生态位重叠

（一）语言生态位重叠概况

1. 语言生态位重叠的含义

在自然生态系统中，物种生态位重叠是指"不同物种生态位之间的重叠现象或共有的生态位空间，即两个或多个的种对资源的共同利用状态"。从生态位维度来看，也就是指"两个或多个物种在部分或全部维度上的生态位的交叉"（毕润成，2012）。所以，生态位的重叠有程度上的差异，重叠的维度越多，重叠程度越高。而物种竞争的强度则与生态位的重叠程度呈正相关关系，生态位重叠程度越高，物种之间的竞争强度就越大。

语言生态位重叠的情况也是一样。在同一时空，当两种或多种语言共同利用语言生态资源，实现相似的语言功能时就会产生语言生态位的重叠。语言生态位的重叠可能出现在一个维度上，也可能同时出现在多个维度上。重叠的维度越多，其重叠程度越高，竞争强度越大。如果语言生态位的时空、资源和功能三个维度上都出现重叠，就有可能引发激烈的语言竞争，最终导致强胜弱汰。

2. 语言生态位重叠的原因

语言生态系统是一个开放的系统，没有一种语言或方言在其历史演变的过程中不与其他语言或方言发生接触，语言接触是语言生态位重叠的一个重要起因。在生产力不发达的农业社会，交通受到地理条件制约，交流受社会环境影响，而语言接触依然比比皆是。如今，在全球化、一体化的时代背景下，族群之间的交往日益密切，语言接触更是成为当今社会一个重要的语言现象。显然，语言生态位重叠是由语言接触引起的，但语言接触并非必然导致生态位重叠。以杭州方言为例，历史上，杭州方言与其他语言的接触从未间断过，过去有汴梁官话、周边吴语、其他汉语方言等，现在更是还有普通话甚至各种外语等，但是真正导致生态位重叠的，确切地说是两次：一次是南宋时汴梁官话与杭州方言的接触,另一次是当前普通话与杭州方言的接触。

因此,语言生态位出现重叠的起因是语言接触,但语言接触引起生态位重叠需要两个重要条件:一是规模,语言接触的规模大到两种语言必须共用同一语言生态资源,且对彼此语言功能的实现带来压力;二是持久,两种语言的接触不是暂时的,而是长期产生影响的。持久而大规模的语言接触,往往就会使两种或几种语言在生态位上产生重叠,但生态位重叠的结果是不尽相同的。

3. 语言生态位重叠的结果

根据生态位竞争排斥的原理,物种竞争的结果要么是一物种被淘汰,要么是两物种生态位分离而形成共存。其中物种生态位分离的方式有两种:"泛化"和"特化"。在激烈竞争的环境下,一部分物种形成了"杂食性"或"广食性",以加强对环境的适应能力;另一部分物种形成了"单食性"或"窄食性",通过强化某一特殊功能,提高了自身适应性。无论是"泛化"还是"特化",都促使物种之间的生态位分离,从而规避了竞争(包庆德、夏承伯,2010)。

语言生态位重叠与物种的情况同中有异。古往今来,因大规模且长期性的语言接触而导致语言生态位重叠的例子数不胜数,事实证明,其最终结果不外乎三种。

一是出现语言转用,即一种语言被消灭。这种情况类似于一个物种被淘汰,其实质是两种语言因生态位重叠而产生竞争,竞争结果导致强胜弱汰,留下强者占据全部生态位。这种结果还可分为两种情况:一种是外来语言被消灭,比如满人入关建立清朝,但满语被汉语同化而消失;另一种是本土语言被消灭,这种情况在西方列强的殖民地经常发生。

二是出现语言融合,即两种语言相互妥协,产生一种带有综合性质的语言。这种情况类似于物种通过泛化形成杂食性特征。其实质是,两种语言因为生态位重叠产生竞争,但是双方势均力敌,最终只能相互妥协,彼此融合为一种兼有双方特点的混合性语言,这种新语言因为"杂食性"而对环境具有更强的适应力,从而重新占据这个语言生态位。杭州方言在南宋时期通过演变形成一种亦官亦吴的混合型方言就属于这种情况。

三是两种语言兼用,即两种语言实现共存。这种情况类似于物种通过特化形成窄食性特征。其结果实际上是两种语言通过占据不完全一样的生态位,形成"窄食性"来实现生态位的分离,从而避开不必要的竞争,实现共同生存的目的。当前普通话与方言的共存现状就类似于这种情况。

很明显,语言生态位重叠的结果可以是优胜劣汰,也可以是协同进化,究竟产生何种结果不是偶然的,而是受到语言及其生态位情况的影响和制约。以杭州方言为例,杭州方言历史上两次生态位重叠的情况就很不一样,将这两次重叠状况进行比较可以帮助我们更好地理解和处理目前普通话与方言的关系。

(二) 杭州方言的两次生态位重叠

古往今来,杭州方言与其他语言或方言的接触从未间断且越来越频繁。就语言接触的规模和持久性来说,杭州方言历史上发生过两次大的语言生态位重叠:一次是与南宋时的北方官话,另一次是与当前的普通话。这两次生态位重叠有一定的相似之处。首先,杭州方言两次接触的外来语言都是亲缘关系较远且与其语言结构特征有本质区别的北方话系统的语言,因此两次都称得上是南北语言的大接触。其次,杭州方言两次接触的对象都有相对较高的语言地位,南宋时的汴梁官话是统治政权的官方语言,具有通语的性质;而普通话是我国法定的全民共同语。所以即使杭州方言在其特有的本土生态位上具有土生土长的适应性优势,却依旧无法改变竞争者强势的事实。但是,世殊时异,这两次语言接触的不同之处也是显而易见的。

1. 语言接触产生的原因以及语言性质的不同

南宋时北方官话与杭州方言的大接触,是为客观局势变化所迫的无奈之举。金兵南侵,不愿臣服金朝的大批中原官民跟着皇室迁到杭州,形成一次民族大迁徙,引发了北方官话与吴语杭州话的大规模长期接触,造成了语言生态位的重叠。而中华人民共和国成立后,普通话在全国各地包括杭州地区的推广,是党和政府有计划、有目的的语言文字工作的一部分。"我国是多民族、多语言、多方言的人口大国,推广普及普通话是为了增进各民族各地区的交流,有利于维护国家统一,增强中华民族凝聚力。推广普通话是我国先进生产力和先进文化发展的需要,符合全国各族人民的根本利益。"① 因此,两次语言接触目的性和计划性的有无,直接影响到人群因素能否在语言接触中发挥好能动作用以及如何采取调整策略,减少不必要的语言竞争。

两次语言接触的目的性和计划性不同,其根源还在于语言性质的不同。南宋时的北方官话虽然具有通语的性质,但所谓"官话",其实就是官场用语,官话是社会上约定俗成的称呼,当时并没有对官话进行正式命名,也没有对官话进行推广,后人所用的"官话"这一称呼本身就说明它带有一定的封建阶级性质。而普通话的性质是国家的通用语言,是全国没有阶级和地域差别的全民共同语。如果说官话没有普及的必要,那么普通话的推广普及则是历史的必然。

2. 语言接触方式的不同

南宋时北方官话与吴语杭州话的语言接触,主要是人口迁移带来的。使用北方汴梁官话的语言人群南迁至杭州,与杭州本地使用吴语杭州方言的语言人群接触,双方在相互交流的过程中产生了语言接触,而且这种接触主要是使用不同语言(方言)的人直接进行口头交际而产生的直接语言接触。

中华人民共和国成立后普通话与杭州话的接触方式要复杂一些。其中有人口迁移带来直接语言接触的一部分影响,使用普通话作为交际语言的外来人口与使用杭州方言的杭州本地人口在相互交际过程中产生了语言接触。但是值得注意的是,目前的语言接触很大一部分还来自通过书面语或其他通信媒介而进行的间接语言接触。此外,如今同时习得杭州方言以及普通话的杭州本地人越来越多,在这些人的头脑中、意识中也时刻进行着语言接触,而这种接触其实比人口迁移导致的语言接触影响更为深远。

---

① 《推广普通话宣传手册》,普通话学习网,http://www.pthxx.com/a_news/03_tuipu/0009.html。

总的来说，虽然造成语言生态位重叠的两次语言接触的规模都很大，时间也比较长，但是就语言接触的深度和广度来说，还是普通话与杭州话的接触为甚。

3. 生态位重叠发生的环境不同

（1）人群中介环境不同

首先，人群的语言能力不同。由于时代的局限，南宋时南迁的北人以及杭州本地的土著基本上都是单语人群，他们没有对自身的语言能力进行有意识的开发。而中华人民共和国成立后，国家有计划有目的地推广普通话，并取得了巨大成效，国民的语言能力已经得到了很好的开发。如今大多数国民可以同时使用普通话与本地方言，甚至其他地区的方言与其他国家的语言，成为双语人甚至多语人。

其次，人群的语言态度不同。南宋的社会是阶级统治的专制社会。一方面，受封建观念的影响，人们的语言观念比较保守，通常是"宁卖祖宗田，不变祖宗言"；另一方面，在阶级观念的制约下，语言在他们眼中也是有阶级的，官话是统治阶层的语言，因此使用官话的人群也仿佛高人一等。正是因为如此，即使当时的杭州土著不敢放弃"祖宗言"，也终究抵挡不住"官话的诱惑"。中华人民共和国成立后，随着国家统一，阶级观念消除，国民已经有了平等和民主的意识。普通话虽然具有共同语的性质，但是会讲普通话的人并不比只会说方言的人地位崇高，人们学习普通话更多的是为了增进各地的交流，适应交际需要。此外，现代的语言观念也越来越开放，越来越多的人主动学习外国语言，体会其他地域的文化特色，吸收其他民族的优秀文化。

（2）语言外部环境不同

南宋时期的社会是封建专制王朝统治下的农业社会，各地交流沟通在地理条件、社会因素制约下是十分有限的，且小农经济也并不需要人群之间频繁接触，再加上各地的自然、社会和文化环境各具特色，因而"百里不同俗，十里不同音"。中华人民共和国成立后，一方面，统一的国家迫切需要一种具有凝聚力的共同语；另一方面，各地交通受自然地理条件的制约已经越来越小，商品经济的大发展带来前所未有的人群大接触，而政治、经济、文化上的一体化趋势更是需要一种统一的语言来满足交际的需要。正是在这样的背景下，杭州方言经历的两次语言大接触，南宋时的那次可说是历史的意外，而当前的这次则是时代的必然。

4. 生态位重叠程度的不同

这两次语言接触的发生，都使得杭州方言与另一种语言在同一时空，共同利用语言生态资源，实现相似的语言功能，由此产生了语言生态位的重叠。但是两次重叠的程度是不一样的。

在时空维度上，南宋时接触的两种语言几乎是完全重合的。从宏观角度看，伴随着北方人口的迁移，北方官话与杭州话在同一历史时期的同一地域相遇；从微观角度讲，由于南北民众杂处需要交际，起初这两种方言很有可能在同一具体的语境中使用。而在资源维度上，由于语言依赖于一定的人群资源而生存，而人群又依存于一定的文化、社会、自然环境。当时中央政权转移并带来了集团军式的迁移人群，这对杭州方言的人群、社会、文化、资源等环境都带来了巨大的变革。特别是迫于交际的压力，两种语言必然会争夺人群资源，因此在语言资源维度上也大幅度重合。此外，语言在生态环境中发挥一定的功能，语言资源维度的重合自然也导致功能维度的重合。总的来说，南宋这次语言生态位重叠的程度非常高，由此带来的语言竞争也非常激烈。杭州方言里斥责一个人冥顽不灵有一个词"自说山话"，就是出于那个时期，另外还提到当时的名将张俊因学说杭州话而被人嘲笑，这些都可以表明，当时的杭州城里确实有过一次相当激烈的语言竞争。

相比于南宋，从目前普通话与方言总体关系可以看出，普通话和杭州方言的生态位重叠程度显然要低一些。从生态位时空维度看，普通话与杭州话确实处于同一宏观时空，但是从微观上来说，它们的使用领域出现了分化，普通话主要用于公共领域的交际，而杭州话主要用于私人领域的交际。时空维度这样的分离在很大程度上减轻了语言资源和功能维度的重合度。而且，从资源维度说，虽然普通话和方言都依赖于一定的人群资源，但是由于人群语言能力提高，可以同时使用普通话、方言甚至更多语言，因此资源维度得到扩充，这也大大降低了语言重叠的程度和竞争的强度。

5. 生态位重叠结果的不同

南宋时南北方言接触带来的语言生态位重叠和语言竞争，其结果是，双方势均力敌，互相妥协，最终彼此影响彼此交融，形成了一种兼具南北特征的混合方言作为新的杭州方言再一次占据了这个生态位，且在此后的数百年随着生态环境继续变化发展，进一步适应并巩固了该生态位。而目前普通话与杭州方言的语言接触还在进行着。从新杭州话的演变趋势可以看出，普通话的语言特征也在逐渐渗透到杭州话中，使杭州话出现一种新的南北杂糅特征。虽然此次生态位重叠的结果还难以确定，但可以肯定的是，南宋历史不可能再次重演，普通话推广是大势所趋，而且普通话也不可能与方言彼此交融为一种新的语言（方言）去重新占据这个生态位。那么方言何去何从就成了问题。当今社会对方言的未来众说纷纭，有人预言普通话终将取代方言，方言一定会消失；也有人批评普通话推广的方式太极端，因而打起保卫方言的旗帜，希望方言可以长久地存在下去。

其实，我们都希望未来的语言生活是丰富多样的，希望普通话与方言能够一直和谐共存。如何使两种语言在生态位重叠的情况下实现友好共存、协同进化，这就要涉及生态位优化的问题。

二　杭州方言的生态位优化

（一）生态位的重叠、分离与语言的竞争、协同

千姿百态的大自然是由于友好共存的协同进化而不是弱肉强食的淘汰竞争形成的。自然界的生物在进化过程中既有竞争也有协同，竞争而出现战争，协同而保持和谐。语言之间也会因为生态位的重叠出现竞争，竞争过于激烈同样也会导致强胜弱汰。但是，根据杭州方言两个时期生态位重叠状况的对比，我们可以发现，其实语言也和生物一样，在相对和平自由的背景下，更倾向于协同发展而不是弱肉强食。

南宋时北方官话与杭州方言的语言接触，虽然产生了生态位重叠，并且有过一段激烈的竞争时期，但是在杭州这块土地上的北方话和南方

话，谁也没能消灭谁，终究相互妥协形成了一种带有混合性质的方言，化竞争为共存，以一种新的形态占据了这一生态位。这很容易使人联想到生物种间甚至属间经常发生的杂交现象。杂交既不是来自物种自然选择，也不是优胜劣汰的结果，而是多样协同进化的表现。杂交不仅是新物种形成的一种重要途径，也是群体稳定和进化的基础。同样，像杭州方言这样的混合型方言对语言生态系统的稳定与协同进化也有很重要的意义。一方面，杭州方言的混合特点体现了语言在竞争情况下的一种应变能力；另一方面，杭州方言的形成过程也是对语言进化方式的一次探索。对于其他方言区尤其是北方方言区的人来说，杭州方言比一般的吴语更加易懂、易学，这就是"杂交"的优势。因此，混合型方言在语言生态系统中具有重要的地位。

由此，再来看如今普通话与杭州方言的语言接触。目前各地方言普遍出现的向普通话靠拢的趋势也具有这种"杂交"的优势。虽然普通话将拥有越来越多、越来越广的语言生态位，但我们相信，普通话与各方言生态位重叠的结果也一定不会是激烈竞争、优胜劣汰，而是和谐共存、协同进化。语言的多样性与其他生态系统的多样性一样，都是人类宝贵的财富，它们共同构成了人类赖以生存和发展的物质基础和精神基础。维护语言的多样性，既是自然法则，也是人类本身兴衰存亡的根本利益所在，所以遵循和维护语言的协同进化也是人类当前的一项重要任务。对于方言来说，要实现与竞争者的协同共存，就需要通过对自身生态位进行优化以减少生态位的重叠，实现生态位的分离。

（二）杭州方言生态位的优化

根据生态位的竞争排斥原理，物种竞争的结果或是一物种被淘汰，或是两物种生态位分离而形成共存，现实竞争的结果往往是后者（包庆德、夏承伯，2010）。对于语言来说，一种语言不仅要不断地适应并巩固自己的生态位，更要根据生态环境的变化对生态位做出及时、适当的调整和优化，减少语言生态位之间的重叠，这就需要语言对自身生态位进行优化。如果墨守成规，希望永久保持原有的生态位不变，就很容易出现语言间生态位的争夺，威胁语言的和谐共存。

1. 南宋时期杭州方言生态位的优化

从生态位优化的角度讲，南宋时期南北杂糅特征的杭州方言的形成，也是杭州方言对自身生态位的一次优化过程。这种优化的实质是通过调整内部语言生态环境，即语音、词汇、语法等结构要素，增加对当时已经发生巨变的人群、社会、文化、自然等语言生态环境的适应性。这类似于物种通过形成"杂食性"或"广食性"来提高对环境的适应性，并借此获取所需资源以确保生存和发展。这是一种通过"泛化"实现生态位分离的生态位优化。

2. 当前杭州方言生态位的优化

对于当前的杭州方言来说，调整内部语言结构，吸收普通话语言特征以提高环境适应性的"泛化"式优化依然很有必要。但是生态位理论强调多样化发展，各物种与其在同一区域相互争夺有限的资源，不如开拓利用尚未开发的资源或专注于某一特殊资源的充分开发，从而更有效地利用环境资源，在时空、资源以及功能维度实现相互分离。因此，与"泛化"相对，物种优化生态位的另一主要途径就是"特化"，通过强化某一特性来提高自身的适应性。而这一途径对于当前杭州方言的生态位优化有十分重要的意义。为了使杭州方言与普通话在生态位有重叠的情况下实现共存，当前杭州方言的生态位优化需要从三个维度分别进行。

（1）实现时空维度的分化

从宏观的时空维度来看，普通话与方言如今处于同一历史时期，同一地域空间。但微观地来说，目前语言规划中处理普通话与方言关系有一个原则，即普通话主导公共领域而方言驻守私人领域，这个原则很好地将普通话和方言生态位的时空维度进行了分离。其实，更微观一点讲，普通话和方言也要尽可能少地在同一语境中共存。因为在交际过程中，根据交际双方语码一致的原则，当一方使用普通话发话，另一方接过话轮时也会倾向于使用普通话；同样，当一方使用方言发话，另一方也会用方言接过话轮。而在一方明知对方会讲普通话的情况下，他便会尽量不用方言；反之，若明知对方不会讲方言，发话人也会尽量避免使用方言。否则，双方交际语言不一致，便很有可能影响交际的顺利进行，甚至引发语言冲突，挑起语言竞争。

（2）对资源维度进行扩充

原则上说，普通话推广的对象是全体国民。方言所依存的人群环境资源以及人群所依存的文化、社会、自然环境资源都是包含在普通话生态位资源当中的，因此方言确实和普通话共用了大部分生态位资源。而且普通话和方言的语音、词汇、语法有很多是十分相似的，因此它们的内部生态环境资源也存在着广泛的重叠。总的来说，普通话和方言在资源维度上确实存在较大的重叠。但是，由于普通话和方言的生态位存在一定的时空维度上的差别，只要资源总量丰富，竞争便不容易产生。所以，普通话与方言生态位资源维度上的优化，最重要的就是进行资源的扩充，尤其是人群资源的扩充。其扩充方式就是开发人的语言潜能，提高人的语言能力，培养多言多语人。

与此同时，通过调整内部语言生态环境，不仅从普通话，也从更多的语言和方言吸收有用的语言成分，扩充自身的语音、词汇、语法等内部环境资源，从而增强表现力以及对语言生态环境的适应性，对于当前方言确保自身生存发展也十分必要。

（3）维护功能维度的完整性

王红艳（2007）提到："一种语言的生态位面临危机，有一个重要的原因就是语言原有生态位功能梯度被打破，这种打破表现在两方面，一是语言交流功能生态位的凸显，二是语言其他功能生态位的式微。"这句话也可以这样理解：语言是寄生物种，其生命活力依赖使用者人群，而人群生活在一定的文化、社会、自然环境当中。语言以这些生态环境为资源，受其影响的同时也反作用于这些生态环境，在其中发挥一定的功能，相互作用缺一不可。人群固然是语言最重要的生态环境，但是如果只重视语言在人群环境中的交际功能而削弱语言的其他功能，就是切断语言与其他生态环境的联系，使语言无法获得充足的生存资源，语言的生命活力也就会减弱。

如果说交际功能是语言的全部功能，那么一种语言一统天下将是全人类的福祉，但事实并非如此。世界各地的生态环境不同，与之相互作用而产生的语言也必然是不同的。从杭州方言的演变可以看出，一种语言对其生态环境的适应，是在长期的历史过程中形成的。正是这种契合使得一种语言的功能只能在它所处的特定生态环境中才能达到最佳发挥。而普通话并不是在一个具体的生态位环境中形成的，普通话在交际功能上虽然具有方言无法比拟的优势，但在语言的其他功能上未必优于方言。正如博大精深的中华五千年文明不可能浓缩在普通话中，杭州千百年来的文化历史也不可能用普通话来完全体现。所以，方言也是伟大的文明遗产，具有普通话不能替代的价值和功能。

以语言的文化传承功能为例，一些民间文化、地方文艺就是以方言为载体的，如杭剧、小热昏等只能用杭州方言来演绎，普通话无论如何也无法表现出其中的文化精髓。再如语言的社会映射功能，正因为方言是伴随其社会环境而变化发展的，方言中保留着许多反映当地古往今来社会百态的语汇。比如杭州方言有一些与商业有关的日常词汇，譬如钱称作"牙"，物的暂存称作"戤壁"，暗换易物称作"搠包儿"，挣小钱称作"趁"，这些词经过考证都是南宋时期流传下来的。南宋时的商，显然已经不是汉唐时"士学农工商"中末流的商。那时的商仅次于士，已有了官商的说法。杭州方言这些词能够成为沿用至今的常用词汇，从一个侧面反映出南宋至今杭城商业的繁华，以及社会对商业化的认同。

所以，对方言生态位进行优化时，一定要注意维护方言功能维度的完整性。方言除交际以外的其他功能是方言功能的重要组成部分，也是普通话无法取代的方言优势，这是方言得以继续存在的条件。否则，当方言生态位的其他功能不断式微，加之普通话的使用范围持续扩大，方言就很有可能趋于濒危。

处理好普通话与方言的关系是目前汉语生态系统面临的一个前所未有的挑战。对于方言来说，优化其生态位，减少与普通话生态位的重叠程度是尽可能避免语言竞争实现普通话与方言共存的前提条件。但是普通话作为共同语与方言又是相辅相成、相依相存的关系，完全的生态位分离也意味着新的危机。

第三节 生态位互补与普通话和方言的生态和谐

对于普通话与方言的关系历来有很多说法，这种关系归根结底就是矛盾关系。所谓矛盾关系，就是对立统一。普通话与方言的关系就是这样，双方的生态位既不能完全重叠也不能完全分离。生态位完全重叠会引发激烈的语言竞争最终导致强胜弱汰。而普通话与方言的生态位也不可能完全实现分离，事实上生态位完全的分离也意味着某种消亡的危机，因为任何一种语言或方言都是一个开放的体系，其生存发展都必须不断地从其他语言或方言中汲取营养。所以，普通话与方言应当既各在其位各尽其能，又相互依存相互促进，形成生态位上的互补关系，从而构成多样化的、可持续发展的语言和谐生态。

普通话与方言的生态位分离，主要体现在时空维度上。从表面上看，普通话与方言在公共领域与私人领域的划分是十分合理的。随着不同语言群体之间交流日益频繁，选择语言的首要原则是避免出现语言障碍。在普通话尚未普及，绝大多数人依然以方言为第一母语的背景下，公共领域内的语言交流有两个特点：其一，交流经常发生在陌生人之间，双方不清楚对方的语言背景、持何种方言、普通话水平如何；其二，交流常常发生在群体之间，群体语言背景很少一致。因此，公共领域的交际需要一种普及性更广的语言才有最大可能避免语言障碍，其首选就是具有共同语性质的普通话。与之相应，私人空间语言交流的特点是：一般发生在熟人之间，且对象经常是个体。因而交流双方比较容易掌握对方的语言背景，当双方的方言背景一致时，使用他们共同的母语方言最不易出现语言障碍。就这样，普通话与方言在使用上出现了公共领域与私人领域的分离。

然而，公共领域和私人领域本来就不存在明确的界限。在一些特殊的语境下，比如病人与家属在医院交流，教师到学生家中访问等，语言的选择就不可能刻板拘泥于严格的领域划分。此外，在公共领域与不会讲普通话的人交际，且双方的方言背景正好一致时，还是使用方言更为合适；而在私人领域与方言背景不同的人交际时，还是以普通话为首选。所以，普通话与方言的生态位其实是不可能根据领域划分而实现完全分离的。

长远来看，当语言障碍因为普通话的普及而消除时，公共领域与私人领域的划分是否还有意义，普通话与方言能否长期保持生态位分离，这些问题都值得商榷。目前在许多地区，普通话已经开始出现进入私人领域的趋势。尤其在一些五方杂处、普通话普及的大城镇，不同方言背景的人组成家庭的情况十分普遍，"非方言族"群体正日益扩大。现在有很多家长不愿意让孩子学方言，因为他们觉得会讲普通话已经可以满足交际需要，更有甚者怕学习方言会影响孩子学好普通话。而有些孩子现在也不愿意学方言，因为他们认为方言土气。其实，语言学习的功利性一直是存在的，人们总想以最少的精力学习最有实用价值的语言。方言的传承出现了问题，这是方言危机的一个信号。长此以往，方言使用的私人领域空间将伴随着生存的环境资源减少而逐渐萎缩，最终导致方言的濒危甚至消亡。然而一种方言的消亡之于共同语普通话，正如一条大河失去了一条支流，当普通话一统天下之时，这条无源之水的未来也就不得而知。

当然，鉴于目前语言生活的复杂性以及普通话推广的紧迫性，首先考虑让普通话与方言的生态位在使用领域上尽可能地分离是十分必要的。但是在实行分离的基础上也应当考虑使其互补。因为只有各种语言既各在其位各尽其能，又相互依存相互促进，这样形成的语言生态才是可持续发展的和谐生态。

"鱼与熊掌兼得"向来为人们所否定，但是根据矛盾的对立统一性，事物不可能否定和摆脱与对立面的依存关系，因为一切事物对立双方都存在某种共同点，这种共同点作为桥梁把矛盾双方联结成一个统一体，并在特定条件下相互转化。

普通话与方言就是一对既对立又统一的矛盾。一方面，双方的生态位不能完全重叠否则会导致激烈的竞争淘汰；另一方面，也不能完全实现分离，完全的分离蕴含着语言消亡的危机。这正是因为普通话与方言存在某种共同点。就语言关系看，普通话和方言同祖同宗，都属于汉语体系。普通话是汉语体系中的标准语、汉民族的共同语，既然是"共同语"，就绝不可能脱离各地区的方言而独立存在；而方言既是普通话形成的基础，又不断地从普通话中汲取营养而发展为带有普通话特征的现代方言。所以，方言与普通话是我中有你，你中有我的。因此，普通话与方言的生态位更需要实现一种分离基础上的互补，相辅相成、相依相存、兼收并蓄、协同发展才能最终使双方各自的价值得到最充分的体现。普通话与方言的互补应当分别由生态位的三个维度体现。

首先在时空维度上，普通话主导公共领域而方言驻守私人领域，这是需要遵守的宏观原则。普通话作为国家通用语言和官方工作语言，在教育、传媒、公共服务、公众交际以及文化等公共领域内使用。方言主要用于家庭内的日常交际以及地域文化的承载，在传媒、公共服务、公众交际领域为满足特定的需求也可以适当地使用。而在一些特殊情况中，要根据实际需要灵活选择普通话和方言，从而使普通话与方言在使用领域上构成互补的关系。

其次在语言资源维度上，普通话和方言的内外生态环境都应当是互补的。就内部生态环境来说，普通话与方言都需要以彼此的语言系统为养料来源，丰富自身表现力，从而更好地实现语言功能，保持旺盛的生命活力。再看外部生态环境，普通话的整体大环境和方言的局部小环境本就是相互联系和依存的互补关系。以文化环境为例，普通话所处的是社会的主流公共文化、社会精英文化，而方言所处的是民间通俗文化、社会底层文化，两者同样也是互补的关系。

最后在语言功能维度上，普通话和方言在功能上应各展所长。根据日常交际的经验，对于同一件事的叙述，使用普通话或者方言，其表达方式和表达效果是不一样的。这不仅是语言情感上的问题，也有语言功能上的某种区别。普通话的正式庄重以及标准优雅和方言的平等亲近以及自由随性，形成了它们各自的特点与优势。而且方言和普通话又有各自独特的文化承载、社会映射以及语言研究等功能。当人们根据使用需要选择适当的语言时，就形成了普通话和方言在功能上的互补。

其实，无论在社会的公共领域还是私人领域，都已经有许多普通话与方言生态位互补的和谐现象。比如在公共领域的电视新闻节目中，虽然主导的仍是普通话新闻节目，但一些地方电视台播出的方言新闻节目也逐渐体现出自身特殊的价值而获得社会的肯定。普通话新闻与方言新闻在比重的主流与支流、定位的大众与小众、风格的庄重与轻松等方面都出现分离而互补的局面。这是普通话与方言在新闻节目中的生态位互补，也是普通话与方言和谐生态的一个缩影，从语言学角度对此做案例分析能够为普通话与方言生态位实现互补提供一个典型范例以及诸多有益的借鉴。

第四节　生态位维护与方言的可持续发展

从语言生态位角度讲，保护方言也就是要维护好方言的生态位，使方言在其生态位上继续保持生命力，实现可持续发展。维护方言生态位，需要处理好方言与生态环境、方言与其他语言的和谐关系。当然，这些都离不开人的能动作用。

一　方言及其生态环境的和谐发展

任何语言都处于一个与其紧密联系、相互影响、不可须臾分离的生态环境中，语言生态位就是语言与其生态环境相互作用的结果。从生态位适应度来看，方言的可持续发展首先要处理好方言与其生态环境之间的关系。

（一）不断变化发展以适应生态环境

语言是人类日常生活中不可或缺的交际工具，必须保持一定的稳定性，但是语言与物种一样，也必须不断地运动变化，否则就不能适应环境，最终将被淘汰。方言赖以生存并在其中发挥功能的语言生态环境在永恒变化,为了提高适应性,方言也需要通过创新和变化来反映生态环境的新变化。这种变化体现在两个方面。

1. 方言内部结构的变化

从杭州方言历时演变情况可以看到,在历史的长河中,一种方言是如何不断变化从而与时俱进的。方言最明显的变化来自语言接触的影响。以杭州方言为例,南宋时北方官话的影响使之产生了"半官话"的语言特征,而周围吴语的影响又使其吴语的特征得以保留并强化,使其本已消失的白读音重新恢复。中华人民共和国成立后普通话的影响更是为杭州方言带来了新的文读、一系列新词语以及趋同于普通话的语法规则。

然而,除了从其他语言(方言)引进,方言自身也一直在创造着新的方言因子,这就是方言的"自创性演变(自我演变)"(曹志耘,2006)。比如典型的杭州方言词语"木佬佬"(很多),是民国才出现的新词,而当前很流行的"62",也是80年代后期才由年轻人创造出来的新词(钟毓龙,1983)。但是目前,具有本土方言特色的语音、词汇和语法等方言因子正迅速减少,新因子的创造也似乎越来越慢、越来越少。已有不少学者提出应注意方言正被普通话快速同化的问题:方言的自创性演变已逐渐停止下来,而改为以普通话或强势方言为方向的演变。对此,我们认为,方言向普通话靠拢,吸收普通话成分发展为"带普通话特色的方言"是方言不可阻挡的发展趋势,这也是方言适应生态环境变化的一种方式,是值得肯定的。但是,方言的变化应当是既能顺应时代发展,同时又能保留地方特色。方言自身精华因子的传承以及方言自创性演变值得每一个方言使用者重视。

2. 方言使用领域的变化

除了方言内部结构的发展演变,新的时代、新的局势还决定了方言使用的领域也出现了变化。发挥在私人领域的使用优势,形成与普通话分离并互补的生态位,这是方言应对目前生态环境变化而产生的最重要的适应机能。

在普通话推广的大背景下,方言必须顺应历史趋势,尽可能少地干涉公共领域，并在私人领域内发挥自身优势。普通话的推广与方言的发展其实是不矛盾的。狭隘的地域局限制约着方言生态位的扩大，方言最大的缺陷就在于无法适应公共领域中各语言群体之间的交际需求，而普通话正是应这样的交际需求而生。试想如果没有这样一种法定的公认的普通话，各种方言在大接触的过程中难免乱成一团。从这一点来讲，普通话的推广弥补了方言在交际中的缺陷，也维护了方言界的和谐稳定。因此，对于方言来讲，普通话绝不是"敌人"，普通话的推广其实也是对方言的一种保护。

（二）实现语言功能以作用于生态环境

语言与生态环境处于相互依赖、相互制约、相互调节、相互适应的互动关系之中。语言不但受到生态环境的制约，从生态环境中获得生存资源并不断自我更新，还要通过语言使用人群反作用于生态环境，这就是语言功能的实现。因此，语言与生态环境是彼此互动的，作用与反作用缺一不可。方言在其生态位上，一定程度上受制于生态环境，但是也主动发挥功能作用于环境。这种主动性对方言的可持续发展尤为重要。充分发挥方言功能一方面要注意功能的全面性；另一方面也要注意方言功能的强化。

1. 全面发挥方言的各项语言功能

前面已经提到维护方言功能维度完整性的问题。方言的生命和活力依赖于使用者人群，而人群生活在一定的文化、社会、自然环境当中。方言在这些生态环境中都发挥着一定的功能，即交际交流、情感维系、文化传承、社会映射以及保护环境功能等。其中交际功能是语言的灵魂，方言也不例外，但方言的其他功能同样也不可忽视。排斥方言除交际外的其他功能，就是切断方言与文化、社会、自然环境的联系，使方言无法获得足够的生存资源，这必将对方言的生命活力造成巨大威胁。

L. 维特根斯坦曾说："语言的运用、语言的活动或曰语言的实践、语言的游戏，总是体现了人们在世界中的存在状态及其对于世界的解释态度。"（鲁枢元，2005）语言不仅因人而生，也在人与自然、社会、文化等环境相协调的过程中发挥着巨大的作用，环境的多样化与语言多样化相对应就是一个很好的证明。只以人的利益作为语言价值评价的依据，只重视语言对于人的价值而忽视语言对于环境的价值，这实质上就是一种人类中心主义的观点，正是这种错误观点曾导致了许多自然物种的灭绝。有语言学研究者曾对语言系统进行了微观分析，指出语言对自然生态环境的影响，甚至某些名词的命名可直接导致该物种的命运。如Mhlhasler 调查了澳大利亚、新西兰等地语言中动植物的名称，发现由于受外来语的影响，澳洲大陆上许多有袋小动物的名称因带有"鼠"字样而使人们产生误解，将它们当成鼠类加以捕杀，导致这些小动物濒临灭绝（姜瑾，2009）。同样，方言针对自身生态环境也有大量有关环境、植物、动物、生产和生活方式的词汇，这对于保护当地的自然生态和社会生态至关重要。

社会语言学先驱 Fishman 曾告诫："当所有的人都说一种语言的时候，世界末日也就要来临了。我们的语言是神圣的，当它消失时，生活中美好的东西也随之而去。"（朱风云，2003）全面发挥方言的各项功能，不仅是在维护方言生存资源的完整性，也是在关注人群及其所在的社会、文化、自然环境，这是一种生态的观点，符合人类发展趋势。

2. 强化方言的各项语言功能

方言功能的强弱是方言生命力的表现。在推广普通话的背景下，方言的各种功能都趋于弱化。首先，方言的交际功能受到了人们的质疑。方言在私人领域中承担交际功能的范围也日渐缩小。交际功能的式微使得方言的其他功能更加微不足道。其实，根据第四章对方言新闻语篇分析的结果来看，方言在心理表现上的契合，人际态度表达上的平等亲近以及语篇组织上的自由随性，都是方言相比于普通话在表达上具有的特殊价值。普通话的使用价值方言无法比拟，方言的使用价值普通话也无法替代。不仅如此，因为方言的地域认同价值，在日常生活中使用方言交流更能拉近双方的感情距离，营造一种自然、平等、轻松的语言氛围。而且，方言语汇中还蕴含着许多精妙的生活用语，尤其是一些传神的熟语。比如杭州方言中有一个词"刺血儿"，形容那种好像满身是刺，一碰就发脾气，蛮横得不讲道理的人，而普通话中却难找到一个相对应的词。不可否认，在某些语境下，普通话的表现力要比方言贫乏苍白，这正是方言的使用价值所在。

此外，无论是交际功能还是文化传承、社会映射功能，无论是语言研究抑或自然保护功能，方言更是有普通话无法取代的独特价值。

要使方言焕发生命活力，实现可持续发展，凸显并强化方言的各项功能是关键。任由方言的各项功能持续弱化的做法是不负责任的。语言是人类最重要的交际工具，人们可以像选择工具一样选择语言，但这并不意味着人能够像丢弃工具一样丢弃一种语言。一种方言在长期的发展过程中，记录了社会历史的变迁，积淀了深厚的文化内涵，承载了丰富多彩的民俗文艺，这些对于我们以及我们后代的价值是不可估量的。虽然人们都有自由的语言选择权，但是选择传承一种语言与其说是一种权利，不如说是一种义务。语言生命的延续要通过代际的教育传承，如果我们选择了不将方言继续传承下去，那么对于我们的后代来说，方言就将成为历史，方言的各种功能也将不复存在。语言的发展是不可逆的，语言死亡之后便几乎没有可能再复活，那么方言的消失带来的一系列后果也将由我们的后代来承担。所以，任由方言自生自灭甚至推动方言灭亡的行为，与目前可持续发展所反对的"满足了当代人的需求，却损害了后代人满足其需求的能力"的行为，本质上是一样的。

(三) 维护方言及其生态环境的健康

方言依赖于一定的人群、文化、社会、自然环境而存在，生态环境的任一部分出现问题，都会对方言造成影响和威胁。环境污染、社会矛盾、人们思想意识中的糟粕等形形色色的环境问题都会在语言中体现，不健康的生态环境很难造就健康的语言。方言的问题，其实也就是环境的问题。

1. 环境问题与方言问题

目前，方言的问题颇多，但这些问题的根源不在于方言本身，而在于方言所处的生态环境。

比如方言强弱分化的问题就可以从社会问题中找到根源。如果说普通话与方言有主从关系，那是就两者的使用领域来说的。实际上，普通话与方言，方言与方言，世界上现有的语言，一律是平等的关系，没有高低、贵贱、优劣、好坏之分。然而，如今各地的方言确实出现了强弱分化。一些方言凭借所在地区的政治、经济、地理优势成为强势方言，这些地区也因此产生一种盲目的语言优越感从而排斥、歧视弱势方言，这实际上是陷入了"语言优劣论"的误区。"语言优劣论"的产生与社会公平问题、贫富差距问题是分不开的。语言本身没有优劣好坏之分，但是语言背后往往联系着政治、经济等因素。方言的强弱分化是各方言区政治经济发展不平衡、社会贫富差距扩大的表现。方言之间的强弱分化，不仅给弱势方言带来极大的伤害，促使语言之间关系恶化，同时也会加剧社会矛盾，不利于社会和谐。

再如方言语汇粗俗化与人的精神污染是分不开的。所谓"言为心声"，粗俗的方言语汇是方言使用者思想糟粕的体现。语言的选择和使用受到个体道德价值观的支配、调节和控制。方言使用于私人领域，但这并不意味着使用方言就可以粗枝大叶、无所顾忌。如今，方言甚至被人们打上粗俗的标签，在流行文化里沦为了搞笑的工具，许多人似乎对方言有一种本能的排斥和瞧不起。其实，方言并不是上不了台面的话，那些粗俗、媚俗、庸俗的方言语汇与普通话中存在的语言污染一样，是道德感、历史感缺失，审美观、价值观扭曲的人制造出来的污染，并不是方言的本来面目，方言污染亟须清除。

此外，方言无价值论的产生也与现代文化的问题有关。一方面，在文化全球化的冲击下，本土文化的诉求受到了忽视；另一方面，现代文化的时尚化、浮浅化、快餐化使得越来越多的人视本土文化为落伍。本土文化被边缘化，作为本土文化承载体的方言自然也随之受到冷落。

当然，就自然环境来说，资源紧缺、耕地缩小、人口剧增、物种锐减、森林与草地退化、水体与大气污染、臭氧外逸、酸雨成灾、全球变暖等自然环境问题对人类的生存尚且造成威胁，寄生于人类的方言又何以不受影响。

所以，方言的问题也就是外部环境的问题。要解决方言的问题，实现方言的健康发展，也要从环境问题着手。

2. 健康的环境造就健康的方言

不健康的生态环境很难造就健康的语言，所以方言的可持续发展也需要从方言外部环境着手。对此，我们需要净化方言赖以生存和发展的自然、社会、文化以及人群环境。首先，要努力消除各地政治、经济、文化发展的不平衡，维护自然生态，给予方言一个健康的生存环境；其次，要剔除本土文化中的糟粕，发扬本土文化优良传统，增强人们对本土文化的自信心，从而给予方言一个合理的生存地位；同时，也要提升人们的道德素养，培养正确的审美观、价值观，以从根本上消除切断方言污染的来源，使得方言得以健康发展。

二　方言与其他语言的和谐发展

（一）通过生态位分离减少语言竞争

1. 减少与普通话的语言竞争

方言的生态位优化，更多的是针对普通话而言的。普通话的推广是顺应历史潮流和全民利益的主流趋势，是不可逆转的。方言在这一趋势中要做的，就是优化自己的生态位，通过与普通话的生态位分离来避免竞争，实现共存。方言如果逆趋势而行，语言生态位的大幅度重叠必将带来激烈的语言竞争，竞争后果不堪设想。

方言生态位的优化主要从三个维度分别展开。首先是要实现普通话与方言生态位在时空维度上的分离。也就是要坚持普通话主导公共领域而方言驻守私人领域的原则。更微观一点讲，在具体的交际语境中，也要坚持交际双语语码一致的原则，确保交际顺利进行，从而避免普通话与方言生态位因为在时空维度上的重叠而挑起语言竞争。其次，还要做到普通话与方言生态位在资源维度上的扩充。其中最重要的就是进行人群资源的扩充，也就是开发人的语言潜能，提高人的语言能力，培养多言多语人。另外，在方言生态位的功能维度上，一是要保证方言功能的完整性，避免方言除交际功能以外的各种次功能出现式微，使方言能够与其赖以生存的完整的生态环境在相互作用中协同发展。二是要凸显和强化方言的特殊价值，避免方言因交际功能的萎缩而出现生命力的衰退，最终使方言将私人领域的这个合适的生态位变为优势生态位，从而继续为人群交际服务，实现可持续发展。

2. 减少与其他语言（方言）的冲突

方言要处理的语言关系，不仅仅是与普通话的关系。在城镇化发展的过程中，一个地区的方言与其他地区的方言、少数民族语言甚至与外语的接触也越来越多。一个城镇里出现多语并存也很常见。对于这些语言，本土方言因为其生态位上的适应优势而占有相对强势的地位，但是这绝不意味着本土方言就可以排斥外来的语言。语言是平等的，对于这些本就不会对自身生存造成威胁的语言，应当给予足够的尊重，不能凭着对自身盲目的优越感以及强烈的保护欲而排斥贬低外来语言和文化，尤其是一些弱势的方言与民族语言。从生态位角度讲，本土方言应当为这些语言（方言）留有一定的发展空间、生存资源，使它们在合适的领域得以继续生存并实现功能。否则，与这些外来语言产生的语言冲突，即使不足以对自身造成威胁，也足以产生人际冲突、社会冲突，甚至文化冲突，影响方言自身所在生态环境的和谐状况。

（二）通过生态位互补实现协同发展

语言生态位分离的结果不是语言之间井水不犯河水，而应当是语言之间的互补，这种互补表现在三个方面。

1. 语言使用领域的互补

普通话主要是作为国家通用语言和官方工作语言，在教育、传媒、公共服务、公众交际以及文化等公共领域内使用，而方言主要是用于家庭内的日常交际以及地域文化的承载，在传媒、公共服务、公众交际领域为满足特定的需求也可以适当地使用。由此，普通话和方言在使用领域上构成互补的关系，各自在不同的领域内发挥其功能。

2. 语言使用功能上的互补

在交际功能上，方言的平等亲近以及自由随性，与普通话的正式庄重以及标准优雅形成了它们各自的特点与优势。而且方言和普通话又有各自独特的文化承载、社会映射以及语言研究等功能。当人们根据使用需要选择适当的语言时，这就形成了普通话和方言在使用功能上的互补。

3. 语言系统的补充和丰富

语言系统的丰富发展有两个途径：一是通过语言自身的再生、调整，提高语言的表达能力；二是通过语言接触吸收其他语言的语言成分来丰富自己。其中后者是目前方言系统丰富的最重要的途径。从中华人民共和国成立至今，随着国内体制、经济、贸易、文化艺术等方面的变革以及科学技术的迅速发展，表示新事物、新概念、新思想的普通话词语不断进入方言词汇系统，普通话的一些熟语也被方言整体借用，一些语法结构也被方言吸收，用来增强自身表达能力。

但方言对普通话成分的吸收明显比普通话吸收方言成分要多得多。作为国家的共同语，普通话以北京语音为标准音，以北方话为基础方言，以典范的现代白话文作品为语法规范，对北京方言成分的吸收最多而对其他方言成分的吸收相对较少。值得注意的是，根据艾琼、王道全（2009）对《新华新词语词典》（商务印书馆2003年版）中的方言新词语的统计，20世纪90年代以来的2200条新词中，方言词164条，占总词条数的7.5%。其中普通话从粤方言词语（包括香港粤方言词语）中吸收新词语155个，占方言词新词语的95%。虽然仅有粤语对普通话系统的丰富和发展做出较大贡献，但随着全国各地政治、经济、文化、人口的频繁交流，一定会有更多的其他方言成分进入普通话，增强普通话的表现力。

所以，方言与普通话都应以彼此语言系统作为养料来源，丰富自身词汇，增强自身表现力，从而发挥更加准确而有效的社会交际功能，获得旺盛的生命活力。

三 积极发挥人的能动作用

人群是创造、运用、发展语言的主体，在语言的生态环境中，人群又是语言内外生态环境相联系的中介。脱离使用语言的人群，语言将无法存在。所以，方言生态位的维护需要作为中介环境的人积极发挥主导作用。

(一) 形成合理的语言观

1. 对于语言本身

(1) 语言资源意识

过去,人们一直把语言看作问题,认为语言分歧会造成交流的障碍,不利于国家统一和社会发展,在这种语言观的指导下,一些"匡谬正俗"的工作也确实收到了很大的成效,如近代国语的确立和推行,汉字的整理和改革,又如当代的国家通用语言文字的确立,普通话的推广,规范汉字的推行等,都达到了促进语言的统一和发展的目的。但是只强调统一和规范是远远不够的,对人类来说,语言不仅是问题,更是资源,语言资源流失带来的损失是无法估量的。因此,人们应当树立语言资源意识,把语言看作一种资源去加以保护、管理、开发、利用。

(2) 反对狭隘的语言实用主义

人们对于方言,常常持有一种以使用价值为标准来衡量语言的狭隘的实用主义态度。但是,语言不只是一种实用的交际工具,我们既要看到其交际功能价值,也要看到其文化传承、社会映射、语言研究、自然保护等功能。对每一个语言使用者来说,多掌握一种语言不仅是多一种交际能力,也是多一种文化体验,多一种观察事物的视角,多一种思考问题的方式。

(3) 语言动态发展的观点

语言具有一定的稳定性,但语言从来不是静止的。随着人类社会进入网络信息时代,语言交流形式变得更复杂多样,这引发的语言生态环境上的变更是巨大的,对语言生态的冲击也是巨大的。语言不能故步自封,而要与时俱进,只有发展的语言,才是有生命力的语言。每一种语言的语音、词汇、语法都要通过创新和变化来反映时代的发展变迁,从而使自身适应这个新时代下的新生态环境。

2. 对于语言之间的关系

(1) 语言平等意识

生态观认为,自然万物都是具有相等价值的生命,语言也是一样。"世界上现有的语言,只要是为人们所运用的并在社会交际中发挥着交际功能的，一律都是平等的，决没有高低、贵贱、优劣、好坏之分"（冯广艺，2012）。普通话和方言是平等的，只是在使用领域上有主次之分。方言与方言之间在势力上可能会有强弱之分，这是由地理、政治、经济、人口等多方面因素造成的，但是它们之间绝不应该有所谓的优劣之分。因此要反对语言优劣论，反对排斥、歧视弱势语言。

(2) 语言多样化意识

就自然生态来说，多样化程度高的生态系统具有更高的稳定性与和谐性，语言生态系统也是这样。语言一体化虽然有利于国家统一，给交际带来巨大便利，但也会伴生许多弊端。多样化的语言共生并互补才能构成和谐稳定的语言生态系统，一种语言或方言的非生态会影响到整个语言系统的和谐，一种语言或方言的消亡也会导致更多的语言或方言消亡，这都是对整个语言系统多样性的严重挑战。因此人们必须像保护自然生态一样来保护多样化的语言生态系统，保护语言。

(3) 开放、包容的观点

生态观念是普遍关联的观念，整体有机的观念。语言生态环境是一个开放的环境，语言接触是不可避免的。由于政治、经济、文化、教育等的需要，普通话、方言、少数民族语、外语等语言之间必然会有交往，且密度会越来越大。在接触过程中，语言要彼此尊重，不断地吸纳对方语言的营养，丰富自己的体系、完善自己的表达。一种语言如果闭关自守，不吸收新鲜血液，不愿与别的语言互通有无，会使自身停滞不前，最终在语言的整体发展中掉队，甚至被淘汰。

人们只有形成合理的语言观，才能对方言有正确的认识。方言是一种资源，需要人们保护、管理、开发和利用，方言资源流失会带来无法估量的损失。方言对于人群以及人群所处的生态环境都有巨大的功用，狭隘的交际实用主义会给方言带来不公平的待遇。方言生态环境从没有停止过变化发展，且环境的开放性不可避免地为方言带来语言接触，所以方言绝不是静止、凝固的，方言如果不吸收新鲜血液、不适应环境演变，就必将被淘汰。语言之间、方言之间都没有优劣之分，只有多样化的语言和方言共生并互补，才能形成多样、稳定而和谐的语言生态系统。

(二) 开发多言多语能力

普通话与方言在相同的宏观时空中共存，必然会带来语言生态位资源的重新分配，其中人群资源的分配尤为关键。语言寄生于人群，如果人群资源出现紧缺，语言之间就会发生竞争，不可能和谐共存。扩充人群资源最有效的方式就是开发人的多言多语能力。"多言"就是一个人既能讲普通话，又能讲自己家乡的方言或其他地区方言；而"多语"是指一个人既能讲自己的母语，又能讲国家通用语，还要能讲外语。

社会的发展已经进入了全球经济一体化和多元文化并存的历史新时期。这样的时代特征凸显了多言多语能力的优势并为方言区实现双言双语的语言格局提供了可能。营造多样而和谐的语言生活，特别需要提倡"多言多语"。因此，人们应当有意识地培养自己以及后代的多言多语能力，这不仅能提高自身素质，增强能力优势，更能使语言生态位的资源维度得以扩充，从而减少语言竞争的可能。

(三) 有意识地对方言进行规划

人群对语言的影响是巨大的，尤其是在对各种因子进行综合比较以后进行的有计划、有目的的影响，这就是语言规划。目前，语言规划对方言的基本态度是肯定普通话与方言将长期共存。但是语言规划的对象主要是国家语言，即共同语普通话，对于方言应该怎样却很少提及。正是因为语言规划对方言的避而不谈或者说持有一种模糊的态度，一直以来，普通话与方言的关系就是中国语言规划和语言政策制定的瓶颈。目前在推普的过程中对于方言何去何从出现了许多争论：有人认为应当推广普通话并保护方言，有人主张推广普通话加速方言退出交际领域，也有人提倡推广普通话的同时任由方言自生自灭。但是，这样的争论本不应该出现。既然我们承认方言在私人领域的使用空间，那么对于方言的使用、规范、教育以及发展等就都需要有一个明确、合理的规划。这不仅有利于方言的发展，也有利于普通话的顺利推广。

每一种语言有其自身的发展演变规律，不以法规的意志为转移。但是有计划有步骤干预的语言计划和语言工程对语言的发展有不可忽视的引导作用。方言的现状不容乐观，及早进行规划很有必要。正如陈章太

(2006)所说:"在当今中国,人们的语言生活相当复杂,普通话与方言的关系是新形势下产生的社会语言问题;它关系到濒危语言或方言的保护,关系到公民语言权利的维护。涉及不同方言群体、不同民族地区群体、移民群体、农民工群体的语言使用权的维护等等。"所以,正确处理和解决普通话与方言的关系,是构建和谐语言生态的关键。当前,国家和地方政府在以法律形式推广普通话的同时,也应该有意识地开始规划方言的未来,探索确立方言的法律地位,完善必要的制度以促进方言的可持续发展。

(四)为方言创造一个和谐的生态环境

只有和谐的环境才有可能造就和谐的方言。要实现方言的可持续发展,人群作为语言与自然、社会、文化之间的能动中介,就需要建设好社会主义生态文明。这也就是所谓的"生态文明建设和语言生态构建是一种互动关系","生态文明建设可以为良好的语言生态的构建创造必要的环境,良好的语言生态也可以为生态文明建设提供经验和支撑,二者的目的都是为了构建社会主义和谐社会"(冯广艺、陈碧,2009)。

只有在一个民主法治、公平正义、诚信友爱、安全有序、人与自然和谐相处的生态环境中,我们的方言才能变得越来越纯洁、优美、规范、和谐,并重新焕发出旺盛的生命活力。在此基础上,语言生态文明也将作为生态文明的一个重要支撑点,助我们迎来一个多姿多彩的美好未来。

第五节 方言节目与语言生态建设

一 新型城镇化进程中方言节目对语言生态建设的意义

新型城镇化作为一种更高形态的人类文明存在和发展的方式,是人类进步过程中的必经之路。新型城镇化战略一个重要的原则就是坚持生态发展,而语言体现着人类的智慧、文明与高尚,语言的生态既是社会生态的外在表现,也是社会生态发展的基石,是新型城镇化发展的重要内容。

"生态"有和而不同之义,语言生态不是一种语言一统天下,而是多种语言友好共处。然而，新型城镇化的推进不可避免地给语言生态建设带来压力。人口在空间上的转移是城镇化的最基本特征，一方面，人口的流动性加大亟须普及共同语以满足沟通需要；另一方面，随着人际交往的扩散，方言的生存空间日益萎缩。因此普通话与方言之间形成强弱态势。对于聚集着大量来自五湖四海的外来人口，同时又作为普通话推广工作示范地区以及重要方言区的浙江，如何处理好普通话与方言之间的关系是语言生态建设中的重要课题。

在此背景下，各地陆续开通了方言节目，从语言生态的角度看，作为方言的一种传承形态，方言节目的兴起反映了方言对发展空间的诉求，它是防止方言弱化和保护方言资源的有效手段，也是建设语言生态，推进新型城镇化的积极举措。

《阿六头说新闻》（以下简称《阿六头》）是杭州电视台西湖明珠频道于2004年元旦推出、用杭州方言播报的新闻节目。作为国家广电总局评选出来的"全国百佳电视栏目"，《阿六头》是推出时间最早，持续时间最久的方言节目之一。目前该节目的AC尼尔森的平均收视率已经达到12.6%，创下了近年来杭州电视台新闻栏目的最高收视率，该节目不仅受到本地市民、外来人员的欢迎，也赢得了业界的认同，甚至"观众中文化学历结构高出其他新闻节目许多"。本节将从生态话语分析理论视角探讨其成功的原因及存在的价值。

二 生态话语分析视角下方言节目的内在生态因素

以往对方言节目的研究多是在新闻学和传播学的领域。从语言学视角看，方言节目是一种语言符号存在的现象，其本质是方言使用的一种形式。语言是思想本身，对同一事件采用不同的语言表达，其表达方式和表达效果是不一样的。

当代语言学发展的一个趋向是把研究语言系统本身与研究语言的使用紧密结合起来。前者研究的是句子和句子以下成分的意义，即语法分析；后者关注的是特定语境下超出句子范围的意义，即生态话语分析。生态话语分析是研究"说话人或作者就他所谈到的实体或陈述所持态度、观点或感觉进行表述",关注说话人和作者的态度。我们从生态话语分析角度对《阿六头》进行解剖并探讨这档方言新闻节目之所以成功的内在因素。为了更好地分析方言新闻不同于普通话新闻的特点,我们特地选择同样也是面向社区的一档普通话民生新闻节目——杭州电视台综合频道的《新闻60分》(以下简称《60分》)作为对比,从中选取两档节目从2012年5月21日至5月26日共6天的新闻报道,并将其中话题一致的5个新闻撰写成文本作进一步分析。出于对新闻中语码一致的考虑,故而只选择主持人的话语,排除了记者采访的话语。

本节的分析框架参考何伟、张瑞杰《生态话语分析模式构建》的理论。

1. 选材分析

表4-1　　　　　　　　　选材情况对比　　　　　　　　单位:%

节目＼题材所占比例	居住环境	家庭保健	商业职场	文化休闲	安全事故	教育培训	好人好事	消费维权	违法乱纪	邻里纠纷
《新闻60分》	15.96	6.38	9.57	14.89	4.26	14.89	6.38	13.83	13.83	0
《阿六头说新闻》	4.17	0	0	12.5	2.08	2.08	8.33	14.58	50	6.25

从表4-1可以看出,虽然都是关注百姓生活问题的民生新闻,《阿六头》的选材集中在违法乱纪、消费维权、好人好事和文化休闲等具有故事性、趣味性和有讨论价值的话题。这些题材最大程度上贴近当地民众的生活,表现当地的生活特色,反映民众的真实需求,是民众工作之余、茶余饭后与家人朋友聊天最喜好的话题,新闻学上称之为"本土化软新闻"。相比于普通话,用轻松幽默且具亲和力的方言来讲述这些话题更显生动入情、有趣传神,最能充分自由地表达民众真实的想法。而一些重大题材的信息传播,如政府会议、决议、公告以及其他具有强制力和公信力的信息,需要有新闻的严肃性和明确的舆论导向,在这些领域普通话有主导地位。这样精准的定位不仅避开了与普通话新闻题材的冲突,也充分展现了方言自身的优势。这是该节目之所以成功的内在生态因素之一。

2. 生态功能分析

Halliday(1994/2000)认为,语言具有若干抽象的、更具概括性的功能，即语言元功能（metafunction），包括经验功能、人际功能和语篇功能。这些功能通过语言系统中的若干个语义系统体现，其中经验功能主要由及物性系统体现，人际功能主要由语气、情态和评价系统体现，语篇功能主要由主位和信息系统体现。其中语篇功能就是把语言组织成相互关联的一段话，通过主述位系统的反复衔接来实现，需要对具体语篇中的语句进行具体分析，较难对比统计，故以下只讨论经验功能与人际功能。

（1）经验功能

经验功能是对存在于主客观世界的过程和事物的反映，主要由及物性过程小句表达，涉及6种过程、与过程有关的参与者和环境成分。

表4-2　　　　　　　各种及物性小句使用情况对比

节目＼各种及物性小句比例	物质过程小句	心理过程小句	关系过程小句	行为过程小句	言语过程小句	存在过程小句	小句总数
《新闻60分》	81 (47.65%)	5 (2.94%)	60 (35.29%)	0 (0%)	13 (7.65%)	11 (6.47%)	170 (100%)
《阿六头说新闻》	89 (37.08%)	25 (10.41%)	98 (40.83%)	0 (0%)	15 (6.25%)	13 (5.42%)	240 (100%)

从表4-2的统计数据可以看出，《60分》和《阿六头》新闻绝大部分都是物质过程和关系过程小句。大量的物质过程小句阐述发生的事件，关系过程小句阐述事物间处于何种关系，两者反映出新闻中的事件和人物，这是收看这类新闻节目的观众最为关心的。值得注意的是，《阿六头》新闻里的小句所占的比例要比《60分》高得多。心理过程是表示"感觉"、"反应"和"认知"等心理活动的过程。事件发生的背后往往有当事人的心理原因，事发后造成的影响也会引起人们的心理变化。这些心理过程是观众关心的甚至在心理上参与的。这是新闻节目对于观众最大程度的贴近，易于引起受众的认同感和归属感。

（2）人际功能

语言的人际功能是讲话者作为干预者的"意义潜势"，通过这一功能，讲话者自己参与到某一情景语境中，来表达他的态度和推断，并试图影响别人的态度和行为。此功能还表示与情景有关的角色关系,包括交际角色关系。

表 4-3　　　　　　　　人际功能体现方式的对比

节目\各种体现方式数量	语气词	情态附加语	祈使句	疑问句	小句总数
《新闻60分》	3	79	3	0	170
《阿六头说新闻》	75	144	9	4	240

通过统计发现,《阿六头》人际功能中的语气词、情态附加语以及祈使句、疑问句的使用都明显多于《60分》。如语气词:

(1a) 一早到了太子湾公园,看到大片大片的草坪变成泥坪,心里有些失落。(《60分》)

(1b) 所以在太子湾,拍婚纱照的朋友啊,个毛如果跑搭进去啊,有点儿头大嘞!(《阿六头》)

两个句子表达的意思差不多,但《阿六头》连续几个语气词的使用将那种失落表现得更加活灵活现。再如情态附加语的使用:

(2a) 前天下午,余杭仁和街道一村道旁,发现了一具无名女尸。(《60分》)

(2b) 说在仁和街道一条村道旁边发现困在那一个姑娘儿,而且已经老早断气的嘞!(《阿六头》)

《60分》用的是"无名女尸",《阿六头》用的是一个"已经老早断气"的姑娘儿,后者情态附加语的使用表现出了主持人对于花季少女被抛尸街头的深深惋惜。

正因为语气词、情态附加语以及祈使句、疑问句的使用不同,《60分》新闻主持人在播报新闻时保持平缓庄重的态度,语调很少发生变化。而《阿六头》新闻主持人采用的却是一种聊天式的态度,时而叹息、时而指责、时而疑惑、时而赞叹,语调起伏不定。方言主持人在播报新闻的同时,更注重表达自己对事件及参与者的想法,竭力引起观众的共鸣。再加上方言本身亲切自然,富有生活气息,从而拉近了节目与受众之间的距离。

再来看新闻事件参与者角色的指称问题。

表4-4　　　　　　　　参与者角色指称方式对比

指称方式所占比例 节目	类指	姓氏/名	代词	总计
《新闻60分》	69 (68.32%)	10 (9.9%)	22 (21.78%)	101 (100%)
《阿六头说新闻》	86 (50.89%)	27 (15.98%)	56 (33.14%)	169 (100%)

类指包括用年龄、职业、身份等来指称社会参与者。这种选择会把人物背景化，避免让观众来识别身份。而代词的使用含有"不包括"之义，造成了"我们"和"他们"的差别，这样指称的使用与所谈论的对象拉开了距离。从表4-4可以看出，两档节目的角色指称中，类指和代词占了绝大部分，其中类指使用最多，体现了新闻节目本身必须具有的舆论导向作用。但《阿六头》的新闻中姓氏/名指称所占比例要比《60分》高，例如：

(3a) 临平消防中队赶到后立刻对被压的女摊主进行营救。(《60分》)

(3b) 消防打算把车子顶起来，再爬进去一个人，把小谢挪出来。(《阿六头》)

很明显，(3b)用"小谢"这种确切指称的方式表现出对参与者身份的关注，拉近了观众与所谈对象的距离，让观众参与其中，达到了移情的目的。

新闻要体现与观众的互动，第二人称的使用无疑是最有效的。对于观众的称呼，《60分》用了2次，其中"您"1次，"市民游客"1次；《阿六头》用了8次，其中"你"7次，"朋友"1次，显然《阿六头》占优势。同样是第二人称，普通话的"您"虽然更显礼貌却少了些亲和力，而杭州方言"你"既用于平辈也用于尊称，亲切又不失礼貌。所以，两档节目直观地表现出这样的特点：《60分》新闻主持人与观众之间角色分配十分明显，主持人讲话有礼有节，常常以高于观众的姿态出现；而《阿六头》新闻主持人在"拉家常"式的新闻播报中给观众营造了一种平等互动的氛围，主持人以平等有时甚至低于观众的姿态出现。

从以上元功能的分析可以看出，贴近性与平等性是《阿六头》的亮点。主持人的新闻播报就像在跟观众拉家常，时常连说带比画地说一段、演一段，可谓手舞足蹈、嬉笑怒骂。他们在播报时融入了自己的体会、经验和看法，不完全按编辑提供的文稿来播新闻，从而避免了普通话新闻经常出现的生硬的播音腔。方言节目的贴近性与平等性，最大限度地缩小了传播者和受众的心灵距离，消除了接受过程中的一些心理障碍，使观众从自己熟悉的社会现实中，观察众生群像，感受悲欢离合，受到启发和引导。这是《阿六头》成功的又一内在的因素。

3. 生态评价资源分析

评价系统表达说话者对事物的观点，同时也表现说话者及其所属群体的价值观。在生态语言学视角下，评价系统同样能够传达说话者的生态观，而对生态观进行正面或负面的划分，不能只依赖心理学、伦理学和美学等学科思想，还需要生态学思想支撑（何伟、张瑞杰，2017）。

评价系统是对三大元功能中人际功能研究的深化，关注"写作者如何有技巧地运用语言手段表达对事态的立场、观点和态度，以达到自己的交际意图，实现语篇的交际功能"。态度资源是评价资源的核心，态度又可次化为情感、判断和鉴赏资源。情感是指"时间或现象对人们在感情上的影响，并从情感的角度评价"；判断是指"对人的品行的评价"；鉴赏是指"对事物价值的评价"。这些都渗透着不同的生态观。

表4-5　　　　　　　评价资源的选择与分布情况对比

	小句总数	含态度资源的小句总数	各类态度资源使用情况						总计
			情感资源		判断资源		鉴赏资源		
			正	负	正	负	正	负	
《新闻60分》	170 (100%)	87 (51.18%)	0 (0%)	2 (1.77%)	20 (17.70%)	51 (45.13%)	12 (10.62%)	28 (24.78%)	113 (100%)
《阿六头说新闻》	240 (100%)	130 (54.17%)	1 (0.58%)	5 (2.92%)	33 (19.30%)	61 (35.67%)	32 (18.71%)	39 (22.81%)	171 (100%)

由表4-5可知，两档新闻栏目的评价资源有一半以上是判断资源，

再次是鉴赏资源，最后是情感资源，这与其他学者对普通话新闻的研究结论是一致的。因为情感资源所占比例过大会影响新闻报道的真实性和客观性，所以使用的比例最小。而新闻节目关注的是人类的行为和影响，以及社会的发展和各种社会现象、社会制度是否合理，所以更多地使用判断资源和鉴赏资源。例如：

（4a）在证据面前，赵某迫于压力，如实交代了杀害自己19岁女儿并抛尸的犯罪事实。（《60分》）

（4b）在铁证面前，赵某最终承认是他杀了亲生女儿小敏啦！（《阿六头》）

以上两例都使用态度资源对一起父亲杀害亲生女儿的新闻事件以及事件的参与者作了明确的评价。例（4a）选自《60分》，其中判断资源"证据"和"犯罪事实"分别评价了警方整个刑侦过程和赵某的谋杀行为，"迫于压力""如实交代"负面地评价了赵某企图隐瞒真相、逍遥法外的罪恶行径，而鉴赏资源"自己19岁女儿"则是对被杀少女的正面价值评估，暗含对赵某狠心行为的谴责。例（4b）选自《阿六头》，其中判断资源"铁证"正面评价了警方刑侦结果，"最终承认"对赵某的行为进行了负面判断，而鉴赏资源"亲生女儿"也对被杀少女做了价值评估，批判了赵某灭绝人性的罪行。

相比《60分》，《阿六头》虽然使用了较多的情感资源，但多是用于每则新闻前后的导语和点评，在描述新闻事件的过程中则很少使用。方言播报新闻节目具有一定的特殊性，既然是播报新闻，它也应该具有新闻的规范性和一定的严肃性、公信力并为观众提供实用可靠的信息。所以，方言新闻节目在满足观众喜好和口味的同时也要注意理性意义上的引导，不能单纯地追求趣味性和收视率，否则，会导致方言节目滑向低俗和庸俗的边缘，无法实现其舆论导向作用。

此外，从表4-5中还可以看出两档节目的负面态度都要多于正面态度。这体现了民生新闻关注社会行为是否符合伦理道德和法律法规规范，并站在百姓的立场，直接大胆地揭露社会发展中的问题。这是有品位、有价值的新闻节目所必须具备的社会导向性。

值得注意的是，《60分》正面态度资源占28.32%，负面占71.68%，而《阿六头》中正面态度资源占38.60%，负面占61.40%。可见，《阿六头》更多的是以平民化的视角站在百姓的立场，虽然是一些非生态的新闻事件，但仍使用比较多的正面态度资源，关注事物的两面性，发现非生态的因素中蕴含着的一些积极因素，例如：

（5）她的出发点是好的，但是最后头呢，路稍微偏了偏。（《阿六头》）

（6）原来他们都是一家路面监控安装公司的员工，本身就属于业内人士，可惜一门技术没有用到正道上。（《阿六头》）

L. R. 帕默尔曾说："语言忠实地反映了一个民族的全部历史文化，忠实地反映了它的各种游戏和娱乐，各种信仰和偏见。语言不仅是思想和感情的反映，它实在还对思想的感情产生种种影响。"方言正是如此。《阿六头》主持人安峰就认为，杭州话"是杭州人太平生活的锦上之花"，从杭州话中"我们最能听出的，是它过太平日子的闲适气质，那话中的弦外之音是'心宽体胖，通气适意顶好，火烛嘭嘭，性命交关顶潮'"。这正反映出杭州悠闲、安逸、温和的城镇性格和气质。

三 方言节目对语言生态建设的启示

成功的方言节目是方言保护的一种有效方式和典型范例，它为防止方言弱化、保护方言资源提供了保障，也从方言的角度为促进语言生态建设提供了许多有益的启示。

（一）方言与普通话关系的生态

"本土化软新闻"的题材定位不仅减少了方言新闻节目与其他同类普通话节目因内容同质化而引起的冲突，从而达到内容互补，也发掘了方言表达具有优势的领域。虽然媒体属于公共领域，但本土化的地域性定位决定了方言在媒体传播中所占比重不会影响共同语的主流地位，因而是可以允许的。这是以《阿六头》为代表的方言节目成功的前提。

普通话和方言并不是水火不容的，它们存在互补关系，有着各自明确的使用领域。有人做过一个形象的比喻：电视节目就像是一盘锅包肉，普通话节目是主菜肉，方言节目是配菜胡萝卜丝和姜丝，它们之间谁也不能互相取代，在同一个菜盘中，它们有各自的味道和分量，只有相互搭配才能美味可口。所以建设语言生态，进一步推广普通话仍然是主导，是重中之重，"有了标准，不但不怕方言与他争长，并且还要依靠各地方言供给他新材料、新血脉"，而对于方言，也要保证其在私人空间的传承和发展。只有这样，才能使两者在各自领域相得益彰，从而促进语言生态。

（二）方言与人关系的生态

建设语言生态，离不开语言与人的生态。方言节目的兴起反映了方言对发展空间的诉求，也说明了方言本身并没有失去活力，方言的衰落是人为的，是方言与人的关系缺乏生态导致的。正是由于方言的地位和价值受到人们的质疑，方言的生存空间才受到了人为的削减。要处理好方言与人的关系，需要人们从态度上认识方言的价值，珍爱方言；从行动上使用方言，保护方言。

1. 认识方言的价值，珍爱方言

珍爱方言，要从心底认可方言的价值。从上面的分析来看，方言至少有四方面的价值。

一是情感价值。《阿六头》从开播以来一直拥有一批忠实的观众群体，且不局限于老年人，数据显示，观看该节目的人群中25—55岁占55%，这得益于方言的使用。"少小离家老大回，乡音无改鬓毛衰"，方言是在特定地域环境下形成的，它承载和记录着这方土地上的历史和原住民的情感，与当地人的思想感情是契合的。同一件事，用方言和用普通话表述的方式不同，产生的效果是不同的。从分析中也可看出，用方言讲新闻更显贴近性和亲和力，这正是方言的情感价值所致。

二是使用价值。《阿六头》作为一档新闻节目，在播出的过程中竟常常能获得观众发自内心的欢笑，这也得益于方言的使用。胡适在《〈海上花列传〉序》中写道："方言最能表现人的神理，通俗的白话固然胜于古文，但是终不如方言能表现说话人的神情口气。"比如一则提醒人们夜间注意某处无盖窨井的新闻，普通话新闻主持人是这样播的："这个没盖的窨井在白天大家注意一点还可避让，但晚上就更危险了。"

而《阿六头》的主持人这样说："白日里光线亮还好一点，要是到了夜里墨擦铁黑介格会看得出？人又不是猫猡，晚上头看得出的呀？（白天光线亮还好一点，要是到了晚上黑漆漆的怎么看得出？人又不是猫，晚上看得出的啊？）"相比之下，两种表达都非常通俗且口语化，但方言的表达更为形象具体、生动传神，从而营造出一种轻松自然、俏皮幽默的语言氛围，表现出了十分浓厚的生活化色彩。而且，方言蕴含着许多精妙的生活用语，尤其是一些方言熟语，是普通话语汇难以表达的。比如杭州方言中有一个词"刺血儿"，形容那种好像满身是刺，一碰就发脾气，蛮横得不讲道理的人，而普通话中很难找到一个相应的词，这也是方言独特的使用价值。

三是文化价值。《阿六头》能得到杭州观众的追捧，是因为它带来的不仅是新闻本身，也是对本土文化的认同。许多在杭州的外地人也看《阿六头》，从中他们不仅可以学到一些杭州方言，还能从语言中体会到城镇文化性格和气质，以及那种"阿六头"式的杭州市井文化，从而更好地融入这座城市。方言是地域文化的重要载体，其语音、词汇与语法体现着地方民俗风情和价值观念。它不仅记载着地域的历史文化，也展现了地域的当代文化。在现代社会中，每座城镇的现代物质已经日趋同化，作为地域文化载体的方言对突出一座城镇与众不同的文化有着十分重要的意义。

四是经济价值。激烈的市场竞争迫使各级电视机构不断进行深化改革，方言电视成了地方台新闻改革"边缘突破"的竞争法宝，一度成为电视台收视增长点。从某种意义上说，这也是方言经济价值的一种体现。

方言的价值难以尽言，方言若是消失湮灭，必是语言资源的巨大损失。所以，我们必须充分认识方言的价值，珍惜方言、爱护方言。

2. 在使用中保护方言

对方言状况进行检测和研究，做好方言调查，建设方言数据库等都是保护方言的有效措施。但是，只有使用中的语言才是有生命力的语言。如果方言保护最终只是让我们的方言留在白纸黑字上，存在语音数据中，躺在博物馆里，那么我们的方言就真的要消亡了。只有为方言提供良好的学习环境、合理地使用方言才是积极的保护。因此,适量开办一些优秀的方言节目也是必要的。

(三) 方言自身的生态

1. 方言本身需要规范

许多人都认为方言是"市井俚语",是"上不了台面"的话,但是《阿六头》的成功正好驳斥了这种错误观点。《阿六头》具有新闻所必需的规范性和引导性。正是这个原因,在广电总局对规范媒体语言三令五申的情况下,《阿六头》仍然能被评为"全国百佳电视节目"。也正是这个原因使之得到了业界肯定,成为少数成功开办至今的方言节目。所以方言节目俗的是风土人情的外象而不是内核,它所要表达的精神仍是与时俱进的,其目的仍是要通过身边的生活倡导符合时代精神的先进文化。

认为方言是"市井俚语"的观点是不可取的,但是方言中也确实存在不少恶俗语汇。的确,方言来自民间,其语汇中必然会带有一些审美低俗、格调不高的缺点。如果对方言中庸俗的内容进行大范围的传播,不利于整个国民素质的提高,所以,这些庸俗的成分确实是"上不了台面"的。无论是普通话还是方言,语言污染都是构建语言生态的障碍,需要我们共同努力去清除。只有吸收精华,去除糟粕,推广文明用语从而规范方言,才能达到方言自身的生态。

此外,在普通话为主导的社会中,方言的发展必须以推广普通话为前提。对于为了追求经济效益而一哄而起泛滥地使用方言,这种行为需要政府的规范,也需要法律法规的引导。

2. 方言本身需要创新和发展

只有发展的语言,才是有生命力的语言。方言节目将方言与现代传媒结合在了一起,这是方言创新和发展的一种探索形式。当然,方言本身也要与时俱进,突破地域限制,在保留地域风情和文化内核的基础上,用现代文明包装、整合,形成独具特色的"新方言"。首先,方言的语音、词汇、语法都要通过创新和变化来反映社会的发展变迁,尤其是方言词汇,应当及时反映社会的新现象、新事物。其次,每一种方言都不能自我独尊,它的不断创新与发展还需要从普通话和其他方言中吸收养料、汲取灵感。再者，方言还应发挥建构作用。方言虽然极具生动趣味性，但绝不能沦为搞笑、滑稽的专用语言。方言也可以像普通话一样播报社会新闻，关注和解决社会问题，帮助构建生态社会。

作为方言的一种传承形态，方言节目是方言保护、发展的有效方式和典型范例，其成功的原因研究对在语言生态的背景下进行方言的保护与发展有十分重要的宣传和实践意义。不可否认，每一次保护、发展方言的尝试对于语言生态、对于新型城镇化建设的作用是不可低估的。但是一档方言节目的成功来之不易，作为电视节目的一种新形式，它不可能在一夜之间成熟，对此要有足够的宽容和耐心。我们有理由相信，在一次次艰难的探索中，我们未来的语言生活一定会越来越丰富，越来越生态。

第六节 多语言环境下的语言资源保护

在过去很长一段时期内，社会主流观点认为，种类繁多的语言造成了人与人之间的交流障碍，人们追求语言统一以解决语言不通带来的困扰；但是随着时代和社会的进步，人们逐渐认识到语言的多重角色和属性，多样化的语言更有助于人类的发展，语言成为一种宝贵的社会资源。从"把多语言看作问题"到"把多语言看作资源"，反映了人们对语言认识的转变。

资源与环境已成为当今世界的热点，在语言研究领域，语言资源的保护、开发和利用，以及语言生态的建设也引起了广泛关注。语言资源指"语言本体及其社会、文化等价值"（陈章太，2008）。语言生态指"语言、语言使用以及与之相互依存和作用的环境"（范俊军，2005），它是以适应社会发展、平衡社会生活、构筑生态关系为标准（张先亮、杨依希，2017）。语言资源同语言生态的关系密切，"语言资源是语言生态的构成基础""语言生态决定语言资源的存在方式"（冯广艺，2013）。当然，我们相信两者的联系不止于此。就语言资源的保护来看，语言生态起着至关重要的作用。

学界关于"语言资源"和"语言生态"的研究有不少关注点是重合的,如对语言多样化的重视、对语言保护的追求等。总之"语言资源""多语言""语言生态"是一组无法割裂的话题,无论从理论还是研究的实际情况来看,将三者结合起来探讨具有重要意义。本节主要从语言生态的角度考察多语言环境中语言资源的保护问题,多语言环境本身就是一种语言生态,语言资源是语言生态的构成要素,营造何种语言生态对语言资源的保护十分关键。

一 多语言环境中语言资源保护所面临的困境

20世纪初以来,人类开始从学术角度关注"资源",此后伴随社会语言学的产生,出现了"语言资源"思想(土世凯,2014),国内语言学界也从20世纪80年代开始关注语言资源的保护问题,进入21世纪更是集国家力量开展了一系列的语言资源保护活动,并取得了一定成效。然而,语言资源的保护仍面临不小困难,尤其在多语言环境中,语言资源的保护任重而道远。

(一)语言资源保护的有效性受到质疑

国际社会中,语言资源的保护主要由联合国教科文组织来承担,一些国际性会议以及跨国家间的专家讨论也为此作出了贡献,具体的保护措施则由各国按照自身实际情况去制定与实施。语言资源保护的成效到底有多大始终是萦绕在语言工作者心中的疑问。

首先,保护语言资源的首要之义就是防止或减缓语言的消亡,相比于强势语言,多语环境中的弱势语言更需这方面的投入。然而,纵观近年的语种数量调查,即使已在实施保护,语言尤其是濒危语言仍在持续减弱或消亡,这种趋势在全球范围内都具有普遍性。我们发现,弱势语言还是较难得到有效保护,濒危语言的衰亡速度往往难以控制。

其次,一种事物要成为"资源"就必须具有"价值",无价值的东西不能称之为资源,作用的大小决定了资源价值的高低。同理,一种语言必须具有价值才能成为语言资源。对于语言来说,其作用主要包含两个方面，一是交际功能的作用，二是文化承载的作用。一些丧失了交际功能（或是说交际功能在日渐削弱）的语言往往成为语言资源保护的重点对象，那么在保护过程中是提高其交际功能还是发掘其文化承载力抑或是两者并举，都是摆在语言资源保护工作者面前的难题。而保护到何种程度，是检验其有效性的重要指标。就目前情况来看，要恢复濒危语言的交际功能可能性极低，在保护和发掘其文化价值上也存在许多不明晰的地带，如我们是否切实有效地收录并保护了其文化内涵，这种收录是否真实、全面，都影响着语言资源保护的效果。

最后，语言资源保护的有效性同其后续的开发利用直接关联，如果保护沦为单纯的机械式的储存，而不能使资源得到开发利用，那么这种保护并非理想的保护。我国2004年成立了"国家语言资源监测与研究中心"，2008年启动了"中国语言资源有声数据库"建设，2015年启动了"中国语言资源保护工程"，2016年又启动了"中国方言文化典藏"项目。这一系列举措，都是对我国语言资源的研究和保护，是非常必要的基础性工作，但我们更期待看到收集储存后的下一步工作，我们应该让人类从中获益，并且这种获益不能仅仅停留在使人们赏听一段录音、感受一下曾经有人这么说话，否则大众就会问"做这些有什么作用"。如果人们无法切身感受到语言资源保护的价值所在，那么对其保护有效性的质疑就会一直存在。

（二）语言资源的多样性面临挑战

一般认为，维持语言多样性是保护语言资源的重要方面。从目前语言资源研究的实际情况来看，某种程度上提倡保护语言资源也就是要保护语言资源的多样性，即尽可能多地保持多种不同类型的语言存在，然而面临的挑战有：

从一个国家内部原本的语言情况来看，无论是美国或澳大利亚对保护当地土著民族语言的呼吁，还是我国对于同时保护和发展汉语及其方言以及少数民族语言的要求，都体现出语言资源保护在维护语言多样性上的目标。为了使语言文字资源朝多样化方向发展，我国每年都会从多个方面着手完成各项语言文字工作，国家立法、出台地方性法律法规、普通话培训、民汉双语教学、少数民族语文网站建设等，但仍无法避免一些方言流失、一些少数民族语言衰弱的结果。据《中国语言生活状况报告》（2016）："像赫哲语、满语、苏龙语、仙岛语、标普语等少数民族语言，使用人口已不足百人，处于濒危状态。"曹志耘（2001）曾明确指出"在汉语中存在濒危方言"，"方言消亡是大势所趋"。在这种趋势下，语言资源多样性的保护处境复杂，需要我们有一个较为明确的审度和把握。

从国际范围看多种语言的使用和发展，所谓"多样"，基本上仍是大语种们的狂欢，小语种资源的丰富之路还很长。以我国为例，较常见的外语除了英语，也就俄语、日语、法语、德语等少数几种，学生在校的外语学习可选择性小，外语教育语种较贫乏。"据有关资料，我国的教育系统里，各级各类学校的学生加上社会成员，约3.5亿人在学习英语，这个数字几乎是美国、英国和加拿大人口的总和。"相较于英语热，其他语种的学习规模则小了很多。"一带一路"建设沿线有六十多个国家，涵盖了五十多种国家通用语，可我国的外语储备无法满足建设的需要。增强语言资源储备，呼吁了那么多年，情况仍不乐观，可见语言资源多样性的建设同样面临挑战。

（三）语言资源间的矛盾时有激化

多语言环境中的语言资源保护，必然要面对和处理好多种语言或方言之间错综复杂的关系，一旦处理不好就会产生矛盾，语言资源的保护也会受到影响。就我国来说，要处理好普通话和方言、方言和方言、普通话和少数民族语言、普通话和外语之间的关系。

在普通话和方言的关系中，普通话对方言有强势的牵制作用，与此同时，也不时会发生方言对普通话的反抗。据《中国语言生活状况报告》（2011）记录：2010年，我国就先后发生了两起较大范围的关于使用普通话和方言的争论，一起为2月份《新民晚报》一篇文章引发的对"说上海话是没有文化的表现"的争论，一起为广州亚运会期间的"撑粤语"事件。

在方言和方言的关系中，时常表现出经济发达地区人们对当地方言的自豪感和对他方言的轻视与排斥，以及经济欠发达地区人们对当地方言的自卑感，这种不对等并非个案。

在普通话和少数民族语言的关系中，生态共处是主流，但是两者有类似于普通话和方言之间的矛盾，并且这种矛盾更为敏感，牵涉到民族相处、国家团结与安定，如在民族地区推行民汉双语教学就曾引起过讨论，一些人认为，民汉双语教学的目的是在民族学校推广普通话，虽然科研工作者和国家有关部门一再重申"并不能说民汉双语教学的目的，就是在民族学校推广国家通用语言"，但是这种担忧至今也未能完全打消。

在普通话与外语的关系上，亦存在多种矛盾。陆俭明（2015）指出："目前在世界范围内都普遍存在两种现象：第一种现象，整体的母语语文素养与水平滑坡，而外语也没怎么学好，水平普遍不高……第二种现象，高校外语学院或外语专科学校普遍存在不重视母语水平提高的问题，以为学好外语就行了。"

我们看到语言资源间的矛盾普遍存在，甚至时有激化，这些在多语言环境中存在的多样的语言矛盾，都是当前语言资源保护所面临和需要应对的问题。

二　原因分析

多语言环境里的语言资源保护面临着许多困难，造成这些困难的原因也是复杂多变的，主要有以下三方面：

（一）语言交际对经济性的追求

在普通语言学理论中，有一个概念叫"语言的经济原则"，也可称之为"语言的经济机制"。这一术语最早由语言学家马丁内提出，"经济"一词取"经济便利""省力"之义。在他之前，语言学家就是用"省力原则"来解释语音同化、词尾的浊音轻化、词尾的脱落等现象。其实，在构词、句法、修辞等层面也可以观察到经济机制的作用，如缩略词、句子成分的省略、修辞中借代手法的运用等。以上的"经济原则"虽针对的是语言本体内部层面，但同样也适用语言的外部功用层面。

语言有多种功用，交际功能，思维功能、文化功能、情感功能等，但"交际"功能对于语言来说永远是第一位的,这也是语言之所以为"语言"的根本。既然是交际,就会有经济便捷性的要求。如在日常交流沟通中,人与人之间会尽量减少不同语言间的转码,因为不同语言之间每转一次码就会出现不同层次的语言损耗,所以为了避免不必要的损耗,人们会偏向使用双方共同掌握的一种语言进行交流。语言的这种经济性特点是由语言自身的性质决定的,不会因人的主观意志而轻易改变。

语言交际的经济性自然会对语言保护以及语言资源多样性的追求形成挑战。因为语言资源具有特殊性,语言资源的生命力与其使用率成正比,也就是说,一种语言使用频率越高,其生命力就越旺盛,反之使用得越少,该语言就越容易消亡。多种语言环境中,相较于那些生命力旺盛、交际功能强大的强势语言或方言,那些几近丧失交际功能的弱势语言或方言败下阵来,较难得到多数人的选择。而使用得越少,生命力、交际功能越萎缩,从而形成一个消极的循环。客观规律上的要求,不是一些语言资源保护政策甚至是强制性措施所能抵抗的,因而面对许多濒危语言,我们的语言资源保护成效并不显著就可想而知了。

(二) 多语言接触加大了语言矛盾和语言竞争

理论上,语言接触需要发生在两类不同的语言客体之间,因此单语言环境中不存在语言接触。不过在现实世界里,"老死不相往来"式的纯粹的单语言环境并不多见,人们大多生活在多样化的多语言环境中,只是语言接触的程度不同罢了。在多语言环境中,语言与语言之间不仅产生了接触,而且语言间的接触在这种环境中会得到持续的强化。

语言与语言之间的接触,特别是长时间的语言接触,必然带来影响。从范围和程度上看,可以分为对个体语言的影响和对群体语言的影响;从形式上看,有语言借用、语言融合、语言同化或语言转用。如我国现代汉语词语中大量借词("巧克力""呼啦圈""啤酒""马力"等)的出现,就属于多语言接触影响下的语言借用。再如,汉语曾在历史上与多个民族的语言发生过接触,结果有的少数民族语言,如鲜卑语、满语等,被汉语同化了;反之,这对于鲜卑和满族来说属于语言转用,即他们放弃原来的语言而采用了汉语。以对人类历史中出现过的语言接触现象的观察来看，发生了语言转用的民族很难再恢复其民族语，所以其实这也是语言消亡的一种。又如，皮钦语（Pidgin）、克里奥尔语（Creole）、五屯话等都是语言融合的现象。

显而易见，语言接触必然带来语言矛盾，产生语言竞争。无论是普通话和地域方言的接触，还是普通话和少数民族语言的接触，又或是普通话和外语的接触，只要一种语言与另一种语言发生了接触，尤其是长期接触，都会产生或大或小的竞争。这种竞争有时是隐性的有时是显性的，有时缓慢有时激烈。就像普通话和地域方言，青年一代中有相当一部分人面对家中老一辈时常常选择使用方言，面对父母一辈时常常方言、普通话交替使用，面对同辈或晚辈时则基本使用普通话，在这种多变的语言选择中隐藏着多语言间的矛盾与竞争。比如有些年轻人与父辈交流时之所以普通话与方言夹杂使用，是因为生活中使用普通话的环境较多，方言水平弱化，有些词语、句子不知道方言怎么说，所以只能借助普通话来表达。

多种语言资源摆在面前，选择使用哪种、如何使用，是语言与语言间的博弈。多语言环境中的语言资源的保护面对的情况更加复杂，多样化的语言接触带来更加多样的语言矛盾，催生更加复杂的语言竞争。

（三）自由状态下散漫随性的语言意识

语言意识，也叫语言观念，就是人们对于语言的学习、使用、发展等的认识。它对实践有指导作用，影响着一个人、一类人、一代人的语言行为，进而影响与语言有关的方方面面，包括语言资源保护问题。李宇明（2010）指出："语言意识，就是意识到语言之于人生、之于单位、之于社会、之于国家的意义"，呼吁要唤起全社会的语言意识。

现今是一个开放、自由化程度较高的时代。尽管我们对国家的语言规划出台了一些法律法规和方针政策文件，如《宪法》《民族区域自治法》《教育法》《义务教育法》《国家通用语言文字法》《国家"十二五""十三五"发展规划》《国家中长期语言文字事业改革和发展规划纲要》等，但大体上是宏观方向层面的把控，至于如何具体地使用语言，语言发展会被推向何种趋势，主要力量仍源自语言人，来源于语言社团的约定俗成。这一方面显示出了我们对于语言这种特殊资源的特别对待；另一方面也对语言资源的保护提出了更高的要求。如何能在相对宽松、较难掌控的环境中更好地开展工作，服务并指导不同心态的人们学习和使用语言，对语言资源保护来说是一项挑战。

相对宽松自由的社会环境是一把双刃剑，在保障人们语言权利的同时，也容易滋生散漫随性的语言意识。如在高速的城镇化进程中，我国城镇规划者却"很少做城镇语言规划，顶多只考虑到英语使用的一些问题"，"'新农村'建设也很少关心语言流失问题，没有乡村语言保护意识，致使一些民族语言、一些民族的方言身处濒危而得不到科学保护"，进入信息化时代语言经济产业尚未受到应有的重视等。这些都是语言意识散漫或缺乏的表现。

我们曾对三个不同地区小学生的语言使用情况进行了问卷调查。与父辈相比，学生的方言水平明显下滑，尤其是学习方言的意愿不高。调查数据显示：郑州市小学生仅有 38.46% 的人选择"愿意"学习和使用方言，剩下 61.53% 的人都选择了"不愿意"。这个比例虽在杭州市小学生、驻马店小学生的调查中有所改善，但仍有超过 30% 的人选择"不愿意"。这样的结果在一定程度上反映了人们对于语言习得和使用的一种心理和行为倾向，是给我们的语言资源保护带来挑战的重要原因。

三 语言生态建设对语言资源保护的作用

语言与环境之间的关系是学界早就关注的一个重要问题。多语言环境本身就是一种语言生态，如何构建好、利用好这种生态对语言资源的保护具有重要意义。我们不仅应该积极营造良好适宜的语言环境，更应该在科学的语言生态观的指导下积极应对语言资源保护所面临的难题。

（一）营造适宜的语言生态环境

语言生态是指一种语言生存的环境，包括与其他语言的关系，也包括语言政策和人们的语言观、语言生态理念。其主要任务是处理好"语言人与自然、语言人与社会、语言人与语言、语言与社会、语言与语言、语言与社团、语言与民族、语言与国家"等的关系。这与语言资源保护的某些目标和要求不谋而合，很显然，处理好了这些繁复的关系将有利于语言资源的保护。

语言生态具有系统性，良好的语言生态系统具有自我调节的功能，即生态处于平衡状态时，系统中的生态要素与环境之间、各生态要素之间可以通过一系列的运动维持相对稳定的状态，即使受到外来干扰，也能通过自我调节恢复平衡。在进行语言资源保护工作时，我们应该充分利用并发挥好语言生态的这一特点和优势。

语言生态建设还处于起步和探索阶段，宏观层面我们的基本追求是语言生态的良性平衡，这种平衡以社会的需求为标准，至少要基本能满足人们日常交流的需要，基本能适应语言和社会未来的发展，基本能丰富人类的精神文化世界。微观的语言生态建设则要视具体的语言和其所处环境来制定，要综合考虑多种社会要素，包括经济、政治、人口、文化、地理等。如对于那些尚有存在价值，在一定地域范围内仍有沟通意义，但活力已经开始减弱的方言，我们可以通过多种方式加强其应用。如果是由于区域经济贫弱而导致的方言使用情感缺乏，那么我们可以通过加快经济建设和提高语言意识来重塑该地区的语言生态。正如有学者所言："语言只有在使用中才能赋予其真正的活力，让民众能真切感受到自己方言母语的魅力，让更多的人愿意说方言、用方言，才能使方言保护与传承真正落到实处。"这些都是我们在通过营造生态环境保护语言资源时需要认真落实的工作。

（二）树立科学的语言生态观

语言生态的营造需要我们因地制宜地综合考虑多方社会环境因素，然后一步步展开实践，但在这之前以及在营造的过程中必须有一个相对科学的语言生态观念。如在倡导语言资源的保护时，一味着眼于语种数量的增减而忽视社会的发展趋势和需求，就会陷入泥潭。语言资源的保护追求维护语言的多样性，但语言的多样性不能简单地以语种的多少来衡量，我们一再强调语言并非越多越好。同理，我们所说的追求语言的生态平衡，是一种类似于生物生态平衡，但又有本质区别的理念状态。它也是追求在一定的语言生态系统中，语言数量和各语言使用比例的协调、稳定状态，但它的目标不是能量或物质输入输出的相等，不是语言种类或数量的稳定不变，而是以适应社会发展、推动社会进步为标准的生态观。我们应该明确，自然的语言消亡是语言生态的再平衡，语言增多也是一种语言生态的再平衡机制。

因此，语言生态的建设绝不是增加几个或是几十个说某种语言的人就可以完成的，它需要考量的因素很多，经济基础、政治环境、人口数量、文化影响、地理区位等。像近年来在一些地方随着语言保护、双语多语教育的倡导而兴起了满语、畲语培训班，有的学员是自愿加入，有的则是迫于工作单位要求不得不加入。在学者们对这些语言学习班的观察中，我们发现，从减缓语言消亡、提升语言发展层面来看收效甚微。这就是一种片面的语言资源保护，除了短期增加的若干个学习人数，其他与语言发展密切相关的生态因子仍全部缺失。如果无法从根本上改善该种语言所处的生态环境，就不能真正有效地保护语言资源。

（三）采取有效措施、确保语言资源生态化

语言资源的生态化不仅需要语言生态的理念和语言生态的环境，更需要有推进语言生态的强有力的举措，并将其落到实处，只有这样才能收到预期的成效。

双语或多语虽说都是语言资源，但多语在任何国家都有主次之分。比如新加坡、马来西亚和菲律宾都把汉语作为法定语言，但仍不是第一语言，他们的最主要的语言都是英语。在单语的国家中，法定的语言更是无可替代的。中华人民共和国宪法明确规定：国家通用语言是普通话。因此普通话是我们国家的通用语言，学习和使用普通话是每个公民的责任和义务，任何一个公民都必须牢固树立普通话的中心地位，并不能因为要保护语言资源而混淆普通话与其他语言（含方言）的主次关系。可在现实中，无论从理念到行动，混淆两者关系，甚至颠倒两者关系的人或事不仅存在，有的还比较严重。

比如在普通话与英语关系的处理上，存在非生态的现象。随着国门开放，国民接触外界的机会逐渐增多，混淆两者关系的现象时有发生。如英语学习热情高涨，母语学习却被忽视。小到父母对孩子语言教育的关注程度和投入，大到学校对学生语言水平的关注程度和要求，都在一定层面上反映了语言生活中所存在的缺乏生态问题。从幼儿园开始就进行双语教学，一所学校只要挂个"国际"名称，学费倍增，且还很难进得去。难怪有全国政协委员在会上疾呼：学生在学习英语的过程中深受其害，荒废正常的学业，使整个中国的教育质量遭到毁灭性打击，汉语也遭遇前所未有的危机。英语目前一语独大，如果不能从宏观上科学规划外语教育，对公共外语教育单一化倾向的蔓延熟视无睹，听之任之，后果必将会是严重的[《南方教育时报》（多媒体数字版）2016年11月18日]。尽管这些观点有些过激，但也说明在处理"双语"关系上存在较严重的生态问题。

普通话与方言的关系，也存在非生态的现象。最典型的要算香港了，香港回归已20多年，普通话还不能顺利推行。时至今日，竟然还发生了某大学学生会煽动学生"占领"学校语文中心办公室脏话骂老师，要求全面取消普通话毕业要求的事件。而就在学生闹事的第二天，校方居然同意了学生的要求（新财迷百家号2018年1月23日。香港浸会大学2018年1月17日学生闹事）。也就是说一个大学生会不会说普通话，说得水平如何都没有关系，都能顺利毕业。试想这种非生态的现象若蔓延持续，国家培养的社会接班人都不会说"国语"，那是何种景象。

普通话与少数民族语言的关系，也存在非生态的现象：既有过分保护的现象也有过分放任的现象。比如浙江景宁畲族自治县，为了保护畲语，要求公务员学畲语，学校教畲语，问题是连畲族的学生都不愿意学习母语，更别说汉族学生了。可为了落实民族政策，当地政府也就这么做了。但另一现象是，当某一少数民族对普通话缺少认同感，不愿学习时，我们的政策措施也不够到位，失之于软。这样，双语教学的效果也就可想而知了，新疆地区就属于此类情况。

针对以上情况，我们应该运用生态理念，刚柔相济，对原则问题决不含糊。香港今天的情况不能不说与当初在制定基本法中涉及语言问题缺乏刚性有关。比如基本法中没有明确规定普通话是法定语言。我们查阅了基本法，有两处涉及语言的问题。

在第9条中规定："香港特区的行政机关、立法机关和司法机关，除使用中文外，还可以使用英文，英文也是正式语文。"虽然从行文来看，中文和英文并不是完全等同的，中文显然要优先于英文，但没有明确，中文就是指普通话，而且这里仅指"行政机关、立法机关和司法机关"，没有涉及其他领域。

在第136条又规定："香港特别行政区政府在原有教育制度的基础上，自行制定有关教育的发展和改进的政策，包括教育体制和管理、教学语言、经费分配、考试制度、学位制度和承认学历等政策。"连学校的教学语言都可以自己选择，这就给人有可乘之机。既没有明确普通话是国家通用语、是法定语言，又可以选择"教学语言"，难怪有人宁愿用英文作为教学语言而不愿使用普通话，并将粤语等同于普通话。

语言虽说是一种交际工具，但不仅仅是工具那么简单，从某种意义上看，其作用不亚于外交、军队等。失去了语言的民族就难以称其为原民族，历史上很多民族的消失都是从语言消失开始的，有很多侵略者在被侵略的土地上极力推行自己民族的语言，目的就一个：彻底消灭该民族。所以，语言是民族的符号、民族的图腾。国语是国家的符号、国家主权的象征，在一个统一的国家里，任何一个公民都有学习使用国语的责任和义务，没有选择的余地，无论是哪个民族都没有例外。如果当初我们明确底线，像对待外交、驻军等涉及国家主权一样，明确规定普通话是香港的法定语言，教学语言必须使用普通话，那么或许就不会有今天类似的情况发生。

从"问题"到"资源"的转变是人类对语言认识的进步，但是认识上的转变并不意味着现实中的语言问题就此解决甚至消失了。语言本身一直固有的矛盾，随着时代发展和人类需要的变化所带来的新的矛盾，都将对语言资源保护提出更多的要求。应对各种要求，我们需要在树立科学的语言生态观念的基础上，积极构建良好的语言生态体系，发挥多语言环境中语言生态的调节功能，助力语言资源保护工作的顺利和有效开展。

第五章　新型城镇化中政务新媒体语言生态位研究

在新型城镇化进程中，随着新媒体时代的到来，政务新媒体为政府和公众之间架起了一座便捷有效的桥梁，促进了政府职能的转变，提升了政府和公众沟通交流的效率，其在构建新型城镇中发挥着越来越重要的作用。

2018年，国务院办公厅在其印发的《关于推进政务新媒体健康有序发展的意见》中指出，到2022年，建成以中国政府网政务新媒体为龙头，整体协同、响应迅速的政务新媒体矩阵体系，全面提升政务新媒体传播力、引导力、影响力、公信力，建设更加权威的信息发布和解读回应平台、更加便捷的政民互动和办事服务平台。[①] 2020年，中国互联网络信息中心发布的第45次《中国互联网络发展状况统计报告》数据显示，截至2020年3月，我国网民规模达9.04亿，我国在线政务服务用户规模达6.94亿，较2018年底增长76.3%，占网友整体的76.8%。[②] 由此可知，移动互联网的普及和网络信息的时代已经到来。

由互联网技术快速发展而出现的政务新媒体，直接影响着新型城镇化的建设，而政务新媒体语言是其组成的重要部分，需要规范管理。《国家中长期语言文字事业改革和发展规划纲要（2012—2020年）》明

---

① 中华人民共和国中央人民政府网站，http://www.gov.cn/zhengce/content/2018-12/27/content_5352666.htm。
② 中华人民共和国国家互联网信息办网站，http://www.cac.gov.cn/2020-04/27/c_1589535470378587.htm。

确提出"加强社会语言生活监测和引导,引导网络、手机等新媒体规范使用语言文字"与"调查网络、手机等新媒体语言和外语词、字母词等的使用情况,加强对虚拟空间语言使用的研究,并且制定相关政策"。[1]随后,党政机关的语言文字,特别是政务新媒体的语言文字需要加快建设。教育部、国家语委印发《国家语言文字事业"十三五"发展规划》以"积极推动党政机关、新闻出版、广播影视和公共服务行业等重点领域语言文字规范化建设"为主要任务,同时"推进语言文字政务信息化,进一步加强语言文字网站、微博、微信及手机客户端建设"。[2]

本章以语言生态位理论为指导,以"上海发布"两微为主要语料,分析政务新媒体及其语言的特点,从语言生态位适应、缺失和维护三个方面研究政务新媒体的语言,希冀有助于不断完善政务新媒体语言,从而促进新型城镇化语言生态的建设。

第一节 新型城镇化中的政务新媒体语言

信息时代,任何城镇的发展都离不开政务新媒体,政务新媒体语言是新型城镇化的重要组成部分,政府的政务新媒体语言有力地推动了新型城镇化的建设。各级各地政府积极依靠移动互联网,让政务新媒体通过语言发布各类主题、进行交际互动、发挥语言功能,本节将在前人研究的基础上分析在新型城镇化进程中的政务新媒体及其语言的特点。

一 政务新媒体的界定

政务新媒体的发布主体是政府机构开通及官方平台认证的新媒体平台。国务院办公厅《关于推进政务新媒体健康有序发展的意见》中将政

---

[1] 中华人民共和国教育部网站,http://old.moe.gov.cn/publicfiles/business/htmlfiles/moe/s7246/201301/146511.html。

[2] 中华人民共和国教育部网站,http://www.moe.gov.cn/srcsite/A18/s3127/s7072/201609/t20160913_281022.html。

务新媒体定义为：政务新媒体是指各级行政机关、承担行政职能的事业单位及其内设机构在微博、微信等第三方平台上开设的政务账号或应用，以及自行开放建设的移动客户端等。① 陈强（2017）认为，"政务新媒体包括政务微博、政务微信、政务推特、政务 App 等"。其中，政务微博、微信是公民获取信息的主要新媒体平台。

政务微博建立在微博客户端上，是指政府开设并取得微博认证的官方账号。2009 年，湖南桃源县注册官方微博账号"桃园网"，该账号是第一个政务微博账号。随着信息技术和网络的不断发展，微博平台得到了广泛的关注，在数量和质量上不断提升。截至 2019 年，经过认证的政务微博已达 179932 个，其中政务机构官方微博 138854 个，公务人员微博 41078 个。我国政务微博呈现出良好的发展态势。② 人民网舆情监测室（2013）认为，在地区与部门发展总体格局中，我国政务微博呈现全面覆盖、遍地增长、东西共荣、后发有力的特点。政务微博集群化，包括公安、团委、政府外宣类、气象类、环保类等各个部门；政务微博全覆盖，"国家—省—市—县、区—乡镇"各级都有对应的政务新媒体账号。政务微信是指政府机关在微信公众平台上注册并认证的官方微信公众号。微信公众平台于 2012 年 8 月 23 日正式上线，同年 8 月 30 日，广州市白云区政府开通政务微信公众账号"广州应急白云"，该账号是第一个政务微信公众账号。此后，政务微信在数量和质量上均得到快速发展。《2015 年度全国政务新媒体报告》显示，截至 2015 年 8 月，全国开通的政务微信公众号已超过 83000 个，民生服务功能日臻丰富。③ 袁国宝（2020）指出，在政务微信数据方面，截至 2018 年底，政务及媒体公众号粉丝量 35 亿，相当于平均每个微信用户关注 2.3 个政务号和 1 个媒体号。这是因为政务微信建立在微信客户端上，微信的用户多。《2019 年

---

① 中华人民共和国中央人民政府网站，http：//www.gov.cn/zhengce/content/2018 - 12/27/content_ 5352666. htm。
② 《2019 年政务指数·微博影响力报告》，人民网舆情数据中心，http：//yuqing.people.com.cn/NMediaFile/2020/0117/MAIN202001171722000261251830504. pdf。
③ 《2015 年度全国政务新媒体报告》，中华人民共和国国家互联网信息办网站，http：//www.cac.gov.cn/2016 - 01/22/c_ 1117865538. htm。

微信年度数据报告》显示2019年微信的月活跃账户数超过11亿。[①]

政务新媒体的发布目的是政府为了更好地进行政务公开、更好地处理事务、更好地体现政府的执政能力及公共形象。

我们以"上海发布"为对象考察政务新媒体及其语言特点的主要原因是：在全国所有地方政务新媒体中，"上海发布"两微（政务微信、微博的简称，下同）影响力大、代表性广、示范性强。具体表现为：

"上海发布"微信于2013年6月上线，到2018年，微信公众号粉丝突破400万人，政务微信总阅读量达4.2亿次，日均阅读量达115万人次，单条阅读量"10万+"的微信累计超过1200条，已连续位列全国政务微信月榜第一。[②] 到2020年，粉丝达774万人，仍位列全国第一。[③]

"上海发布"微博于2011年11月注册，目前粉丝932万人。微博的影响力往往以传播力、服务力、互动力和认同度四项指标为评价标准，根据《2019年政务指数·微博影响力报告》提供的数据，"上海发布"的四项指标均居全国同类前列，分别为：

传播力全国第一，为87.87分。"上海发布"微博日均阅读量超100万次，政务微博的内容阅读量更高、传播度更广。服务力全国第二，为81.46分，与第一的"成都发布"差0.33分。服务力依据发博总数、原创发博数、视频发博数、专业发博数、主动评论数、主动转发数、私信数来评定，代表政务微博一对一服务一名网民、为民办事的情况。

互动力全国第一，为80.55分，互动力依据微博被转发数、被评论数、被@数、收私信数评定，代表政务微博发布信息的影响情况。

认同度全国第二，为75.84分。认同度依据微博被赞数和微博阅读数来评定，代表政务新媒体语言接受者对于政务微博发布信息的认同情况。

本节以上海市人民政府新闻办公室开设的"上海发布"新浪微博、"上海发布"微信公众号为研究对象，选取2020年5月25日至2020年

[①] 《2019年微信年度数据报告》，腾讯科技，2020年1月9日，https：//mp.weixin.qq.com/s/gi_3xSDWBie-fgg76XXJCg。

[②] 上海市人民政府新闻办，http：//www.shio.gov.cn/sh/xwb/n782/n783/u1ai16778_K318.html?ivk_sa=1024320u。

[③] 腾讯网，https：//mp.weixin.qq.com/s/-8yWqKyKVUkg_8AwTYpX6A。

第五章　新型城镇化中政务新媒体语言生态位研究

7月25日在两个平台上发布的所有消息,(其中"上海发布"微信公众号共发布1265条消息,"上海发布"新浪微博共发布1357条消息,包括转发的微博),考察政务新媒体及其语言的特点。

二　政务新媒体的特点

1. 多样性

政务新媒体随着新型城镇化推进而产生发展,为了满足接受者以及构建生态社会的需求,就需要有多样化的内容和形式。"上海发布"政务微博和政务微信推送的内容丰富全面,包括权威发布类、民生服务类和舆情回应类。占比统计如表5-1所示:

表5-1　　　　　　　"上海发布"两微主题分析统计

内容主题	"上海发布"微信 信息条目(条)	所占比例(%)	"上海发布"微博 信息条目(条)	所占比例(%)
权威发布类	452	35.73	393	28.96
民生服务类	668	52.81	819	60.35
舆情回应类	145	11.46	145	10.69
总计	1265	100	1357	100

表5-1显示,两微中民生服务类信息最多,在微信和微博中分别占52.81%和60.35%,其次是权威发布类,分别占35.73%和28.96%,最少的是舆情回应类,分别占11.46%和10.69%。权威信息能够让大众更加直观了解政府处理政治事务,民生类信息能够更好地服务大众,舆情回应类虽占比不多,但影响力很大,像新冠肺炎相关信息的通报及违法典型案例的公布等都直接影响着新型城镇化的建设。

权威类信息的内容严谨,包括新闻报道、政策及解读、城镇规划、教育类信息、经济类信息等(见表5-2)。

表5-2　　　　　　　"上海发布"权威发布类信息

权威发布类信息	标题
新闻报道	【要闻】今天的市政府常务会议,研究了这些重要事项!

· 201 ·

续表

权威发布类信息	标题
新闻报道	【提示】郑州市"长三角区域合作"市情推介会暨项目签约仪式在沪举行
政策发布及解读	上海市人民建议征集办公室今天揭牌！征集信箱同步公布
	【聚焦】促进旅游及体育产业高品质发展，临港出台这25项政策
城镇规划	【提示】奉浦东桥今年将开工！将有效改善S4公路越江通行条件
	【规划】上海浦东综合交通枢纽专项规划获批
教育类信息	【教育】今年军队及空军招飞院校在沪招生计划公布，共招51人
经济类信息	亮眼的"五五购物节"只是起点！上海还将推出这些硬招实招，助你"买买买"！

民生服务类信息包括便民交通、天气播报、生活资讯、城镇介绍、互动交际、文化传播等。在新型城镇化建设中，民生服务类信息不可或缺，是推动生态城镇建设的重要一环（见表5-3）。

表5-3　　　　　"上海发布"民生服务类信息

民生服务类信息	标题
便民交通	【交通】暑期带娃坐火车要注意什么？这份攻略请收好→
天气播报	【天气】太阳明天火线复出、最高36度！出梅指日可待
生活资讯	【便民】5分钟可达！徐汇滨江打造有温度有颜值的"水岸汇"
城镇介绍	【记忆】这幢苏州河边的经典建筑，见证上海百年邮政发展
互动交际	【探索】在杨浦滨江骑行，是一种怎样的体验？
文化传播	【沪语】这首押入声韵的古诗，用上海话念更有味道！

舆情回应类信息是回应与重大、突发事件等方面的内容。此类信息能够快速回复接受者的疑问，及时消除误会，对构建新型城镇起着重要作用（见表5-4）。

表5-4　　　　　"上海发布"舆情回应类信息

舆情回应类信息	标题
日常信息回应	【提示】今年上半年，沪上这些消费服务被投诉较多
重大、突发事件回应	【最新】上海今天又有1例确诊病例痊愈出院，累计治愈出院690例
	【监管】沪公安持续严查严管非机动车和行人交通违法，这10起案例被曝光→

2. 及时性

与传统媒体相比，政务新媒体平台能够快速、便捷发布信息，具有及时性特点（见表5–5）。

表5–5　　　　　　　"上海发布"两微发布时间统计

	标题	发生时间	发布时间
政务微信	上海、台北今天通过视频方式举行"双城论坛"！聚焦"城市防疫　智慧经济"这一主题	7月22日	7月22日18时24分
	【最新】投资总额超80亿美元！54个外资项目今天在沪集中签约	7月22日	7月22日18时24分
	科创板开市一周年之际，李强赴上交所调研并与这些科创企业代表座谈	7月22日	7月22日19时02分
	思想毫不松懈，责任压紧压实！今天的市疫情防控工作领导小组会议部署近期重点工作	7月22日下午	7月22日21时24分
	高端服务业、大数据产业、养老服务……今天的发布会聚焦静安的发展蓝图	7月22日	7月22日22时42分
	【最新】沪公布上半年经济运行数据：经济运行稳步复苏，发展韧性和活力进一步彰显	7月23日	7月23日13时12分
	认真践行"人民城市人民建，人民城镇为人民"重要理念！李强龚正今天向市老领导老同志通报重点工作	7月23日上午	7月23日15时39分
	【教育】中职提前批招生中本贯通等三个录取最低分数线公布！	7月24日上午	7月24日10时21分
	李强今天视频连线这家国际金融巨头"掌门人"，为海内外金融机构提供更优服务更大平台	7月24日	7月24日17时58分
	标题	发生时间	发布时间
政务微博	【摩登静安拍了拍你："发展亮点和愿景看这里！"】	7月22日上午	7月22日10时50分
	【高端服务业、大数据产业、养老服务……今天的发布会聚焦静安的发展蓝图】	7月22日	7月22日22时51分
	【2020上海书展暨"书香中国"上海周8月12至18日举办！采取实名预约制售票】	7月23日下午	7月23日14时04分
	【你知道吗？天问一号"驾驶员"上海造！】	7月23日下午	7月23日18时34分
	【沉浸式体验、线上大卖场、实名预约……今年的上海书展亮点逐个数！】	7月23日下午	7月23日22时07分
	【新增百亿营收、千亿赛道，一大波电竞企业落地浦东！】	7月24日下午	7月24日23时52分

从表 5-5 可以看出,"上海发布"两微中的权威发布类信息都是当天发布的。

舆情回应类和民生服务类与权威发布类具有同样的特点。比如 2020 年 7 月 7 日上午 7 点 25 分,"上海地铁 shmetro" 发布突发事件信息,政务微博"上海发布"在 7 点 27 分,即两分钟后转发并配上"请及时调整出行路径,以免耽误行程"的文字信息(见图 5-1)。

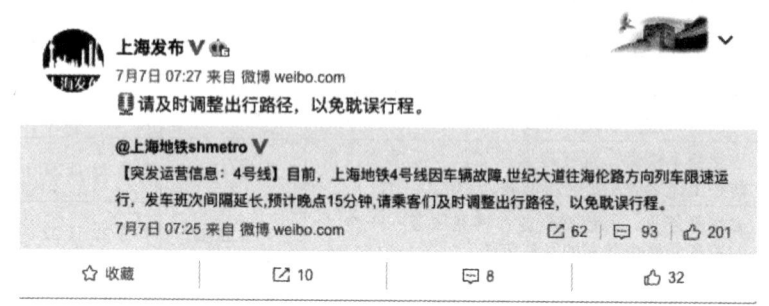

图 5-1　2020-07-07 "上海发布" 微博截图

上海中心气象台 2020 年 7 月 12 日 11 时 35 分发布高温黄色预警 [Ⅲ级/较重],政务微信"上海发布"8 分钟内完成了天气信息的发布(见图 5-2)。

图 5-2　2020-07-12 "上海发布" 微信截图

3. 互动性

人们交际要取得最佳效果离不开互动，政务新媒体具有此功能，能够为信息发出者和接收者的互动提供平台，面对接收者发出的疑问，发出者能在第一时间收到信息，同时可以将信息反馈给接收者，以达到有效沟通的目的。

网络语境的开放交互性保障了政务新媒体语言接收者可以通过评论区留言、后台留言等方式实现与发出信息者的实时交流，而政务新媒体语言发出者还可以对评论区与后台的留言进行回复，增强两个主体之间的互动交流。发出者可以通过阅读量、点赞量和评论量了解信息对接收者的影响程度，也可以利用评论区和对话框界面与接收者进行互动。表5-6随机选择"上海发布"两微在5月25日、6月25日、7月25日发布的消息各一条，进行互动量分析。微博没有在看量，因此把微信的点赞量与在看量合并分析；微信的评论量不包括受众对精选留言的点赞，仅是精选留言的数量；政务新媒体语言接收者无法直接看到微信的转发量，因此不做统计。

表5-6　　　　　　　　"上海发布"两微互动量分析

	标题	阅读量	点赞/在看量	评论量	回复量	转发量
政务微信	【注意】带状疱疹疫苗沪上陆续开打，9个热点问题解答在此！	10万+	874	44	10	/
	注意！上海刚刚发布暴雨蓝色预警	10万+	1407	46	8	/
	快讯！济阳路快速化周五夜间开始三处控制性节点施工！绕行攻略在此	10万+	219	45	13	/
	标题	阅读量	点赞量	评论量	回复量	转发量
政务微博	【带状疱疹疫苗沪上陆续开打，9个热点问题解答在此！】	23.1万	74	43	2	69
	【注意！上海刚刚发布暴雨蓝色预警】	28.3万	53	18	0	33
	【快讯！济阳路快速化周五夜间开始三处控制性节点施工！绕行攻略在此】	17.4万	24	16	0	16

从表5-6可以得知，同一条信息的互动量在微信与微博两个不同

的平台上有一定的区别：在阅读量上，微博比微信高；但微博的点赞/在看量、评论量、回复量相对微信都较低。这主要是因为微博的受众比较广，阅读量高；微信的受众虽然相对微博窄，但是受众精准，因此点赞/在看量、评论量都比较高。

在微博上，人们会选择感兴趣的内容进行评论，比如天气、交通、教育等服务民生类信息；而权威发布类信息的评论量较少，但也有例外，比如2020年7月21日，"上海发布"微博发布一条权威类消息，转发量有1324，评论量2413，点赞量达31455，是我们收集到的语料中互动最多的一条微博消息（见图5-3）。

图5-3　2020-07-21"上海发布"微博截图

在微信上，点赞量、评论量与转发量相对较高。政务微信精准转播的特征为互动性打下基础，比如2020年6月29日，"上海发布"微信发表消息："权威发布！本市下调新冠病毒核酸检测项目价格。"词条消息阅读量超10万，点赞量为2399，在看量为3506（见图5-4）。

"上海发布"两微中有2527篇（96.38%）显示了留言，有95篇（3.62%）未显示留言。

从发出者角度看，"上海发布"微信与语言接收者的互动频繁，缩

第五章 新型城镇化中政务新媒体语言生态位研究

图 5-4 2020-06-29 "上海发布"微信截图

短了与接收主体的心理距离。比如 2020 年 6 月 29 日,"上海发布"微信消息"权威发布！本市下调新冠病毒核酸检测项目价格"的评论区留言：

公民 1 评论：自费做检测多少钱

"上海发布"回复：明天开始，本市新冠病毒核酸检测项目价格每人次 120 元（含试剂盒等耗材），新冠病毒抗体检测项目每项 40 元（含试剂盒等耗材）。

公民 2 评论：小布，哪些机构可以检测新冠？

"上海发布"回复：请在小布微信对话框，回复"核酸检测"即可查询本市核酸检测采样机构最新名单。

又如 2020 年 05 月 28 日,"上海发布"微信发布便民类信息："萌娃们终于复学啦！来看今天小学、幼儿园的现场图→"的评论区留言：

公民 1 评论：请问公办幼儿园还有暑假班吗？

"上海发布"回复：您好，经询市教委，根据上海市幼儿园管理的相关规定，本市幼儿园不实行寒暑假制度。在中小学寒暑假期间，考虑到气候等因素，幼儿园会根据幼儿入园的实际需求和来园人数安排。另外,在中小学寒假、暑假的当月,按照幼儿在园天数收取保育教育费。

又如 2020 年 05 月 31 日,"上海发布"微信消息"济阳路快速化改建后如何出行?沪交警发布三条出行提示!"的评论区留言:

公民 1 评论:明天周一,上南地区会非常堵

"上海发布"回复:明天早高峰还请大家提前规划好出行路线!

公民 2 评论:什么时候可以正常通行

"上海发布"回复:济阳路快速化改建工程将按原计划于 2020 年底建成中环以北段高架桥梁并通车,2021 年 3 月底外环以北段高架桥梁建成通车。

"上海发布"微博对公众留言的回复较少,但在舆情回应类信息的新冠肺炎疫情通报中每天都会对公众留言进行回复(见图 5-5)。

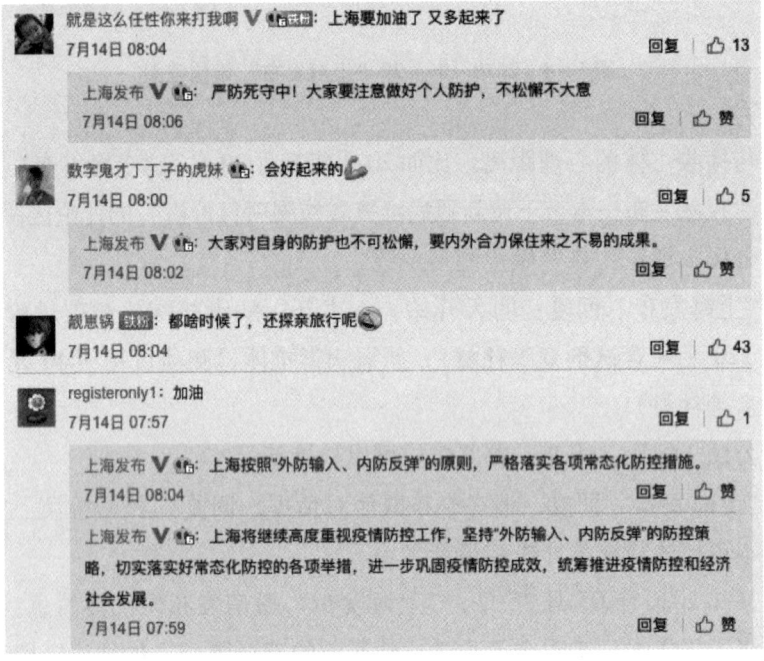

图 5-5　2020-07-14"上海发布"微博评论区部分截图

此外,"上海发布"微博发布小调查活动信息,"上海发布"微信发布人民建议征集、政策落实线索征集、美食征集、吴语征集等活动信

息，这类信息促进了双方之间的互动。例如：

（1）请在评论区写下你想对小布说的话，小布将抽取 100 位幸运网友，送出兔小布萌萌哒周边礼物哦~（"上海发布"微信 2020 - 06 - 08）

（2）看看你最 pick 哪一张？↓↓↓评论告诉小布呀！（"上海发布"微信 2020 - 07 - 12）

（3）会读的小伙伴欢迎在微信对话框界面将你读的内容回复给小布，小布将选取一些网友作为示例，一起端字正音哦！一起来试试吧！（"上海发布"微信 2020 - 07 - 12）

（4）【征集】2020 民生访谈下周启幕！小布邀请网友提问、建言、献策（"上海发布"微信 2020 - 06 - 05）

（5）

三 政务新媒体语言的特点

在新型城镇化建设的进程中，政务新媒体彰显的特性离不开语言这个载体，而政务新媒体语言体现出新颖、亲民和多模态等特点。

（一）新颖

词汇是语言中最为活跃的要素，因而政务新媒体语言的新颖性在词汇子系统中表现突出，如流行语、字母词等大量出现在政务新媒体语言中。网络流行语作为一种新奇的大众化的语言表达方式，是网民们所追求的，例如：

（6）本期，小布挑选了一首俏皮的夏日童谣给你们，你能用沪语念准确吗？有兴趣的童鞋赶紧来挑战！（"上海发布"微信2020-06-07）

（7）不仅雨水"给力"，气温也很捧场，持续在30度左右，"热烈"迎接黄梅天的到来。（"上海发布"微博2020-06-09）

（8）摄影大神罗杰·狄金斯克服重重技术障碍诗意呈现残酷影像，二度荣获奥斯卡最佳摄影奖。（"上海发布"微信2020-07-19）

（9）节目于7月10日22:00起全新推出，三位老艺术家以"菜鸟"实习生的身份与年轻互联网"前辈"同事一起，为顺利完成工作共同努力。（"上海发布"微信2020-07-07）

"童鞋""给力""大神""菜鸟"都是网络流行语。"童鞋"原指儿童穿的鞋子，在网络用语中是同学的谐音；"给力"是有帮助、有作用、给面子的意思；"大神"是指神一般的人物，之前运用于各大游戏、贴吧、论坛、小说网等，现在的运用场景越来越广；"菜鸟"本意是用来做菜的鸟类，现在一指新手，二指某些方面应用水平较低者。"上海发布"两微还使用"出圈""官宣""点赞"等网络流行语。这些网络流行语增加了与受众的互动，增强了语言的趣味性与新颖性。

经常使用字母词也是政务新媒体语言新颖性的特点，除了使用频率较高的"TA"和"TA们"外，还有其他字母词常出现在政务新媒体语言中，例如：

（10）换了新车，原来的ETC怎么办？来看解答→（"上海发

布"微博 2020-07-12）

（11）工信部通报 58 款侵害用户权益行为 APP（"上海发布"微博 2020-07-24）

（12）当然，外马路上不止于此，新的 CBD 已经建成，老的库房已经完成商业改造。（"上海发布"微信 2020-07-04）

（13）动漫迷看过来！CCG EXPO 2020 本周四启幕（"上海发布"微博 2020-07-13）

（14）上海 297 个地铁站地下站厅将实现 5G 覆盖！（"上海发布"微博 2020-07-01）

（15）今天，G40 公路长兴岛西侧服务区改扩建工程正式开工，该工程位于沪陕高速上海方向末端、长兴岛中部偏北，靠近长江大桥。（"上海发布"微信 2020-06-28）

（16）S3 公路（周邓公路-G1503 公路两港大道立交）新建工程北起周邓公路，途经浦东新区的周浦镇、航头镇、新场镇及奉贤区的金汇镇、奉城镇，南至 G1503 公路两港大道立交，全长 26.64 公里。（"上海发布"微信 2020-06-28）

（17）加快研究制造"拳头产品"！李强今天调研中国商飞浦东基地，并见证 3 架 ARJ21 飞机交付（"上海发布"微信 2020-06-10）

刘涌泉（1994）表示："字母词主要是汉语中带外文字母（主要是拉丁字母）或者全部引用外文字母表达的词语，前者'如卡拉 OK、ATM 或者 DVD、GDP'"，字母词主要有全字母词、数字字母词、混合字母词几个大类。例（10）至例（12）中的"ETC""APP""CBD"是全字母词；例（13）、例（14）中的"CCG EXPO 2020""5G"是数字字母词；例（15）至例（17）的"G40 公路""S3 公路""ARJ21 飞机"是混合字母词。字母词较多使用于经济类、科技类、交通类等政务新媒体信息，专业性较强。随着科技逐步融于日常生活，政务新媒体中出现字母词的频率也逐步增加，体现出政务新媒体语言的新颖和活力。

(二) 亲民

为了让政务新媒体语言发出者和接收者更好地交际互动,政务新媒体语言使用方言词和交际主体标记语来增强亲和力,因此政务新媒体语言具有"口语"化的特点。"上海发布"作为地方性政务新媒体,吴方言词语会出现在政务新媒体语言中,方言词语具有很强的亲和力,例如:

(18) 周末不想出门?不妨宅在家里"笃"道菜("上海发布"微信 2020 - 06 - 06)

(19) 夜生活节、潮生活节、非遗购物节…今天的发布会介绍上海这些"好白相"的活动→("上海发布"微博 2020 - 06 - 03)

(20) 如果用上海话来读,侬来三伐?你在读的时候哪些字发音容易"豁边",相信有的小伙伴还有这样或那样的疑问。("上海发布"微信 2020 - 05 - 31)

(21) 老 K 皮鞋、蚌壳棉鞋、椰头皮鞋……上海人脚上穿的"花样经"知多少!("上海发布"微博 2020 - 06 - 26)

"笃""好白相""侬""豁边"都是吴方言词语。在上海话中,例(18) 中"笃"的语义是"炖";例(19) 中"好白相"是"好孛相",语义是"好玩,可爱,有趣";例(20) 中"侬"是"第二人称单数",是"你"的意思,而"侬来三伐"是"你可以吗"的意思;例(20) 中"豁边"的语义是"越出常规,出纰漏";例(21) 中"花样经"也说"花样"或者"花头经",是指各种主意或办法,贬义。此外,"上海发布"两微还会使用"响势""瘟塞""乌苏""赖柴天""买汰烧""搭牢""阿拉""淌淌渧"等方言词语。对于本地人来说,政务新媒体语言使用方言词语,拉近了与接收者的距离,人们愿意接受生动形象且具有很强亲和力的方言词语。"上海发布"两微是地方性的政务新媒体,在不影响人们理解的情况下,适当使用方言词语丰富政务新媒体语言,不仅能让吴方言区的人们感到亲切,又能增加其他方言区人们对上海的了解。

同时,"上海发布"两微使用的交际主体标记"小布"是一种谦虚的自称,用以塑造小布这个新的形象,打破政务新媒体语言发出者高高在上的刻板印象,构建了与政务新媒体语言接收者对话的场景,加强了两者之间的互动交际。

(22)小布微信今天7周岁!这封写给你的信,请查收("上海发布"微信2020-06-08)

(23)只要点击小布"市政大厅"中的"路况查询"功能即可查询!大家如果途经该区域,可以提前查一下哦!("上海发布"微信2020-06-27)

(24)

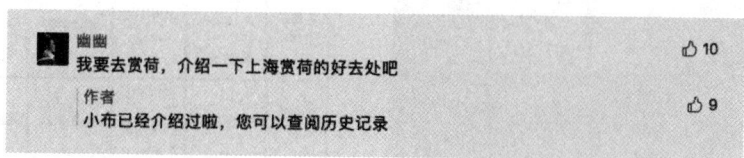

交际主体标记用语"小布"主要出现在民生服务类信息和舆情回应类信息中。例(22)的"小布"出现在标题中,例(23)的"小布"出现在正文中,例(24)的"小布"出现在留言回复中。

(三)多模态

多模态话语指运用听觉、视觉、触觉等多种感觉,通过语言、图像、声音、动作等多种手段和符号资源进行交际的现象(张德禄,2009)。在政务新媒体语言中,"上海发布"两微采用视觉、听觉等多种模态来构建话语,不仅有视觉模态的文字、图片、标点符号等形式,还有视、听觉模态兼备的视频、音频等形式,具有可视化的特性。多模态的政务新媒体语言能够多角度、立体、直观地展示城镇形象。

1. 文字

文字是最基础的形式,可以独立使用,也可以与图像、视频、音频共同使用。一般来说,当政务新媒体传递权威发布类信息时,多用严谨规范的纯文字以确保权威性。除了文字本身,政务新媒体平台还使用问答、案例、表格、不同字体、不同字号、不同格式、不同色彩等补充。如图5－6和图5－7都使用了纯文字，但图5－6中的文字使用了白色，图5－7使用了表格形式。

上海、台北今天通过视频方式举行“双城论坛”！聚焦“城市防疫 智慧经济”这一主题

上海发布 7月22日

以“城市防疫 智慧经济”为主题的2020台北-上海城市论坛今天（22日）举行。上海市市长龚正、台北市市长柯文哲出席论坛开幕式并致辞。上海市副市长宗明、台北市副市长黄珊珊作主题演讲，台北市副市长蔡炳坤出席。

I ♥ SHANGHAI

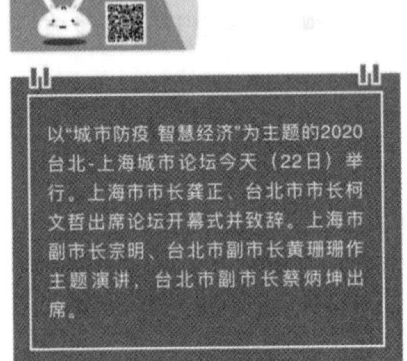

图5－6　2020－07－22“上海发布”微信截图

× 上海发布 › …

2020年上海市高中提前批招生录取学校

上海中学	上海中学东校	华师大二附中	华师大二附中紫竹校区	复旦附中
浦东复旦附中分校	复旦附中青浦分校	交大附中	交大附中嘉定分校	交大附中闵行分校
上师大附中	上师大附中闵行分校	上海实验学校	格致中学	格致中学（奉贤校区）
大同中学	向明中学	向明中学（浦江校区）	大境中学	光明中学
敬业中学	卢湾高级中学	市八中学	南洋模范中学	位育中学

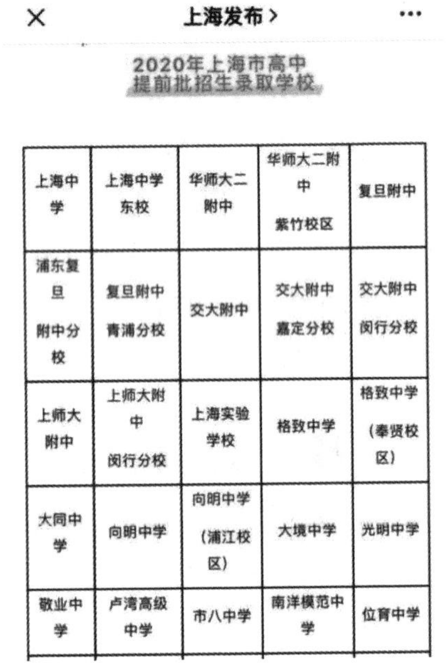

图5－7　2020－07－24“上海发布”微信截图

2. 图像

在政务新媒体语言的多模态类型中，图片所占比例最大。图片是政务新媒体语言信息传递、语言交际的重要组成部分。在表达过程中，图像话语通常具有丰富语义、再现语境、突出意图、增强效果等功能；图像话语的意义则有构图意义、再现意义和互动意义，还会有相应的语用意义（王建华，2019）。在“上海发布”两微中，图片以多图、长图为主。如图5－8使用了两张长图，长图中包含文字、图表等多种形式，图解的形式不仅保障语言条理清晰，还丰富两微语言。

除了传统意义上的图片，还有网络表情图片和动图等形式。如图5－9

使用了四张图片,其中前两张是天气预报图,体现了消息的专业性;后两张分别是网络表情图片和动图,增强了消息的趣味性。表情图片与符号是一种形象化的表达,而动图能够更加直观生动地表达信息。

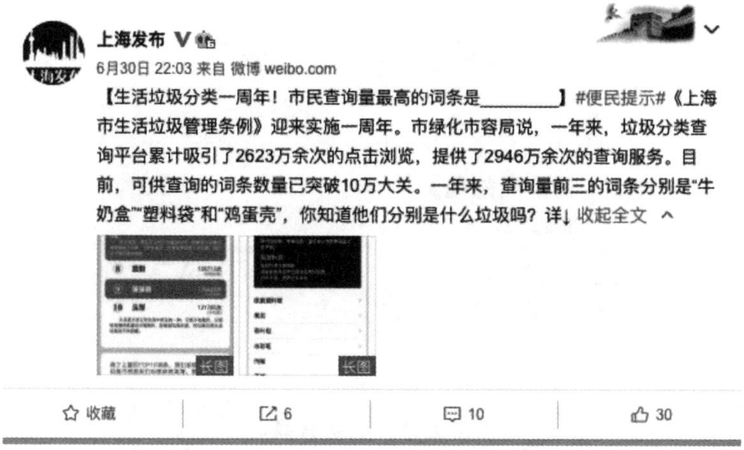

图 5-8　2020-06-30"上海发布"微博截图

图 5-9　2020-06-29"上海发布"微博截图

3. 音频、视频

网络化促使政务新媒体语言由文字符号转为虚拟数字符号,即从单一的文字转为音频、视频等形式。音频使用听觉模态构建话语,政务新媒体一般采用"文字+音频"形式，音频形式动态性强，能够更加清晰、直观地传递信息，如图5-10和图5-11都是"一个音频+文字"的形式。

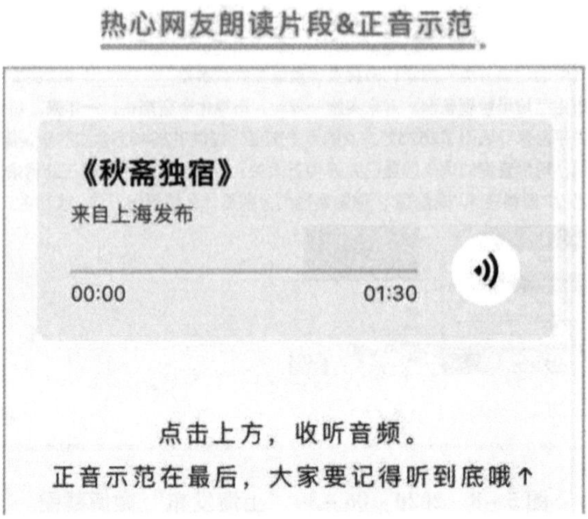

图 5-10 2020-07-12 "上海发布" 微信截图

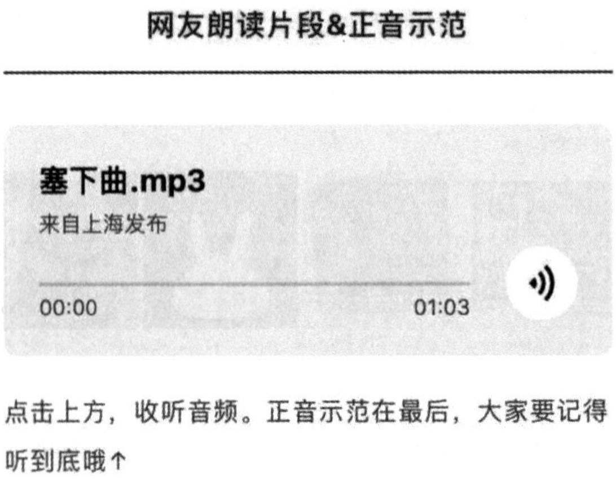

图 5-11 2020-06-27 "上海发布" 微信截图

"上海发布"还使用"文字+视频"形式，起到视觉、听觉相结合

第五章 新型城镇化中政务新媒体语言生态位研究

的效果。如图5-12显示的是"上海发布"政务微博,上半部分是文字形式,下半部分是视频形式;图5-13显示的是"上海发布"政务微信,图片中仅显示了视频,实际上该视频前后都有文字形式的解释说明。

图5-12 2020-06-30"上海发布"微博截图

图5-13 2020-07-22"上海发布"微信截图

4. 混合型

政务新媒体语言的混合型包括"文字+链接"的形式,如图 5-14 所示:

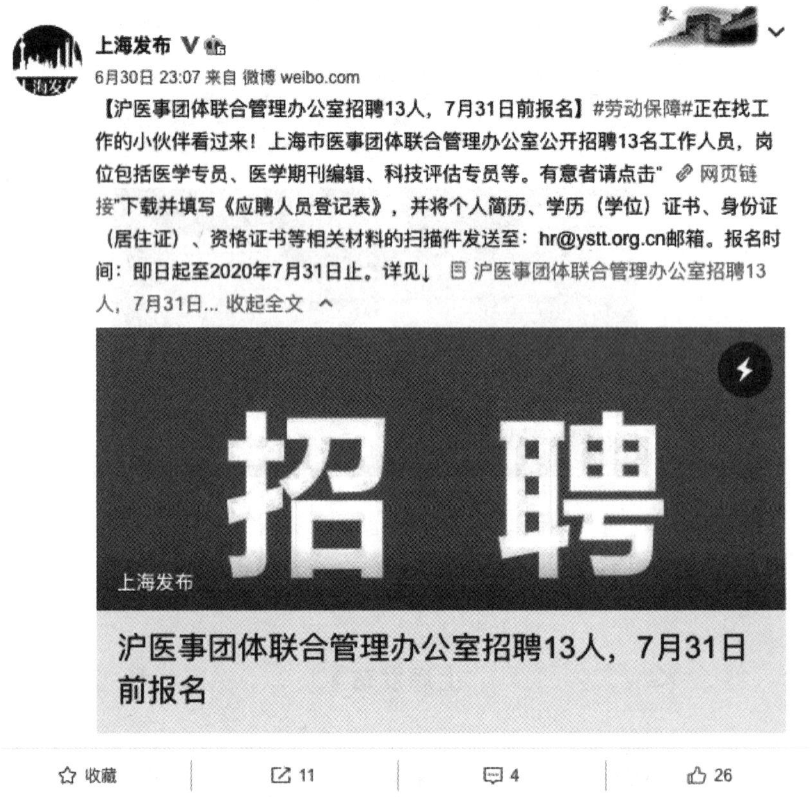

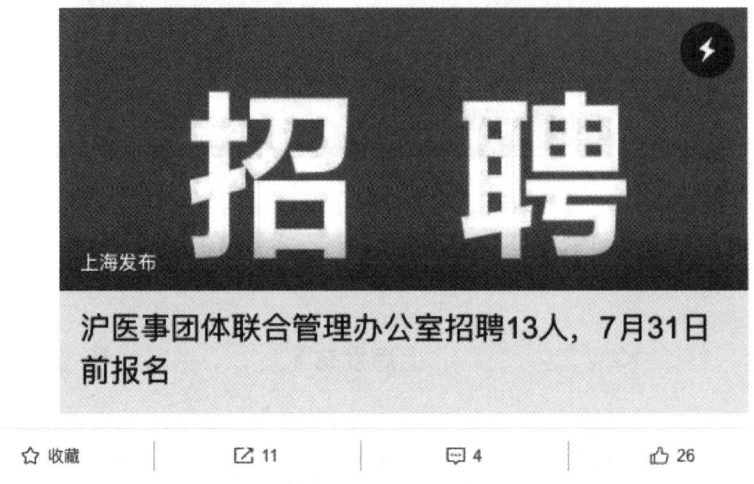

图 5-14 2020-06-30 "上海发布" 微博截图

图 5-14 显示,"文字+链接"的形式包括精简的文字说明和超链接的"网络链接",超链接可以进行点击,连接到其他页面。

还有"文字+文章链接"的形式。"文章链接"中一般会包括图片、视频等多模态手段,如图 5-15 和图 5-16。

图 5-15 显示,上半部分是简要的文字,下半部分是文章链接;点击文章链接就可以进入另一个界面(见图 5-16),在这个界面有对于公积金账户年度结息的详细说明,包括文字、图片、视频等多种形式。

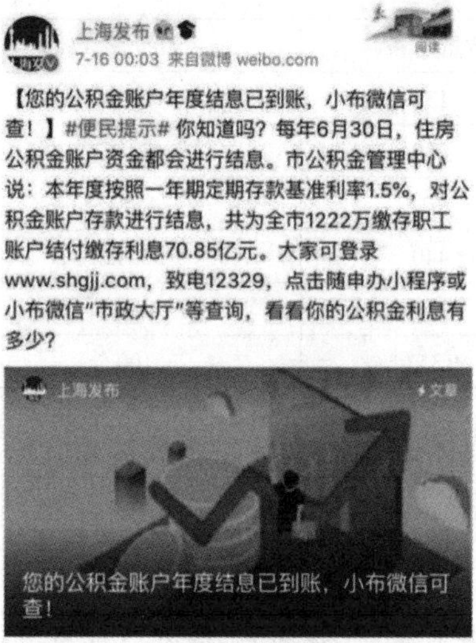

第五章 新型城镇化中政务新媒体语言生态位研究

图5-15 2020-07-16"上海发布"微博截图 　　图5-16 2020-07-16 文章链接的部分截图

多种模态形成不同的类型,各自具有特点及功能。选择何种模态应根据不同内容、目的、场合、对象来决定。"上海发布"两微平台本身存在一些差异,所以下表中两者的类型也存在一些不同。表5-7显示了"上海发布"政务微信和政务微博的多模态类型及数量统计情况:第一,纯文字类型的政务两微语言所占比重较少,分别是17.94%和10.24%。第二,"上海发布"两微使用图片、视频、音频、链接等多种模态类型,这些模态类型具备较强的可视性,更加清晰、直观地记录信息。第三,"上海发布"两微的模态类型混合运用,丰富了政务新媒体语言。

表5-7　　"上海发布"两微类型数量统计

	类型	数量（条）	所占百分比（%）
政务微信	纯文字	227	17.94
	文字+图片	901	71.23
	文字+图片+视（音）频	98	7.75
	文字+图片+链接	39	3.08
	总计	1265	100

续表

	类型	数量（条）	所占百分比（%）
政务微博	纯文字	139	10.24
	文字+图片	659	48.56
	文字+视（音）频	61	4.50
	文字+文章链接	440	32.42
	文字+链接	58	4.28
	总计	1357	100

此外，其他类型的符号在政务新媒体语言中也得到有效运用，给人以视觉上的新颖感，例如：

（25）【提示】@爱拖延的学，来看如何与拖延达成和解→（"上海发布"微信 2020-05-31）

（26）拾、柿、四、十……上海话里这些字音一样吗？快来学习√（"上海发布"微信 2020-06-25）

（27）【天气】未来一周"阴雨×7"，气温逐步升高、周五31度！（"上海发布"微信 2020-06-21）

（28）【沪苏通铁路今天开通！上海⇌南通、扬州、泰州等最快车次和票价在此→】（"上海发布"微博 2020-07-01）

（29）【16条隧道+12座大桥，让上海人过江更便捷！还有这些桥隧正在建设↓】（"上海发布"微博 2020-05-26）

例（25）的"→"起到指示作用，简洁直观地引领政务新媒体语言接收者阅读信息；例（26）的"快来学习√"中的对勾更直观地表示完成了学习；例（27）的"阴雨×7"中"×7"直观地表示阴雨天气接连七天；例（28）中的"⇌"直观地表示上海和南通两地互通；例（29）中的"+"直观地表示大桥和隧道一起使得交通更便捷。连接符"~"也广泛应用于政务新媒体，以波浪的形状来表现尾音上扬，使得政务新媒体语言轻松活泼。

第二节　新型城镇政务新媒体语言生态位适应

政务新媒体语言生态位是整个新型城镇生态的重要组成部分，影响着新型城镇化的语言生态建设。李国正（1992）认为，环境是变化发展的，它与语言或语言成分的关系也处于变化中，因而语言或语言成分为着生存也不能不运动发展，并且在变化中总是受功能目的导引，寻求与环境最大限度的适应，追求最佳生态位。语言生态位既制约着政务新媒体语言，也为政务新媒体语言提供时空、资源和功能三个维度的保障，从而使政务新媒体语言不断发展，以适应语言生态位，适应新型城镇化的发展。

一　政务新媒体语言适应时空维度

政务新媒体语言受到语言生态位时空维度的制约。时间位要求政务新媒体语言及时便捷发布信息，确保政务新媒体语言的时效性。比如国务院办公厅曾在《关于全面推进政务公开工作的意见》实施细则中明确指出："对涉及特别重大、重大突发事件最迟在5小时内发布权威信息，在24小时内举行新闻发布会，持续发布权威信息，有关地方和部门主要负责人要带头主动发声。"这些规定就体现出时间位的制约，也是考验地方政府的执政能力。

空间位有现实空间和虚拟空间之分。现实空间是指政务新媒体语言发布主体所处的空间，政务新媒体语言使用不是面对面，而是通过政务新媒体平台来进行，因此政务新媒体语言的现实空间具有不确定性；虚拟空间是指政务新媒体语言的网络语境，是一个开放、互动的虚拟网络公共空间。新型城镇不仅有一个看得见的真实空间，同时也存在一个看不见的虚拟空间——网络空间。两个空间位是新型城镇的特色，它要求政务新媒体语言不仅要适应现实的空间位，更要适应虚拟的空间位。

政务新媒体语言为了突破时空的制约，以适应时空维度的生态位，在时间位上就要做到随时推送，即时发布，在空间位上要通过真实与虚拟空间的互动，不断拓展新空间。像微信根据运营形态分为个人号、公众号，公众号包括订阅号和服务号；微博根据用户类型分为名人微博、政务微博和社会组织（个人）微博，政务微博包括政务机构微博和公务人员个人微博。政府开通官方政府门户网站、官方政务微信公众号、官方政务微博、新媒体直播等多种形式的政务新媒体，最大限度地占有空间位，以便及时在各个平台上发布信息。例如宁波官方政务新媒体关于"11·26宁波小区爆炸事故"的语言发布。

事件背景：

> 2017年11月25日晚间，在宁波江北区李家西路一带有拆解销毁非法制造的爆炸物作业活动，26日上午8时49分许在此进行剩余爆炸物处理。26日上午8点55分，突发爆炸。①

11月26日10点27分，政务微博"江北公安"首次发布与事故相关的政务信息。11月26日8点55分发生事故，首条政务信息在92分钟后发布，随后政务微博"江北公安""江北发布""宁波公安"持续发布事件动态，累计发布微博25条。政务新媒体语言的发布时间越来越迅速，事件发生时间与信息发布时间越来越接近，不断地拓宽语言生态的时间位，同时政务新媒体语言的快速发布和不断发布也保障了政务新媒体语言占据合理的空间位，保障了语言生态位的和谐。

政务新媒体语言发布迅速不仅包括信息发布及时，还包括互动快速。政务新媒体语言具有多种载体形式，比如政务微信和政务微博，政务微信文章下部有4个按钮，分别是"分享""赞""在看""写留言"（见图5-17），政务微博文章下部有3个按钮，分别是"转发""评论""赞"（见图5-18）。政务传统媒体无法进行双向互动，而政务新媒体语言的信息后面都有评论区，政务新媒体语言接收者可以随时在评论区

---

① 《11·26宁波小区爆炸事故背景》，http://baike.baidu.com/view/21070159.html。

留言、点赞、转发等，同时政务新媒体语言发出者可以在后台快速回复，政务新媒体语言使政务语言从单向传递政务信息到双向交际交流。

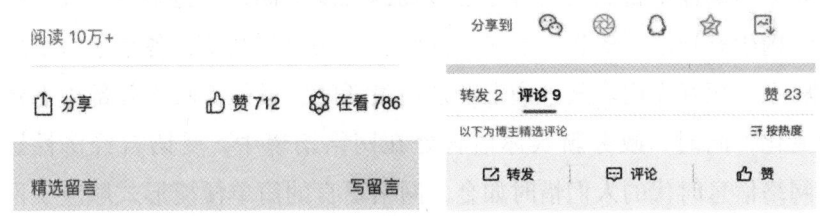

图 5-17　政务微信按钮　　　　图 5-18　政务微博按钮

此外，当政务传统媒体语言出现失误的时候无法快速进行修改，只能采用在后续媒体上发布勘误等方法。而政务新媒体语言可以迅速更正，比如政府门户网站可以在后台随时修改；政务两微可以即时删掉已发布的文章，仅保留其标题和摘要后重新发布；政务两微还可以在评论区留言互动里做出更正解释（见图 5-19）；政务微信也可以增加、删除、修改不超过 20 个字（见图 5-20）。

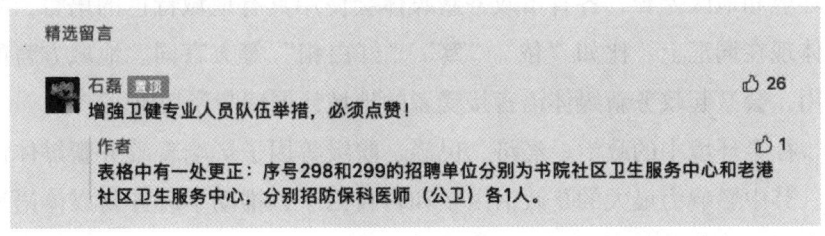

图 5-19　2020-07-12 在评论区留言中做出更正解释的部分截图

图 5-20　2020-07-24 "上海发布"微信文章修改后的部分截图

二 政务新媒体语言适应资源维度

政务新媒体语言受到语言生态位资源维度的制约，包括内、外生态环境。内生态环境有语音、语义、词汇、语法等子系统，各个子系统间相互联系、相互作用。其中词汇子系统最活跃、最能反映出外部生态环境的变化，同时，政务新媒体语言处在网络语境中，受语言经济性影响。网络信息时代的人们惜时如金，网络语言的简单便捷形式顺应了网络发展需求，最短时间内传递最大信息量，正符合语言经济原则（王金平，2018）。政务新媒体语言为吸引更多人接受语言传递的信息，其语言要保持严肃与亲切相结合的风格。

外生态环境系统由自在环境和自为环境构成，自在环境包括自然、社会和文化等环境，自为环境是人群环境。每个环境中都会有不同因子作用于政务新媒体语言，每个环境因子会产生不同的影响效果。

自然环境对政务新媒体语言产生影响的主要因子是地理因子。地理因子不同，政务新媒体语言表达的词语和表述的内容存在差异。因为地理环境和地区差异，各省市政务新媒体会使用具有地域特色的语言，主要体现在词汇上，比如"侬""笃""好白相"等方言词。地域方言的使用，会激起政务新媒体语言接受者的地域认同感与亲切感。

社会环境中的政治、经济、民族、阶级等因子影响着政务新媒体语言。其中影响力最大的是政治因子和科技因子，推动了政务新媒体语言的发展。政治因子制约政府主体向公众传递政策信息、服务民生与交际互动；科技因子能够保障政府在政务新媒体平台上顺畅地使用政务新媒体语言。

人群环境是内生态环境与自在环境的中介，对政务新媒体语言产生影响。人群环境中的角色、心理和情境因子都影响着政务新媒体语言。

从角色因子看，在实际的语言交际过程中，随着角色因子的变化政务新媒体语言也会有所不同。比如"上海发布"政务新媒体语言发出者主体有政府本身，有作为上海市党务政务信息公开的官方新媒体平台——"上海发布"两微，还有政务新媒体的编辑者。像政务新媒体的编辑者，作为个人在其他新媒体平台上发声时并不需要使用政务新媒体语言,但当他代表政府机构在政务新媒体平台上发布消息时就必须使用政务新媒体语言。同时,政府角色的转变促使政务新媒体语言的发展。随着时代的发展,政府从管理型政府转变为服务型政府,从单向传递政务信息到双向交际交流。"上海发布"两微上发布的消息代表了政府或各个职能部门,因此在发布政策信息、提供公共服务、及时回复公众问题时都应注重角色因子。

从心理因子看,在网络语境中人们有求新、求异的心理,以年轻人为主的大众在交际中更愿意接受网络语言,因此政务新媒体语言词汇中包括网络流行语。比如"上海发布"使用"硬核""区块链"等网络流行语,以及"全力以'复'"等谐音都是年轻人喜闻乐见的表达方式,迎合了年轻人求新求异的心理。此外,设问、排比等辞格的使用也能增强政务新媒体语言的表现力。政务新媒体语言适应接收者的订阅习惯和心理需求,促进双方沟通对话,实现政府与公民的良性互动。

从情境因子看,受到情境因子的影响,政务新媒体语言依据当时的交际环境选择合理的表述方式。什维策尔举出泽姆斯卡娅提出的三种情景成分:关系、态度和环境(什维策尔,1987)。情境是人与人之间进行语言交际的环境,针对每一件具体的事件,"上海发布"使用不同的语言表达方式。比如当处于发布权威信息或引导舆情的情景下,政务新媒体语言风格严肃严谨,使用"规划""政策""解读""公示"等规范词语保障权威性;当处于便民服务的情景下,政务新媒体语言风格亲切活泼,使用"C位""给力""店小二""TA"等网络词和字母词增强亲和力。因此,政务新媒体语言包括行业词语和方言词语、网络流行语、字母词和文言词语等。

李文蓓(2018)认为,语言与其语言环境因子集合存在双向耦合结构和功能关系,且语言生态位也随着语言环境因子的变化和语言内生态因子的兴衰而变化,具有动态性。生态位资源维度制约着政务新媒体语言,为有效提高宣传效果,政务新媒体语言就要适应资源维度,补充完善内外生态环境。

在内生态环境中，政务新媒体语言表达丰富，表现为多样的词汇、标题和提示性话语。词汇子系统不断发展，包括行业词语，如表5-8所示。

表5-8　"上海发布"两微标题中高频率的行业词语使用状况

词语	"上海发布"微信（次）
权威指引、权威解答、权威提示（包括指引、解答、提示）	42
规划、规定、举措	30
发布会、市委常委会、市政府常务会议、市委深改委会议	24
公示、公布、发布	186
政策、方案、草案、文件	31

表5-8显示，"上海发布"两微的标题中都使用了许多行业词语，其中"公示、公布、发布"是使用频率最高的词语。同时，词汇子系统还包括方言词、流行语、字母词和缩略词，比如具有地域特色的方言词"侬"、具有网络环境特色的网络流行语"硬核"，具有全球语言文化互动性特色的字母词"TA"，具有语言使用经济性特色的缩略语"六稳、六保"等，如表5-9所示。

表5-9　"上海发布"两微其他词语使用状况

词语		"上海发布"微信（次）	"上海发布"微博（次）
方言词	侬	8	10
流行语	硬核	9	4
字母词	TA	19	14
缩略词	六稳、六保	32	10

表5-9显示，"上海发布"使用方言词、流行语、字母词和缩略词等词语，但是使用频率相对行业词语不高。当四类词语进行比较时，在"上海发布"政务微信中缩略词"六稳、六保"使用频率最高，在"上海发布"政务微博中"TA"字母词使用频率最高。在"上海发布"两微中还有许多文艺化的词语，比如"迈上新台阶""掌门人""拳头产品""申城""魔都""一体化""一盘棋""金扁担""先手棋""突破口""家底""金名片""牛鼻子""改革饭""开放路""创新牌""菜

篮子""饭桌子""钱袋子"等。使用文艺化、简单化的词语能够使政务新媒体语言更加形象和具体，使语言风格严谨又具有亲和力。政务新媒体语言吸收一些通用词语，赋予这些词语具有政治公文色彩的新意义，比如"上台阶""菜篮子"等。

政务新媒体语言适应资源维度，两微标题有多模态化、简明扼要、前置重点、使用数据、使用辞格、使用谐音等特点，增强了政务新媒体语言的表达效果。表 5-10 选取了"上海发布"政务两微的标题进行了分析。

表 5-10　　　　　　　　"上海发布"政务两微标题分析

序号	标题	标题特征
1	【天气】这？天？气？热？得？冒？汗？啦？！明天继续高温，傍晚前后转雷阵雨	多模态化
2	暴雨蓝色＋雷电黄色！上海刚刚发布"双预警"、、、、、	
3	权威发布！上海继续对来自或途经国内疫情中高风险地区的来沪返沪人员加强管理	简明扼要
4	浦东、社区、旧改、北外滩……市委常委会今天聚焦这些关键词	重点前置
5	上海今天又有 5 例确诊病例痊愈出院，累计治愈出院 699 例	使用数据
6	2 小时 11 个问题！总理记者招待会的热点答问在这里！	
7	【探索】你知道吗？天问一号"驾驶员"上海造！	使用辞格
8	用人单位与劳动者需要相互了解哪些？又应注意哪些？一图解答	
9	【注意】"梅"完"梅"了！暴雨、雷电双预警今早仍然高挂	使用谐音

表 5-10 显示，标题 1、2 类似软件制作的字符画，这类标题数量较少，主要应用于天气类信息，有直观的画面感、创新感；标题 3 简洁明了，陈述事实，"上海发布"两微的标题一般在 20 字左右；标题 4 将会议的关键词语和主题前置，突出重点以吸引政务新媒体语言接收者；标题 5、6 使用数据分析，直观展现内容，在"上海发布"所有标题中使用频率较高；标题 7 使用拟人辞格，标题 8 使用设问辞格；标题 9 的

"梅"巧妙借用谐音,意指雨水天气没完没了,而"梅"又指梅雨天气。此外,从表格中可以看出标题中大量使用标点符号,标题由多个短语、短句和破碎句组成。在网络语境下,政务新媒体语言发出者和接收者都会有意识地超常使用标点符号。标题3使用感叹号,强化语气;标题4使用省略号拖长语气,引发语言接受者思考;标题6连用两个感叹号、标题7连用问号和感叹号、标题8连用两个问号,都增强了吃惊或者疑问的语气。标点符号辅助文字记录语言,是现代汉语书面语言的重要组成部分,它既可以表示停顿,又可以表示语气。在政务新媒体的标题中恰当使用标点符号,可以促使政务新媒体语言表达准确、易于理解。

政务新媒体语言适应资源维度,两微语言具有不同的提示性话语。越来越多的政府部门的信息发布以数字化方式传递。这种信息传递方式,因媒介自身的要求,形成了独特的言语组织形式(张先亮,2015)。载体形式不同,政务新媒体语言标明分类的提示性话语也会有所不同。微博用【标题】的形式与正文分隔开,起到提示语篇内容作用;用#话题#形式提示话题,便于信息分类和查找;还用"via""@某某某"等话语标记补充信息来源。而微信标题字数显示有限,一般使用方括号

图 5-21 2020-07-20 "上海发布"微信截图

【分类话语】起到信息分类作用,比如【交通】【教育】【提示】【天气】等。例如"上海发布"两微均于2020年7月20日发布了"关于提高区域防洪除涝能力,新川沙河段项目获批"的消息。在微信中,"【提示】提高区域防洪除涝能力,新川沙河段项目获批"的【提示】表明分类信息,后面的话语表述传递出信息的主要内容(见图5-21);在微博中,"【提高区域防洪除涝能力,新川沙河段项目获批】#上海新闻#"使用两个"#"号来达到分类话语的目

的，使用中文中括号放在内容开始处起到标题作用（见图5－22）。

在外生态环境系统中，政务新媒体语言映射社会系统的现状，词汇与社会的关系最为紧密，政务新媒体语言传递政务信息，而这些政务信息反映的都是与现实社会息息相关的社会动态。政务新媒体语言使用文字、图像、视频、音频等形式更加直观地反映社会现状，体现了多模态的特点。

政务新媒体语言推动人群系统的完善，促使政府与市民之间的关系更加紧密和团结，促使语言生态环境更加和

图5－22　2020－07－20
"上海发布"微博截图

谐。完善情感因子。比如谦称"我们"代替"我"成为政务语言习用语，包含交际双方的"我们"缩短听说者之间的情感距离，发挥等同关系的作用。受情感因子影响的政务新媒体语言用端正的态度和真诚的情感对待政务语言接收者，进行主动、及时、全面的政务公开，让更多的政务新媒体语言接收者认可，达到政务主体将信息最大限度地传递给公众的目的。完善角色因子。比如政务新媒体语言区分绝对化词语的使用语境，降低"必须""彻底""非常""完全"等这一类绝对化词语使用频率时，交际双方形成一种平等、亲密的社会关系，从而保障政务新媒体语言发出者和接收者进行互动，促使双方平等交际，使交际双方的角色得到改变，从而改变政府形象，由管理型转变为服务型。

三　政务新媒体语言适应功能维度

语言功能是指语言在社会生活中所发挥的功能（李宇明，2008）。政务新媒体语言除了传递信息、平等交际交流等基础性功能外，还有情感认同、社会映射、文化传承和保护环境等导向性功能。

政务新媒体语言受到语言生态位功能维度的制约。变化的生态环境

给政务新媒体语言发挥作用带来压力,这种压力不断推动了新媒体语言的发展。政务新媒体语言为了适应语言生态位的功能维度,就必须不断优化和完善自己,拓展基础性和导向性功能。

传统的信息表达方式以文字为主,而移动互联时代的信息表达方式更加丰富多彩,图片、视频、音频等多媒体信息构成了表达的重要组成部分(秦少康、李华,2017)。为了更好地传递信息,政务新媒体语言会使用文字、图像、视频、音频等多种模态,采用不同的色彩,展现出可视化的特点。比如"上海发布"两微使用"纯文字""文字+图片""文字+视频""文字+链接""文字+图片+链接"等多种形式,有效调动听觉、视觉、触觉等功能,为适应网络语境的表达,丰富政务新媒体语言,提升"上海发布"两微的影响力,构建良好的城镇形象提供保障。

政务新媒体语言通过传递信息映射社会现状,比如"上海发布"用政务新媒体语言发布便民交通、规划改造等信息,也可发布辟谣消息,传递准确信息。如2020年7月15日,"上海发布"政务微博:

【市防汛办辟谣:黄浦江水位离警戒线还远!】#最新#市防汛办说,网上关于"黄浦江水位超过路面"的传言,纯属谣言……尽管"开闸纳潮"了,但上海是安全的,全市水位都在安全受控范围,暂无超警戒水位河道。详见↓①

政务新媒体语言交际不是单向的行为,而是交际双方在双向交流,包括信息发出者和接收者。"定景(grounding)"是说话者和听话者都相信交际双方能够理解说话者充分地表达了当前的意图,定景就是交际双方尽力达成这种互信的复杂过程(Clark and Brennan,1993)。政务新媒体语言发出者和接收者两者相互协调,旨在达成多方面多层次同步协调,发出者在政务新媒体平台上发布可靠信息,提供深度的信息解读,使用政务新媒体语言彰显政府机构的权威性。政府使用具有亲和力的政务新媒体语言,

---

① 2020年07月15日,"上海发布"微博发布【市防汛办辟谣:黄浦江水位离警戒线还远!】,https://m.weibo.cn/2539961154/4527081864039715。

接收者认可政务语言传递的信息，并且主动接收政务新媒体语言，构建相互沟通的公共空间及平等的交际关系。"上海发布"政务两微使用政务新媒体评论区互动、点赞、转发等多样化手段促进了双方的交际交流。

政务新媒体语言平等交际互动，并且能够引导舆论。政务新媒体语言不再单纯用于政务信息发布，而且还成为政府政策解读、回应关切的工具，成为政府与人民沟通互动的桥梁。比如政务新媒体语言要特别注意绝对化词语的使用语境，降低"必须""彻底""非常""完全"等绝对化词语的使用频率，使交际双方形成一种平等、亲密的社会关系，保障了政务新媒体语言发出者和接收者进行互动交际。同时，当重大、突发事件发生时，政府利用政务新媒体语言及时准确、公开透明地发布消息，回应民生关切，政务新媒体语言起到引导舆论功能。比如2020年6月9日，"上海发布"微信就轨交1号线供电设备故障发布电子版的道歉信，真诚地表达了歉意，正确把握了舆论方向。

> 申通地铁集团说，轨交1号线今早发生供电设备故障，目前正在积极抢修中，徐家汇至莘庄站区段列车限速运行，发车班次间隔延长，预计晚点时间25分钟以上。
>
> 由于目前正值早高峰时段，现场客流压力较大，部分车站已采取进站限流措施。请乘客们选择其他线路或公交方式，以免耽误行程。
>
> 受影响乘客可通过上海地铁官网运营专页获取电子版致歉信，点击本条微信左下角的"阅读原文"，即可获取。给您出行带来不便，深表歉意。①

政务新媒体语言具有情感认同功能，主动、及时和全面地发布消息能够促使政府与市民之间的关系更加紧密和团结。受情感因子影响的政务新媒体语言用端正的态度和真诚的情感对待政务语言接收者，能够让更多的政务新媒体语言接收者认可，达到政务主体将信息最大限度地传

---

① 2020年06月09日，"上海发布"微信发布【快讯！轨交1号线供电设备故障，部分区段限速运行】，https://mp.weixin.qq.com/s/GFflftNhSYQS_ji-8FjPLg。

递给公众的目的。随着政务新媒体语言的适应,语言的功能不断提升,生态位功能维度的完整性得到了维护。

第三节 新型城镇政务新媒体语言生态位缺失

在新型城镇化进程中,政务新媒体得到了快速发展,以适应新型城镇建设的需求,但作为新事物,仍处在不断探索与发展阶段,难免会出现这样或那样的问题,比如语言生态位的缺失,包括时空维度的缺失、资源维度的缺失和功能维度的缺失,这些生态位的缺失都会导致非生态现象出现,会影响语言生态位的构建,甚至影响到新型城镇化的建设,因此,我们要正视生态位存在的问题。

一 生态位时空维度上的缺失

缺乏前瞻性、及时性、延续性都是政务新媒体语言时空位的缺失。在网络信息时代,政务新媒体应使用互联网技术或借助第三方来及时捕捉网络舆情,提前确定应急应变机制。未能及时捕捉到网络舆情或应对时出现"老旧"现象是缺乏前瞻性的表现。当重大事件发生,政务新媒体没有在第一时间作出反应,或未能形成联动发布模式是缺乏及时性、延续性的表现。例如无锡政务新媒体关于"无锡312国道高架桥坍塌事件"的发布。

事件背景:

> 2019年10月10日18时10分许,江苏省无锡市312国道K135处、锡港路上跨桥发生桥面侧翻事故。事故发生后,江苏省、无锡市启动了应急响应机制,全力开展事故救援处置工作。交通运输部专家组已赶赴现场指导事故调查,无锡市也已成立事故调查组。经初步分析,上跨桥侧翻系运输车辆超载所致。①

---

① 《"无锡312国道高架桥坍塌事件"事件背景》,http://www.mnw.cn/news/shehui/2207679.html。

第五章　新型城镇化中政务新媒体语言生态位研究

10月11日04：18，政务微博"无锡交警"首次发布绕行事故路段的提醒（见图5-23），10月11日05：37，政务微博"无锡发布"首次发布情况通报（见图5-24）。

图5-23　2019-10-11"无锡交警"政务微博

10月11日05：37，政务微博"无锡发布"首次发布情况通报：

图5-24　2019-10-11"无锡发布"政务微博

突发公共安全危机管理的议程通常是由政府设置的，第一时间是设置议程的最好时机，但在放弃第一时间后，大众非正式的议程一旦形成,政府就丧失了议程设置的权力(胡范铸,2003)。民间话语天生缺乏一种权力地位,而为了获得话语的权力地位,抢占先机是一种有效策略(陈龙,2014)。无锡高架坍塌事件发生后,"无锡发布""无锡交警""平安无锡"等地方性政务新媒体未就此事在第一时间发布官方信息。由于发布不及时,错失了引导舆论的最佳时机,引起公众质疑,导致谣言产生。在网络信息时代,这种谣言传播速度快、范围广,很快占据了语言生态的时空位。这种现象既不利于公共话语时空位的健康发展,也不利于政府公信力和政务生态的有效维护。

时间位和空间位虽是两个独立的生态位,但联系紧密,相互影响。如上例就由于时间位的缺失,造成了空间位的缺失,给谣言的滋生留出了足够的空间。

时空位的缺失还表现在一些政务新媒体在内容上进行选择性报道,并有意无意地让重要信息缺位,或语言表述不准确。比如政务微博"故宫博物院"关于"开车进故宫事件"的发布。

事件背景:

> 2020年1月17日下午,高露一条发表在社交平台、于故宫闭馆期间把车停在太和门广场西南侧,进而合影摆pose的博文引起轩然大波。故宫方面核实事件属实,并向公众诚恳致歉。①

政务微博账号"故宫博物院"发布道歉:

图 5-25　2020-01-17"故宫博物院"政务微博

---

① 《"开车进故宫事件"事件背景》,http://www.nbd.com.cn/articles/2020-01-18/1401431.html。

第五章 新型城镇化中政务新媒体语言生态位研究

2020年1月17日,露小宝LL发布的开车进故宫的微博引起了社会的广泛关注,随后政务微博"故宫博物院"发布道歉(图5-25),其中与本事件有关的重要信息缺失,包括"整个事件的事实""发生该事件的原因""属于谁的责任""如何进行下一步整改"等,这些重要信息不全导致了政务新媒体语言没有说服力,未能很好地打破谣言和化解负面舆论,引发了公众的热议。如图5-26,微博账号"新京报"就故宫发布的政务新媒体语言提出疑惑。

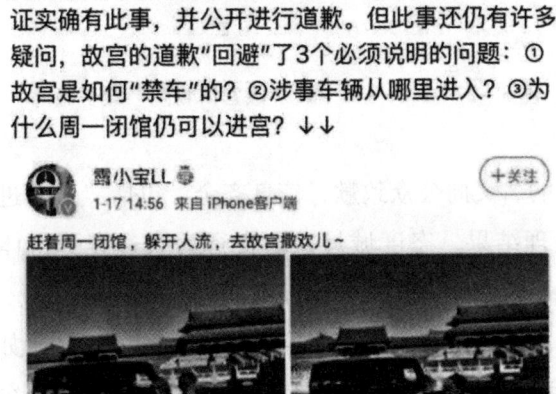

图5-26 2020-01-18"新京报"发布微博截图

2020年1月21日凌晨,政务微博"故宫博物院"再次发表致歉。

崔蓬克(2014)认为,当一个言语行为在言语层面被判断为道歉行为后,与道歉行为有效性相关的因素包括:道歉的真诚度、道歉发话人的事件相关度、表达的得体性和充分性等可控因素,事件对于受害人或公众的危害大小等不可控因素。与开始道歉不同,图5-27以故宫博物

· 235 ·

> 故宫博物院 V
> 2020-1-21 00:33 来自 微博 weibo.com
> 故宫博物院院长王旭东向公众致歉
>
> 近期发生的"开车进故宫"事件引发社会高度关注,引起公众对故宫文物保护的担忧,我代表故宫博物院再次向社会公众诚挚道歉!
> 1月13日,经过故宫博物院批准的闭馆日活动有200余人参加。因原定停车场车位已满,我院相关部门引导车辆停放时,临时改变停车位置,未严格执行报批的接待方案,将原定的西华门内西河沿停车场,变更为午门内金水河南侧临时停车场。该区域地面是历年来不断更新的现代材料,多年来一直作为闭馆时段的车辆通道和闭馆日活动的临时停车场所。
> 此次事件反映出我院在内部管理和社会服务中存在的短板不足。经研究决定,对负有领导责任的故宫博物院分管副院长和保卫处处长停职检查。我院将汲取教训,以此为戒,全面加强管理,认真进行整改。对故宫内所有车辆通道、停放场所进行排查,确保不对故宫文物造成损害,确保故宫安全,全力守护好故宫,为社会提供更多更好的公共服务。
> 2020年1月20日 收起全文 ∧
>
> 收藏   50177   38303   2158180

图 5 – 27 2020 – 01 – 21 "故宫博物院" 政务微博

院院长王旭东的名义向公众致歉,信息齐全,包括"开车进故宫"的原因以及后续处理结果,态度诚恳,语言行为表达充分得体,具有说服力,有效打破谣言,充分发挥了政务微博语言的功能。

政务新媒体切忌发布未经证实或道听途说的信息。比如政务新媒体关于"2018年10月28日10时,重庆市万州区一辆22路公交车在万州长江二桥坠入江"的报道:

12点零3分,政务微博"平安万州"发布"#警情通报#【关于万州长江二桥大巴车坠江的通报】"消息:10月28日10时许,重庆市万州区一大巴车在万州长江二桥桥面与小轿车发生碰撞后,大巴车坠入江中。市区两级党委政府高度重视,紧急组织公安、海事、长航等相关部门全力搜救,事故原因正调查中。①

13点,据万州区交巡警支队通报,与公交车碰撞的私家车女司机邝

---

① 资料来源微博"平安万州",https://m.weibo.cn/2634614892/4300067261702252。

某娟已被警方控制。

17点46分，政务微博"平安万州"再次发布"#警情通报#"：10月28日10时08分，一辆公交客车与一辆小轿车在重庆市万州区长江二桥相撞后，公交客车坠入江中。经初步事故现场调查，系公交客车在行驶中突然越过中心实线，撞击对向正常行驶的小轿车后冲上路沿，撞断护栏，坠入江中。[①]

从12点至17点46分，网络空间位的舆情不断发酵，各种谣言对女司机进行网络批判，直到政务微博"平安万州"信息发布，才为女司机正名。可遗憾的是，在17点05分，政务微博"中国警察网"就"10·28重庆公交坠江事故"仍发布了不实信息，语言表述错误（见图5-28）。

图5-28　2018-10-28"中国警察网"
发布不实消息微博截图

此信息虽很快被发布者删除，但阅读量已达139万，图片和文字也被人下载。在网络时代，空间位占据的生态位置越来越大。在公共开放

[①] 资料来源微博"平安万州"，https://m.weibo.cn/2634614892/4300153739410427。

的网络空间中,不仅包括具有权威性的政务新媒体语言,还包括不实的谣言与流言。谣言是人们故意编造的,有特定的目的,如对他人进行污蔑与诽谤,或出于扰乱社会秩序的目的;流言有可能是人们出于对一些事物的猜测,在人际之间互相传播的过程中,经过不断的加工、完善、从而产生变异,其目的有时可能不是恶意的(郭太生,2004)。从共时层面看,政务新媒体的语言与谣言、流言处于同一个时空位,产生重叠现象,相互竞争。政务新媒体语言重要信息缺失、语言表述不准确会对谣言或流言起到推波助澜的作用。公共开放的网络空间虽能促使政务新媒体语言快速发展,同时也给碎片化和匿名性的谣言、流言提供便利,而当谣言、流言的时空维度不断扩展时,势必会挤压政务新媒体语言的时空维度,重叠越多,竞争就越激烈。

因此,政务新媒体要好好把握主动权,牢牢掌控时空位,不给谣言或流言有可乘之机。在网络舆情面前,沉默不语只会导致谣言扩散更快(高宏存,2014),会对政务新媒体语言生态位造成不利影响。

二 生态位资源维度上的缺失

政务新媒体语言的资源维度依赖于内外生态环境。内外生态环境改变,政务新媒体语言也要不断变化以适应资源维度,当两者不匹配时,就会产生缺失。内生态环境缺失表现为政务新媒体语言文字应用不当和语言表述不当,篇章缺乏规范,包括标题、话题、正文、补充信息等,各个部分都可能出现缺失。

(30a)【沪今起取消行人交通违法"累进式"执法模式,行人违反交通法规直接处】("上海发布"微博 2020 – 07 – 13)

(30b)【监管】沪今起取消行人交通违法"累进式"执法模式,行人违反交通法规直接处罚("上海发布"微信 2020 – 07 – 13)

(31)【5分钟可达!徐汇滨江打造有温度有颜值的"水岸汇"】("上海发布"微博 2020 – 07 – 13)

(32)上海宝库匠心馆、花开海上生态园为国家3A级旅游景

区。你？（"上海发布"微信2020-06-05）

（33a）

上海发布 V
6月8日 20:53 来自 微博 weibo.com
【@退休职工、灵活就业人员：社区参保的9个热点问答在此】#便民提示#上海退休职工和灵活就业人员看过来！一年一度的社区参保已经开始了，非沪籍的灵活就业人员能参保吗？住院、特种重病、意外伤害这三项基本保障必须同时参保吗？来看@上海工会发布 的权威解答↓

（33b）

上海发布 V
5月26日 15:02 来自 微博 weibo.com 已编辑
【@ 沪灵活就业人员和退休职工，这两项保障计划6月1日起开放社区参保！】#便民提示#上海灵活就业人员和退休职工看过来~市总工会说，"上海职工互助保障项目2020"社区参保基本保障以及"退休职工住院补充医疗互助保障计划"2020社区参保，将于6月1日开启。具体参保对象、保障期限、给付标准等详见"】 @沪灵活就业人员和退休职工，这两项保障计划6...

例（30a）和例（31）是标题上的不规范。与例（30a）"直接处"不好理解，给人感觉应该是"接待处"，可从例（30b）获知，应是"直接处罚"，"直接处"后漏了"罚"字；例（31）"水岸汇后缺失半个引号。例（32）是正文中的不规范，"你？"不知何意，应该是"你"后缺失内容。例（33a）是补充信息上的不规范，绿色文字的"退休职工"和"上海工会发布"都是微博的用户名，通过点击用户名超链接发现"退休职工"这个用户名不存在，而"上海工会发布"是真实存在的"上海市总工会官方微博"。例（33a）中的"退休职工"标绿，但后面与之并列的"灵活就业人员"和例（33b）中的"沪灵活就业人员和退休职工"没有标绿，两者对比可以得知"上海发布"是想虚指在上海灵活就业人员和退休职工，例（33b）是正确的表达，而例（33a）中存在着补充信息上的失误。另据王建华（2016）研究浙江省县级政府网站也存在政务新媒体语言许多不规范的问题，主要是在词汇、语法、文字、标点、篇章等层面。

政务新媒体语言表述不当会带来不必要的麻烦，会损害政务新媒体语言的权威性。比如河南鲁山县未成年人强奸案事件，鲁山检方在其微信公众号中使用"冰释前嫌""握手言和"等词语，词语表述不当引发舆论高度关注。又如重庆高考政审乌龙事件，重庆教育考试院在官方网站上发布消息时使用"政审"一词，词语使用不规范引起人们的广泛关注，后来政府官方网站再次发布信息，表示应为"思想政治品德考核"。这些都是政务新媒体语言内生态环境出现问题所带来的后果。

外生态环境系统由自在环境和自为环境构成，其中自在环境包括自然系统、社会系统和文化系统，自为环境是人群系统。每个环境中都有许多因子在对政务语言发生作用，不同的因子影响也不同。人群系统的不主动会导致政务新媒体缺失一般性意图的言语行为，成为"僵尸账号"，特指政务新媒体不发布消息、发布消息少、仅转发其他账号消息、无原创消息的账号。随着互联网普及率和移动互联网使用率不断提高，对政务新媒体语言在授权的范围内发声提出了更高的要求，"一些地方的政务新媒体全面开花后运营跟不上、功能定位不清晰、监督管理不到位"①。同时，人群系统的不主动还会导致政务新媒体语言表述模糊。如邢台政务新媒体关于"7·19邢台暴雨事件"的发布。

事件背景：

> 自7月19日开始，河北省邢台市出现入汛以来最强降雨过程，遭遇"96.8"（注：1996年8月）后最大洪水，造成不同程度灾害损失。这次强降雨历时长、强度大、面积广，多项数据已超过"63.8""96.8"数值，形势非常严峻。截至2016年8月14日16时，已导致42人死亡、5人失踪。②

---

① 《政务新媒体告别"僵尸"账号和庸俗化 走向高质量发展》，http://yuqing.rednet.cn/Article.asp?id=317913。
② 《"7·19邢台暴雨事件"事件背景》，http://news.cnr.cn/native/gd/20160722/t20160722_522761834.shtml。

第五章　新型城镇化中政务新媒体语言生态位研究

邢台发布 V
2016-7-21 16:49 来自 360安全浏览器
#邢台播报# 【暴雨过后：自力更生 抢险自救】7月19日，邢台县西黄村镇后马厂村多数群众受围困。了解情况后，邢台县防汛指挥部指导乡镇政府，组织救援队伍将全部受围困群众转移至镇区、邻近学校安置，确保人身安全。7月20日下午起，后马厂村党员干部自发组织群众，动用小型机械对进村道路堆积的淤泥进行清理，平整进村道路，开展抢险自救。收起全文

☆ 收藏　　　　　☐ 2　　　　　☐ 4　　　　　👍 4

图 5 – 29　2016 – 07 – 21 "邢台发布" 微博截图

2016年7月19日，河北省邢台市多个村庄遭受特大暴雨袭击，19日至22日，"邢台发布"一直在发布抗洪救灾信息，但没有发布多人遇难的相关信息。直到7月22日19时，政务微博"邢台发布"才公布具体受灾情况："截止到7月22日11：30，最新灾情统计：灾情造成9人死亡、11人失踪。"随后，当天没有相关更多信息的后续发布。7月23日14时11分"邢台发布"再次公布洪灾遇难者及失踪人员名单。政务新媒体语言因网络空间位中舆论的压力而被动地进行信息发布，仅针对询问做出回应或针对质疑做出解释。在国家提出新型城镇化的头几年，地方政务新媒体普遍存在越是重大的问题，越是回应性的，很少主动性发布的情况。"政府微博总是面对被动的、被怀疑的局面，难以有效地建构权威可信的形象"（崔蓬克，2014）。

人群系统是内外生态环境的中介，内外生态环境通过人群相互影响和作用。人群系统的意向、情感、角色、情境因子未能匹配内外环境系统的变化时，会在一定程度上影响内外生态环境。

意向因子的缺失。一些法律条文如《政府信息公开条例》，在一定程度上规范了政务新媒体语言且改善了其公开不主动的情况。但是由于难以界定公开与保密的界限，在实际语言应用中仍然存在着问题。比如"7·19邢台暴雨事件"中政务新媒体不主动发声，是因为"政府及其官员在考虑公开与否与公开的程度问题时就会有所顾忌，很多情况下他们会选择不公开，以保护自己不会侵犯国家法律对于公开的规定"（姬莉，2014）。

角色因子的缺失。一旦个别代表政府机构发声，其语言能力即代表了政府的执政能力（王建华，2018）。政务新媒体语言编辑者的语言能力不足会导致政务新媒体语言使用情景不当。

情感因子的缺失。政务新媒体语言的"怼网民"现象影响了公民对政务新媒体语言的情感态度和认同感。比如2013年11月10日，"北京地铁"发布政务微博：

> 【地铁文明大家谈】"蝗虫"过后的10号线一片狼藉……北京首都的宽容大度为人称道，但有时候宽容过了头也是最大的诟病。对于恶意破坏北京首都的行为，我们只想说这里不欢迎你！①

政务新媒体"北京地铁"使用了容易误读的字眼，让敏感的微民认为其涉嫌地域歧视。还有"你是替党说话还是替老百姓说话""你最好永远别来，我们这里有你不多，无你不少"等话语，都是不利于政务新媒体语言健康发展的。政务新媒体语言传递的信息具有严肃性和导向性特点，因此当一些政务新媒体语言宣传意味过浓时会导致接收者抗拒情感沟通和信息接收。

情景因子的缺失。政务新媒体语言的"神回复"现象是指在当时的交际环境中未能选择合理的表述方式，从而损害了语言的权威性。比如2018年5月2日，安徽政务微信回复咨询问题的政务新媒体语言接收者为"你不说话没人把你当哑巴""我仿佛听见了一群蚊子在嗡嗡嗡"；2018年6月24日，四川自贡市环保局微信在与反映问题的市民互动时也回复"不说话没人把你当哑巴"。

2014年7月，江西丰城镇一公民在与丰城市国土资源局政务新媒体互动时，其回复为："因我局工作人员对政策、对法律的理解能力和执行能力有限，无力对该纠纷进行调处，敬请谅解。"这些都是因为政务新媒体语言没有发挥情景因子的作用，未能选择恰当的表达方式，削弱

---

① 资料来源：https://m.weibo.cn/2813691994/3643381375179246。

了政务新媒体语言的权威性，疏远了政府与人民的距离，影响到新型城镇化的建设。

三 生态位功能维度上的缺失

时空维度和资源维度的缺失都会影响到政务新媒体语言的功能维度。语言生态位的功能维度是语言反作用于生态环境时担任的角色与具有的功能（张先亮、魏颖，2017）。政务新媒体语言的功能包括传递信息、交际互动、保护环境、传承文化、映射社会等，因此，当这些功能缺失，就会导致生态位的功能维度发挥不了应有的作用。其主要表现在人际互动和信息传递功能上。

与传统媒体不同，政务新媒体有着双向互动功能，一是与其他政务新媒体联动，二是与公众进行互动。当政务新媒体联动发布语言时（如图5-1），不仅形成了政务新媒体语言发布矩阵，还快速增强了消息的影响力。反之，政务新媒体语言没有形成政府各级机构矩阵化会导致功能维度的缺失。

同时，与公众进行互动交际是生态的政务新媒体语言，而目前仍然有许多政务新媒体面对公众的知情权诉求不回复、不互动。比如"山东大学"关于"中外学生'学伴'事件"的语言发布。

事件背景：

> 山东大学一个留学生配三个学伴，从2017年的一对一配对，改革为2018年的每个留学生配三个健康学伴，形成三人学伴小组，落选学伴则列入学伴库。学伴报名表以及学伴管理规定中，并不规避异性学伴问题。在报名表中，还特别强调学伴的性别，将结交外国异性友人列为选项之一，在表中用红字注明："请同学们尽可能详细认真的填写，以便为你匹配心仪的学伴。"[①]

[①]《"山东大学举办中外学生'学伴'事件"事件背景》，http://baike.baidu.com/view/22160320.html。

2019年7月12日,微博官方账号"山东大学"发布情况说明:

图5-30 2019-07-12"山东大学"微博截图

图5-30显示,政务微博"山东大学"发布情况说明,此说明得到了公民的广泛关注,转发量30049,评论量170828,点赞量535164。在评论区中还存在着一些有疑惑来咨询的公民,但是官方微博并没有在评论下方进行任何的双向互动。

公民1评论:"学伴制度"到底是什么?能不能公开一下?在"学伴制度"下有没有出现不好的影响?本校学生对此有没有觉得不公平(清华北大的留学生宿舍也比国内学生好),还有为什么要有这个制度?咱们国家去国外的留学生有这个待遇么?别的学校可能更多,只是没有关注。

公民2评论:第一,既然承认审核不严,那么后续的处理呢,如果学校不能有效地监督管理,为什么不能在校内网上公开让学生共同监督?第二,不是社会对山东大学的期望,而且山东大学学生对你们的期望,他们才是你们最需要关心的人!

公民1和2就山东大学中外学生"学伴"事件提出了一些问题,但是在评论区中并没有发现官方微博针对这些问题进行回复。政务微博

"山东大学"面对公众的知情权诉求不回复、不互动,不仅破坏了政务新媒体语言的人际互动功能,还影响了整个社会生态环境。

公民3评论:看完下面的评论,首先要说明学伴制度是什么?是否是像一些公众号说的那样。可以对公众号进行逐条辟谣,校方的危机公关做得不好。看下面的评论多是校友支持,支持学校没有错,关键是无脑支持是不对的。接受批评才能获得进步,也能更好地发展。

公民3也对学伴制度提出了一些疑惑,同时他还提出了一个比较合理的解决方法——对公众号进行逐条辟谣,但实际上官方微博接下来并没有就此事有任何的政务新媒体语言发布。互动沟通功能在政务新媒体话语传播过程中被严重低估与忽略(许海龙、宋昌进,2018)。一些政务新媒体关闭评论区,不与公民进行平等互动;一些政务新媒体不回复公民反映或咨询的问题,无法打通"两个舆论场"。政务新媒体语言不是孤立的存在,而是受到语言生态位三个维度的影响,因此加强与政务新媒体语言接收者的对话与沟通是构建政务新媒体生态环境行之有效的方法,政务新媒体语言实现人际互动功能保障了语言生态位的和谐,促进了社会话语向着积极的方向演变。

政务新媒体语言过度使用政治术语也会导致传递信息功能弱化。有些政务新媒体仍带有传统宣传的思维,比如"八股型""公告型""道德领袖型"等,严重影响语言传递效果(政务直通车团队,2015)。比如"平安哈尔滨"关于"1.2哈尔滨仓库大火坍塌事件"语言发布。

事件背景:

> 2015年1月2日13时许,哈尔滨市道外区太古头道街的北方南勋陶瓷大市场的三层仓库起火。1月3日13时20分,大火基本被扑灭,500多名公安消防官兵连续奋战,549户居民及临街商户群众2000余人被成功营救疏散,无一伤亡,营救过程中,5名消防战士牺牲。①

---

① 资料来源:http://baike.baidu.com/view/15732716.html。

1月3日,官方微博"平安哈尔滨"发布哈尔滨市道外区太古街727号库房火灾情况:

> 2015年1月2日13时14分,哈尔滨市道外区太古街727号一日杂品仓库发生火灾,该仓库系非消防安全重点单位,钢筋混凝土结构,使用性质为批发零售小商品。
>
> 火灾发生后,黑龙江省委、省政府和哈尔滨市委、市政府高度重视。省委书记王宪魁赴现场指挥;省长陆昊做出批示,要求省直有关部门要迅速调动力量进行救援救治,迅速查明被埋有关消防人员情况,迅速查明火灾原因;省委常委、省委秘书长李海涛和省政府秘书长李显刚到现场组织灭火、救援、救治;市委书记陈海波第一时间做出部署,市长宋希斌,市委常委、常务副市长聂云凌,市委常委、宣传部长张丽欣,副市长任锐忱等市领导现场指挥灭火、救援、救治工作;省委办公厅、省政府办公厅、省安监局、省公安厅、省卫计委、省公安消防总队等部门的负责人现场协助指挥。

图5-31 2015-01-03"平安哈尔滨"微博部分截图

一场大火烧了24个小时,500多名消防官兵奋战了一天一夜,并有5名战士献出了年轻的生命。可在官方微博"平安哈尔滨"(图5-31)报道中大谈"领导高度重视",从省委书记、省长、省其他领导到市委书记、市长、市其他领导,一个不落,不厌其烦地歌颂他们如何高度重视,如何在第一时间亲临一线,却看不到接收者所关心的其他信息,如火灾是怎么发生的,500多名消防官兵如何奋战,5名战士如何牺牲,民众又是如何有序撤离的等信息。这样的政务新媒体语言是接收者不感兴趣的,直接影响了语言传递信息的功能,甚至会造成接收者不信任政务新媒体发布的主流话语，不接受政务新媒体传递的信息的后果。

与过多使用政治术语一样，政务新媒体过多使用娱乐化词语也会影响语言映射社会的功能。比如政务新媒体出现一些"瞎卖萌"现象，使用卖萌体、咆哮体、淘宝体、元芳体、甄嬛体等个性化形式，像有些政务新媒体在网上给未归案的逃犯用"亲，您……哦"之类的淘宝体，这种滥用个性化表达方式或未结合语境使用非正式语体的行为会损害政务新媒体语言的权威性，弱化政府机构的公信力。同时，有些政务新媒体过于看重传播影响力，在内容上大量转发或发布一些娱乐化、庸俗化的信息，过多娱乐化信息无法构建良好的政府形象，影响了政务新媒体语言生态和新型城镇化的建设。

第四节　新型城镇政务新媒体语言生态位维护

语言对生态建设发挥着重要作用，语言生态位的维护能有效促进政务新媒体语言与新型城镇化的建设，而政务新媒体语言生态位缺失也会给语言生态带来消极影响，甚至影响新型城镇的生态文明，因此，我们要采取切实可行的对策，维护政务新媒体语言生态位，构建新型城镇形象，推动新型城镇化的健康发展。

一　政府层面

政府承担着推动政务新媒体语言可持续发展的重任，因此，在时空维度上，要紧紧抓住时间位，牢牢占有空间位，保障时效性；在资源维度上，需要规范政务新媒体语言的内生态环境，在外生态环境中，完善相关法律法规并及时制订相关的语言规划；在功能维度上，需要维护语言功能的完整性，发挥其功能的最大值。

（一）把握时空维度的时间位

人民网舆情监测室（2013）提出处理突发危机需要遵循的一个原

则：速报事实、慎报原因，再报进展。政府层面要做到：首先，政务新媒体在关键时候要及时有效发声。人民网舆情监测室（2013）提出"黄金4小时"理论：政府要在事发4小时内发布权威消息，用事实来引导舆论，从而破除谣言。政务新媒体语言只有在舆情第一时间发声才能占据舆论制高点，才能牢牢把握空间位。反之，在网络语境中，政务新媒体语言原有的空间位就会被虚假性的谣言、随意性的流言所占据。在首次发声中，政务新媒体语言公布事件进展与表达态度，不对事件迅速盲目定性，不要使用绝对化词语。其次，政务新媒体语言在重大、突发事件中要积极主动回应，用诚恳解答的态度面对质疑。政务新媒体语言及时、主动的发布助推了政务信息公开，能够将语言信息真正地传递到民众之中。最后，在面对重大突发事件时，政务新媒体要不断发布信息，形成政府舆论场，占据舆论引导权，影响网络舆论的走向。比如政务微信公众号"浙江发布"关于"2020年6月13日沈海高速温岭大溪段发生槽罐车爆炸事故"共发布6条消息：

第一条信息发布：沈海高速温岭大溪段发生槽罐车爆炸事故 车俊、袁家军作出批示。

第二条信息发布：最新情况通报｜沈海高速温岭大溪段发生槽罐车爆炸事故 车俊等作出批示 袁家军等赶赴现场。

第三条信息发布：车俊赴温岭检查指导"6·13"槽罐车爆炸事故后续处置工作。

第四条信息发布：袁家军：把救治生命放在第一位 竭尽全力把伤亡减少到最低。

第五条信息发布：车俊、袁家军指导温岭槽罐车爆炸事故处置工作。

第六条信息发布：车俊再赴温岭检查指导"6·13"槽罐车爆炸事故后续处置工作。

"浙江发布"政务新媒体语言把握时效性原则，在事故发生后的3小时内发布第一条信息；同时，"浙江发布"连续发布信息：事故原因、现场救援、最新情况、新闻发布、善后处理等信息，回应公众提问，缓解公民情绪，呼吁理性救援。当突发事件发生之后，政府第一时间发布权威信息，积极应对，有效处理突发事件，将不利因素降到最低。政府以权威性语言占据政务网络空间位，及时主动辟谣。并且使用政务新媒体语言列举证据，联动发布消息，形成强大的影响力。

(二) 规范语言的内生态环境

新媒体语言应用活跃、频繁、高效、多变，逐步影响现实空间的语言使用（张先亮，2015）。把握内生态环境因子的变化与发展，以适应生态环境变化。一方面，政府需要把握语言特点，发挥传递政务信息、处理公共事务功能，语言风格需要准确严谨。政治词语规范，以"权威发布""政策解读"等词语为主，能够保障政务新媒体语言的权威性和严肃性；另一方面，政府需要把握媒介形式，语言表现为网络化、口语化，语言风格需要通俗易懂。网络语言贴近生活，比如"亲""小编""点赞""上台阶"等词语。政务新媒体语言使用轻松活泼的网络词语进行平等表达，不仅能够丰富语言的表达形式，还能够让人们从心理上和情感上更容易接受和认同，从而促进政务信息的有效传播。

加强语言内生态环境规范的重点是词汇子系统，需注意以下几点：第一，网络流行语虽接地气但要避免滥用，比如"亲""硬核""佛系""官宣""盘它"等词语，还有方言词、字母词、缩略语的使用都需注意使用的场所和频率。第二，避免政务新媒体语言公文化、程式化。政务新媒体语言是政府形象的代表，需要保持权威性，但也要避免政务新媒体语言过于严肃单调，切忌长篇大论。第三，注意模糊词语的使用限度，特别是陈述事实经过中，要明确，不能使用模棱两可的词语。第四，网络时代信息冗杂，不乏出现一些低级趣味的网络语言，政务新媒体语言需要注意选择，避免出现"假大空""暴力""低俗"等语言污染现象。

(三) 完善法律法规与语言规划

政务新媒体语言的外生态环境包括自然、社会、文化和人群等环境。各个环境中的因子都会作用于政务新媒体语言，产生不同的效果。政府尤其要把握好社会环境中的政治因子，以适应生态环境变化。

要加快完善与政务新媒体相关的法律法规。虽然目前颁布了《政府信息公开条例》《保守国家秘密法》等，但还需不断完善，以推动政务新媒体及时、全面、主动地公开，建设新型城镇新型政府，同时，通过政府信息公开法、保密法、信息传播法等法律保障公民知情权。

政府或社会团体为了解决语言在社会交际中出现的问题，有目的、有计划、有组织地对语言文字及其使用进行干预和管理，使语言文字更好地为社会服务（陈章太，2005）。合理的语言规划能让政务新媒体语言按照标准规范应用，促进政务新媒体语言行为规范化，维护其生态位。语言规划一方面要体现语言政策，一方面也是其延伸，它是国家和政府重视语言生态的体现，也是确定语言地位、协调语言关系、保障语言权益、规范语言行为的有效方式（李莘媛，2018）。目前政务新媒体语言中出现过度使用网络流行词语、低俗化词语、"标题党"等非生态现象，政府应该进行科学合理规划，对网络语境进行联合治理，并且将网络环境中的语言规划也纳入国家语言文字规划中。

语言政策是语言规划推广的保证。政府应该制定相应的语言政策，建立政务新媒体语言应用制度以克服实际语言应用中可能出现的问题，使语言得以规范。要加强政务新媒体语言规范化发布管理，完善政务新媒体语言审核发布机制，加强审核力度，保障语言质量，提升发布效率。要制定政务公开时新媒体语言考评及责任追究制度。

政府应该确立一套科学合理的评比标准，定期对政务新媒体语言进行评价。比如图5-32显示，政务微信"上海发布"每个月都会发布上海政务新媒体榜单。图5-33显示，上海政务新媒体传播影响力排行榜从"原创传播力""非原创传播力""全网转载量""原创率""附加分"等几个维度进行排名，选出各区的前十名政务新媒体，此外还包括月度正能量文章传播影响力"十佳"。各个政务新媒体在评比过程中，总结政务新媒体语言生态的经验，不断推进政务新媒体语言生态位建设，对破坏语言生态的语言行为给出整改建议，采取整治措施。

第五章　新型城镇化中政务新媒体语言生态位研究

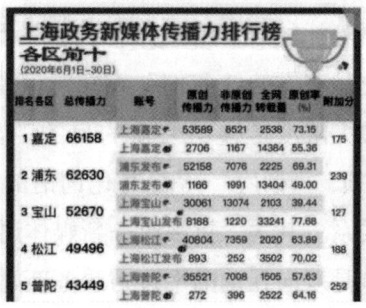

图 5-32　上海政务新媒体榜单　　　图 5-33　上海政务新媒体
　　　　　　　　　　　　　　　　　　　　　　传播力排行榜

完善政务新媒体语言责任追究制度，明确责任主体，避免相互推诿责任。同时，政务新媒体语言应形成省—市—县三级联动发声模式，发挥政务新媒体矩阵效应，减少重复性所造成的语言资源浪费，保障各级政府联动机制以提高政务新媒体语言影响力。

（四）维护功能维度的完整性

政务新媒体语言需要对自身进行精准定位以维护功能维度的完整性。政务新媒体的核心内容是政务，手段是新媒体，而语言是政务新媒体的载体，具有传递信息、平等交流的基础性功能与引导舆论的导向性功能。

传递信息是政务新媒体语言最重要的功能，所以政务新媒体不能做

· 251 ·

"僵尸账号",其语言需要有效发声以传递信息。政务新媒体语言发布以原创消息为主,转发消息为辅,发布的消息要权威、准确、真实。要保障发布内容多元,增加政务新媒体发布覆盖面,重视阅读量与评论中人们所关心的内容和领域,增加话题,切实回应公民的实际需求。因此,政务新媒体语言传递的信息不仅需要包括重大会议的新闻发布、政策规划的解读与执行、党政人事的变动等权威信息,还要有热点网络话题、历史文化、交通运输等民生信息。

平等交流也是政务新媒体语言的基础性功能。首先,重视政务新媒体语言的平等化:要端正态度,注重与公民平等交流,语气亲和、真诚、虚心,不与公众激烈争辩;要多使用平等化语言,比如客气语、称呼语等礼貌语,用谦称"我们"代替"我"成为政务语言习用语,包含交际双方的"我们"缩短听说者之间的情感距离,达到政务主体将信息最大限度传递给公众的目的;要区分绝对化词语的使用语境,降低"必须""彻底"等绝对化词语的使用频率,使交际双方形成平等亲密的关系。其次,重视政务新媒体语言的互动性。做好政民互通:政务新媒体是双向互动的平台,政务新媒体语言发出者结合地理因子、职业因子等特点,主动引导政务新媒体语言接收者参与政务话题互动讨论,增进政民沟通互信;政府要积极倾听社情民意,打通"两个舆论场",扩大互动话题,开设"微调查""微访谈"等栏目让公众积极参与到互动中,使用"微直播""微视频"等形式丰富政务新媒体,结合视听等多模态来吸引公众关注,促进对政务新媒体语言的接受与理解,提升政务新媒体语言在公共空间位的影响力;开放评论区,当政务新媒体语言接收者通过政务新媒体平台向政府表达意见时,利用关键词回复和后台回复等形式积极快速地解答其问题,促进反馈互动高效及时,政府要善待公众的网上咨询、投诉与举报,道歉时语言态度要真诚;多举办亲民活动,增加线上线下的主题活动,提高政府服务能力,强化与用户互动,调动互动积极性。

引导舆论是政务新媒体语言最重要的导向性功能。在重大、突发事件中科学引导舆论不仅体现了政务新媒体语言的导向性功能,更展现了政府机构面对网络舆情处理事件的能力。在重大事件中，政府要做到快速抉择，政务新媒体语言应在第一时间主动发声，消息发布做到透明、全面、有条理，避免谣言混淆公众视听，引导舆论向正面积极方向发展，充分发挥政务新媒体语言的功能。

二 社会层面

政务新媒体的发展完善离不开社会层面的支持。在时空维度上，构建生态的网络公共空间位；在资源维度上，发挥人群系统的能动作用，把握人格、角色、情感、情景、心理等多个因子，提升语言能力与语言素养。

（一）构建生态的网络空间位

随着网络化时代的到来，语言交流形式更加多元，而语言生态受到了新的冲击，语言生态环境也受到了新的影响。构建生态的网络空间位符合语言发展和社会发展的要求，能够促进生态环境的发展。网络空间位已经全方位、多层次地参与到公民的社会生活中，随着公共影响力的不断扩大，越来越多的政府机构在政务新媒体平台上发布权威信息，越来越多的公民在这个庞大的公共空间表达和讨论，形成了一个开放的公共讨论、政民互动的虚拟网络空间。这是政务新媒体语言空间位的重要组成，网络空间的语言应用也影响着现实空间。

政务新媒体要打通"两个舆论场"。从发出者角度，要根据接收者的阅读习惯和内心需求来构建发布政务新媒体语言平台，打造政务新媒体语言发出者与接收者沟通的公共空间，实现双方互动对话，构建有亲和力的政务新媒体平台；从接收者角度，要积极主动地参与互动。崔蓬克（2014）提出了"核心受众、泛受众"概念，他认为"泛受众是全社会的成员，核心受众是政府微博的'上下左右'，'上下'是指政府机构的上下级，'左右'是指大众传媒和意见领袖"。因此，政务新媒体可以利用大众传媒和意见领袖的影响力来提高自身的影响力，扩大语言发布的覆盖面；政务新媒体使用语言进行上下级的政务信息沟通；政务新媒体语言面向所有公民公开，有利于公民接收政务信息。

政务新媒体要健全监督制度,形成共同监督的机制与模式。要明确机构、公众、新媒体平台等相关主体的权利和责任。在内部监督中,政务新媒体语言发出者要自我检查,部门与部门之间、部门内上下之间的相互监督;职能部门要对网络舆情进行实时监测,及时了解公民关切,认真对待网络语言环境中公民的声音,快速拿出方案有效引导。在外部监督中,政务新媒体语言接收者通过社会发挥舆论监督作用,公民可以通过政务两微私信、留言等方式向有关部门建言献策,可以对非生态的政务新媒体语言现象上传至专门的监管平台,以便让相关部门及时了解情况。

政务新媒体语言发布的消息丰富,各个政务新媒体的语言文字规范程度参差不齐,如果仅依靠政府机关内部的监督,很难细致入微地监管到所有非生态现象。比如在2020年的1月"新型冠状病毒"突发公共卫生事件中,国务院开启了"互联网+监督"制度,内、外部监督并举,力促形成社会共治格局。只有全社会一起努力,才能构建生态的网络空间位,才能建设平等、开放、和谐的政务生态环境。

(二)发挥人群系统的能动作用

人群是内、外生态环境系统相互作用的中介。在构建生态位时,需要积极发挥人的能动作用,提升语言能力与语言素养,包括听说读写等基本能力和语言文明诚信能力。

语言能力是政务工作者的必备能力,随着政府部门的职能转变与新媒体平台的快速发展,对政务新媒体工作者的要求越来越高,其语言能力不仅仅是个人能力的体现,更是代表着政府的形象。如果因个人语言能力不足而出现非生态现象,所带来的影响绝不是个人的小事,所以我们要高度重视从业者语言能力的提高。

要重视人格因子。语言文明诚信能力是在基本语言能力的基础上对自我语言行为的约束,是道德意识在语言能力层面上的反映(张先亮,2015)。语言文明诚信能力需要不断提升以适应变化发展的生态位。政务新媒体语言的广泛应用需要公民提升自身语言文明诚信能力,在网络空间做到不造谣、不信谣和不传谣,树立正确的语言观,共同净化政务新媒体语言的网络语境。

要重视角色因子。政务新媒体语言发布需要符合职业、机构等因素，内容上重点发布与本部门相关的信息，语言文字上保持客观中立。同时，政务新媒体工作者需要处理好个人和职业身份之间的关系。提高政务新媒体语言素养，把握好个人角色和职业身份两个不同的角色，严格避免编辑者在政务新媒体中发布个人的观点和看法。当遇到公民质疑时，政务新媒体语言发出者更要以理性应对，不能偏激冲动。

要重视情感和心理因子。情感因子在语言交际中体现为交际双方的态度，表达得体与否影响交际效果。政务新媒体工作者需要有鲜明的政治立场与强烈的社会责任感，发布权威信息时注重立场和态度导向，发布民生信息时注重服务意识，发布舆论回应信息时注重公众的情绪和价值观引导；职能部门需充分运用政务新媒体语言，进行主动、及时、全面的政务公开，用真诚对待政务语言接收者。比如在2020年疫情期间，政府机构利用政务新媒体平台、使用政务新媒体语言及时、准确、全面地发布疫情信息，同时推动疫情防控宣传解读信息的传播，提升政府部门线上处理事务、回应民生关切的问题。在网络语境中，政务新媒体语言把握公民的心理因子，摆事实讲道理，互动时态度真诚、主动、谦虚，这是提升亲和力、公信力和引导力最有效的手段。

要重视情景因子。为适应不断变化的生态位，政务新媒体工作者需要具备多元的知识结构。政务新媒体语言发布内容类型不仅包括政策理论，还包括历史文化、地理等。因此，政务语言工作者只有充分了解政策理论、地域文化、历史民俗、语言规范、语用规则、方言等知识，才能够将政策解读后再以更通俗易懂的语言发布给公众，才能对公众的提问作出及时合理的解释。

三 专家学者层面

因为普通公众对于语言学专业知识的了解与掌握有所限制，所以构建政务新媒体语言生态位还要从专家学者层面提出对策，从社会、文化和人群环境出发应对政务新媒体语言不同层面的问题。

(一) 加大政务新媒体语言研究的力度

政务新媒体语言在政府处理政治事务上发挥着重要的作用，但因为它是新出现的语言学分支学科，有关研究还处于初探阶段，与生态位理论的联系还不密切。从目前已有的研究成果可以看出政务新媒体语言的相关研究比较零散：许多研究仅局限于某一载体形式或者某一案例；缺乏用生态位理论研究政务新媒体语言的文献等。因此需要更多的专家学者关注这一领域，开展全面调查。从行政类别看，政务新媒体有"国家—省—市—县、区—乡镇"五级行政机构，不同层级的政务新媒体语言使用上存在差异；从行业看，各行各业都有政务新媒体，其语言使用也各不相同；从内容上看，政务新媒体有新闻发布类、民生类、气象类、环保类等，不同的内容也会使用不同风格的语言；从地域上看，不同地域的政务新媒体语言也存在差异；还有不同的行政部门、不同媒介的政务新媒体语言同样存在差别。这是基础性的工作，只有摸清了各级各类政务新媒体语言的使用状况，包括非生态现象，了解其类型和原因，才能继续开展研究。要运用各种有关理论，包括新闻学、传播学、语用学、语言生态学等，从不同角度对政务新媒体语言开展深入细致的研究，以成果促发展，不断完善政务新媒体语言，为政府决策提供理论依据，为政务新媒体语言生态建设，为新型城镇建设作出语言工作者应有的贡献。

(二) 建立语言评估机制

从生态语言学的观点看，语言进化的总趋势是一个不可逆的过程（李国正，1991）。语言与环境相互调适促进语言发展。随着政务新媒体语言不断发展，语言的评价标准也需要得到提升。

科学合理的语言评估机制是政务新媒体语言可持续发展与生态文明建设的基础。首先，任何一种语言都有特定的规则与标准，政务新媒体语言也一样，其发布的信息与内容丰富多彩，不同的信息有着不同的语言态度与语言风格，所以需要建立起适应性的语言评估机制，充分了解公民关切的内容，发挥政务新媒体语言的功能。其次，建立语言监测和研判体系，及时发现问题，为政府制定语言规划提供参考意见。对政务新媒体语言文字进行评估也是政府工作的组成部分，政务新媒体语言能力也是政府执政能力的重要部分，生态的政务新媒体语言能构建良好的政府形象。因此专家学者需要讨论、研究，建立一套科学合理的评估机制，以完善政务语言的生态体系。

目前，评价政务新媒体的影响力往往有四个维度：传播力、互动力、服务力、认同度（见图5-34）。政务微博外宣榜根据政务新媒体影响力的四个维度进行指数排行，包括日榜、周榜和月榜（见图5-35）。因此，政务新媒体语言的评价标准可以参考这四个维度，从内容、对象、功能、性质等方面展开，考察发出者为人们提供信息的具体情况，以打分或评级的形式给出测评结果。其中，最重要的是确定评估内容和对象。政务新媒体语言传递的信息类型趋于多样化，不仅包括权威发布类、服务民生类、舆论回应类等原创信息，还包括转发类信息、回复类信息等，各类

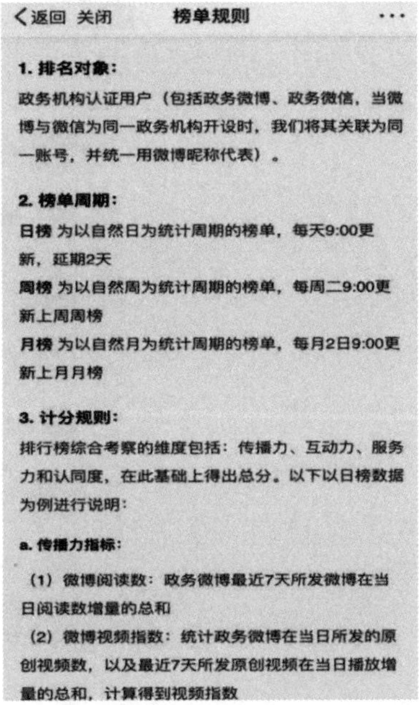

图5-34 政务排行榜单规则

信息的发布都需要注意语言的使用。此外，要评估说话者的四项基本语言能力，还要规范接收者在互动过程中的语言诚信能力，这两者都会影响生态位的和谐。政务新媒体账号、用户账号、互联网平台等相关主体应作为评估对象的重要组成部分，接受评估者的考察。评估可以由上而下分层次进行，根据不同层级和不同职能的政务新媒体语言特点制定相应的方案，结合实地考察、问卷调查等方式，大范围、有深度地调查政务新媒体语言的公众满意度与可完善之处。

四 公民层面

公民是维护政务新媒体语言生态的重要力量，最好的政策、措施都需要人去落实、去执行。政务新媒体语言包括政务新媒体语言发出者和

图 5-35 政务微博指数排行

政务新媒体语言接收者，公民是语言接收者，没有他们的参与，任何政务新媒体语言生态位的构建，任何新型城镇化中的语言生态建设都是一句空话。

　　为了构建和谐的语言生态位，公民需做好以下两点：一是要自觉维护政务新媒体的语言生态位。在网络语境中，公民不要过度使用网络流行语、低俗化词语等，构建和谐的网络公共空间。同时，在政务新媒体语言双方沟通交际的公共空间中，公民积极表达意见、评论与监督，比如公众可以通过多种方式向政府建言献策，协助政府实现途径丰富、范围广泛的语言生态监督。此外，公民积极参与互动讨论，比如"微调查""微访谈"等栏目、"微直播""微视频"等形式。公民作为政务新媒体语言的接收者，通过各种方式与政务新媒体发出者一起构建和谐的网络空间位，在各个方面维护好政务新媒体语言生态位，推动平等、开放的政务新媒体建设。

二是要努力提高自身的语言能力，以适应政务新媒体和新型城镇的发展。语言能力不仅仅是基本的听说读写的能力，还有语言文明诚信能力，后者是在基本语言能力的基础上对自我语言行为的约束，是道德意识在语言能力层面上的反映（张先亮，2015）。语言文明诚信能力需要不断提升以适应变化发展的生态位。人民网舆情监测室《网络低俗语言调查报告》指出："网络不是某个网民的'自留地'，而是数亿网民的'公地'，公认的文化认知、共同的道德操守、一致的运行规则、严格的约束机制，才能让低俗淡出、让文明回归。"[①] 因此。如果在新媒体平台上使用低俗、媚俗、庸俗的语言，就会因为网络空间位的开放性而扩大语言生态环境破坏的程度。维护政务新媒体语言的生态需要每个人从自身做起，不造谣、不信谣、不传谣，树立正确的语言观，共同为净化政务新媒体语言的网络语境作出贡献。

第五节 结语

在新型城镇化进程中，随着新媒体的不断发展，政务新媒体形式也不断丰富，主要包括政务微博、政务微信、政府门户网站、政务抖音等。虽然发布平台不同，但具有一定的规律性，相互之间存在不少相似点。作为政务工作使用的语言，政务新媒体语言是为了更好地进行政务公开、更好地处理政治事务，在政府机构开通及官方平台认证的新媒体平台上使用的语言。政务新媒体语言通过发布政务信息提升政府形象，善用政务新媒体语言能够发挥与公众交流沟通的功能、加强政府自身的影响力、提升公信力。

政务新媒体语言是一座城镇的名片，是新型城镇化建设的重要组成部分。政务新媒体具有多样性、互动性和及时性等特点，其语言具有新颖性、亲民性和多模态等特点。语言生态位为政务新媒体提供时空、资

---

① 人民网舆情监测室发布《网络低俗语言调查报告》，http://yuqing.people.com.cn/n/2015/0602/c392404-27093108.html。

源和功能三个维度，同时，三个维度的规则也制约着政务新媒体语言，政务新媒体语言为适应语言生态位，就要不断突破时空限制、丰富语言资源和提升语言功能。

政务新媒体语言生态位随着不同因子的变化而变化，当不能适应语言生态位时，就会造成政务新媒体语言生态位的缺失：表现在时空维度上的不协调，缺乏及时性和全面性；资源维度的不匹配，主要是语言文字使用不当和人群系统不主动；功能维度的不完善，体现在人际交流、传递信息等功能上。

政务新媒体语言生态位是影响新型城镇生态文明建设的重要因素，必须引起足够重视。要从政府、社会、专家学者、公民四个角度出发进一步完善法律法规与相关政策，加强政务新媒体语言规范，积极发挥人的能动作用，维护功能维度的完整性，不断完善政务新媒体语言的生态位，促进政务新媒体语言可持续发展，有效推进新型城镇化的建设。

第六章 新型城镇化与市民语言能力

新型城镇化是当前我国的一项重大的国家战略,也是社会发展的必然。随着新型城镇化的推进,其性质、特点及与之相关的问题越来越引起人们的关注,但"新型城镇化"与"语言能力"的关系似乎例外。在一般人看来,这是两个没有或少有关联的命题。既有的关于新型城镇化的论著中,至今尚未见到有关上述关系的论述。其实,"新型城镇化"与"语言能力"的关系非常密切。可以毫不夸张地说,没有与之相适应的市民语言能力,就不可能有真正意义上的新型城镇化,前者的高低直接影响着后者的水平。本章将阐述两者的关系,并以浙江省金华市白龙桥镇为例探讨第四类城镇市民的语言能力的现状。

第一节 新型城镇化与语言生活新问题

《现代汉语词典》对城镇化的解释是"使农村人口逐步向城镇转移,非农产业不断向城镇聚集,城镇人口和城市数量不断增加,城镇规模不断扩大的过程",有的学者也称之为城市化。城镇化是工业化时代的标志,是生产力发展到一定水平后的必然产物,是现代文明的重要表征和现代化的必由之路。其程度高低是衡量一个国家强大与否的主要标准,当今世界强国的崛起之路无不伴随着提高城镇化率的过程。

美国城市地理学家诺瑟姆(Ray M. Northam)在大量调查的基础上

把城镇化进程分为三个发展阶段：第一阶段是初级阶段，其人口特点是城市人口占区域总人口的比重低于25%；第二阶段是快速发展阶段，其特点是城市人口占区域总人口30%以上；第三阶段是稳定阶段，其特点是城市人口占区域总人口70%以上。按照这个模式，我国现在正处在其中的第二阶段。以七次人口普查为例，从1953年第一次人口普查开始，城镇化率仅为12.84%，直到1990年第四次人口普查，城镇化率才达到25.84%，也就是说1990年前都是城镇化的初期阶段。2000年第五次人口普查，城镇化率达到35.39%，到2010年第六次人口普查，城镇化率达到49.68%，到2020年第七次人口普查，居住在城镇的人口为901991162人，城镇化率为63.89%（户籍人口城镇化率为45.4%）。在诺瑟姆的分析模式中，城镇化的第二阶段，随着城镇人口快速增加，城镇规模扩大，数量增多，往往会出现地区劳动力过剩、交通拥挤、住房紧张、环境恶化等问题。而这些问题在我国城镇化中表现得尤为明显，并且还伴有食品不安全、诚信下降、道德滑坡、人际关系冷漠、崇尚物质等其他严重问题。为了解决这一揽子问题，有学者提出了新型城镇化的概念，并被政府采用。从现有材料来看，相关概念最早在浙江省见诸政府文件。2006年，浙江省出台了《关于进一步加强城市工作走新型城市化道路的意见》，对新型城镇化发展提出了明确要求。此后，这一概念上升到国家层面，党的十八大明确提出了新型城镇化的目标任务，中央还专门召开了新型城镇化建设工作会议，出台了《国家新型城镇化规划》。新型城镇化的"新"就是要由过去片面注重追求城镇规模扩大、空间扩张，改变为以提升城镇的文化、公共服务等内涵为中心，真正使城镇成为具有较高品质的适宜人居之所。然而现实情况不容乐观，比如城镇化中出现的问题尚没有得到很好解决，像环境污染、食品安全等问题甚至更趋严重。各地城镇的建设，更多关注的还是量的扩张。2013年，国家发改委的一个课题组对12个省区的调查显示，在144个地级城镇中，有133个地级城镇提出要建设新城新区，占92.4%，共规划建设200个新城新区，平均每个地级市竟然要建设1.5个新城新区。从现在的情况看，无论是建设理念的转变，还是对建设广度、复杂度及系统性的认识，实现

第六章 新型城镇化与市民语言能力

新型城镇化的目标还有很长的路。

新型城镇化的核心是人的城镇化，人和自然、人和社会、人和人、人自身的生态是其追求的目标。人是语言的动物，语言生活在新型城镇化中的作用必然会凸显。海德格尔说，"语言是存在的家园，人类在这个家园里诗意地栖息"。卡西尔（1957）认为"语言不仅仅是相互理解的交流工具，语言本身就是现实世界，人的精神世界在它和客观世界之间发挥其内在的力量"。语言本身的状态和发展、语言生活的状态和发展、语言使用的能力与态度等，和社会现实、人们的生活质量、世界观、人际关系等密切相关，反之亦然。因此也可以说，人的生态在某种程度上就是语言的生态，生态的语言生活也就是生态的社会。但在我国快速的城镇化过程中，大量来源多样的人员聚集，社会生活多样化、社会关系复杂化、信息传播媒介多元化已是事实而且朝着更高的程度发展，语言生活方面的问题也就更为凸显。诸多语言学家对当前社会的语言生活问题提出了精辟的论断。有学者认为，当今的语言关系正在发生复杂深刻的变化，新媒体语言应用活跃、频繁、高效和多变，逐步影响现实空间的语言使用。还有学者认为当今社会语言生活日益丰富，语言需求日益多元，语言热点日益增多，语言引发的社会问题日益频繁和复杂多变，人民群众的语言观念发生深刻变化。另有学者认为尽管语言文字资源丰富，但也存在着或显或隐、或锐或缓的多种语言矛盾，语言矛盾易于由少增多、由隐转显、由缓变锐，许多社会矛盾也可能以语言矛盾的方式表现出来，因此我国也可能进入了语言矛盾容易激化，甚至容易形成语言冲突的时期。而语言冲突可能进而演变成"社会问题"。具体而言，在新型城镇化的进程中，市民语言能力方面的问题主要表现为以下三个方面。

首先，市民语言能力水平发展不平衡。当前市民的语言能力虽然随着语言文字工作的有序展开以及国民文化教育的普及有了较大提高，但发展不平衡，水平参差不齐，存在的问题不容乐观。比如从市民的基本语言能力来看，听说读写的能力与城镇化前比较虽有了很大提高，但随着城镇规模不断扩大，原来的农民变成了市民，再加上大量外来务工人员的存在，这些新市民的语言能力还不能很好地适应新型城镇化的要求。即使老市民，同样有语言能力适应新型城镇化建设的问题，即不仅要与各地方言区甚至外国来的新市民的语言相适应、相融合，更要与新时期文化要求相适应、相融合。

其次，新媒介语言应用能力发展不均衡。新型城镇化和网络化、信息化是同步进行的，有线、无线的网络把各种智能设备连接在一起，无论是政府、企事业单位、社团群体组织等的管理与信息发布，还是人际交往中的信息交流，都越来越多地以数字化的语言、图片、符号等形式传递。这种信息传递方式，因媒介自身的要求，形成了独特的言语组织形式，部分文化程度不高或年老的市民、无条件或不熟悉新媒介交流手段的市民及部分新市民等，可能缺乏理解和使用这种独特语言形式的能力，在信息的有效获取、理解和提供方面存在障碍。这种能力的不平衡可能导致一系列的社会不公问题。

最后，语言文明诚信能力不足。"语言腐败"这个词近来被频频提及，主要是指基于某些利益上需要肆意篡改语言的"名"与"实"的关系，"假大空"的语言、低俗不文明的语言、不规范的语言充斥交际空间。语言文明诚信能力不足的问题，某些领域或个人还相当缺乏，存在严重问题。

以上这些语言生活问题都将直接或间接影响到当今的新型城镇化建设。

很明显，只有具备相应的语言能力，市民才可能参与语言生活；建设生态的城镇语言生活，必须以市民具备合乎需要的语言能力作为基础。上述语言生活新问题的应对和解决与语言能力密切相关：复杂的语言关系需要市民具有多元的语言能力，新媒体语言的广泛应用需要市民具有相应的新媒体语言能力，语言冲突和言语社团的阻隔需要市民具备多语多言的能力及相应的包容视野。而且，诸多政治、社会、经济、文化方面的问题的形成和解决也或直接或间接与市民语言能力有关：不可想象一个不具备良好外语或普通话能力的人能够成为现代化企业的合格员工，也不可想象一个满口外地方言的人能够在情感上真正融入当地城镇；不可想象一个满口大话套话的人能取信于人，也不可想象一个满口低俗不文明语言的人能够温良恭俭让；不可想象一个不使用网络不懂新媒介语言的普通市民能够获得信息获取与产出的公平，也不可想象话语权被少数具备较高语言能力的人控制而能够保持舆论民情的公正；如此等等。目前虽有推广普通话和语文、外语教育方面的实践，但在涵盖面、全面性和系统性方面仍有待提升，而学界对新型城镇化进程中的市民语言能力问题更是鲜有研究。

第二节 语言能力的内涵及现状

澳大利亚学者 Amy Marshall 曾说过"人类区别于动物的最重要的特征并非大脑容量、直立行走或使用工具的能力，而是人类独特的语言能力。语言能力是人类区别于动物的关键"。[①] 各国学者对语言能力均予以高度关注。

早在 19 世纪，德国著名语言学家洪堡特（2004）在《论人类语言结构的差异及其对人类精神发展的影响》中就对语言能力作了阐述，他指出："语言本身绝不是产品，而是一种能力。"他把语言称为一种"官能"，即"语言是内部存在的官能"。这种能力"是人类一开始就固有的，语言的原型已先存于人类的理智之中，否则，语言是不可能被发明出来的"。比如"儿童学讲话并不是授予词语，嵌入记忆和用嘴咿呀模仿，而是语言能力随时间和练习而增长——儿童并非机械地学习语言，而是发展起语言能力"。洪堡特也没有忽略外界对儿童语言习得过程的影响。这种"内部"的语言能力"自始至终需要外部刺激，语言能力的发展才必须适应于外部环境的影响，并且在跟人类语言的一致关系上都保持着这种适应性"。

洪堡特的语言能力观是清晰的，即语言能力是一个人内在固有的能力，而其提高则需要外部的客观环境。洪堡特的这一理论对后世产生了

[①] 参见刘淑学、于亮《汉语语言能力标准制定刍议》，《江苏师范大学学报》2013 年第 5 期。

很大的影响。

　　转换生成语言学的创始人乔姆斯基受此影响，认为"语言能力"是一个人先天具有的内在的掌握语言的机制，这套机制与生俱来，是种系遗传的生物能力。这可以从儿童语言习得中得到证明，一个生来对语言基本性质毫无所知的人可以在很短时间里未经系统教学便学会语言，其原因就在于人先天具有的语言能力装置，在其初始状态包括了人类一切语言共同具有的特点，即乔姆斯基所谓"普遍语法"。

　　对乔姆斯基的语言能力"天赋说"理论，有不少人反对。行为主义学派就认为这是唯心主义的理论，语言能力的获得靠后天不断刺激和强化才获得，离开了人类社会，人就会失去语言——著名的"狼孩子"的故事就足以说明这一点。

　　纵观学界对语言能力内涵的论述，各家理论虽有差异，但本质仍然是一致的，只是角度、侧重点不同而已。语言能力包括两个层面：内在的语言能力和外在的语言能力。内在的语言能力也就是洪堡特和乔姆斯基所说的人类先天拥有的一套装置，这与结构主义创始人索绪尔所说的"语言"相似，索绪尔（2001）认为，"语言就像把同一本词典分给每个人使用一样，它同质地存在于每个人的头脑里"，"语言是通过言语实践存放在某一社会集团成员中的宝库，它潜伏在每一个社会个体的脑子里，或者说是潜存于社会个体脑子里的语法体系"。语言是以音义结合为基础的词和语法规则的总和，它是一般的、抽象的、静态的、社会性的系统。

　　由此可知，语言学三大流派——历史比较语言学、结构主义语言学和转换生成语言学都认为有内在语言能力的存在，而且主张这种能力是同质地存在于每个人的大脑中。我们认为，人类的确有内在的语言能力，这种能力是先天的，具有遗传学、生物学意义。但这种能力不是"同质"的，而是有差别地存在于每个人的大脑中。尽管我们无法直接验证人的内在语言能力的差异性，但同样也无法验证其一致性。承认这一点，可以解释现实社会中人与人之间语言能力的高低存在巨大差异的现象。比如著名语言学家赵元任，精通英语、德语、拉丁语、法语等多种外语，会说30多种汉语方言。他可以很轻松地学会一种语言或方言，比如1920年，英国哲学家罗素来华巡回演讲，赵元任当翻译。每到一个地方，他都用当地的方言来翻译。他原先不懂长沙方言，但通过途中向湖南人学长沙话，等到了长沙，已经能用当地话翻译了。演讲结束后，竟有人跑来和他攀老乡。赵元任的语言能力是一般人所不能及的，对此不能仅从外在语言能力的角度去解释———一般人即使很努力认真地学习语言，也难以达到他的水平。另外，在第二语言习得领域中广泛使用的语言学能测试，也足以说明内在语言能力存在着差异性。通过测试，发现语言学能低的人，学习语言的时间就会很长，且效果不好；语言学能高的人，就可以在比较短的时间内学好某种语言。

外在语言能力是相对于内在语言能力而言的，相当于索绪尔所说的"言语"能力，以及乔姆斯基所说的"语言运用"能力。人们通常所说的语言能力，往往就是指这一含义，包括听说读写的能力。外在语言能力可分为两个层级：基本的听说读写能力和更高层次上的语言文明诚信能力。

在基本的语言能力中，听和读是接受性的语言能力，说和写是表达性的语言能力。这些能力需要通过长期不断训练才能获得，同样这些能力对每个人都是非常重要的，因为人在社会中的一切活动，都离不开基本的语言能力，尤其在现代社会里，这种能力的重要性越发凸显。听说读写四项基本的语言能力既具有相对的独立性，又具有相互促进的特点，任何一项能力的提高都会对其他能力产生积极的影响。另外，在不同时期，所赋予基本语言能力的内涵也不完全一致。随着社会的发展进步，基本语言能力的内涵也会不断丰富。比如在全球化语境中，不同国家民族交往频繁，对现代人的语言能力提出了新的要求，在传统的听说读写之外，"译"的能力成为其中重要内容。再比如随着信息时代的到来，网络已成为人们日常生活工作中不可或缺的部分，"信息化的发展给我们的语言生活造成了两个世界，开始有两个世界的语言文字生活——现实世界的语言生活和虚拟世界的语言生活。网络的自由空间让人人参与社会事务、相互交流的机会大大增加，极大地扩展了国民语文实践的机会"（李宇明，2010）。所以，网络语言能力也成为现代人语言能力的必备因素。

然而一个人只具备基本的语言能力是远远不够的，他还需要具备语言文明诚信的能力，这种能力是在基本语言能力的基础上对自我语言行为的约束，是道德意识在语言能力层面上的反映。语言文明诚信能力是构建生态社会的基础，是新型城镇化不可或缺的重要元素。

两种语言能力存在着密切的关系，语言文明诚信能力以基本的听说读写能力为基础，否则就谈不上对自我语言的约束，而基本语言能力的不足很大程度上决定了个人素质的低下，有时会导致一些语言粗俗、不文明现象的发生。当然这并不意味着两者存在正比的关系：基本语言能力低下的人其语言文明诚信能力不一定就低，农民朴实的话语、孩童天真的问答等都是对语言诚信与文明最好的践行；反观一些受过高等教育、基本语言能力水平较高的人则以"假大空"语言来包装自己，恰恰是对语言诚信与文明的最大践踏（张先亮、赵思思，2013）。

纵观市民的语言能力，两种能力的现状都不容乐观。在基本的语言能力方面，"汉语基本应用能力出现危机。这主要表现为人们运用汉语的能力下降，出现交流障碍；也表现为网络语言等新媒介语言导致汉语本身结构变得混乱，功能发生萎缩。如据《中国青年报》一项民意调查显示，大概有80%的人确认我们当前存在汉语应用能力危机，而且这些受访者中，有超过半数人具有大学本科及以上学历"（徐杰峰，2010）。另据《2010年中国语言生活状况报告》通过调查也发现，目前国内学生存在汉语能力下降、汉字书写能力退化、母语教育弱化、国民语言文字应用能力下降等问题。这种现象随着城镇化的推进，在某些方面似有强化的趋势。比如随着英语价值的进一步凸显，英汉双语教育已经在不少城镇中流行开来，双语幼儿园已遍地开花，不少中小学也开办了双语实验班。难怪有学者呼吁要停止双语教育，并认为双语教学违反了《国家通用语言文字法》，严重影响了汉语的地位，进而引起传统文化认同上的危机，更关涉到国家主权和国家安全（彭泽润，2005）。市民语言文明诚信能力的不足更是严重影响城镇的生态文明建设，无论是低俗庸俗媚俗的"三俗"语言，还是"假大空"的语言，都将影响人们的心灵，腐蚀整个城镇的生态文明。

总之，市民的语言能力，无论是基本的还是更高层次的，都对新型城镇化建设起着重大的影响作用，同样，市民语言能力存在的问题也需要通过新型城镇化的建设来提高。

第三节　新型城镇化与市民语言能力

在第一节我们分析了在新型城镇化进程中市民语言能力方面存在的种种问题，这些问题影响了新型城镇化建设，表现为：市民基本听说读写能力的欠缺或下降，直接影响了个人和城镇社会的生态、高效发展。要成为城镇的一员，就必须具备包括基本的语言能力在内的一定文化素养。因个人基本语言能力的欠缺导致学习、生活和工作的困窘，因语言信息的理解、传递和表达的失灵而导致社会矛盾，在现实中并非个案。新型城镇是高度知识化、信息化的社会，政治、经济、文化的建设都需要人的高素质与信息交流的高效，而这都以市民基本的，甚至可谓城镇生活必备的语言能力为基础。

我们曾对第四类城镇金华白龙桥镇居民的语言能力作了考察（张先亮，2018）。因为第四类城镇是所有城镇中最低的一级城镇，各方面条件通常都不及前三类城镇，市民的语言能力往往也比不上前三类城镇市民的语言能力，但它却是新型城镇化建设的重要一环，这类城镇是直接连接城市和乡村，在城乡一体化中起到桥梁和纽带作用，这是实现新型城镇化建设的目标之一。

白龙桥镇是金华婺城区的一个省级中心镇，经济实力强劲，产业优势明显，文化底蕴深厚。我们以白龙桥镇为调查对象，主要采取问卷调查的方式，在白龙桥实验小学发放问卷200份，回收190份，其中有效问卷188份，通过"小手拉大手"滚雪球式的调查方式对学生家长进行调查，涉及的语言包括金华方言、普通话和英语。

1. 金华方言能力

对于我们的调查对象来说，除却外来务工者，幼时首先习得的语言一般都为金华方言，因此金华方言能力普遍较高。以下表格为调查对象对于自己金华方言能力的自报情况。

表6-1　　　　　　　　　　　金华方言能力

	人数（人）	百分比（%）
听和说都很熟练	135	76.1
听得懂，会说一点	28	10.6
听得懂，但是不会说	8	4.3
听不懂，不会说	17	9.0

对金华方言比较生疏的大部分为外地来的打工者，他们金华话的能力与来白龙桥时间的长短以及自身学习的意愿有关。表示"听得懂，会说一点"的28人来白龙桥定居的时间都在10年以上，其中女性有19人，她们中有15人嫁给了白龙桥本地人，在与丈夫及家人的日常交往中学会了部分金华方言，在听的方面障碍不大，说的方面也学会了简单的日常用语。另外"听不懂，不会说"的17人来白龙桥的时间较短，为1—5年不等，融入当地人生活圈子的程度不深，配偶也均为自己家乡人，或者一同来打工，或者留守在老家。因此他们学习金华方言的动机不强，在白龙桥生活期间一般使用普通话与本地人或者其他地方的打工者进行交际。

对于这个群体来说，他们最熟悉的还是幼年时习得的母方言，这在两类人群身上都体现得较为明显，本地人的金华方言基本在熟练程度，而外来人员的金华话能力普遍较弱，他们即使在外出务工期间接触到了其他语言形式甚至与其他强势方言的人群共同生活，他们的母方言能力仍然较强，而对其他方言的接受和掌握能力较弱，大多停留在日常简单交际的水平上。

2. 普通话能力

除了普通话的听说能力外，我们将汉字的读写能力也纳入到调查范围内。调查结果显示，人们的听说能力普遍高于读写能力。54.8%的人对自己普通话能力的自报情况是"听和说都很熟练",42%的人认为自己的普通话水平为"听得懂,会说,但是发音不好",只有6人为"听得懂,但是只会说一点"。另外两个选项,即"听得懂,但不会说"和"听不懂,也不会说"均无人分布。金华地区居民的普通话水平较高,即使在白龙桥这样的乡镇,也是人人会说普通话,基本上不存在交际上的困难。赵则玲(1996)在《"金华普通话"探微》一文中就分析了金华人普通话程度高的原因,她认为有三点,一为金华自古存在的"官话"意识和其作为交通枢纽的有利地位,二为广播电视等有声媒体的影响,三为外来移民留居金华后与本地人相处交流的结果。

而在实际访谈中我们发现,大部分调查对象的普通话发音都带有明显的方言色彩,也就是所谓的"金华普通话"。如平翘舌音不分,前后鼻音不分,"l"和"r"不分等,这都与金华方言的发音特点有很大关系。说明方言的"乡土根性"或者说"故习性"对标准语的影响首先体现在发音上,而说话者由于方言环境的影响和浸染,自身并不能清晰地意识到这个问题。也就出现了大部分调查对象认为自身普通话听说水平都很熟练的情况。在说这个层次上,虽然带有方音的普通话并不影响日常交际,但是就标准程度来说,仍然有提高的空间。

读写能力相对来说较差,只有44人认为自己读和写"都很熟练";大部分人认为"能读书报,会写,但是不常写",共有131人,占到总人数的69.7%;有12人表示自己"认识一些简单的字,但是不会写";另有1人在他人的协助下完成问卷,表示自己"不会读,也不会写"。

这样的调查结果与调查对象的文化程度以及职业分布有很大的关系。调查对象大多是初中文化水平,且大多数以务农或者工厂的手工劳动为主。他们平时通过电视、广播等大众媒体接触到了普通话,且在日常交往中通过实践进一步巩固了普通话的听说能力,因此大部分人认为自己的普通话听说能力都很熟练。但他们的工作对文字处理、读写能力没有要求,再加上自身文化程度的限制,读写能力普遍较弱,读仅局限于一般的报纸杂志,写则更少涉及。

3. 英语能力

调查对象的英语水平普遍偏低，这也与他们的受教育程度有关。在188个调查对象中，会英语的仅有70人。且这70人中大部分停留在较低的水平上，有29人表示他们只"认识简单的单词"，有39人"会简单的会话"，只有2人的英语水平达到了熟练运用的程度。70人中，文化程度基本在高中以上，初中文化水平的仅有18人。绝大部分人在小学教育阶段没有接触过英语，在初高中阶段虽然设有英语课，但受到师资以及自身因素的影响，英语学习热情不高，效果不佳。只有两位学历水平较高的调查对象（一位为本科、另一位为大专）由于在大学期间继续学习了英语，且受到自身工作的影响（一位在初中担任英语教师，一位在外贸公司从事企业管理工作），英语水平较高。

白龙桥镇居民的英语水平较低，所受的英语教育较少，一方面与过去学校的课程设置有关；另一方面也受到他们自身职业的影响，调查对象在脱离学校教育后没有再接受其他形式的英语学习和培训，对自身英语学习的期待值不高，学习热情较低，这也直接导致了他们英语能力的低下。

上面的调查范围虽然不大，但发放调查表是随机的，且这些读小学的家长年龄也不大，都是青年段。即使如此我们也可以看出，白龙桥居民文化程度普遍不高，语言能力要适应新型城镇化建设的需要还有较大距离。尤其是大量农民进入城镇，是新型城镇化进程中出现的一个特殊群体，他们离乡背井来到城镇谋求生活，身份由"农民"变为"农民工"和"新市民"，他们与土地的联系越来越少而又很难真正融入城镇生活。农民工进城首先面临的是语言环境的变化，他们对新语言的接受和使用，对母方言的态度以及方言背后不同文化的碰撞等，都直接影响着自身语言能力的提高和新型城镇化的建设。如何"有序推进农业转移人口市民化"，这是新型城镇化建设中一个重要的任务。

除了基本的语言能力外，文明诚信能力的欠缺，也会导致一系列的社会问题，影响社会健康发展。市民语言文明诚信能力不足，将严重影响新型城镇的文化建设，目前城镇中出现的一些问题，比如食品安全、道德滑坡等问题在某种程度上与语言文明诚信能力不足有关。"就人类本性而言，说假话比干坏事更具挑战性，因为人类的道德底线是诚实，说假话就是不诚实，不诚实必然导致道德堕落。要让一个说假话脸不红的人干坏事时反倒脸红，实在是太难了，即使不是不可能的"（张维迎，2012）。说假话具有更大的危害性和破坏力，因此我们的祖先就一直非常重视诚信建设。孔子在《论语》中就讲"民无信不立"的为政之道，强调其在治理国家时的重要作用。后世贤哲们继承并发展了这种诚信思想，并通过家庭、蒙学、书院、社会等全方位的教化，逐渐形成了具有中国特色的诚信文化。然而，这种优秀的传统文化在近代被淡化，特别在"文革"期间遭到了严重破坏。所造成的后果甚于对经济的破坏。"文革"后，经过几十年的努力，我国已一跃成为世界第二大经济体，然而诚信文化的重建仍然任重道远。改革开放后，国家在大力发展经济的同时，语言诚信能力方面的建设却没有得到同步提升。以至于一切向"钱"看的观念通过各种语言渠道慢慢渗透进人们的头脑。比如政府考核以 GDP 为纲，舆论宣传也随处可见"钱"字，"谈钱不伤感情""赚钱才是硬道理"等思想借着反复呈现的语言在人们的头脑中越来越强化。这导致人们的价值观发生改变，拜金主义、享乐主义、利己主义等价值观滋生并被认同，从而导致进一步的道德滑坡。

市民语言能力的发展不平衡导致新的社会不公。部分市民语言能力的欠缺，导致对语言资源的利用不足，在工作机会、劳动效果、社会形象上处于劣势，削弱了他们的市民身份认同，进而影响他们的生活质量和生活态度。更重要的是，在新媒介语言环境中，本已日趋大众化的"话语权"却在语言能力不足的市民那里继续缺失，而这种情况似乎还在进一步的凸显与强化。

新型城镇化要求有生态的语言生活，为市民提供了享受现代文明机会的同时，也对其提出了更高的语言能力方面的要求。

其一，以普通话为基础的多语言和多方言能力。在过去单言单语的生活中，人们要么只会方言，要么只会一种语言就可以满足日常使用，但现在多言多语已经成为新的生活状况。小农经济时代，各地说着各自的方言，普通话对他们来说发挥不了其应有的功能，因而人们也就没有学习普通话的动力。所以，过去推广普通话很艰难，且效果不明显。随着城镇化的推进，来自全国各地的人聚集在一起，在工作、学习和生活中需要交际，就需要共同语作为桥梁。这样，作为国家共同语的普通话就有了内在的动力，其认同感在城镇化中达到了前所未有的高度。在此意义上，说普通话不再是少数人语言能力特长，而将演变为服务全体市民日常交流的一项基本能力。

新型城镇化不仅对市民的普通话能力提出了更高的要求，而且对非母语能力也提出了新要求。"地球村"是人们对当前全球化态势的形象概括。这一特点也在城镇化中得到体现，即城镇不再仅是本国民众的聚集地，同样也是别国民众的聚集地。全球化趋势需要国民拥有多样的外语能力，而这不仅在一类城镇中越来越明显，即使在其他城镇也是如此。比如浙江义乌市，虽属三类城镇，但来自世界各地的外商大量涌入。根据义乌市政府（2020）统计，2019年外商出入境530887人次，有100多个国家和地区的1.3万多名境外客商常驻义乌，商品出口到世界210多个国家和地区。全市有外资企业8046家，跨境电子商务交易额753.98亿元，增长15.2%，跨境网络零售交易额297.8亿元，增长17.4%。全年跨境电商保税进口（1210）业务突破871万票，整体业务量位居全国第三批跨境电子商务综合试验区第一。全年实现进出口总额2967.8亿元，增长15.9%。出口2867.9亿元，增长13.7%；其中一般贸易实现出口额509.4亿元，增长6.4%，占出口额的比重为17.8%；市场采购贸易出口额2343.5亿元，增长15.0%，占全市出口额的比重为81.7%。进口99.9亿元，增长159.8%；全年新批外商投资项目868个，合同利用外资30381.3万美元，增长3.6%；实际利用外资16204.9万美元，增长10.0%。全年新批境外投资项目15个（新设14个，增资1个），投资总额14.7亿美元，其中中方投资额1.16亿美元。沃尔玛、麦德龙等20多家跨国零售集团进驻义乌，联合国难民署在义乌设立了采购信息中心。这么多的外国商人和机构入驻一个县级城镇，当地居民要与他们做生意、交流，就得学习外语，外语已成为义乌人不可或缺的语言能力。学一点外语,掌握一些基本的外语能力已成为义乌人的普遍认知,外语的认同感增强,各种外语培训班经久不衰就是一个有力的佐证,这种情况必将随着新型城镇化的不断推进而进一步普及、进一步强化。

其二,新媒介语言的应用能力。新型城镇化的一大特点是智能化、网络化和信息化,这对市民的语言能力同样提出了新的挑战:要求市民熟悉网络社会的信息运作方式和表现形式,能够高效、全面地获取并准确理解信息,能够从海量的信息库中搜索到需要的信息并能有效甄别语言信息,能够以合乎新媒介要求的言语形式提供信息、表达思想和诉求。

其三,语言文明诚信能力。在中国传统的道德体系中,诚信居于核心地位,成为维系社会秩序的根本规范,其影响所及,大至治理国家,小至个人言行。新型城镇化的目标更必然是建设文明、诚信的社会,而语言的文明和诚信是其基础。要改善当今社会道德滑坡、诚信缺失等消极现象,发扬传统优秀文化,弘扬当代主流文化,树立正确的价值观、人生观,还必须抓住语言这个重要环节,消除"假大空"一类的语言污染,摒弃低俗恶俗媚俗的语言渣滓,清除各种名不副实的语言腐败,这都需要市民具有语言文明诚信能力。

新型城镇化是我们国家的重大战略,而要实现这一目标,同样离不开市民高素质的语言能力。市民语言能力建设本身就是新型城镇化的内在要求之一。新型城镇化的"新"字,就体现为以人为核心的城镇化,坚持以人为本,全面提升人的素质。语言能力是人的各项素质的基础,"是人从事社会实践活动的一项基本能力,也是构成人的整体素质的一个重要方面,对其他各项素质的形成、发展有重要基础性作用"。[①] 而且是"人类生存和发展所必需的一种基本能力,是综合素质的重要构成因素。良好的口语、书面语表达水平和语文综合能力对个人成长、成才、成功,具有不可低估的作用和影响"(刘延东,2011)。尤其在新型城镇化的过程中,"帮助人们树立现代语言观念、培养和提高他们的语言文字应用能力,是促进人的全面发展的一个基础性环节。在迫切需要培养

---

① 袁贵仁在教育部、国家语委召开的城镇语言文字评估观摩研讨会上的讲话,转引自张世平《关于"语言能力"问题》,《语言科学》2013年第6期。

大批合格的建设者和创新人才的新的历史时期，语言文字规范意识和能力的培养显得比以往任何时期都更为重要"（张世平，2013）。更重要的是，党的十八大就提出了社会主义现代化经济建设、政治建设、文化建设、社会建设和生态文明建设"五位一体"总体布局，新型城镇化要求城镇社会的整体协调发展，语言生活贯穿于经济、政治、文化、社会、生态文明建设之中，生态的语言生活建设正是其中的应有之义，而市民良好的语言能力则是生态语言生活的基础。

良好的市民语言能力是促进新型城镇化建设中政治、经济、社会发展特别是文化发展的重要推手。首先，新型城镇化需要高素质的人力资源，语言能力是人力资源的基础，是劳动者其他各项能力得以提高和发展的根本保障。良好的语言能力是高素质人才的基本要求，是人们学习能力、工作能力、创新能力的基础，有助于高效工作、协同创造和人才流动，也有助于人际生态。其次，人的语言能力越强，拥有的语言资源就越丰富，就越能对城镇多元文化的健康发展发挥积极作用。比如人们掌握了汉语普通话资源，就有利于当今主流文化的推广和普及；注重保持地方方言资源，不仅有利于当地民间文化和传统文化的保护与传承，也有利于博采各地文化的精华；具备一定的外语资源，有助于理解和吸纳外国文化，并将其合理成分融入新型城镇文化建设中。多元文化的发展是新型城镇化进程中城镇建设"软实力"的体现，有利于凸显城镇的个性，能为其发展注入新的生机与活力，而这需要有高素质的语言能力来保证。再次，语言还有身份认同、情感依存的作用，良好的语言能力对提升城镇市民的身份意识、责任意识和忠诚情感有着重要的作用。如果市民在心理上认同了"我们的城镇"，那么就会自觉自愿地为建设美好城镇而克尽己能。

从语言能力着手，是解决新型城镇化过程中一些棘手问题的有效手段。威廉·洪堡特、萨丕尔、沃尔夫、卡西尔等学者都认为语言对人类的群体认知和思维有着巨大影响，语言本身的状态和发展、语言生活的状态和发展、语言使用的态度与动机等，和人们的世界观、人生观、情绪态度、价值标准、人际关系等密切相关。因此，我们可以通过对人们的语言使用情况的引导和调整来逐渐解决现实生活中的思想文化、道德风气问题，进而间接影响政治经济社会的改进，而语言使用情况的改变，前提就是语言能力的提升。如为了解决当今社会粗鄙黄俗、诚信丧失之类的问题，就可以从市民的语言文明诚信能力的提升入手，名正言顺、充满"正能量"的语言使用将有助于道德水准的提高。

新型城镇化也为市民语言能力的提高提供了可能。首先，新型城镇化对市民主动提升语言能力形成了倒逼机制。新型城镇是有序竞争的社会，也是群体化生存更趋刚性的社会，市民要融入这样的社会并实现自我价值，需要主动寻求机会提升自己的语言能力。其次，新媒介的广泛使用为市民提升语言能力创造了条件。以手机使用为例，据中国工业和信息化部无线电管理局（国家无线电办公室）正式发布的《中国无线电管理年度报告（2018年）》显示，2018年我国净增移动电话用户达到1.49亿户，总数达到15.7亿户。移动电话用户普及率达到112.2部/百人，比上年末提高10.2部/百人。其中，全国已有24个省市的移动电话普及率超过100部/百人。2020年已达16亿户。①

这一现象带来的结果至少有二：一是电子阅读成为时尚，成为人们日常生活中不可或缺的部分，人们语言阅读的能力借此无形中得到了提高。据中国新闻出版研究院2020年发布的"第18次全国国民阅读调查"结果显示：手机阅读和网络在线阅读是成年国民数字化阅读的主要方式，中老年群体在数字化阅读人群中的占比增高。2020年有76.7%的成年国民进行过手机阅读，较2019年的76.1%增长了0.6个百分点；71.5%的成年国民进行过网络在线阅读，与2019年（71.6%）基本持平；27.2%的成年国民在电子阅读器上阅读，较2019年的24.8%增长了2.4个百分点；21.8%的成年国民使用Pad（平板电脑）进行数字化阅读，较2019年的21.3%增长了0.5个百分点。

从数字化阅读方式的人群分布特征来看，主力依然是18—49周岁的中青年群体，同时越来越多的50周岁及以上的中老年群体加入数字

---

① 中华人民共和国工业和信息化部，https://www.miit.gov.cn/。

化阅读大军。具体来看，在我国成年数字化阅读方式接触者中，18—29周岁人群占 31.0%，30—39 周岁人群占 23.2%，40—49 周岁人群占 22.6%，50—59 周岁人群占 15.9%，60—70 周岁人群占 5.6%，70 周岁及以上人群占 1.7%。在接触过数字化阅读方式的群体中，50 周岁及以上人群占 23.2%，较 2019 年的 20.4%增长了 2.8 个百分点。[①]

二是锻炼了书面语言的表达能力——人们一边阅读社交信息的内容，一边编写短小精悍的信息给对方，长此以往，既锻炼了写作水平，也提高了语言的表达能力。再次，语言信息、语言教育信息的易得性和语言生活参与度的提高让市民提升语言能力更为高效。不同于古人需要口耳相传、言传身教，现在的人们可以很轻松地获得需要学习的语言样本，也非常容易获得语言教育的相关资讯并参与相关培训，更重要的是，"全民造句"的可能让人们有机会在实践中训练和检验自身语言能力。

第四节 结语

从以上论述中可以看出，新型城镇化进程中存在的问题不少需要通过提高市民语言能力才能得以解决；而市民语言能力方面存在的诸多问题同样需要通过新型城镇化的不断推进去解决。总之，新型城镇化与市民语言能力存在紧密关系：前者为后者的发展提出了更高的要求，也提供了一个全新的、开放的、广阔的舞台，而后者又是前者的基础和动力，并在其建设中起着至关重要的作用。新型城镇化的实现离不开人的语言能力的提高，在新型城镇化的建设中如何同步建设基本的语言能力，是国家的战略大计，因此，从政府层面看要做好规划、管理并起到表率作用。比如 2012 年教育部、国家语委颁布的《国家中长期语言文字事业改革和发展规划纲要（2012—2020 年）》将"国家语言实力显著增强，国民语言能力明显提高，社会语言生活生态发展"列为国家语言

[①] 中国新闻出版研究院，https://baike.so.com/doc/6844568-7061903.html。

文字事业的"总体目标"。这种具有战略眼光的举措，对推进新型城镇化的建设必将产生积极的影响。不过目前针对不同城镇的语言规划还没有出台，亟须在大量调查研究的基础上，针对不同类型的城镇制定出各具特色的具体规划。将精神文明建设、语言文字工作纳入城镇化发展规划，并采取有效的措施，切实把工作落到实处。一方面，要进一步推广普通话，保护方言，鼓励外语学习，有效开发国民的多言多语能力，并通过语言规划，使各种语言在使用领域和使用功能上实现互补，从而形成生态稳定的语言生态系统。另一方面，也要经常开展社会公德教育活动，提倡文明用语，禁绝粗话脏话和假大空语言，尤其是党政机关的工作人员要身先士卒，以文明、诚信、生态的用语为社会垂范。从市民角度来看，要树立责任意识，要充分认识到提高自身的语言能力是我们每个市民应尽的职责。我们既有享受城镇化所带来的现代都市生活的权利，同样也有建设生态文明城镇的责任和义务。我们每一个人都要融入城镇文化，刻苦学习，勤于采撷，提高自己的语言素养，培养高尚的道德情操。与此同时，也应当辨别美丑，杜绝语言污染，不用不传不文明、不诚信的语言，使我们的语言听说读写能力得到进一步的提升，也使我们的语言生活更加高尚文明。总之，市民语言文字应用能力的普遍提高，必将促进城镇软实力的增强。这需要个人努力、社会重视和国家职能部门的促进，多管齐下、多头并进才能有较大收效。

第七章　新型城镇化中语言与贫困的生态研究

第一节　新型城镇化与贫困

随着以"人的城镇化"为核心的新型城镇化进一步推进，城镇建设逐渐重视来自农村的"转移性贫困"问题。贫困不仅仅是经济问题，它还是重大的政治问题、民生问题、发展问题、社会问题。新型城镇化除了要大力推进农业人口向城镇转移、实现农民市民化外，还要调整、升级城镇与贫困策略，着力解决城镇化发展带来的新贫困问题。作为两种不同的范畴，城镇化和扶贫都遵循本身的自组织原理，虽然有其自身的内在性和自生性，但由于共存于自然、社会、经济、人群等环境要素之中，两者在一定的物质、能量和信息交换下不可避免地相互影响、相互作用。

一　贫困问题是新型城镇化的重要原因也是可能结果

贫困问题是新型城镇化的重要原因。作为一项世界性难题，贫困问题影响着国际局势与发展，一直存在于全球问题探讨之中。中国作为世界范围内最大的发展中国家，我国农村的贫困问题，尤其是山区农村的贫困问题，也一直是困扰我国经济社会发展的一大难题。贫困地区为求生存发展，常常会进行择业转移。贫困问题便成为促进城镇化发生、发展的重要动力因素。这种转移主要表现为农业人口向城镇和非农产业的转移，它潜在地促成了经济条件较好的临近区域的城镇化建设发展，并逐渐形成区位优势。与此同时，农业人口在这种转移中也可能实现户籍变更，并获得与城市原住居民同等的发展机会和福利保障，由此带来城镇化的结构性变迁。作为吸纳劳动力就业的重要载体，城镇化与贫困密不可分，不少学者也对两者之间的关系进行了研究，通过分析中国综合社会调查数据、实地访谈贫困调查地等的研究，证明了城镇化对贫困确实具有一定的消减作用。城镇化是实现减贫目标的重要手段，其发展可以为贫困地区劳动力提供更多的就业机会，随着城镇化发展，其辐射带动效应将日益增加，在促进工资性收入中能逐渐提高贫困个体的可支配收入水平。在解决贫困发展问题中，我国已步入城镇化快速发展阶段。2010年，我国跃居为全球第二大经济体，改变了几千年来我国以农立国、农民和农村人口占主导的境况。2012年，我国城镇化率达到52.57%，超过一半的人口工作生活在城镇，城镇化率达至全球平均水平（唐兴和，2014）。作为推进脱贫攻坚的重要途径，城镇化有力地推动了我国减贫事业的发展。目前，我国已经基本形成以大城市为中心、中小城市为骨干、小城镇星罗棋布的现代化城镇体系，许多城市基础设施已经达到或超过发达国家的水平。2020年后的中国城镇化建设，更应该立足贫困治理，形成一定的制度设计，围绕集聚难度较小的城镇，促进周边各地区的要素整合和特色资源优势，在脱贫中逐渐走出一条适合中国特色的就近、就地和适度的城镇化减贫之路。

贫困问题同时也是城镇化的可能结果。虽然对于大部分城郊农村来说，得益于城镇化的发展，贫困地区经济收入增长明显，城镇化发展凸显了贫困地区的大田效应、土地价值等优势，但同时我们也应该关注城镇化发展中出现的贫困问题。就城乡发展而言，一般在资源配置方面会存在"城市偏向"政策，即优先满足较大城镇的发展，这是城镇化发展中不可避免的一种优先发展的政策偏好。虽然这种配置方式就整体而言实现了资源的合理分配，但在某种程度上也牺牲了农民的利益，牺牲了小城镇发展的机会，进而导致其贫困状态的存在。与此同时，相对于小城镇，大城市客观具有的就业机会多、收入水平高、生活质量高等优势，使其具有相当大的吸引力，城镇化的发展容易加剧其劳动力资本和治理人才的流失，进而导致村庄、小镇"空心化"。尤其是相对偏远、落后的部分地区，当村级的集体经济收入严重匮乏后，城郊农村和偏远山区农村的贫困问题就越来越凸显。就城镇内部而言，虽然部分农村居民通过户籍变更成为城市居民，成为"城市偏向"政策的受益者，在某种程度摆脱了城镇化发展对于自身的负面影响，但我们也应该看到不同迁入地的城市区位是不一样的，同一区位的不同群体发展也是不一样的。与此同时，不少郊区乡镇在城镇化建设过程中也出现了一些特有的新贫困问题及发展瓶颈。对郊区乡镇来说，其在中心市区的辐射带动下，虽然比较容易脱贫致富、实现城镇发展，但也容易在中心市区的拓展压力之下，形成粗放跟风型的发展模式并造成新贫困问题。在城镇化进程中，这已成为不少郊区乡镇的发展瓶颈。

贫困问题与城镇化发展密不可分。据国外学者亨德森研究，城镇化和经济的增长表现的是一种倒 U 形关系。也就是说，城镇化在发展的初期阶段，能够促进经济的增长，降低贫困发生率，但到了后期阶段，城镇化便与经济增长呈负相关关系，不仅无法降低贫困发生率，还可能成为致贫的因素。贫困既是城镇化发展的原因，也是其可能的结果。从贫困理论出发，思考城镇化发展之路，对于探索可持续发展的城镇化之路具有不可或缺的重要意义。

二 相对贫困贯穿于城镇化的未来

从贫困特征来看，未来城镇化进程中，相对贫困将是其主要的贫困治理问题。作为经济发展到一定阶段的必然产物，城镇化是中国未来社会不可阻挡的趋势。贫困作为一种社会伴随现象，却从来就是与人类社会同时产生、同时消亡，是人类社会发展历史进程中不可回避的痛点。贫困问题一直以来是困扰我国社会经济发展的难题，贫困治理也早已成为世界各国各地区必须要面对的治理工程。回顾改革开放 40 多年来，中国城镇化发展取得的巨大成功也是中国贫困治理优势特色的集中体现。贫困主要包含绝对贫困与相对贫困两层含义，根据中国政策实践以及世界贫困治理经验，以 2020 年为界，我国治理贫困的进程可分为解决绝对贫困和解决相对贫困两个阶段。当下，我国扶贫工作已完成党的十八大所确定的到 2020 年全面建成小康社会的目标，消除了绝对贫困。贫困的含义由前阶段的绝对贫困、收入贫困和农村贫困演变为"后扶贫时代"的相对贫困、多维贫困和普适贫困。人民在物质生活上与权利享有上会存在一种相对贫困状态，这种相对贫困包括物质贫困、能力贫困、权利贫困等。贫困类型也将由简单的经济贫困转变为政治、经济、社会、自然等多因素交织的权利贫困、生态贫困等。从空间概念上说，相对贫困也不仅只存在于农村，同样存在于城镇，逐渐由农村山区贫困转变为城乡贫困共生共存状态。贫困帮扶对象也将由农村绝对贫困下的单一性农民群体转向涉及城镇相对贫困中的进城务工农民、城镇弱势居民等多样群体。继解决绝对贫困问题之后，中国未来城镇化发展道路将继续向前迈进，相对贫困将是其主要的治理问题。

与此同时，我们也应看到，未来减贫形势依然比较严峻，相对贫困将长期存在，是一种常态式的贫困问题。虽然总体完成农村贫困人口脱贫、贫困县摘帽以及区域性整体贫困问题等，但贫困治理依然是党和国家为实现中华民族伟大复兴而应担负起的中心任务。随着乡村振兴战略的深入实施，我国贫困治理进入"后扶贫时代"。"后扶贫时代"的贫困治理工作即是由"十三五"期间精准扶贫精准脱贫的运动式贫困治理转为"后扶贫时代"常态式的相对贫困治理。《国家新型城镇化规划（2014—2020 年）》专门指出了城镇化发展过程中存在的一些必须高度重视并需要着力解决的突出矛盾和问题。新时代的社会主要矛盾已经发生了新的变化，"后扶贫时代"的贫困问题首先表现为"不足"。这种"不足"不仅表现为简单的吃穿住行等基本物质需求方面的"不足"，也表现为精神上面的"不足"，这种"不足"聚焦人民群众对美好生活的强烈追求向往，上升到精神以及社会、政治和生态等多方面的需求与平衡发展。就世界工业化和城市化发展的历史经验来看，一方面，随着地区城镇化的扩大与提高，城镇贫困人口所占比例总体上将可能逐步提升；另一方面，随着社会生活的变迁与转型，如后工业社会和消费社会的发展,人们的生产生活方式逐渐改变,随之而来的市场经济风险、城镇化效应等应运而生了贫困领域的另一种新常态。许多中产阶级的需要与满足顺序被颠倒了,满足总是优先并且大于需要,由此就产生了一种相对剥夺感,这种幸福感和获得感的缺乏容易产生另一种特殊的贫困感。这便出现了许多有别于传统穷人的"新穷人"以及有别于传统贫困的"新贫困"。可以说,在"后扶贫时代"的扶贫新征程中,我国区域之间、城乡之间的发展不平衡、不充分仍将长期存在,因此,相对贫困也将长期存在于多元化、差异性的经济社会空间内(赵伦,2014)。国家新型城镇化规划也在客观上对我国相对贫困治理提出新的更高要求。

总之,贫困问题的复杂性使我国依旧会在很长一段时间内存在多种因素导致的相对贫困问题。"后扶贫时代"的常态式贫困治理的目标靶向也将由重点解决农村绝对贫困问题转向涉及城镇居民中的贫困人群和弱势群体。在此背景下,贫困治理格局也必将发生一系列的重要变化。相对贫困贯穿城镇化的未来,构建更加符合我国新时代的新型城镇化建设,需要把握好贫困的格局演变,为实现人民日益增长的美好生活需要而继续做好减贫工作。

三 新型城镇化和贫困治理是同一问题的两个方面

新型城镇化和贫困治理本质上都是在解决发展不充分不平衡的问题。作为一项始终在路上的伟业,贫困反映的是公平问题,是一种因群体参照比较而体现出来的"相对被剥夺"现象,实质上是发展不平衡不充分的集中体现。作为解决发展问题的方法之一,城镇化也存在发展动力和后劲不足、发展内涵不充分、发展成果的普惠性、共享性不均衡等问题,这些在增加经济社会和生态环境成本的同时,也造成了失衡的城镇化格局。当城镇化和贫困集聚下的矛盾集中爆发后,这些不充分不均衡所带来的各类经济、社会和环境资源问题很可能使我国经济处于停滞或者回落状态,进而陷入"中等收入陷阱"等。城市化不能自动解决农村的贫困问题。城市人口无序恶性发展所带来的"吸睛效应"过度膨胀,不仅会加重城市病,使城市染上了以城市人文、生态环境恶化为特征的"城市病",还会将农村的贫困问题转移到城市,无助于农村贫困问题的解决。城市化也不是解决贫困问题的万灵药。受经济社会发展程度的制约,城市自身的承载力是有限度的。农村贫困人口涌入城市,如果得不到任何社会保障的话,只是将农村的贫困问题转移到了城市,并且加重了城市本已存在的"城市病"。党的十九大提出的乡村振兴战略就是增强农村自身脱贫能力的重要路径。新型城镇化解决这种不平衡发展的过程本质上就是实现相对贫困治理的过程。新时代我们社会的主要矛盾是"人民日益增长的美好生活需要和不平衡不充分的发展之间的矛盾"。除了继续推进新型城镇化水平,科学有序地转移农村剩余劳动力之外,还需要立足贫困问题,使其治理与新型城镇化相互协作,相得益彰。

新型城镇化和贫困治理的目标趋同,两者都是实现区域经济的融合发展。经济的激活与可持续发展直接关系到国家经济社会发展水平和稳定性。2012年12月,中央经济工作会议首次提出"新型城镇化"概念,并明确指出了新型城镇化的具体内容。新型城镇化的目标之一是实现区域经济的融合发展,提高社会发展的质和量。就贫困治理而言,正如习近平(2016)总书记所说:"消除贫困、改善民生、实现共同富裕,是社会主义的本质要求,是我们党的重要使命。"贫困治理在解决农民、农村贫困问题的同时,推进了区域城镇化。与新型城镇化目标一致,相对贫困治理在推动城乡均衡发展的过程中,也是在促进区域经济增长,推动我国社会的全面进步,让生活和谐宜人、发展和保障体制更趋完善等。两者都是通过促进国民经济和社会的协调发展来实现我国经济、社会、环境等的良性循环。在经济新常态下,激活资源价值、实现转型升级是影响我国未来经济可持续发展的关键。实现二元走向一元化的城乡统筹需要开拓新型城镇化和贫困治理的深度融合模式,在破除城乡二元结构与加快产业结构转型升级的过程中,使社会发展模式更加科学合理、格局更加优化。对于社会而言,维护社会结构和社会机制的稳定性、发展性是社会发展的根本。相对贫困治理与新型城镇化通过要素整合,实现科学利用,有利于发挥综合优势和溢出效应,通过增进社会总体福利,在不断优化资源统筹、均衡发展中促进市场机制的自我完善,进而实现经济社会的可持续发展。

贫困问题与新型城镇化殊途同归,核心都是以人为本,通过保障人民福祉,最终实现"人的无差别发展"。"以人为本"即是实现马克思主义的"人的自由全面发展"。这种"人的自由全面发展"将人的尊严放在首要位置,通过多维度提升人的可行能力,最终实现人的自由全面、可持续发展。"自由"本质上是一种人的类属性上的优越性延展,成为人类用以决定自身命运、摆脱由人类社会的积弊奴役人类自身的终极武器(高洪波,2019)。城镇化的首要任务是促进有能力在城镇稳定就业、生活的常住人口有序实现市民化。城镇化不是目的,而是手段,是促使农村问题获得有效解决,使农民的宪法主体性地位得到确立,使农民的各项权利获得有效保障。与传统城镇化相比,新型城镇化的"新"突出人的城镇化,强调以人为核心,把人在城镇更好的生存与发展作为建设的首要目标,根本目的是让群众生活得更好,提高人们的生存质量、生活质量与生命质量。新型城镇化发展凸显了人本发展理念,从就业、医疗、教育、住房等方面确保农业转移人口的公共服务供给均等。在绝对贫困治理时期,以人为本的新型城镇化和以人的素质性脱贫为目标的脱贫也具有价值目标的一致性。新型城镇化背景下开展的扶贫减贫就是拔除贫根,实现"人的素质性脱贫"(刘彦随,2015)。新型城镇化是在物的城镇化基础上发展起来的,其核心是人的城镇化。物的城镇化是人的城镇化的重要基础,人的城镇化是物的城镇化的最终归宿。"后扶贫时代"相对贫困治理的伦理取向也是要将人的本我发展作为终极目标。城镇化过程中如果忽略了人这一最重要的因素,城镇化也就失去其真正的意义(乔小勇,2014)。未来新型城镇化与相对贫困治理都应更加注重资源能源的集约与节约,最低限度地消耗能源资源,最大程度地发挥其效能,尽可能不以牺牲生态环境和未来为代价,实现人与自然和谐共存。

总之,未来的新型城镇化不在于物,而在于人;不在于追求速度和数量,而在于提高质量;不在于城镇面积的扩大,而在于城乡协调发展、产业的创新与发展(陈华平,2015)。贫困治理与新型城镇化虽然战略不同，但是本质上却很相似，是同一个问题的两个方面，通过两种方式都以促进区域经济发展和社会稳定为目的。

四 结语

贫困治理与新型城镇化之间的内在关联不言而喻，看似存在对立但实则相互关联，并在一定程度上具有契合性。新型城镇化是以人的城镇化为核心，由于衡量新型城镇化水平的关键指标为人的城镇化水平，推进新型城镇化的关键在于促进农村转移人口市民化，因此，基于宏观视野可将市民化等同于新型城镇化。作为贫困治理的基本路径，市民化不仅仅是农民社会身份和职业的一种转变（非农化），也不仅仅是农民居住空间的地域转移（城镇化），而且是一系列角色意识、思想观念、社会权利、行为模式和生产生活方式的变迁，是农民角色群体向市民角色群体的整体转型过程（文军，2004）。这种转型实质上也是一种城乡迁移，根据城乡迁移理论，城乡流动具有消减贫困的作用。与盲目的异地城镇化不同，新型城镇化是以就地就近城镇化为主的路径模式。就近城镇化立足于贫困农村与小城镇的结合，不会加重当地社会负担，具有更强大的减贫功能。城镇化从来都不是孤立的，它与工业化、农业现代化紧密联系。其中，农业现代化是城镇化发展的动力源泉，既为城镇化提供了农民转化为市民的主体条件，又为农民市民化提供了经济基础。而产业扶贫、教育扶贫、生态扶贫等方式对新型城镇化的推进具有一定的基础保障作用，通过为就近城镇化提供产业支撑、就业基础、观念认同等进一步加速新型城镇化的进程。随着新型城镇化不断发展，城乡一体化趋势越发明显，劳动力、信息、资金、物理资源等经济要素的城乡融合与流通越发畅通高效，农民与城镇居民的界限越来越模糊。区域资源要素流动和增益，使其在发展系统中实现空间关联。贫困治理促进新型城镇化，而实现新型城镇化就要求必须进行贫困治理。

发挥贫困治理与新型城镇化的协同关系，需要构建可持续的综合性、协同性贫困治理体系，在双向驱动中，使两者协调相进，融合共生。新型城镇化是衡量一个国家现代化建设的重要标志，新型城镇化牵一发而动全身，其健康持续发展需要优化空间布局、生态环境建设，构建城镇与自然的和谐可持续发展，解决城乡的非均衡发展。贫困治理的过程实质上是在资源的流动和整合中打破城乡的非均衡发展模式。有效解决相对贫困，需要关注新时代条件下的"贫困转移"问题，制定长期振兴战略，加大贫困治理的城乡统筹战略部署。"多元价值取向"的伦理关怀要求在贫困人口和贫困劳动者收入增长的基础上，同时实现其与社会环境、自然环境、人文环境的和谐发展，确保贫困治理的可持续性和整体增益性（高洪波，2019）。脱贫不仅需要提高贫困人口的收入水平，更应提升其生活质量，脱贫的过程同时也是促进新型城镇化质量提升的过程。当下是转型的关键时期，可以通过推动城乡公共服务均等化与城乡发展一体化，促进新型城镇化带动乡村振兴协同发展；可以促进人的城镇化、经济发展与生态保护的有机结合，实现"以人为本、生态可持续"的发展道路。在新型城镇化过程中充分重视贫困治理的协同效应，统一目标，促进两者内外联系，将社会经济发展各个方面的工作内生地结合到经济社会发展的核心部分，在合理统筹中实现发展，使其相互渗透、融会贯通，在协调、同步、互补中，释放出更大的政策红利与改革创新空间，进而推动新型城镇化的稳步运行和可持续发展。作为全球性问题，贫困不是一国一地专有的社会现象，未来贫困治理也需要国际化的合作。贫困治理的国际化合作时代正在与古老而开放的中国不期而遇（高洪波，2019）。

第二节 语言生态系统下语言与贫困的关系

在新型城镇化推进过程中，贫困作为全球"三P"（pollution 污染，population 人口，poverty 贫困）问题之一，是人类发展进程中不可忽视的重大问题。它关涉人类最基本的生存权，常是一系列社会问题的导火索。随着全球经济科技的发展，贫富差距呈扩大趋势，其严峻性更加凸显。自我国施行"推普脱贫攻坚计划"以来，语言在扶贫脱贫中的作用得到了越来越多的重视，语言与贫困的关系也受到学界的关注，但语言与贫困并非是单一化的关系。当下，我国正从过去"脱贫攻坚"迈向全面推进"乡村振兴"阶段，历史性解决了困扰中华民族几千年的绝对贫困问题，但2020年后，绝对贫困没有了，相对贫困仍然存在，更需要我们去正视和思考两者的关系。[①]

语言存在于一定的环境之中，其相关环境要素构成语言的生态环境。从语言生态系统的视角来看，贫困作为社会经济的相关因素，存在于语言外生态的社会结构环境系统之中，但与语言其他系统也密切相关。语言与贫困相交于语言生态的自为环境系统，并通过自在环境系统的社会结构环境系统、文化结构环境系统和自然结构环境系统相互作用。在脱贫攻坚背景下，人们日益关注语言对经济发展的重要作用，《语言文字应用》《中国语言战略》《语言战略研究》等期刊出专栏进行了探讨。当下，语言红利日益被关注，语言与贫困似乎具有很强的直接性关联，但这仅是源自语言、贫困均日益得到重视，加之相关要素相互影响并叠加，其相关性在人们的视野中得到了强化，其实两者本质上仅存在于多层次的相关因素之中，并没有直接的决定性关系。当然因其相关因素具有叠加力量，两者间的作用力也不容忽视，在对待语言与贫困关系时，要厘清其存在的相关因素及其各种影响，不能简单看待。本节从语言生态视角探讨语言与贫困的关系，以期使人们对语言与贫困的关系有新的认识，为巩固拓展脱贫攻坚成果、推动乡村振兴贡献语言之力。

一 相交于自为环境系统

语言的自为环境即人群系统，由人群的躯体、生命、心理三个层次构成，是语言系统与外界相联系的重要系统。语言系统以此从外界获得物质、能量、信息以保证自身的运动有序和不断的自我更新，并在自为环境中传播信息，在信息传播过程中不断向自在环境耗散能量，反作用于自为环境。贫困与语言的相关性首先存在于语言与其自为环境系统的

[①] 农发行总行党校课题组：《新发展阶段服务乡村振兴战略的思考》，《农业发展与金融》2021年第5期。

相互作用之中，与自为环境系统的躯体、生命、心理要素紧密相关。语言通过人的生理发育、心理状态、生命活力与贫困相互影响和作用。

语言和贫困与人的生理发育密切相关。贫困处境限制了人的躯体发育，通过影响人大脑的海马体、神经认知系统等进而影响人的认知能力。一项与身体健康发展相关的研究表明，由贫困状态下的营养保健、居住环境、家庭混乱等相关指标可能对儿童的大脑结构和功能发育产生影响（张洁，2019）。Lipina 和 Posner（2012）通过神经认知科学实验证明，贫困状态下的生活对与儿童大脑神经认知系统相关的语言系统、执行系统、记忆系统等的功能都有影响，它们不同程度地妨碍了儿童语言发展。贫困影响人的生理发育，尤其是人脑的结构、发展和功能，它通过影响人的神经认知系统影响人的能力，包括语言能力、认知能力等。反之，人的语言能力的提升虽无法对大脑构造产生巨大的改造，但有助于改善人的认知能力。语言机能是认知能力的一部分（Duncan & Magnuson，2012），提高语言能力有利于促进认知能力，从而提高行为能力，对贫困处境的改变施行积极的决策力和行为力。

语言和贫困与人的心理也不无关系。人的心理健康以躯体健康为基础，良好的身体状态有利于保持良好的心理状态。由贫困所产生的生存境遇会给人带来压力、痛苦、冷漠等心理状态，长此以往，便逐渐钝化人们内心的渴望，甚至使人丧失上进心等，由此直接影响着人们提高语言能力和改变贫困的心理和行为。Mullainathan 等（2008）从"稀缺"视角解读了贫困与个体心理的关系，贫困伴随着长期的艰难选择，比如是否让孩子上学或继续上学，是否在农作物生产等方面继续投资等，物质性资源的缺位容易消耗个体的心理资源。当贫困人口将心理资源消耗在当前的日常贫困问题上，如借还款、农业收成、家人疾病治疗等，他们用于提升发展，比如提高农业生产效率或对教育的投资等的精力就会更少（Mullainathan & Shafir，2013），更不要说是语言能力提升这样更为边缘的事情。对于贫困状态中的人们来说，眼前面对的最为直接的事情占据了他们的精力和认知，而最为迫切的事情往往成为他们的选择，这造成了他们对其他事情的心理资源的缺位，便不会花费更多认知，甚至可能根本就不会去考虑那些并非紧迫甚至暂时性带来损耗的事情,而这些事情往往是对整体的生存状态有更加深远的影响。此外,贫困还容易钝化人们内心的欲望,使他们弱化甚至丧失抓住出现在他们眼前机遇的能力(Appadurai,2004)。总之,贫困造成的这种心理损耗,使他们重视当前而损害了未来的发展,往往导致他们做出使贫困永久化的经济决策(王春辉,2019),包括放弃语言教育投资等。

语言和贫困还与人的生命活力有关。人群系统的生命活力首先与人的存在状况有关。有研究表明,穷人较之富人,他们的身体疼痛指数更高,他们的睡眠不好,晚上睡觉中醒来的次数很多,也更易于吸食麻醉类物质(李小云等,2019)。人们通常会认为,穷人大多游手好闲或者不思进取,这些表现并不能成为贫困人群的歧视性标签,而多与他们的生命存在状态有关。现实的生存困境使他们大多挣扎在痛苦的边缘,容易使他们选择麻痹自我。有时纵然积极思索,谋求发展,但因思维和认知困境和无法找到能改变现状的可行出路,反而更加辗转反侧,加深了痛苦的煎熬,这些都使他们的生命活力得到了损耗。其次,人群系统的生命活力表现在人的行动力上,这与人群系统的生理和心理要素有关,即人的生理机能发展和心理表现状态会共同影响人行动力的规划和实行。贫困容易使人陷入生存困境,语言能力影响人们对现状的思维和认知,处在困境中无法找寻出路的泥淖容易弱化甚至使人丧失生命的活力。与此同时,贫困群体生命活力的缺乏也钝化了其改变贫困的规划力和行动力,语言能力的提高意识也比较弱。

二 相存于自然结构环境系统

自然结构形成的广阔背景,给语言系统提供了无限丰富的信息宝库。可以说,地球上无论什么语言,都是植根于特定的自然结构中,并且以信息的传输和反馈为纽带,调节着人与自然、人与人的关系(李国正,1991)。不同的地区形成了不同的语言类型和经济特点,语言与贫困的关系相存于自然地理之中。

自然结构环境系统对语言和贫困的作用首先在于能提供基础性自然

资源。虽然我们的科技发展日新月异,不再是刀耕火种,靠山吃山靠水吃水的时代,似乎人类对自然的依赖越来越少,但这只是大部分的我们与自然的直接接触变少,生活方式有所改变而已,我们依然存在于自然环境中,我们需要呼吸、需要生存。我们在日常生活中虽然有时不是直接地取用自然资源,但加工后的产品原料还是直接和间接地取用于自然,物质不会凭空产生。受自然资源影响,语言和贫困呈现出一些地理差异。据井上史雄(2018)对世界各个地区夜晚照明情况的考察,夜晚的地球有3个地方比较明亮,分别是北美、西欧和东亚;相比较这三个地方,南美、非洲、南亚则明显暗淡,交际密度稀疏,语言多样性保持较好。与北美、西欧和东亚相比,南美、非洲和南亚受热带沙漠气候、热带季风气候影响,全年降水量差异突出,容易形成旱涝灾害,大部分地区为荒漠和半荒漠,仅生长稀疏草本植物和多刺灌木,在发展的进程中得不到足够的物质基础支持。中东虽然也接近赤道,草木资源并不旺盛,但它们的发展具有石油等矿产资源的支持。在语言呈现上,资源缺乏的地区,交际密度稀疏,语言差异性比较明显,发展比较缓慢。

除了自然资源,地理位置对经济和语言的流动性也会产生影响,使得语言和经济在自然地理分布上呈现出一些差异。受自然条件的影响,我国贫困地区的分布在自然地理上呈现出一些共性特点。中国目前有14个连片集中特困地区,这些地区基本上都是老(革命老区)、少(少数民族地区)、边(边疆地区)、穷(瘠苦地区)的地方(王春辉,2019)。这些地区交通不畅、信息闭塞,长期与外界隔绝使得当地的基础设施与社会事业发展比较滞后,经济发展比较缓慢。语言在地理位置上最突出的表现是方言差异,表现出明显的城乡差距。李志行、刘建如(2018)通过调查和访谈保定市范围内的市区、县城城区、农村区域和山区农村4个区域3—12岁孩童后发现,各区域儿童语言表达能力呈现依次递减的状态,即距离城镇中心越远的地方,儿童的言语状况越不理想。语言和经济的发展状态在地理位置上的呈现基本一致,一般地理位置偏远的地区,经济总产值比较低,语言发展比较缓慢,共同语的表达能力越弱。

语言能力的发展在某种程度上意味着人的发展,"仓廪实而知礼节",人的发展离不开物质基础和自然生存空间,经济的发展在促进物质基础发展的同时也依赖自然地理的支持。自然环境决定了人类生存和发展的基础条件,相同的基础条件容易形成同质性社群网络。越是地理封闭、交通不便的地区,其内部社会关系的同质性就越大,网络关系也越紧密。语言生态系统的物质、能量交换多在同质性社群网络内进行,使得语言和经济的发展在自然地理上一般呈现出同步的差异。对于同质性的、封闭的群体范围来说,这一状况往往会产生一些消极的后果,比如语言和经济的交流范围就会受限,与主流语言差距大、与主流发展不同步等。地区越是封闭,其自主变化的可能性与程度都会越低。要想打破这种固化状态,需要从外界引入新的物质、能量和信息,使其融向更大的群体范围。语言的发展能带动物质、能量和信息的交换,同样,经济的发展也能为语言的传播和发展创造条件。如有的地方以地区语言为依托,形成了特色民族主题餐馆、特色旅游经济等。其经济的对外开放和语言的对外开放是一致的,为了促进经济交流,也会主动地学习交易对象的语言表达方式,一般通用语的适用范围更广。地区语言的开放和利用在保持语言多样性的同时,也增添了经济发展的活力。

三 相结于社会结构环境系统

自为系统本身具有很强的自我影响能力,人的存在状态不仅影响自身还影响他人,人与人间的关系形成了社会结构环境的基础,语言与贫困也相结合于此。在社会结构环境系统中,经济因子是语言外生态系统的重要因子,也是贫困的首要评估指数,语言和贫困受一定的社会环境影响。从经济学角度来看,语言作为人的一项能力,与其他资本一样,具有成本、收益、价值和效用,表现为一种人力资本(Jacob Marschak,1965),能够通过影响劳动力、劳动技术、劳动制度等要素作用于经济,从而影响贫困群体的"财富值"。

一定的社会因子制约一定的语言并反映着一定的贫困状态。社会结构系统下的家庭、社区、社会等社会环境存在形态是语言与贫困相互作用的重要场所。大量研究证明家庭混乱、社区环境差等与贫困有关的社会经济指标可能造成儿童语言发展的风险。在家庭环境中，父母表现，如教养方式、对子女关注度、话轮体验等与儿童语言的发展具有显著的关系（张洁，2019），家庭和社区呈现的这些状态与其经济不无关系。语言学习环境论者表示，家庭贫困会从不同侧面影响儿童语言能力发展，主要表现为语言学习能力低下、语音意识不足、词汇和句法习得较慢等，这些表现甚至在学龄前就已十分显著，进而影响后来其学业成功和终生发展（方小兵，2019）。在贫困家庭中，父母与孩子交谈使用语言的数量与质量，如词汇量大小以及解释性、描述性、引导性句型种类多少等远远低于非贫困家庭（Gruen et al.，1970）。此外，贫困地区缺乏良好的学习资源和学习氛围，贫困的状况也让家庭或生活环境充斥着一些压力紧张的氛围，孩子们在种种环境的影响下会对孩子的学习能力产生一定的损害（王春辉，2019）。

语言作为人力资本的重要组成部分，影响着社会结构系统，有利于改善经济状况。有研究证明，通过提高人力资本所获取的收益要高于物质资本和劳动力数量增加（西奥多·舒尔茨，1990）。随着社会形态的变迁和科技的进步，人力资本在经济收入中的比重和作用越来越大，尤其是在迎接以语言为载的"知识"所带来的"信息化时代"的时候。Kohler等（2017）通过考察社会发展的进程中财富差距的变迁后表示，每次技术革新实际上都把不同人的收入能力进一步拉开，对于更多拥有特殊人力资本的人来说，其财富机会增加，但对于普通人来说，虽然也能分享到新技术的好处，但程度可能偏低。想要提高人力资本意味着需要通过获取教育等资源提高相关的知识、技能等。人的语言素质贯穿于人的各项能力之中，不仅影响着人们对这些能力的获取，还通过人的思维能力影响着配置这些要素的综合人力素质。有研究表示，语言多样性对平均受教育水平表现出显著的负向影响，使地区呈低人力资本状态，从而抑制对外开放，随着受教育水平的提高，语言多样性对开放程度的抑制效应将被逐渐缓解（李光勤等，2017）。语言既是人力资本的重要组成成分，即语言能力，同时还具有作为其他知识技能载体的特殊性，对人力资本的影响不言而喻。语言缺失所带来的人力资本差距会一步一步地拉开国与国、地区与地区、人与人之间的财富差距。

语言作为物质、能量、信息载体的特点使其在社会结构环境中也通过影响生产要素的流通，对经济产生重要影响。如方言会通过影响随迁子女的教育而增加对劳动力跨区域流动的阻力（高晶、林曙，2018）。徐现祥等（2015）表示，语言多样性阻碍知识和技术的传播，如果消除城镇的方言多样性，那么城镇技术水平最多可以提高约23%。语言的统一利于通过促进劳动力流通和技术扩散，利于提高劳动力市场整合程度，促进生产要素流通，推动发展，降低贫困（王海兰，2019）。作为语言多样性的体现之一，全球化背景下，英语能力对个体收入也有重要影响。山东大学刘国辉（2013）、刘泉（2014）、郑妍妍（2015）等基于中国综合社会调查的相关数据，实证分析了外语能力与劳动收入整体上也呈正相关关系。语言作为物质、能量、信息载体的特点，使其在社会结构环境中通过影响生产要素的流通对经济产生重要影响。语言并无高低之分，社会呈现多样的语言也并非完全就是经济发展的障碍，只不过主流语言所承载的信息容量和流通性更大一些，掌握主导语言便于其生态系统间的物质、能量、信息交换。在中国当下的发展中，毫无疑问普通话的流通性更广，但倘若在此基础上提高外语和保持方言能力，则是锦上添花，更加利于促进生产要素的流通，提高资源的配置效率，形成高效生态的市场经济。

四 相融于文化结构环境系统

语言与贫困的关联还存在于语言的文化结构环境系统中，通过思维因子、观念因子、社会习俗因子等使语言和贫困相互影响。

人的思维不仅影响自身行为，还具有传导性，语言和贫困通过思维因素交互影响。个体思维容易通过语码信息向身边的人传递，从而影响接触群体的心理和行为，包括其经济行为，如在处理贫困问题的规划、打算、行动等。对于家庭儿童来说，家长思维文化和要素常常通过亲子言语互动影响儿童的各种认知技能的发展，如抽象思维能力和流利语言表达（张洁，2019）。对于地区居民来说，贫困地区的居民安土重迁，社会网络和文化网络更为稳固，进而形成一些固定思维，投射到贫困上往往就会形成"贫困思维"（王春辉，2018）。贫困人口的社会经济劣势是和他们的社会文化特征相联系的，这种文化特征的形成和传递与思维和语言有关。Lewis（1959）就从社会文化角度解释了贫困现象，其"贫困文化"理论认为，贫困群体容易产生脱离社会主流文化的贫困亚文化，儿童在这种贫困文化中成长会自然习得贫困文化，贫困人口在文化观念上具有共性。群体的思维固定化可能是有意识的，更可能是无意识的，但思维方式的逐渐固定化，往往会使群体的生活惯习，如语言使用、从事风格，也趋于固定。其语言内外生态系统的物质、能量和信息交流容易出现阻碍，区域外更广阔的因子难以进入，内部发展出现滞留，区域差异逐渐显现。这种思维上的限定对语言和经济行为都会产生内在的隐性影响。不过，这并不代表贫困人口的文化就是"低等"的，只是思维方式的不同，语言是思维的工具，当需要融入或者接轨于其他群体的经济发展，就需要提高发展目标的主流语言。

语言是文化的组成部分，也是其重要载体，群体文化观念可以通过语言影响文化精神的传承，影响个体的学习和经济行为。语言本身可以暗含人们的某种行为观念，如汉语、英语、西班牙语在语法结构上对时间的强调就有所不同，但总体上英语和西班牙语在表达时更善于强调时间，而汉语则更强调动作，这会影响人们关于时间的偏好和观念，进而影响人们的消费和储蓄行为，因此，英语等欧洲语言拥有较强的未来偏好性，储蓄率较低（Chen，2013）。Beckerman（1956）将由此带来的贸易距离视为"心理距离"，并解释了澳大利亚在贸易选择上更偏向于加拿大，而非地理距离更近的印尼的现象。全世界共有5000多种语言，不同语言在表达方式上有自己的特点，这些差异中的相对性相似会使人形成在观念偏好上分成不同的群体。因此，语言对经济交易的影响不仅是由交易双方的语言带来的时间效率、沟通障碍等"交流成本"，更重要的是可以影响交易双方在文化观念上的距离。Kokka等（2014）以贸易距离、文化偏好为着眼点，通过研究欧洲的出口贸易证明了具有共同语言的国家会有更小的文化距离，从而获得更大的选择倾向，这种偏好容易形成典型的聚集效应。不同的观念使人在主观上对投资对象具有不同的亲疏印象，进而影响人们的投资行为。易江玲、陈传明（2014）在"心理距离"的基础上将语言作为"人缘"的一个维度研究了中国在国际投资上的84个贸易伙伴，结果显示，中国在国际贸易中更倾向于投资共同语言的国家。在经济交际中，文化观念的差距不仅会影响双方的经济行为选择，也会影响双方的对同一问题的共识。语言特质的相似性会产生共同的文化理解和商业精神，不同观念下的言语交际会通过舒适度、礼貌度影响沟通心理的融合度，相似性会促进经济双方的信任度，更易于获得交易信息；观念差异过大容易导致共识偏离，甚至带来经济冲突。总之，语言特质下的观念差异影响人们经济活动的离散，正是出于对相似观念的这种文化偏好，人们在经济活动中往往会更倾向于选择有相似文化观念的交易伙伴，相似性越大越容易进入聚集群，能否被交际对方接受和认可直接影响经济交往的机遇，甚至成功与否。

　　语言与身份认同密切相关，人与人之间的认同和信任也是影响经济绩效的重要因素。语言认同的背后不仅是语言和文化的认同，而且是整体认知、情感归属的心理与行为的过程（张先亮等，2011），具有相同文化背景的个体之间往往更容易建立信任（黄玖立等，2017），由此产生的心灵亲近感会增加彼此之间的信任。在谈论语言背后的认同感对经济的影响时，不少学者更多的是将其中的"语言"指向了方言，主要是强调方言对于身份认同的功能。有学者表示，方言对劳动力流动的影响主要不是通过语言沟通，而是通过认同效应和互补效应来发挥作用的，普通话的推广消除了语言沟通上的障碍，因而有利于劳动力的流动，但可能在增进认同上却效果甚微（徐现祥等，2015）。方言对人们之间的认同具有重要的作用，普通话作为国家语言的一部分，是在更高的层面上增加人与人之间的认同感。同一国家的不同地区的人们会说共同语不一定就削弱对人与人之间的认同感，普通话能力的获得不代表以往所获得的方言能力的消失。语言所带来的身份认同具有层次性，就地域范围而言，地区方言会使双方在地方性的共同语言中获得亲近感；站在国家层面来说，作为国家的一分子，普通话能力利于增加公民身份的认同感。公民的身份认同也是人与人之间的语言认同感之一，能在拉近人与人之间的距离上会起到一定的促进作用。以方言为代表的文化变量是影响城镇化进程的一个重要因素（连洪泉、周业安，2015）。对于贫困地区的人们来说，提高国家通用语的能力不仅有助于其了解新事物，获得新技能，而且可以提高公民意识和主人翁意识。在融入整体的国家环境中，其产生的社会凝聚力可以为脱贫的道路营造稳定的社会环境（王海兰，2019）。与此同时，我们也不能忽视方言的认同作用。可以在普及普通话的同时鼓励跨区域人口根据流入地的特点提升当地的方言，以更好地融入当地经济发展中。淡化居民"本地人"和"外地人"的语言隔阂和身份意识，利于树立起同城镇同身份的城镇居民意识和价值观（连洪泉等，2015）。

五 结语

自我国施行"推普脱贫攻坚计划"以来，语言在扶贫脱贫中的作用得到了越来越多的重视，但贫困是一个涉及因素众多、维度多样、层次多重的复杂现象（王春辉，2019），需要我们去正视和思考两者的关系，以便为当下发展提供科学的认识。本章从语言生态视角来看，语言与贫困的关系存在于语言外生态系统，并非具有直接性，更多的是要素相关。

贫困作为社会经济的相关因素，与语言内外生态系统相互影响。语言与贫困相交于语言生态的自为环境系统，并通过自在环境系统的社会结构环境系统、文化结构环境系统和自然结构环境系统相互作用。人群系统作为语言与贫困相互作用的直接中介系统，是两者关系相交的重要场所。贫困与语言的相关性首先存在于语言与其自为环境系统的相互作用之中，与自为环境系统的躯体、生命、心理要素紧密相关，通过人的生理发育、心理状态、生命活力与贫困相互影响和作用。自然结构形成的广阔背景，给语言系统提供了无限丰富的信息宝库，人的发展离不开物质基础和自然生存空间，经济的发展在促进物质基础发展的同时也依赖自然地理的支持。社会结构环境系统中的经济因子是语言外生态系统的重要因子，也是贫困的首要评估指数，语言通过影响劳动力、劳动技术、劳动制度等要素作用于经济。此外，语言与贫困的关联还存在于语言的文化结构环境系统中，通过思维因子、观念因子、社会习俗因子等使语言和贫困相互影响。自在环境系统的自然结构、社会结构和文化结构为语言与贫困的交互影响提供了更为广阔的联系场所。其每一种结构都包含着无限多的因子，这些因子都以各种方式影响着语言与贫困的关系，使两者产生不一样的作用力和牵制力。

第三节 语言与贫困的作用特点及路径

我国已进入"后扶贫时代"，相对贫困长期存在，要实现全面建成社会主义现代化强国的第二个百年奋斗目标，必须直面贫困问题。语言与贫困涉及因素很多，两者并非具有直接的决定性的关系，而更多地存在于语言外生态系统之中。贫困作为社会经济的相关因素与语言相交于语言生态的自为环境系统，相关于自在环境系统，通过人群结构、社会结构、文化结构等环境系统和自然结构环境系统相互作用。其中人群系统在语言与贫困相互关联中具有中介功能，自在环境系统的自然结构、社会结构和文化结构为语言与贫困的交互影响提供了更为广阔的联系场所。

语言生态系统重视语言和外部环境的相关性，语言系统不仅受外部环境的影响，还能反作用于外部环境。这种系统性使语言与贫困相互作用，众多因子参与其间的物质、能量和信息交换。作为一种有机整体，语言生态系统去掉其中任何一个相关环节，这个系统就会解体（李国正，1991）。本节从语言生态视角探索语言与贫困的作用特点及路径，以期对两者运动关系有更加深入的认识，为改变贫困贡献"语言之力"（李宇明，2018）。

一 语言与贫困的作用特点

（一）双向性

对于语言和贫困存在的生态系统来说，每一种结构都包含着众多的因子，每种因子都以不同的方式影响语言。各因子作用力的方向和大小各不相同，即使是同一因子在不同的时空下也会有所差异，并不是每种因子对语言都有同方向的作用力，也不是任何时空条件下作用力的大小都能保持恒定。各因子间的这种交互性影响所产生的正向性和负向性作用力，使两者的运动具有一定的双向性。

1. 语言多样性与经济发展

语言多样性与贫困交互影响，并非是单一的线性关系，两者受政治、经济、文化、人群等要素影响呈现出一种双向性的作用力。语言多样性兼具正负两个方面：既可提升经济活力和人群系统的和谐，也可阻碍经济的发展和人群的交流。

语言多样性意味着交流的非统一性，通过影响经济要素的流通，与贫困呈现负相关。如井上史雄（2018）通过考察世界各个地区的夜晚照明情况后得出：富裕地区人口密度高，夜晚照明度高，人们晚上可以相聚，方便交流，语言就趋于单一化；贫困地区，交际密度稀疏，语言趋于多样化。美国学者普尔也指出："一个语言极度繁杂的国家总是不发达的或半发达的，而一个高度发达的国家总是具有高度的语言统一性。"这就是著名的"费希曼-普尔假说"（李宇明，2018）。语言多样性容易阻碍专业人员流动、增加管理成本、妨碍新技术传播等，从而降低经济发展的速度，是导致贫困的重要原因。

语言的多样性同时也具有一定的经济和文化价值，与贫困呈现出正相关状态。奥塔维亚诺（2005）、吉尔斯·格雷尼尔（2018）分别探究了美国、瑞典语言状况与经济发展的关联性，他们为语言多样性的经济收益提供了定量证据，得出语言多样性在提高社会成员福利、增加产品数量和类型、提高工资水平等方面都表现出积极作用。这些都说明，语言多样性具有特殊的益处，不仅不会导致贫困，反而是经济发达的表征，它可以通过促进社会和谐为经济提供良好的发展环境。

语言多样性与贫困的正负相关性多体现于通用语与方言的协调上，如目前大部分的城镇化研究都倾向于方言多样性对经济发展具有阻碍作用，对城镇化率具有显著的负向影响，但不能忽视那些掌握了较好的通用语却仍旧贫困的人群，还有那些保持着方言经济却高速发展的例子。前者如美国城镇郊区或者中国城镇郊区的一些贫困区，特别是所谓的"贫民窟"，许多居民可以说很好的通用语，但是仍旧陷入贫穷的状态；后者如香港、广东、福建等地，许多居民依旧保持着粤方言、闽方言的单语状态，但他们早已摆脱往日的贫困状态而进入了温饱或小康的生活（王春辉，2019）。方言在经济发展中，有时能为本地和流入人口建立起同城镇同身份的意识和价值观，进而促进经济发展。

纵观所有的发展实例，语言多样性对经济的双向影响与不同发展阶段、不同发展地域及拉动经济的侧重因素不同有关。通常在经济发展前期，语言统一性的经济效应更明显，而在经济发展到一定阶段后，语言多样性的潜在价值给经济带来的"增彩"作用便凸显了出来，如认同感和归属感。但语言多样性的适宜性会因人群和地区特色出现差别，对有些地区来说，这种单一性和多样性可以很好地共存，对有些群体来说，语言外生态系统的歧视、思维、制度因子的影响更大，即使拥有多样的语言能力，但因面对的发展机遇不平等而沦为贫困群体或者无法摆脱贫困状态。

2. 语言能力与经济发展

语言能力包括两个层面，即内在的语言能力和外在的语言能力（张先亮，2015）。语言能力的提高不仅是一种量变的过程，如增强现有语言的听说读写能力，而且还是一种质变的过程，如由方言能力到普通话能力、由普通话能力到外语能力的提升。语言能力与经济发展相互影响，同样呈现双向性特点。

语言能力对经济的发展具有双向性。劳动者语言能力的提高可以通过增加就业机遇，提高职业技能等获得更好的收入。如陈媛媛（2016）、金江等（2017）分别动态跟踪调查了全国部分家庭和广东省内部分家庭的普通话能力与劳动收入，均显示普通话能力对非农收入存在显著正向影响，说明语言能力的提升对经济状况的改善具有重要的促进作用。与此同时，也存在着提升语言能力后仍处于贫穷状态，而选择维持现状最后获得了较好的经济发展。比如美国的许多西裔移民努力提升自己的英语能力，甚至超过了白人，但仍然深陷贫困；处于社会中下层的西班牙吉卜赛人以罗姆语为母言，不少人努力学习加泰罗尼亚语（西班牙经济富庶、文化发达区域的语言）以望改变经济状况，但既有维持罗姆语的富翁和也有掌握加泰罗尼亚语的流浪汉（方小兵，2019）。语言能力与经济发展并不体现出一种单向的相关性。

经济对语言能力的影响也具有双向性。优越的经济条件可以为语言能力的提升提供好的学习条件、学习氛围、学习资源等，但优越的经济并非一定会创造出语言提升的机会，更不用说有了好的机会就一定会学有所得。比如高收入家庭的孩子的语言能力发展并非一定是正向的，因为其父母虽然可能具有较高水平的语言能力，但在激烈竞争的环境中，穷于应付，无暇顾及孩子，家庭的温情和关怀容易缺失。而经济贫困的家庭却因生活节奏舒缓，父母有更多的时间与孩子相处，从中获得较多的话语交流，也能提升精神世界使思维得到发展，从而有利于语言能力的提高。

语言能力与经济的发展呈现双向性源自语言能力的经济身份具有双重性以及评价语言能力高低的审判机制具有社会主导性，前者主要表现为语言能力在具有收益性的同时兼有成本性，后者表现为语言能力的经济效果总是以当下特定的生产水平为评审机制，对当下经济来说，语言能力对生产作用值的大小，可能在众多因素中占据主导性地位，但也可能是非必要性地位，不过人们通常会认为学习了社会主流或前端语言才是获得了更高水平的语言能力。目前大多数的语言地位评判是站在现代社会生产力的制高点，对人是否真正拥有或提升能力并不一定具有一致性，因此，不同的审视机制决定了语言能力的不同地位。

3. 语言权利与经济发展

语言权利通常指习得和使用母语的权利。母语权利的保障对经济的促进作用是毋庸置疑的。如母语教育可以促进扫盲和职业发展，从而有利于消除贫困（方小兵，2019）。作为联合国教科文组织专家组成员，斯库特纳布·康（2000）尤其倡导母语权的理念，在她看来，母语权利是一种不可剥夺的人权，母语教育促进儿童成长。的确，母语具有文化之根的性质，个体会因其与自身语言文化机制的吻合而更容易获得，是提升语言能力的有效途径，可以快速提高自身的素养和能力，从而利于从业，获得经济发展。但在某种意义上，这种语言权利更多的是作为人权平等的附属品在加以强调，母语权利代表着一种对种族、性别、宗教信仰的尊重。

与此同时，对母语权利的片面强调可能会使经济发展受限，使这种语言权利成为不平等人权的一部分。比如非洲土著人民的母语权利得到了最大限度的保护和尊重，但他们并不感激甚至极力抵制。其原因是主导者以语言权利的尊重和保护划定了语言教育种类，由此限制了他们的语言选择和发展。目前已有人将语言权利视为分化和隔离种群的一种手段（方小兵，2019），有些以消除贫困为由而施行的片面保护或开发小族群语言资源，可能反而成为新时期的另一种隐性的殖民方式。

从社会公平来看，各类语言都是平等的，但市场价值和法律地位是不对等的，语言权利不仅包括母语权利，同样也包括学习国家和国际通用语的权利。对有限范围语言的强调，实际上是通过阻止语言与外界生态系统间物质、能量和信息的交换，为语言发展套上了枷锁、从而限定了这一弱势群体对社会发展福利的获得。真正的语言权利的平等，不是从表征上划定语言使用权利的范围，而是尊重人的语言选择和发展权利。

4. 经济发展与贫困体验

语言与贫困关系的双向性还与经济与贫困关系的非单一性有关。从某种角度看，经济获得发展，贫困可能得以消除，但也可能没有消除，甚至增加了贫困状态。这与贫困本身有关，贫困是相对的，同时也是多方面的。

贫困是一个相对概念，因比较而凸显。经济的结构类型和发展方式使得经济活动限定于特定的层级，在未发生结构性改变获得质的飞跃时很难突破既有发展水平的跨度性体念。如相对于美国人来说，墨西哥人则显得贫穷。他们的发展完全不在一个层次上，美国人处在一个高度专业化的社会分工系统中，能低成本地生产大量商品，实物工资水平也就上升了，墨西哥则完全相反（李小云等，2019）。在国内也一样，相对于东部，中西部比较贫困，但在中西部也有很多富裕的，同样在东部，也有贫困的。经济发展水平具有多阶段性质，贫困既可以定义为生存性物质缺失，也可以定义为未达到社会发展低中等水平等，因此，要想改变贫困需要先弄清发展改善的目标和性质。

此外，贫困的内涵也具有多面性，既有物质贫困，也有精神贫困。一方面物质的发展与精神世界的发展并非亦步亦趋，很多人虽然经济收入增长了，生活水平提高了，可精神世界日益枯竭堕落；另一方面，精神上的富足与否和每个人的价值追求有关，也与社会存在的状态有关。比如一些地区年收入低于联合国划定的贫困线，似乎很贫穷，但其生活模式很和谐，感觉很幸福、很满足，他们没有现代城镇人的精神贫困。像不丹，虽然人均国内生产总值较低，可国民幸福指数很高，生态良好，社会安定，这样一个"小国寡民"的世外桃源，没有受到全球化的巨大冲击，语言多样性保存良好（李小云等，2019）。

（二）层次性

语言系统是由与它相应的自为、自在环境系统共同构成的一个整体，其内部各要素相互联系、相互作用，处于不断的运动变化中，而这种运动和变化不是随意的，受到各相关要素影响的强弱而呈现出一种层次性特点。如威廉姆斯（1970）曾从两个层面绘制了语言因素导致的贫困循环图。社会文化层面的贫困循环路径为：贫困→教育劣势→发展劣势→贫困。社会经济层面的贫困循环路径为：贫困→就业劣势→经济劣势→贫困。值得注意的是，各系统中语言和贫困的作用路径并非是单一的和唯一的，其中位于基础性地位的是自然系统，位于核心地位的是人群系统，而社会结构系统则是语言和贫困生态运动的动力。

1. 自然结构是基础

自然资源作为人类赖以生存和发展的基础，也是语言和贫困生态运动的基础。它为语言系统提供众多的材料，影响语言的表达方式，同时也为经济发展提供物质保证，影响其发展的模式。

自然结构形成的广阔背景，给语言系统提供了无限丰富的信息宝库，是语言生态系统的物质基础（李国正，1991）。比如英国人常用泰晤士河来比喻，中国人则常用黄河来比喻，因为两者都是各自的母亲河。在中国，自然地理特征造成了南北方地名的差异：南方多山、多水，依山傍水，所以南方的地名中多带有"塘""岭""桥""埠"等词，有些就直接表示山清水秀，如兰溪、丽水、青田、碧湖、仙居、仙都等；而北方一望无际的平原，缺水少绿，所以地名中多带有"屯""沟""窑""庄"等。自然结构系统不仅影响着语言的表达方式，并且以信息的传输和反馈为纽带，调节着人与自然的关系，同时也调节着语言自身与人的关系。

自然地理不仅为语言系统提供了重要的物质要素，同时也是经济、社会发展的基础。靠山吃山靠水吃水，不同的自然要素往往形成了不同的经济发展模式：平原具有发展种植业的优势，高原具有发展畜牧业的良好条件，山区在发展林业、副业、旅游业和采矿业等方面具有优势，沿海地区则为海洋产业和对外贸易提供良好条件。

2. 社会结构是动力

以自然结构为基础建构起来的社会结构，其经济因子、文化因子牵引着语言生态系统的发展变化，是贫困和语言生态运动的动力，这种动力来自现实的需要和未来的愿景。

语言和贫困具有时代性特点。社会经济、文化的现状和发展共同牵引着语言和贫困按照一定的要求和方向做出合理的改变。如山东青岛受地理位置及历史背景的影响，旅游产业日益发达，随着境外游客，尤其是日韩和欧美游客的增加，其经济发展成为当地迫切提升各类外语能力的动力，包括英、韩、日、德等语种。浙江义乌也一样，随着进出口贸易的发展，外籍人员不断增多，促进了当地各类人群的语言提升。这些正是社会的需求拉动了语言和经济的发展。

语言和贫困同时也面向未来。随着经济全球化和科学技术的发展，很多地区开始实施面向未来的人才引进和培养政策。这些城镇和地区着眼于未来，积极规划经济发展蓝图，人们也根据未来发展积极提升自己的相应素质，包括语言能力。如广东积极迎接人工智能和体验经济的时代，致力于建设成为下个科技城，打造成为中国的"硅谷"，推出了一系列经济和人才政策。形成了以需求为导向、用人单位为主体、市场机制配置国际人才资源的新格局,为经济和语言发展提供了动力、指引了方向。语言和贫困内在的相互关联性是间接的和多样的,我们在看待两者间的生态运动时,除了向内看,还可以向外看。它们的发展都需要观照时代的要求和未来的愿景,当各自的发展都合乎时代、合乎外来,彼此必会相得益彰,共同促进。

3. 人群结构是核心

人群结构是语言生态系统中的自为环境,是贫困与语言生态运动的核心,因为在语言生态系统中,人群是语言系统与自在环境系统的中介。语言内生态系统要想从自在环境获得物质能量和信息,必须靠自为环境系统充当物质能量和信息传输的中介,而语言系统对自在环境的反作用也是通过自为环境来实现的。

人群系统是创造语言、运用语言的主体,其中介作用不是机械的僵死的,而是能动的、积极的。不但能把自在环境的各种信息经过筛选加工之后传输给语言系统,而且还能通过言语运动反作用于自在环境(李国正,1991)。作为基本素质之一,人的语言能力是人的一切智能发展的基础和手段,人在获得语言的同时通常也会获得其他素能的提升,尤其是众多隐形的能力,语言是人获得发展能力的聚像代表。网络符号语言的创造和发展,就是人发挥主观能动性的产物。

人的发展是解决其生存困境的核心要素。贫困问题终究是人的发展问题,贫困状态的体现对象为人,改变客体是人,人是社会结构中的劳动力、是作用于自然客体的主体。人的学识、技能、品格、交际能力、应变能力等综合素质对于贫困状态有重要影响。人的能力和素养影响着人的经济决策。如1978年的安徽凤阳小岗村,18位农民顶着压力,冒着风险,在土地承包责任书上按下了红手印,由此拉开了经济发展的序幕。

(三)隐蔽性

语言价值通常附着于其他要素而对经济的发展产生作用,尤其是对人的以语言能力为核心的综合素质的提高具有重要作用。语言与经济的相互影响存在于外生态系统里各因子的交互作用中,两者间的物质、能量和信息交换存在一定的距离，因而贫困与语言间的生态运动存在隐蔽性的特点，体现在语言对贫困的作用力具有间接性、时间性和成本性上。

1. 间接性

间接性主要体现在语言对贫困的作用力并非是直接的，更多的是关系叠加，即因素相关性影响。语言具有一种心理属性，与沟通、认同、信任、文化等有着较强的关系，同时也具有载体属性，与信息获取和技能学习相关。语言对经济的作用往往需要与其他要素结合而发挥作用，通过影响人力资本、信息技术等对经济产生影响。改善贫困有多条路径，但每条路径都可以找到语言的影子，语言潜在于生活的方方面面。虽然语言因素在扶贫脱贫事业中是一个"非急迫性因素"，即比起水、食物等生存物质和生产资料甚至电视等娱乐设施，语言以及教育都是非急迫获取的要素，但提升语言会提升经济发展的机遇（王春辉，2019）。

2. 时间性

语言与贫困生态运动的隐蔽性还体现在语言投资的回报具有时间性。语言对经济的影响是一个"多阶段传导"的过程，其作用是隐性的，很难测度，且需要一定周期才能显现，因而往往容易被忽略（王海兰，2019）。语言生态系统间物质、能量和信息的交换不是一蹴而就的，语言能力的获得需要时间，语言能力渗入经济变量中也需要时间，其作用的凸显同样需要时间。如个体对一种语言的掌握需要达到一定的熟练程度，语言才会对收入产生影响，语言变量必须积累到一定规模才会对经济变量产生作用（王海兰，2019）。但语言的提升可以对个人的综合素养产生潜移默化的影响，对其融入主流社会文化，融入现代化的生活方式、交往方式、思维方式都有很大帮助。可以说，语言的提升对经济的发展是一种长久助力，有利于提升发展理念，优化发展模式，从而增强生态发展的可持续性。

3. 成本性

语言对改变贫困虽有收益性，但也有成本性，其成本性可以对语言的价值造成一定的隐蔽性。贫困人口在发展经济时面临着众多的选择，贫困的处境所造成的资金、心理的"负荷"的叠加无形中会放大语言投入的成本。毕竟语言对贫困的直接性较弱,且见效缓慢,使其收益性容易被隐性化,甚至在表征上体现为一种消耗品。比如脱贫工作的目标是增加贫困人口的收入,相比于其他脱贫方式,语言脱贫不易被群众接受,因为语言脱贫投入成本高,需要付出时间、金钱和精力,但产出一般比较慢,不像经济产业那样能比较直接地产出经济效益。

二 语言与贫困的作用路径

任何生态系统的存在都必须依靠系统内的物质循环、能量流动和信息传递,在语言生态系统中,语言内生态系统通过三要素交换实现与外生态系统相关要素的相互作用。语言对贫困的作用伴随着这些要素而进行,语言生态系统的物质、能量和信息分别承载着语言的表达、交际和审美功能,并对贫困产生影响。

(一) 物质循环

物质循环是生态系统最基础的功能层级,人类发出语音的过程也是一个物质运动的过程(李国正,1991)。语言作为一种物质资源,常以语音和文字为基本表现形式,发挥着语言的一种原初功能,即表达功能。语言的物质流是其能量和信息传递的载体。以语言为物质载体的相关经济很多,任何经济交往行为都离不开语言。

首先,语言本身即为一种资源,可以作为物质循环的生产资料。从文字、语音、词汇到语法、语义、语用等,语言各个要素都参与到了经济生产过程,甚至可以独立为物质产品,如书信代写、语言广播、语言翻译、语言培训、语言康复、各类语言学习音像、考试资料,以及语言要素与科技结合而形成的电子书、电子词典、复读机等设备。语言要素资源是语言经济的物质基础,可以产生直接性的经济效应。

其次,语言作为一种劳动服务载体,同样具有商品价值,参与经济发展的物质循环。如餐饮、旅游、医疗、银行等领域的语言服务,语言虽然可能不是产生经济效益的直接商品或主要商品,但却是商品不可或缺的重要组成部分,参与了商品价值的构建。在这里,语言更多的是作为一种物质载体,与其他资源最后结合成为一种经济生产的物质资源。

此外，语言人才也是经济生产的物质资源。作为语言服务生态的中介系统，语言人才资源也不容忽视。我国对各行各业的人才都有很大需求，特别是在"一带一路"建设下，人才储备机制对国家经济发展往来具有重要意义，甚至有时决定了交往经济的结果。

总之，语言可以通过各种方式进入生产的物质循环中，并最终作用于经济并影响贫困。

(二) 能量流动

语言对贫困的作用方式，除了物质流外，还与语言生态的能量流动有关。人所从事的社会生产和物质交换通常是一种交际性经济。能量流就是语言对社会交际的产生和发展所起到的一种影响力和作用力，通过影响人在经济交际行为发生前的取向选择和过程中的体验判断，从而影响经济交际的结果。

从跨国交际来看，语言生态的能量流主要体现为语言对经济交往的外部国际环境的一种作用力，多表现在交际成本的预判和交际心理距离的体验对经济交际的选择和发展的影响上。交际成本影响经济成本，语言通过影响双方沟通交流的效率和质量等，产生一种交易费用的预判，即交易成本评估。语言差异容易使得贸易双方出现信息获取与理解的偏差，从而增加"机会主义型交易成本"（张卫国等，2016）。当交际成本预算过高，就会产生消极性经济交际行为。交际心理距离的体验也是受能量流影响的一个重要因素，有时甚至可以决定经济交往的成功与否。在跨国经济贸易中，一般语言越相似，双方的交际心理距离就越近，这种较短的交际心理距离利于跨国公司管理人员获得人缘，从而获得更多的国际直接投资。

从国内交际来看，语言生态的能量流主要表现为语言对内部社会关系的一种作用力，多体现在语言的文明诚信水平和产业的人文内涵对经济交际的选择和发展的影响上。语言文明诚信是经济交易的基本要求，道德滑坡与语言文明诚信较低有很大的关联。语言的过度扭曲，不仅影响人们正确认知产品，长期存在于这样的语言环境中还容易麻痹人们的道德认知，对国民语言能力及文化素养产生负面影响。如当下各行各业的发展日益繁盛、竞争愈加激烈，经济交往中有时会出现广告的过度溢美,这也使得虚假广告逐渐坦然地进入经济市场,甚至还出现了虚假商品,如"有毒奶粉""漂白稻米""染色馒头"等劣质有害的产品。语言文明诚信较低往往带来欺骗性甚至有害的交易,在感受到产品的虚假性后,其经济交易的意愿和成功率往往会比较低。与语言诚信相比,人文内涵则是更高层次上的一种经济价值塑造,也同样影响着经济交往的选择和结果。目前不论是教育行业还是其他更加实体化的商业产品生产,大家都逐渐意识到了要在发展经济的同时,加强产业内在的人文内涵。用语言传递自己的文化理念,树立自己的品牌特色和产品形象,吸引和接受具有共鸣的消费者,在影响消费心理的基础上,推动经济效益。

(三)信息传递

生态系统中除了物质流和能量流以外,还有一个高于物质、能量的层次——信息流,信息是物体自身所携带的一种印记。作为一种象征符号,语言凝聚着各种信息元素,通过反映语言背后的认知、思维、审美等特质传递着相关的语言信息。这些信息具有一定的层次性,基本性信息主要是字面的客观消息,高层次信息则是一种附加性信息,隐现了表达主体的理念素养和背后代表的群体文化与文明,进而对经济交易的方式和结果产生影响。

基本性信息呈现于语言表达的排列组合中,对经济交易的影响主要表现在语言信息的真实性、客观性、规范性和得体性上。其中真实性和客观性直接影响交易者信息获取的客观内容。交易沟通中,双方会借助语言增加沟通,其间对传递出的信息的了解会在交易者心理中形成一种交易内容的判断,并进而影响经济交际的选择。规范性和得体性直接影响交易者获取信息的主观体验。信息的表达是否规范和是否得体会影响交易者的情感趋向。当然真实性、客观性与规范性、得体性所获得的信息观感并不是截然分开的。真实性和客观性在影响内容的基础上,进而会产生一种心理审视,由此也进一步形成一种信息体验。这种体验既可能表现为强化规范性和得体性所带来的心理体验,也可能是一种弱化,这取决于信息流的传递方向是否一致。

高层次信息首先体现在对表达主体理念素养的信息传递上。语言作为个人思想加工后的产物，带有一定的个人特质，同一事物或同一内容的表达，不同的人可能采用不同的表达方式。语言背后传递着个体的世界观、人生观和价值观等信息，进而会影响个体的经济决策等行为。如Chen，M. K.（2013）认为，不同的语言在语法结构上对时间强调的不同，因此人们对于时间偏好会有所不同，从而影响该国的总体储蓄率。如英语、西班牙语更善于强调时间，而汉语则强调动作，所以英语等欧洲语言拥有较强的未来偏好性，因而储蓄率较低。与此同时，语言交际过程是一种双线交际，在表层明意的同时，还蕴含着深层的思想情感传递。"良言一句三冬暖，恶语伤人六月寒。"语言交际中传递着的深层情感信息，通过影响经济交际氛围，往往也影响经济结果。

作为一种文化载体，语言背后还传递着一种高层次的文化信息，反映着使用群体的文明积淀，可以间接影响经济增长的路径。这种深层信息是多元化、多层次的，不同的语言背后是不同文化中无限意象的聚合体，涉及政治、经济、历史、民族、宗教等多方面。首先语言背后文化信息的传递透露出不同的交际习惯和潜在规则。语言的学习和使用需要认识语言背后的文明文化信息。语言是不同文明之间的互动，了解对方语言，可以更彻底认识国家文化和背景，熟悉对方不言而喻的贸易规则和潜在的贸易习惯可以促进经济行为的共识，增加约定与行为结果的一致性，避免理解差误带来的不必要的经济损失。其次，语言背后文化信息的传递具有交际理解的指向性。简单而粗劣的表层意义传达对交际效果的影响有时是无用的，甚至还是有害的。对语言文化信息传递的不足、偏差甚至错误，可能会产生极大的交际逆化。不仅容易出现误解，甚至也无意中进行了自我黑化，同时也容易为恶意性的曲解创造机会。此外，语言背后文化信息的传递塑造了群体形象，并进而影响了话语权的存在方式。不论是推进"一带一路"建设，还是提高国家的国际话语权，我们都要重视语言交际中的历史文化信息的传递。尤其是在国与国的交往、地区与地区的交往中，不能仅仅做到表层意义传达，更要关注言语交往中我们的理念是否准确而恰当地传递给了对方。文化信息塑造了国民形象，还影响着话语交际中的框架解读方式。偏误的话语解读容易造成隐形的恶性循环，虽然容易被忽视，但通常危害力是巨大的和难以扭转的。因此，我们在对外交往中尤其要重视传递深层的文化信息，以促进各国在政治上的互信和文明上的互鉴，进而实现经济上的共赢。

（四）机制联动

李国正（1991）认为，在生态系统中，物质流是基础，能量的流动必须以物质流为运载工具，物质的流动，又需要能量作为动力，而信息流是高于物质、能量的层次，它贯穿于生态系统的各个层级，各个环节，把它们有机地联成一个整体，因此，物质流、能量流和信息流虽然所处的层次不同，却关系紧密，相辅相成。

物质流是能量流和信息流的基础。语言作为一种物质资源，常是能量、信息传递的载体，物质流所建构的语言资源、语言产品、语言人才，为经济行为提供了基础的交易商品、劳动力。能量和信息存在于以语音和文字为基本表现形式的语言资源的排列组合中。能量流只有通过物质流才能对交际产生影响力和作用力，物质流不存在，能量和信息流就失去了依托无法存在。没有离开物质流的能量流和信息流。

能量流存在于物质流的基础上，同时为物质流和信息流的存在提供动力。能量流是语言对社会交际的产生和发展所起到的一种影响力和作用力，不同的影响力和作用力目标对物质基础的需求不同，由此影响语言资源、语言产品、语言人才的存在和发展。与此同时，能量流在对外交往中具有的作用力和在对内交往中具有的影响力，可以通过优化外部发展环境和促进内部社会和谐，进而为物质流和能量流的存在和发展提供动力和方向。

信息流是在物质流和能量流共同作用中存在的一种内涵积淀，可以深化并转化为深处的力量。不论是语言信息的真实性、客观性、规范性和得体性，还是语言的文明诚信水平、群体文明，都是语言物质流所凝聚而来，并通过能量流的影响力和作用力进行传递。同样信息流的存在也影响着物质流的存在和能量流的发挥。不同文化和文明背景下的语言形式有所差异，文化内涵的表现也影响着语言在经济交际中作用力和影响力的形式和程度。

语言通过物质、能量和信息进入经济活动的循环中，其各自的作用方式虽然相互区别，但相互联系，在差异中共同影响经济的各个方面和要素，并最终作用于贫困。因此，不同语言所带来的经济效应不同，源自不同时间和空间中语言生态中的物质、能量、信息交换状态的不同，语言本身并无高低之分，多样化的语言都是语言百花世界中的一朵。主流语言的价值性特别凸显，通常是因为其所承载的信息容量及流通范围与我们的生存活动更加适宜，掌握主导语言更能使我们与时代同行而不被淘汰。从历时角度看，我们掌握过去的通用语可以使我们获得典籍史册上的信息；掌握当下的国家通用语，可以更好地成为一国之民与国家发展相融相促；而掌握未来的国际通用语则可以使我们更好地成为地球村村民。从共时角度看，掌握方言可以使我们在地方性区域范围顺利生存和发展，当下的社会发展要求我们走出方言地域。提高普通话能力不仅是个人适应当下经济发展以便搭上国家经济快车的需要，更是国民众志成城地共同推进国家发展向前迈进的要求。水舟需共行，"小家"的归属感也需汇融成"大家"的归属感。走出方言的地域范围之后，便是走出国门，与世界对话，这进一步需要我们掌握外语、推广汉语。由方言到普通话再到国际通用语，语言生态系统的物质、能量、信息交换范围不断扩大和丰富。在当下经济发展中，毫无疑问，通用语是语言中的主流，理应掌握，在此基础上提高外语、保持原方言、学习流入地方言，则是锦上添花，利于提升物质、能量和信息交换的数量和质量，从而促进生产要素的流通，提高资源的配置效率，形成高效生态的市场经济。

三 结语

当下我国已进入"后扶贫时代"，相对贫困长期存在，要实现全面建成社会主义现代化强国的第二个百年奋斗目标，必须要直面贫困问题。语言生态系统强调重视语言系统和外部环境系统的相关性，作为一种有机整体，语言系统不仅受外部环境的影响，还能反作用于外部环境。本节从语言生态视角探索语言与贫困的作用特点及路径，以期对两者运动关系有更加深入的认识。

语言和贫困各相关因子作用力的联动和叠加，使语言生态与贫困的运动呈现双向性、层次性和隐蔽性的特点。双向性源自在不同的时空环境下，起主要影响作用的因子不相同，各因子间的交互性影响导致正向性和负向性作用力均有产生，主要体现在语言多样性与经济发展、语言能力与经济发展、语言权力与经济发展、经济发展与贫困体验上。层次性是相对于各系统及其内部间因子的相互作用力而言的，从横向来看，体现为影响因子在各系统内的具有一定的作用路径；从纵向来看，影响语言和贫困的各系统间也存在一种层次，这种纵向层次更多的是体现各系统的功能，其中位于基础性地位的是自然系统、位于核心地位的是人群系统，而社会结构系统则是语言和贫困生态运动的动力。

在语言生态系统中，语言内生态系统通过物质、能量和信息的交换实现与外生态系统相关要素的相互作用。语言对贫困的作用伴随于两者间的物质、能量和信息运动过程之中，语言生态系统的物质、能量和信息分别承载着语言的表达、交际和审美功能，并对贫困产生影响。语言的物质流是其能量和信息的载体，与语言为物质载体的相关经济很多，任何经济交往行为都离不开语言。能量流是语言对社会交际的产生和发展所起到的一种影响力和作用力，通过影响人在经济交际行为发生前的取向选择和过程中的体验判断，从而影响经济交际的结果。处于更高层次的信息流是物体自身所携带的一种印记。作为一种象征符号，语言凝聚着各种信息元素，通过反映语言背后的认知、思维、审美等特质传递着相关的语言信息，进而影响经济行为的发展路径。物质流、能量流和信息流虽然所处的层次不同，其各自的作用方式也相互区别，但彼此关系紧密，相辅相成，在差异中共同影响经济的各个方面和要素，并最终作用于贫困。因此，不同语言所带来的经济效应不同，源自不同时间和空间中语言生态中的物质、能量、信息交换状态的不同，语言本身并无高低之分。

第四节　语言生态下的脱贫振兴之路

未来相对贫困治理将是新型城镇化建设的一项重要工作，在厘清语言与贫困的关系和作用特点及路径的基础上,需进一步探索语言与减贫之路的生态构建。

语言生态系统强调重视语言系统和外部环境系统的相关性,作为一种有机整体,语言系统不仅受外部环境的影响,还能反作用于外部环境,这就意味着在语言与其相关要素之间也暗含着解决相关问题的契机。从人的思想到行动,语言和贫困似乎都是起点也是终点,语言和贫困会影响人的思想行为,也会成为行为选择的结果。但实质上就整个系统的发展来看,语言和贫困也只是发展问题的一个过程,系统的生态在于人的全面发展,在于人与万物(自然和社会)的共好,语言发展和脱贫都只是人的发展和社会发展的一部分。本节从语言生态视角出发,在语言与贫困的关系和作用特点及路径的认识基础上,进一步为语言与减贫之路的和谐构建提出相关建议,以期为改变贫困贡献"语言之力"(李宇明,2018)。

一 因地制宜

虽然人类的发展为改造自然创造了很多便利条件,但人群系统、社会系统和自然系统是互相影响、互相作用的。我们在发展经济时要与自然相结合,才能使整个系统处于良性循环之中。人类孜孜不倦的追求,实质都是对更文明的社会的期盼。而文明又是以自然界为基础的。人类只有保持与生态环境和谐才能不断进步(周光迅等,2015)。由"脱贫"至"振兴"下的扶贫减贫,需要我们的发展因地制宜,重视语言与贫困存在的自然环境。

语言减贫中经济发展策略要因地制宜。党的十八大以来,中共中央、国务院以及各相关部门出台了一系列文件、制定了一系列策略和措施相对接,比如"发展特色产业脱贫""引导劳务输出脱贫""实施异地搬迁脱贫""着力加强教育脱贫""东西部扶贫协作""旅游产业扶贫"等(王春辉,2019)。总体来说,地区经济发展可以分为创建本地经济和本地劳务输出两种。值得注意的是,这些政策和措施都有重视语言因素的作用,需要与语言能力的提升精准对接。

基于本地资源基础的经济建设，就其发展地而言，可以着眼于本地区的自然、人文等资源，形成本地区建设，如发展地区旅游、农村电子商务等。这需要各地重视地区资源，组织相关人员进行调查摸底，群策当地的发展出路，加强语言资源管理规划，开发本地区多元语言的价值，形成本地经济发展调研和建设蓝图。如少数民族的歌曲、演唱以及其他语言形态的文化表达，和少数民族的服饰、仪式等一起都会构成少数民族文化的整体形态。由于这些文化形态相对稀缺，因此往往都具有很大的经济价值，也自然是发展和减贫的重要资源（李小云等，2019）。创建本地经济发展需要在减贫的同时，重视实现当地的自然、文化资源的和谐共建。言语社区可以通过建设交通、医疗、教育、文化设施较为完备的新农村和小城镇，建设经济文化相对发达、社会和谐、交际网络稳定、凝聚力强的言语社区，用以维持语言生活和语言生态（方小兵，2018）。

基于劳务输入的跨区性经济，可以根据输出单位或从业方向的具体需求进行精准培训。对于流入地来说，尤其应关注没有学习支付能力的农民工及其子女群体。当地政府可以鼓励并与当地企业、社区等共同建立公益性阅览空间，丰富城镇务工人员子女、城镇留守老人的帮扶促进活动，提高人们的融入感和幸福感。程名望等（2016）采用国家统计局上海调查总队2011年上海外来农民工情况调查数据开展实证研究，结果表明，上海话熟练程度的提高不仅有利于增进农民工的绝对收入，而且还会对其相对收入的感知起到正向作用。上海话作为一种重要非制度因素，已经成为上海市外来农民工获取心理平等感的一种媒介，对于其主动融入城镇生活以及减小受排斥的预期有着十分重要的意义（邱济芳等，2018）。与此同时，方言技能还对流动人口创业具有积极作用，那些会讲当地方言，熟悉运用方言的流动人口更倾向于成为创业者，方言的创业效应在城乡接合部、县城、乡镇农村及跨方言大区均非常显著（魏下海等，2016）。

两种经济发展方式都要求我们要正确处理语言培训。一方面要正确看待语言多样性问题，另一方面要分清语言培训的主次。普通话和方言并非不相容，推广国家通用语，实施国家语言统一的政策，并非一定要放弃母语、方言，或者消除语言多样性，而是提倡双语双言社会的生态发展，尊重当地方言的使用自由。语言培训也要分清主次。普通话是发展的大势，必须坚持。不管是创建本地经济还是本地劳务输出，国家通用语的掌握都可扩大地区的开放程度，同时增加与外界的物质、能量和信息交换的容量和速度，在加快地区经济一体化的同时，可以推动地区经济融入更大的区域经济圈，因此需要与此相应地提高共同语言的使用能力。贫困地区的具体语言培训，要结合当地产业和发展方向，使培训内容和方式因地制宜，开展语言精准扶贫。

二　与时俱进

人们的物质生产方式和生产关系，是影响人类生存的决定性因素。人类的生存状态受所在时代的发展制约。历史是不断发展、前进的，人类的发展会走向一种融合，既是政治经济全球化的融合，也是人与自然相互作用的融合。与时俱进需要我们用系统、全面的眼光引领语言的发展。语言是平等的，但特定时代的语言市场价值是不等的。要想通过语言减贫，需要努力促成语言与时代市场价值的对接。当下时代发展的趋势表现为，由地区走向国家，再由国家走向世界，与之相应，语言要求由方言到普通话，再到外语能力不断提升，不同的发展阶段需要为内在语言生态系统输入不同的新活力。

时代发展决定主流语言，地区经济和语言的发展需要顺时而行。当下的发展已然要求人们的生存范围进入国家层面，普通话的普及是必然要求。2018年国家提出实施"推普脱贫攻坚"行动计划以来，国内不少学者也提出了推普在国家扶贫脱贫中的基础性作用。张世平（2018）指出，使贫困人口"通语"，具备基本的普通话交流能力，是脱贫攻坚的治本之策等。近年来，不少学者对中国劳动力市场上的劳动者，特别是农民工和少数民族地区劳动者的普通话水平的收入效应进行了实证分析。推广普通话需要我们实施普及普通话覆盖公共领域的语言政策，发挥普通话而非地方话在城镇各大公共领域的主要沟通媒介作用，减少不同人因不同地方语言交流而可能产生的歧视意识和行为，淡化当地居民

"本地人"和"外地人"的语言隔阂和身份意识，树立起同城镇同身份的城镇居民意识和价值观（连洪泉等，2015）。我国目前已经进入"后扶贫时代"，普通话更是当下发展应有之义。

英语是未来适应全球化的趋向，在推普的基础上，可以鼓励人们进一步提升外语能力。2013年山东大学刘国辉的博士学位论文《中国的外语教育：基于语言能力回报率的实证研究》是国内第一篇实证检验中国劳动力市场外语能力的工资效应的文献。此后陆续出现了一批考察中国劳动力市场上个体的外语熟练程度与收入之间关系的研究成果，如刘国辉、张卫国（2016）利用中国综合社会调查2006年数据发现，外语能力在中国有着较高的经济回报。刘泉（2014）利用中国综合社会调查2006年数据，发现外语熟练度能显著提高劳动者大约69%的收入。郑妍妍等（2015）基于中国综合社会调查2008年、2010年的数据，实证分析了全球化背景下英语能力对个体收入起到了显著正向影响，尤其是对低技能劳动者收入的提升效应比高技能劳动者显著，此外还有其他相关的众多研究。大部分的研究都是基于中国综合社会调查的相关数据，虽然这些研究者具体的考察切入口略有不同，但都在中国综合社会调查数据的基础上，得出了外语能力能显著影响劳动力收入的一致性结论。

语言减贫的设施也应与时俱进，构建现代化资源平台和信息平台。语言服务要与时代发展相适应，可以借助时代信息科技的发展改变贫困地区的汉语学习条件，完善大众传媒工具如广播、电视、电话、报纸、网络等，以拓展汉语学习平台，健全民族地区农民汉语教育设施。开展语言减贫还需要加强语言与贫困的理论与实践研究，建立"语言—贫困"数据库，开展语言扶贫绩效评估。这一数据库应该包括个体的语言能力、收入、教育、职业等多种变量，可用于分析语言与贫困之间的相互关系及该关系的动态变化。同时，我们也需要对语言减贫措施进行跟踪，建立系统性的绩效评估机制，实现语言减贫措施的精准施行（王海兰，2019）。科技是时代发展的重要成果，要重视科学技术在提高语言能力、促进减贫中的作用。

三 因人成事

人是语言生态系统的中介力量（李国正，1991），既是语言减贫的受助者，也是语言扶贫减贫的施助者。谁来扶、扶持谁、怎么扶是推普减贫中的重要问题。言语社区规划要坚持"以人为本"，即以扶贫对象为中心，有效聚合政府、企业、社会三方资源，发挥各自优势，形成语言脱贫合力。

语言扶贫要关注贫困对象的特点和现状。首先，在语言扶贫时要注意扶贫对象的认知和行为特点。"稀缺理论"提醒我们，在扶贫工作中，应减少增加贫困居民的认知负担，比如解读新规则、新政策时尽量使用简短、平易的语言予以解读，激励措施要尽量简单而避免复杂的激励机制（王春辉，2019），学习要逐渐推进，进程要有不同梯度。其次，开展语言扶贫需要语言扶贫要了解扶贫对象的现状。当前，减贫对象类型复杂、贫困原因多样，减贫群体包括残疾人、孤寡老人、长期患病者等无业、无力的贫困人口以及部分教育文化水平低、缺乏技能的贫困群众。推普减贫的重点人群应聚焦在教育水平低、缺乏技能具有劳动能力的贫困群众。一是要掌握这部分贫困群众的语言状况，特别是普通话掌握状况，可以与学者携手，搜集大量真实案例，进行实证分析；二是要了解贫困群众对推普减贫的认识，包括对学习普通话的态度和学习普通话目的的认识；三是要了解贫困群众对普通话学习资源建设、学习平台构建、学习方式方法等方面的诉求，要摸清当前普通话学习过程中所遇到的困难，以更好地精准施策（李小云等，2019）。

再次，语言扶贫还需要关注贫困对象的需求。对贫困群体来说，生存是首位的，语言扶贫要重视其经济效应和保障。第一，需要关注各种人群和各种层次的需求，搭建语言与发展出路桥梁。语言扶贫对象包括中小学生、成年人、老年人等，要根据不同人群的不同需求，开展多种形式多项内容的业余语言文化和职业技能培训。如可在言语社区建立阅读陪伴活动室，为儿童提供学校教育之外的良好的阅读、学习空间，为老人提供报纸、文化活动等内容。语言扶贫要搭建语言与发展出路桥梁，尤其是青壮年劳动力，让他们学有所得，为其学习提供发展出路和前景。可以通过选拔考核使合格的贫困人口参与乡村治理，优先引导他们外出务工、优先支持他们参与乡村旅游等（李凌峰，2018）。在贫困人口的就业安排中，可以根据他们的语言及其相关技能的学习效果考核，做出最优安排，避免出现职位歧视，个人的良好发展能成为大家学习的动力，推进构建语言与经济之间的良性循环。第二，语言扶贫要实现长久脱贫的良性循环，还需要用教育托底，实施积极的财政设施支持，使贫困群体免除经济之忧。教育是语言扶贫的根本保障（李小云等，2019），教育规划利于实现长久脱贫。政府可以为贫困人口分化学习教育成本。提高语言能力和在此基础上守护其母语都是需要付出成本的，包括时间成本、物质成本（文具、教材、师资等）和心理成本（如风险成本和转换成本）（徐大明，2014），可以以政府为主导建立语言保护和发展补偿机制。此外，对于扶贫干部来说，要对其进行当地语言（汉语方言或民族语言）文化培训，提高他们对当地语言文化的认识，更好地融入当地生活，把贫困地区的普通话推广和扶贫干部学说当地话结合起来。

语言扶贫道阻且艰，要重视树立贫困人口的语言自觉和语言自信。首先，要提高贫困人口对语言的重视。语言能力是人的一切智能发展的基础和手段，不仅包括基本的听说读写能力，还包括语言文明、语言诚信的能力（张先亮等，2013）。语言素质是人的基本素质，语言能力的提升同时也可以从多方面促进人的综合发展。语言扶贫是通过语言使人脱贫，脱贫是目的，语言是手段，但从发展来看，脱贫也只是人类发展的一个过程，脱贫不是终点，最终要实现的是人的发展。要从根本上脱贫，必须解决人的观念问题，语言"扶贫"要与"语言扶志""语言扶智"共行（李小云等，2019）。在语言扶贫中关注文化、思想观念的提升，也为语言问题背后隐匿的各类社会问题打开了出口。其次，要树立贫困人口的语言信心。可以树立语言致富样板，使他们看到语言能力提升的价值所在，提高贫困地区群众对通用语言"红利"的认知，让他们体会到"语言资本——信息——工作——收入"之间实实在在的关联，以期产生示范和带动效应（王春辉，2018）。要让群众认知到自己或子女语言能力的提升是值得的，甚至在一定条件下可以使用"有条件现金转移"的方式，即随着语言能力的提升，整笔扶贫资金逐步给付到位；达不到此目标的则不给资金等（王春辉，2019）。

四　结语

语言生态系统的物质、能量和信息交换所带来经济各类影响是双向的、多层的、潜在的，对贫困的某一发展方向起重要影响的因素，在不同时间和空间下体现不同，对待语言和贫困问题不能简单化。语言与贫困的探究不能仅停留在两者的关系和作用特点及路径的认识上，在此基础上还需进一步探索语言与扶贫之路的生态构建。当下语言和经济都面临着发展提升的需要，处理好语言发展和经济发展，既需要我们条分缕析、细致安排，也需要我们高瞻远瞩、统筹规划。

语言生态系统的物质、能量和信息交换带给经济的影响是双向的、多层的、潜在的，这告诉我们在构建语言与扶贫之路的和谐时，要为语言扶贫搭接好所存在的时空支撑，使发展因地制宜、与时俱进，在衔接工作机遇的同时，与人群适应。其中因地制宜意味着地区经济发展可以通过创建本地经济和本地劳务输出合理运用当地资源。与时俱进是说地区经济和语言的发展需要顺时而行，以普通话普及为主，尊重方言的发展，鼓励进一步提升外语能力，同时构建现代化资源平台和信息平台。因人成事要求言语社区规划要坚持"以人为本"，即以扶贫对象为中心，关注贫困对象的特点、现状、需求，重视树立贫困人口的语言自觉和语言自信，有效聚合政府、企业、社会三方资源，发挥各自优势，形成语言脱贫合力。只有语言和贫困共存的生态系统间物质、能量和信息交换都得以畅通，系统的发展才得以实现良性循环。

总而言之，从贫困与语言生态系统的相关性来看，所有的问题都会关涉自为结构这一中介因素，我们要关注人的发展，要重视语言潜在的感发力量。在促进人的全面提升的同时，要为这种发展搭接好所存在的时空支撑，使发展因地制宜、与时俱进，在衔接工作机遇的同时，与人群适应。只有语言和贫困共存的生态系统间物质、能量和信息交换都得以畅通，系统的发展才得以实现良性循环。此外，在处理语言与经济的互换关系中，有时相关问题涉及因素过多，且呈现双向性作用力时，不妨分开考虑，分别思索语言和经济各自的当下和未来，当其各自都成就最好发展时，两者在发生交互关联时，会形成一种共促的合力。

第八章 新型城镇语言服务生态研究

语言服务，就是充分利用语言的工具性质，发挥语言的服务功能，为社会提供便利的一种服务。语言服务是人们日常生活、学习、工作中必不可少的内容，对新型城镇化的建设以及生态文明建设起着十分积极的作用。因此，语言服务理应受到更多人的关注。由于语言服务有一定的依附性，它渗透在人类生活中，凡是涉及语言文字的行为或活动，都有可能涉及语言服务，就可能存在生态的问题。良好的语言服务需要人们注意自己的语言态度和语言行为，这样才能减少人与人之间沟通的障碍，增进相互间的理解与信任，改善社会的语言生态环境。低劣的语言服务则是因为服务主体缺乏正确的语言意识，对自己的语言行为疏于管理，从而导致人际关系不和谐，语言生态不平衡，城镇发展不顺利。因此科学的、完善的语言服务在构建新型城镇语言生态乃至整个社会的生态文明中显得十分重要。

在城镇建设过程中，人们逐渐意识到生态文明建设是社会文明进步的必经之路，而这又与语言服务有密切关系，二者的最终目的都是为新型城镇未来长期稳定的发展奠定基础，因此，国家和政府在提倡新型城镇生态文明的同时，更加注重语言生态环境的建设，其中包括语言服务的生态建设。

有语言就有语言服务，语言服务伴随着语言的产生而产生，然而"语言服务"作为一个专有名称并对其进行研究的历史却不长。最早提及"语言服务"的学者是封梅芳（1983），其关注点是在国际间的语言交流中如何提供专门的语言服务的问题，此后学界关于语言服务的研究逐渐增加，"语言服务"这一概念频繁地出现在语言学研究领域中，成为应用语言学的一个热点。

语言服务有狭义和广义之分。狭义上的语言服务，服务范围基本限于翻译行业，如袁军（2014）提出"语言服务以帮助人们解决语际信息交流中出现的语言障碍为宗旨，通过提供直接的语言信息转换服务及产品，或者是提供有助于转换语言信息的技术、工具、知识、技能等，协助人们完成语言信息的转换处理"。这里强调语言服务的目的是完成语言信息的转换。

广义上的语言服务，包含了与语言有关的各个方面和行业。屈哨兵（2007）认为，"语言服务的范围既涉及语言教育、语言规划，也和广义的社会语言学及语言信息处理、计算语言学等有着天然的联系"。赵世举（2012）将语言服务定义为"行为主体以语言文字为内容或手段为他人或社会提供帮助的行为和活动"。李宇明（2014）的解释是"语言服务就是利用语言（包括文字）知识、语言艺术、语言技术、语言标准、语言数据、语言产品等语言的衍生品，来满足政府、社会及家庭、个人的需求"。王海兰（2018）结合多位学者的观点，将语言服务界定为"行为主体为满足其他主体的语言生活需求，以有偿或无偿的方式向他人或社会提供语言知识、语言技术、语言工具等以及所有语言衍生品的行为或活动"。可见，广义上的语言服务，范围很广，只要与语言文字相关，并为满足他人或社会需求而存在的语言产品、行为、活动都属于语言服务。此外，李现乐（2010）从宏观和微观两个层面阐释了语言服务，指出"微观层面的语言服务主要是指一方向另一方提供以语言为内容或以语言为主要工具手段的有偿或无偿、并使接收方从中获益的活动"，而"宏观层面的语言服务是指国家或政府部门为保证所辖区域内的成员合理、有效地使用语言而做出的对语言资源的有效配置及规划、规范"。还有学者提出了"国家语言服务"这一概念，郭龙生（2012）认为"所谓'国家语言服务'，就是由国家政府部门（包括其派出与代理机构）在国家层面为了国家利益而进行的语言服务"。

结合现有学界的观点,我们把语言服务界定为:为满足社会各主体的语言生活需求,行为主体所采取的一种向他人提供语言的所有衍生品或是借助语言及其衍生品帮助他人的行为,涉及语言政策、语言知识、语言规范、语言能力、语言资源保护等服务内容。

现有对语言服务研究的成果主要集中在以下几方面。

一是对语言服务的研究过程中理论问题、实际问题或二者关系的发现和思考。如陈鹏(2014)"区分了专业的语言服务与行业的语言服务,并简要分析行业语言服务的基本内容、语用原则、文化地位、发展策略等基本理论问题";李现乐(2018)认为"语言服务研究既属于传统的应用语言学研究领域,也属于新兴的语言规划学和语言经济学的研究范畴","语言服务研究终究不能脱离语言学研究","语言服务研究也需要将社会语言学的理论和研究成果应用到相关研究中,以发展和完善语言服务理论";屈哨兵(2010)提出"我国的语言服务正处在一个快速发展的时期","要有科学发展的态度,需要投入成本,应充分利用关涉全民的大事件来推进语言服务事业的发展,要在全球化的视野中置放和推进语言服务事业","语言服务能拥有相应的学理支持与学术发展的框架以及引导资源重组并有可持续发展的潜力"。还有仲伟合、许勉君(2016)的《国内语言服务研究的现状、问题、未来》,张伟、郑中原(2004)的《国际化城市的语言服务环境建设思路》,戴红亮(2012)的《提升面向少数民族的语言服务水平》,王海兰(2018)的《城市公共语言服务的内涵与评估框架构建》等也对语言服务的理论问题和实际问题进行了论述。

二是语言服务行业、产业的创立、发展研究。郭晓勇(2010)提出若要健康发展语言服务行业,则需"建立行业研究机制,制定行业发展规划","加强行约行规建设,建立健全评估机制","推动产学紧密结合,提升人才培养水平","有效整合行业资源,搭建权威交流平台";王宇波、李向农(2016)从丰富体系、增强能力、促进国家战略推进几方面阐述了语言服务行业与互联网深度融合的必要性,并强调"围绕国家大战略,发展语言服务业,构建和完善国家语言服务体系,提升国家语言能力，是全国上下有关方面的应尽职责"；李宇明（2014）将语言服务分为有偿型和无偿型，指出"有偿的语言服务便是商品，服务者和消费者之间是贸易关系，语言贸易形成语言服务市场，形成各种语言产业"，因而要深入研究语言消费；邵敬敏（2012）认为"语言学要为社会服务，为大众服务，为时代服务，就必须创立起一个新兴的产业'语言服务业'，并且建立起一门新兴的学科'语言服务学'"；李宇明（2016）提出"应制定全面发展语言产业的政策与规划，提倡社会的语言消费意识，促进国家语言事业发展，最大限度获取'语言红利'"。

三是将语言服务作为研究视角的相关研究，如屈哨兵（2010）的《语言服务角度下汉语国际推广的几点思考》，屈哨兵（2011）的《语言服务视角下的中国语言生活研究》，陈颖（2014）的《语言服务视角下城市国际语言环境建设研究》，韩倩兰（2014）的《语言服务视角下翻译技术人才的培养》，刘素勤（2014）的《语言服务视角下的语言应用研究》，李艳（2017）的《基于语言服务视角的语言康复行业状况及对策研究》，潘孝泉、马丽（2017）的《语言服务视角下金华市外语语言环境建设策略》等。

本章以语言生态理论为指导，以城镇区域的语言服务为对象，从影响和机遇两方面讨论语言服务与新型城镇化二者间的相互作用，论证了新型城镇化的发展与语言服务建设有着密不可分的联系，并结合城镇语言服务的内容、特点、非生态现象及其原因进行研究，从城镇语言服务生态现状延伸到城镇语言服务生态的构建。

第一节　语言服务生态与新型城镇化

语言和社会有着十分密切的关系，语言生态与社会生态也处于类似的联系中，城镇生态的构建离不开语言的生态。在城镇建设中，语言不仅作为人类交际工具存在，同时也是影响城镇精神文明建设的重要因素。语言服务生态是城镇生态的重要组成部分，它反映了服务主体的价值观、语言态度以及相关语言能力，同时也影响着城镇居民。语言服务的不断完善能够推动新型城镇化进程，而新型城镇化的深入推进又为语言服务的生态带来机遇。所以，语言服务生态与新型城镇化只有相互促进，才有利于城镇语言生态的构建，有利于新型城镇化的建设。

一 语言服务生态影响新型城镇化进程

城镇的语言服务存在生态与非生态现象，前者与新型城镇化的理念是一致的，在构建城镇生态语言环境方面起着重要的作用，良好的语言生态有利于城镇精神文明建设，能够在一定程度上推进城镇化的进程，主要表现为以下三个方面。

（一）推进经济生态发展

为了告别以破坏生态环境为代价发展经济的传统模式，在国家的号召下，越来越多的城镇开始有意识地注重经济与社会的融合发展，寻求一种生态化的发展模式。此过程中，语言服务相关产业的生态发展起到了一定的作用。

"语言不仅具有工具属性，为人们的日常交流提供服务，而且也具有商品属性，同其他经济资源一样，也可以产生价值、效用、费用和收益，为人们提供交际之外的各种服务"（屈哨兵，2016）。语言服务可分为有偿语言服务和无偿语言服务：有偿语言服务形成一种产业，它包括语言翻译产业、语言教育产业以及语言成品产业，既可以服务人类又能创造一定的经济价值；无偿语言服务则是由国家政府主导、耗费一定的人力、物力、财力，对国内城镇语言生态环境进行改造所采取的一些措施。

从20世纪90年代开始兴起的语言培训、语言测试及语言技术，到如今互联网与语言服务深度融合后产生的在线语言教育、语音智能等，都是语言服务产业不断丰富和发展的证明。语言服务产业包含了各语言服务行业，如翻译、语言培训、语言咨询等。语言服务产业是将文化与科技融合起来的一种现代服务业，同时带有文化价值与经济价值。曹荣（2015）以中国的语言培训服务为例，提到"新东方、学而思、学大教育、安博教育、ATA、正保远程、弘成教育、诺亚舟、双威教育、中国教育集团 10 家教育上市公司 2012 年度总营收 18 亿美元，净利润 1.93 亿美元"。据《中国企业"走出去"语言服务蓝皮书（2016）》介绍，2015 年全球语言服务市场规模为 381.6 亿美元，其中全球百强语言服务企业（108 家企业）营业收入总计 47.34 亿美元，占 12.41%。由此可知，语言服务所创造的经济效益是十分可观的。语言服务作为一种新兴产业，有着很大的发展潜力，也更加符合不以牺牲生态环境为代价的经济发展模式。

语言服务产业由语言服务行业和语言服务职业发展壮大而成。传统的语言服务职业有语言教师、翻译、校对员等；随着时代发展，出现了一些新兴的语言服务职业，如语言工程师、文字速录师等，这为城镇居民的就业提供了更多可能，也在一定程度上缓解了就业压力。

此外，语言服务相关产业的发展带来了更大的语言消费市场，人们越来越重视自身语言能力的提高，因而在语言产品或服务上的消费不断增加。许多行业在正常工作或是提供服务时，沟通交流都要借助语言文字，免不了语言服务的伴随，例如旅游业、交通运输业、医疗行业等。然而有些服务主体常常会忽略向消费者提供服务时所使用的语言礼貌程度和表达的清晰程度，造成与消费者之间的信息差，达不到高效沟通的目的。在人们更加注重消费体验的今天，如果各单位或个人能够注重工作语言的培训，端正态度，提高语言应用能力，为不同的群体提供有针对性的服务，更有利于保障语言服务的质量。能提供优质语言服务的城镇，其语言生态往往也更加生态。因此，提高行业语言服务水平及改善服务时的语言态度有利于平衡社会关系，为客户提供更优质贴心的服务，改善他们的消费体验，从而拉近商家与消费者的距离，促进交易完成，发挥经济潜能，促使经济健康生态的发展。

（二）展现城镇文化

"语言作为文化的组成部分，是文化的传播载体，是人们学习文化的主要工具，因此语言、文化密不可分"（谭培文、秦琳，2014）。一座城镇的综合实力越强，层次越高，就会越重视当地包括语言生态在内的精神文明建设，而改善城镇语言生态环境是语言服务的主要任务之一。

城镇居民是语言服务的提供者或消费者，他们的语言态度、语言能力、所掌握的语言资源等都与语言生态息息相关，因而语言服务完善与否势必会影响到语言环境建设，继而影响到城镇文化氛围。

为了体现城镇文化的包容性和语言生态的多样性，方便人们的日常生活，公共场合多为人们提供双语甚至多语服务。不难发现，在一些城镇的机场、车站、景区、商场、写字楼、街道等区域都有中英双语服务的标识。这些标识牌或出现于宣传栏内、或固定在墙壁上，或立于绿化带中，时刻提醒着人们注意文明礼貌、路线方向以及生命安全，构成了城镇一道独特的风景线。

随着城镇化的快速推进，城镇的快速扩张，有些城镇内涵建设没有同步跟上，特色注重不够，逐渐变为一个个复制品，这有悖于新型城镇化生态发展的要求。比如，不少城镇的路街名以国内城镇名称来命名，使用数字命名，使用带有政治色彩的词汇命名等。户外标语的主题、形式、内容也基本相同，很少给人耳目一新的感觉。临江的路街就叫临江路，临江的公园就叫滨江公园，有广场的就是人民广场，所有这些雷同化的城镇景观命名，都是缺乏文化特色的表现。不同的城镇应有自己的区位特征和文化特征，为凸显地方特色，政府有必要在语言服务上投入更多精力。民间传说、歌谣的收集整理，地方戏曲的保护与传承，少数民族聚居城镇的公共标识以多种语言表示，特色地名的解说，路街名、旅游景点的命名等都是语言服务的一部分，完善这些内容有利于更好地体现城镇特色。比如南京作为我国四大古都之一，首批国家历史文化名城，其地铁站点名称具有明显的历史特点，如下马坊、大行宫、孝陵卫等；杭州作为著名旅游城镇，其风光旖旎、景色宜人，十分注重景点的命名，如西湖的曲院风荷、柳浪闻莺、南屏晚钟等十景的景名之美就足以打动游客，令人向往；拉萨作为西藏自治区的首府，其居民主要以藏族人民为主，而藏民族有他们自己的文字，因此大街小巷都可以见到有藏文的提示牌，以方便当地居民的生活；大庆是我国著名的石油城镇，又深受典型人物王进喜的铁人精神的影响，因此"铁人"和"石油"这两个词常出现在当地的部分户外标语中，如"石油城，铁人魂，百湖市，湿地情""弘扬铁人精神，铸造信用大庆""百湖环绕身畔，铁人精神永在"等。由此可见，语言服务生态在城镇软环境建设中，有其独特的作用，应该把握好现代化发展与保留城镇特色之间的关系，不断完善语言服务生态，充分展现不同地区城镇的特色和风采，构建风格鲜明的新型城镇。

增强城镇的文化软实力需要有语言生态环境作为基础，尤其在多元文化汇集的地方，要防止各种文化冲突下的文化殖民和语言殖民，保留地域特色。城镇公共区域语言服务所使用的语言能够反映地区的民族认同感和地域认同感，体现新型城镇建设对和谐、生态理念的追求，与新型城镇化发展相辅相成，相得益彰。

（三）促进社会和谐

语言生态是城镇生态的重要组成部分，语言中任何非生态要素的出现都会影响城镇社会整体的生态，因此，语言服务生态就要协调好语言各要素的关系，尤其是语言人之间的关系。我国是个多民族、多语言和多方言的国家，在城镇化和全球化的影响下，城镇居民的组成成分更加复杂，语言生态环境也发生了较大变化，语言生态面临很大压力，普通话与方言、民族语言、外语之间的关系都需要得到妥善处理。政府能否提供良好的语言服务既关系到日常生活的正常运转，也涉及不同群体的利益和语言权利，影响到社会安定、民族团结和国家的繁荣昌盛。

为了规范人们的语言生活，推广普通话，加强对民族共同语的认同感，在过去的几十年里，国家颁布了不少有关城镇语言文字工作的标准、意见或法规，如《城市社会用字管理工作评估指导标准（试行）》《一类城市语言文字工作评估标准》等。普通话的普及和用字规范标准的提出、推广，提高了语言服务的效率，适应了现代城镇的发展。当然，语言服务生态还要解决城镇人口流动带来的语言问题，李宇明（2010）提到"城市化产生大量的新市民和进城务工人员，农民的语言生活与市民的语言生活有很大不同，需要对他们进行专门的语言培训和指导"。此外，一些由于先天不足而导致语言障碍的人也需要手语教师、盲文教师、语言治疗师等提供相应的服务，以帮助他们克服阻碍，更快地融入正常的市民生活中。

在推广普通话的过程中也要重视方言的保护，两者的关系如果处理不当同样会影响到社会稳定。语言服务致力于处理语言间的关系，理性解决语言问题，构建语言生态。近些年，国家一方面不断调整语言规划和语言政策，积极推进语保工程，使之适应国家和城镇的发展，保护地域方言、民族语言；另一方面，非常重视语言文字相关知识的科普，通过微信公众号和微博账号发布或转载语言文字知识，指出常见错误，让人们对国内语言文字有更深层次的了解。有些城镇的电视台还会为市民提供方言节目，尽可能为方言留下一定的生存空间，让人们不至于在普通话大力推广的环境里丢失原本应该掌握的方言资源。

来中国工作、学习、生活的外国人因为语言不通而感到诸多不便，语言服务生态为普通话和外语的共处提供了方便。比如各旅游景区简介或路标指示牌有相应的多种外语译文，公共交通领域同时用多种语音提示，举办国际会议或开展国际活动时，提供高质量的双语或多语服务等等。这些生态的语言服务既能表示中国对外籍人士的尊重，有利于中外友好交流、相互理解，也能展现城镇的文化软实力。

当然，语言服务也存在一些非生态的现象，如过去一些城镇出现"在此倒垃圾者猪狗不如""偷盗者死全家"等诸如此类的警示标语，用语十分粗俗，有些还带有诅咒的性质，丝毫不讲求说话的艺术，这给人最直观的感受就是缺乏文化，令人难以接受甚至产生反感。不过这种情况目前已得到改善，各类标语逐渐符合语用原则，如"除了脚印，什么也别留下；除了回忆，什么都别带走""脚步轻轻，勿扰他人""千好万好安全最好，金贵银贵生命最贵"等，让人既容易明白标语的言下之意又能心甘情愿地合作，这样的语言服务才是生态的，才能有利于构建生态的社会。

语言是思维的具象，城镇建设中，常常采用各类标语传达正确的价值观或是宣传文化知识，目的是潜移默化地影响市民，让正能量的理念深入人心，同时也提出道德上的要求。人如果有了道德的约束，对是非对错进行正确的判断，也就不会去做害人害己的事情，那么社会的犯罪率也会大大降低，生态社会面临的威胁也就相应减少。处理好城镇化进程中语言生态问题，促进城镇生态稳定地向前发展，语言服务承担着不可推卸的责任。

总之，语言服务生态能够有效协调普通话与方言、民族语、外语以及方言与方言间等多种语言和平共处的问题，为生态社会的构建发挥重要的作用。

二 新型城镇化为语言服务生态带来机遇

（一）生态的发展理念

新型城镇化是以城乡统筹、产城互动、节约集约、生态宜居、和谐发展为基本特征的城镇化，是要告别过去那种一味关注经济建设和城镇规模扩大的模式，转为重视人文环境建设的城镇化，寻求各城镇全面协调可持续的发展。

新型城镇化的生态理念为语言服务生态提供了方向性的指导。任何时期的语言政策与语言规划都需要符合社会背景并具有前瞻性，语言服务作为语言规划的重要组成部分，也应符合新型城镇化的发展背景，与其保持理念上的一致，这样才能更好地适应社会发展和人们的需求。比如城镇街道或小区内的宣传栏里出现了更多号召人们关注弱势群体、注意环境保护以及建设生态社会等的公益性内容，举止文明、用语礼貌已经成为城镇生活常见现象。社会生态对语言服务生态的影响越来越大，而语言服务与社会生态也越来越吻合。

（二）便捷的服务方式

可持续发展意味着城镇的各要素建设不仅要符合当前的需要，还要能够满足未来发展的需求，新型城镇化致力于为人们提供舒适、生态的环境，这为语言服务生态可持续的发展提供了可能。

城镇化的过程固然给各城镇带来人口剧增、街道拥挤、空气污染等生态问题，但也不可否认它所取得的巨大成就，以及给城镇居民带来的诸多便利。如地铁逐渐普及，道路更加宽阔平稳，城镇布局不断改善，变得更加科学合理，城镇外观语言更加丰富，城市与城市、城市与乡镇间的联系越来越紧密等，这些都是城镇化进程中取得的显著成果。

为实现城镇可持续发展，新型城镇化建设自然不会忽视从生态视角出发，促进公共场所各类服务设备的改造升级。互联网的普及和迅速发展是一个新的契机，它能够满足人们日益增长的文化需求和语言服务生态发展的要求，人们可以通过网络轻易获取所需信息和更多的语言资源，拥有更广阔的平台，于是对语言服务也产生了更高的期待。网络泛用性的增强与电子设备普及的范围扩大是语言服务方式便捷化、生态化最显著的特征，如城镇公交站牌在过去只是以金属牌匾为载体展示相应的路线，如今许多城镇已在此基础上增添了电子显示屏，提供各路公交与本站距离的实时信息，方便乘客乘车。此外，有些城镇不需要按传统的方式办公交卡，在手机上下载相关应用程序注册电子公交卡即可，公交车路线和位置信息可随时查询。餐饮业也开始提供网上排号、电子菜单点餐和手机下单等服务，电子菜单根据食材库存量或是季节的变化随时增补和删减，便于循环使用，同时也平衡了特定时段内的供需关系。旅游领域所采用的技术手段也发生了变化，如景区介绍除了导游的实时讲解，还可以在游客服务中心租赁讲解设备或是通过扫二维码来了解景区的相关信息，既便捷又节省人力资源，能给游客带来更好的观光体验。语言培训方面也方便了许多，人们除了接受面对面的教学，还可以下载或购买网络课程学习，不同地区的城镇居民有了相对平等的学习机会，语言学习不再受到时间和空间的限制，这也有利于该行业开辟更广阔的市场，保持语言生态的平衡。

过去的语言服务依赖于各种纸质文件以及人力资源。比起报刊，网络的传播速度快、范围广，许多消息能在第一时间传递到世界的各个角落，更加充分发挥了语言文字的功能。电子化给语言服务带来了极大的便利，也为自媒体的发展提供了良好的条件。互联网已经融入现代人的生活，人们可以通过手机、电脑等电子设备获取各类资讯，收看新闻。各部门或单位可通过新浪官方微博或微信公众号发布最新消息，减少了过去类似工作中的一些烦琐过程，使信息传递更加及时高效。不同的语言学习软件和语言翻译软件源源不断地出现在人们的网络电子设备中，语音文字转换技术越来越成熟。此外，碎片化阅读成为现今的流行趋势，人们凭借手机、平板电脑、kindle 等同时具有上网和存储功能的设备，能实现随时随地阅读的愿望。有些行业根据需要设置电子客服，对客户常见问题事先安排好回答内容，并提供相应选项，基本能够应对多数消费者，还可以尽量缩短顾客等待的时间，便于分担人工客服的压力。

（三）不断增长的语言需求

新型城镇化进程中，由于城镇的教育水平不断提高，其居民的综合素质也在不断提升，人们对自身语言行为的把控使得城镇语言生态有所改善，与此同时，人们因为生活中的种种经历和体验，开始对语言服务提出更多个性化的要求。

城镇居民追求生态的语言环境。人们总是趋向于选择舒适的、方便的、美好的生活环境，而公共区域是人们日常办公、出行、购物、娱乐时普遍接触的地方，既然如此，便是对作为城镇公共建设重要组成部分的公共语言服务提出了相应的要求：品质优良、内容丰富、数量充足。品质优良是指服务时所使用的语言准确、无歧义、符合语用原则；内容丰富是指服务时所涉及的内容要更多地考虑到城镇居民的需求，取得便民利民的效果；数量充足是针对服务对象的数量及服务范围的广度提出的。若不能达到这些要求，那么语言服务将难以跟上城镇发展的步伐。

随着经济不断发展，科学技术日益发达，城镇居民的生活水平有了显著提高，在此基础上，人们更加看重自身修养和能力，或为了出国深造，或为了培养一技之长，或为了兴趣爱好，等等，总之，这些需求也体现在对语言能力的追求上。日常生活中，我们常常可以接触到各类语言能力的培训班，如外语培训班、口才演讲培训班、主持人培训班等。由于现代社会竞争十分激烈，想要适应社会发展，拥有更加优质的生活必须增强自身竞争力，所以许多父母在孩子很小的时候就开始送他们参加各种培训班，学习更多技能，而语言能力是必不可少的。现在，出国留学热度不减，但凡条件允许的家庭，绝不会忽视孩子的双语教育。此外，拥有演讲或主持才能于青少年而言可增强自信心，并在将来找工作时可成为他们的竞争优势。因此，语言学习和语言能力的培养成为当前城镇居民较为重要的需求之一。

随着中国的综合实力不断增强,在国际事务中参与度也不断提高,更加频繁地承办国际性的活动,如奥运会、亚运会、世锦赛等体育赛事,APEC 峰会、G20 峰会等国际论坛,世博会、广交会等国际贸易博览会。国际性活动的开展意味着语言文字要发挥其功能,只有语言通了,不同文化背景的各国家之间才能拉近距离,互相了解。而语言互通少不了相应语言政策的制定和各类语言活动的举办及语言服务的提供,只有做好充分准备才能从容应对中外交流的种种挑战。通过不同国家间政治、商业、文化的友好交流和国际大型活动的成功举办,越来越多的外国人更加渴望了解中国文化,游历中国山水。由于来到中国的一些城镇旅游、工作甚至是定居的外籍人士不断增加,他们对语言服务也会产生特定的需求,为了帮助他们更好地适应在中国城镇的生活,发展多语服务是很有必要的。

总之,新型城镇化的发展,为语言服务带来了各种挑战和机遇,不断推动语言服务向多样化、精细化、生态化方向发展。

第二节　城镇语言服务的生态平衡

语言作为一种交际手段,具有工具性,而工具的价值多实现于其对外的服务之中,语言服务体现了语言价值,它是语言作用于服务对象的结果。语言服务自古有之,但其作为正式的学术概念产生并不久,所谓语言服务,是指行为主体以语言文字为内容或手段为他人或社会提供帮助的行为和活动(赵世举,2012)。语言服务存在于人们日常生活的各个角落,不仅影响着国家的硬实力,更是影响着国家的软实力,它所承载的政治、经济、文化价值日益凸显。社会生活实质是一种交际生活,语言服务质量直接影响交际成效。随着社会生活文化的发展,人们越来越重视语言服务的质量。

作为生态学的核心问题之一,生态系统理论最早于 1935 年由英国生态学家坦斯利（A. G. Tansley）提出。在他看来，有机体与其共存的环境共同构成一个不可分割的整体，他用生态系统这一概念意在概括生物群落和环境共同组成的自然整体（李国正，1991）。而语言服务生态系统是指语言服务与其相关的各组成部分之间并非静止的、孤立的存在，它连接着需求方和供给方，与语言服务提供者的能力、存在环境密切相关。语言服务与语言内外因子相互联系、相互制约，并处于不断的运动变化中，共同构成一个不可分割的整体。

语言生态学自产生起便重视语言与环境间的相互作用。语言服务作为语言生态系统的一部分，是不断与外界进行物质、能量、信息交换的开放系统。"平衡"是生态系统的一种行为状态，是系统与环境的调适程度，它遵循着热力学的定律，存在正熵的递增，但作为一种开放系统，因此也存在着负熵的引进，随着正熵的不断增加，有序的平衡逐步变为无序状态，同样由于从外界不断吸收负熵，生态系统又趋于新的平衡而远离旧的平衡态。语言服务就是在这种变化中不断实现新的平衡。

一 形成语言服务生态平衡的原因

生态平衡是系统在特定条件下与环境的一种调适程度，它是生态系统远离旧的平衡并在一定限度内保持稳定有序的状态。语言服务生态平衡，是语言服务生态系统中供需的平衡，服务能力与存在环境之间的物质能量信息的输入与输出保持平衡，这是一种动态的平衡，它使语言服务生态系统保持结构与功能的稳定。语言服务生态系统之所以能保持平衡是与其系统的开放性、层次性、多元性、时代性特点分不开的。

1. 开放性

生态系统的平衡需要通过与外界进行物质、能量和信息交换，以此从外界吸收负熵抵消自身的熵增。开放性特点是语言服务生态系统得以平衡的重要特征，语言服务生态系统的平衡离不开其开放性特点。这种开放性主要来自语言的工具性，语言的工具性使语言服务具有一定的基础性，这种基础性又促使语言服务具有渗透性。语言服务渗透于社会发展全过程和人类生活的各个角落，人类社会的一切活动都离不开语言的参与（郭龙生，2012）。语言服务生态系统的开放性表现在语言服务联系的广泛性、供需的多样性、时空的延展性等方面，它们为语言服务生态负熵的引入打开了大门。

作为政治、经济、知识、权力等多种资源价值的集聚体，语言关涉社会发展的各个领域，以语言资源为载体的语言服务与人类生活的各个方面联系广泛且密切，它们相互影响、相互制约、相互作用。语言服务来自生活，受生活中的政治、经济、科技、文化等方面的影响，它们为语言服务的发展提供必要的保障，促进语言服务质量的提升。同时语言服务也反作用于生活，是其他服务的重要支撑，语言服务的发展，对促进社会政治经济发展，弘扬民族优秀文化都具有积极的作用。

语言服务主张用语言学研究的成果处理人们生活中的语言问题，充分发挥语言的工具性和社会性功能，为服务对象提供实际利益，为社会的和谐稳定及语言生态的构建发挥其作用（张先亮、李萃媛，2018）。每个社会成员既是语言服务供给的主导者，也是语言服务需求的主体，在各种利益和需求的推动下，语言服务的供需日益丰富，语言是语言服务的物质基础，具有强大的功能，能够为需求方提供"取之不尽用之不竭"的源泉，以适应多种多样复杂的环境，满足人们的各种需求。

语言服务存在于服务行为的过程中，在时间和空间上呈现开放性。从历时角度看，语言服务具有连续性和发展性，既需要承接历史，也需要展望未来。随着社会的发展，现实语言生活会不断地向语言提出各种各样的新要求。语言服务系统并非保守性系统，为适应社会需要，它将随着时代的发展而不断完善。从空间角度看，语言服务具有宽广性。国家地位的提升和话语权的需要促使各国开放自我，不断推动自己的经济、文化等走向更广阔的国际领域，在"走出去"的同时还需要"引进来"。从国内到国外，从实体到虚拟，语言服务在空间范围上呈现开放性特征。

2. 层次性

生态系统的平衡离不开系统的层次性，层次性为系统提供稳定的结构，是生态系统进行物质能量交换的机制保证。语言服务生态是一个多层次的系统，包括语言服务本体的多层次性和语言服务主体的多层次性。

语言服务本体的层次性体现在语言的要素上，涉及文字、语音、词汇、语法、语义、语用等各个层次。语言本体要素的不同层面参与语言服务运作便形成不同的语言服务类型。如文字的输入输出、字体字形变换、字符繁简转换等都是文字层面的语言服务；语音输入输出、语音矫正、音貌训练等都是语音层面的语言服务；新词新语、专题术语词的整理、规范等都是词汇层面的语言服务；计算语法的形式化和语种语法转换等都是语法层面的语言服务；各类场合用语、不同语境语言技巧训练等都是语用层面的语言服务。生态系统的物质资源基础即语言本体资源，语言资源的不同层面使语言服务生态具有不同的层次。

从语言服务主体看，由国家到社会再到个人，涉及不同范围的多层级服务主体。屈哨兵（2016）将语言服务分成五个层次，即国际层面的语言服务、国家层面的语言服务、族际层面的语言服务、方言社群层面的语言服务、家庭个体层面的语言服务，这五个层面的语言服务就是着眼于语言服务主体的层次来划分。这种不同层面的语言服务协调了语言服务主体间的关系；国际层面的语言服务协调了各个国家及其与国际组织的关系；国家层面的语言服务从国内外两方面着眼协调了自身统一、安全和发展问题；族际层面的语言服务协调了少数民族间及其与国家的关系；方言社群层面的语言服务协调了方言社群间及其与国家的关系；家庭个体层面的语言服务协调了个体间及其与国家的关系，包括特殊个体间的关系等。从宏观到微观，对不同层面的语言服务主体间关系的协调，有利于保障各语言主体的语言权利，促进语言服务生态系统的和谐平衡。

3. 多元性

语言服务生态系统的平衡依赖于系统间各要素的交换，使其不断为系统引入新能量，抵消自发产生的熵增，由此实现系统的有序平衡。多元性是语言服务生态系统进行物质、能量和信息交换的重要保证，主要体现在语言服务领域、服务内容和服务价值上。

语言服务涉及各个领域，凡是利用语言（包括文字）知识、语言艺术、语言技术、语言标准、语言数据、语言产品等来满足政府、社会及家庭、个人需求的领域都涉及语言服务（李宇明，2014）。语言服务领域的多元性由行业的多样性以及生活的多面性共同促成。从行业角度来看，语言服务对行业的支持作用，实现了其在不同行业里的拓展，如以语言为工具或项目形成了语言翻译、语言教育等。人类生活的不同方面也促成了语言服务领域的多元，从衣食住行、学习、工作到医疗、旅游，甚至一些不易引起人们注意的方面，如四处可见的道路、交通、广告，各种各样的市场、商场广播等语音提示，都是语言服务的重要方面。随着全球化的发展，语言服务在政治、商贸、民族、宗教、法律、文化、教育、历史、科技等领域的作用越来越受到人们的重视，尤其是人工智能等新型语言服务领域。

语言服务包含服务资源、服务供给和服务需求三要素，不同要素形成的语言服务内容有所不同。从服务资源角度来看，不同类型的资源形成不同的服务内容。着眼于语言要素，可以将语言资源划分为文字、语音、词汇、语法等不同方面，语言服务在此基础上可以形成相应的文字服务、语音服务、词汇服务等内容；由语言种类及其变体来看，不同国家、民族、地区所形成的各类语言，也是语言服务可以利用的资源（李现乐，2018），语言服务在此基础上可以形成通用语服务、方言服务、少数民族语言服务、外语服务、母语服务等内容。从服务供给角度来看，不同的开发方式产生不同的服务内容。着眼于开发工具，不同的开发技术产生不同的服务内容，如人工型语言服务、机器型语言服务等；着眼于开发途径，语言服务从语言表现形态上可以分为书面语言服务、口语语言服务、体态语言服务以及特殊语言服务（如盲文、手语）等内容（李现乐，2018）。从服务需求角度来看，不同的服务需求促成不同的服务内容，这是生活发展的要求，也是服务客体多元化的结果。随着社会的发展，现实的语言生活环境不断地向语言提出各种各样的新要求，尤其是互联网等科学技术的发展，促成了日益多样的服务需求领域；随着地球村的发展，各国各类人员往来日益频繁，语言服务需求对象也跨越国家、种族、行业的边界关涉至国家境内外各行各业的各类人群，语言服务的客体范围也不断扩大，由此形成多元的语言服务内容。

语言价值是语言服务价值的支撑，语言服务价值的多元化在很大程度上得益于语言自身具有的多元化价值。作为语言服务的资源基础，语言与社会实践活动紧密联系，承载着人类发展的政治、经济、文化等信息，是人类物质生活和精神生活的重要组成部分，语言服务随之具有相应的社会价值、政治价值、经济价值、文化价值、战略价值、教育价值等。与此同时，语言服务价值的多元化还得益于不同类型的语言服务所具有的个体价值也并非单一化。同一语言服务可以同时具有多重价值属性，这种价值既有显性价值又有隐性价值。隐性价值是语言本体的价值，具体包括语言地位、规范程度、语言历史、承载的文化、信息、记录的文献、资料等（陈章太，2008）。语言服务价值的实现多是悄无声息的，其作用却是无可替代的（张先亮、李莘媛，2018）。其中，作为语言服务隐性价值存在的社会、文化、战略等价值常常蕴含更多能量，但却极易被忽视。此外，语言作为一种资源，其利用方式、开发途径是多样的，语言服务对各语言资源要素开发和利用的角度和方式不同，也是促成语言服务价值多元化的重要原因。

4. 时代性

作为一种社会产物，语言服务过于落后或过于超前时代的发展都会由于内外系统的不对称，自发产生某些无序状态，从而导致熵增现象。实现生态系统的动态平衡，需要其不断地与外界进行物质、能量、信息交换，为系统引入负熵，从而促进语言服务与社会和人类发展相协调。

语言服务生态系统的时代性体现了语言服务生态对外界变化的适应性。在时代发展的不同阶段，社会发展的不同历史时期，语言服务的具体任务和目的等内容都不尽相同。从一开始主要集中于传统的翻译、教育、商业等领域，到后来涉及司法、银行、航空、医院等专门行业和公共化服务领域，再到逐渐关注少数民族语言服务、特殊语言服务、体态语言服务、人机语言服务等领域，语言服务生态不断呈现新变化。随着全球化和科技创新的发展，大数据互联网时代对语言服务提出了新要求，当下语言服务的时代性特点主要表现为语言服务的信息化和精细化。

全球化推动信息化，信息化已经成为现代全球竞争的制高点，实现信息化时代语言服务体系的创新发展，既是满足国家发展和实施大数据战略的迫切需求，也是实现世界深层交流的重要保障（啜春红，2018），语言服务需要构建健全的全球语言服务云平台，培养智能化语言服务新生态。信息化特征是语言服务完善自身体系的重要途径。首先，语言服务的信息化利于拓展语言服务的功能，不断突破服务时间与空间的限制，尤其是在全球化发展的背景下，可以有效提高语言服务的影响力。通过优化和完善语言服务体系，语言服务能够不断地释放其基础性和先导性功能，从而在实现国家地区发展和促进各国之间政治、经济、文化的融合贯通发挥重要的作用。此外，语言服务的信息化也丰富了语言服务的内容。语言服务的信息化不仅能使语言资源的排列组合的呈现更加直观，还能凸显语言服务的文化历史等内容，丰富语言服务的内涵。语言服务通过信息化平台实现服务资源的整合，促进服务内容的多元化，从而不断丰富语言服务系统，提高服务水平和质量。总之，语言服务的信息化适应了时代发展的要求，通过促进语言服务与网络的深度融合，拓展语言服务外延，使语言服务内容更加多元，从而进一步提高语言服务水平与能力，提高语言服务体系的丰富性和完整性。

精细化特征则要求语言服务体系不断创造高效、精准的服务。语言服务不会一成不变，需要根据国家发展、时代变化和人们生活的需要提供更加贴切的语言服务。高效、精准的语言服务首先来自各语言资源和信息的有机融合。借助信息化技术和物联网平台，整合全球范围内的语言服务资源，促进语言服务在产业、职业、行业上的信息化融合，在为企业和个人提供多样化语言服务的同时，也可以大大提高服务需求的精准分析和精准定位。与此同时，语言服务方式的优化也有利于促进语言服务的精细化。人工智能技术与大数据发展为实现语言服务方式的优化提供重要保障，在此基础上，语言服务可以不断构建个性化的服务方式，通过不断完善云平台的服务方式，适应不同类型、不同层级的个性化需求，全面系统地提升自身的服务能力，使服务方式更加灵活，从而提高服务的效率与质量。此外，语言服务的精细化也离不开技术的创新。技术创新是语言服务精细化的重要物质基础，语言服务体系融入核心技术能促进语言服务技术的优化与发展，为语言服务体系打造高效、精准的服务内容和服务模式。

二 干扰语言服务生态平衡的因素

正如自然生态系统中生物因子与非生物因子通过能量流动与物质循环，构成一个相对稳定的自然体一样，语言服务生态系统在一定的时空范围内，也通过服务供需上的输入和输出，维持着其整体的相对稳定性。然而这种平衡并非是静止不变的，生态系统内外部因子常处于不断变化之中，这给语言服务生态系统带来各种不确定的干扰因素，会使系统脱离原来的定态。这种现象普里戈金称为涨落现象，也就是说，某种不稳定性的存在可被看作是某个涨落的结果（伊·普里戈金、伊·斯唐热，1987）。

对语言服务生态系统来说，全球化和科学技术的发展既是挑战，也是机遇。全球化的进程使各国成为你中有我、我中有你的命运共同体。比如"一带一路"建设，使沿线各国之间的联系更加紧密，彼此相互依存、相互影响。科学技术的进步给人们的生活带来了巨大的改变，各方都对语言服务有了更高的需求。在此影响下，语言服务面临着严峻的挑战。当外界因子发生变化而语言服务内在供给能力未能及时提升时，系统的内外对接便具有了一定的不对称性，这种失衡状态主要体现在物质、能量和信息等三个方面。

1. 物质流缺失

语言服务生态系统的存在和发展如其他系统一样，需要依靠系统内外的物质、能量和信息交换，但是三者并不处于同一层次。其中，物质是生态系统构成的基础，它是生态系统有序运行的载体，没有物质就无所谓生态系统。随着全球化和科技的发展，语言已经成为一些国家和地区竞相争夺的重要的战略资源。我国语言服务生态系统物质流的缺乏体现在语言服务过程中其作为载体属性的物质供给不足，主要表现为语言种类的不足和语言表征概括的不足。

从国家外部来看，语言种类的缺失主要表现在掌握外国语种的能力不足。作为一种开放性体系，全球化的影响使我国需要面对的语言种类越来越多，尤其是在"一带一路"建设的大背景下，我国语言服务生态系统在语言种类上存在明显的缺失，这种缺失正严重影响到"一带一路"建设的有效推进。从国家内部来看，物质流的缺失主要表现在国内方言、族语的保护有待加强，日常用语的发展引导还有待提升。随着国际交往和科学技术的进步，国民日常用语在地区和网络空间的交流中不断出现新变化，需要与时俱进地规范和引导新语言类型的发展。如义乌作为一个国际化小商品市场，其语言在各国语言和各地区方言的混合中出现了新变化，还有边界旅游发达的城镇，其语言发展和变化的速度远远超乎想象。语言在新与旧、中与外等多元而复杂的环境中得到发展的同时，极易由语言引起各种矛盾或由语言影响人的世界观和价值观，从而对社会的生态与安定产生一定影响。境内现存的很多民族或地区用语也正面临着语言销蚀、方言变异等问题，有些近乎濒危，国内语种保护也迫在眉睫。

作为人工智能领域的物质载体，自然语言机械化和形式化的表征研究也有待提高。2017年3月，李克强总理在全国人民代表大会上强调加快人工智能技术研发和转化工作的重要性。"人工智能"以"自然语言"为旨趣，以人的思维活动为研究对象，以计算机来模拟人的思维活动为目的。但目前的人工智能在分析处理人类的语音文字上还存在不足，更不用说模仿人类灵活地创造和运用特定语境下的人类语言，而促进机器掌握人类的语言离不开语言服务的发展。

物质流交换是语言服务生态系统最基础的功能层级，正如李宇明（2011）所言，我国语种能力还存在很大的不足。当中国日益走向国际化，科学技术日新月异，国民生活水平不断提高时，我国语言服务生态系统交流的物质载体的失衡问题就更加凸显了。

2. 能量流较弱

能量是物质运动的一般量度，任何物质都处于永恒的运动状态之中，能量在物质之间的传递，成为系统发展的原始推动力。能量虽与物质同在，并以物质运动为条件，但作为物质运动的一种推动力，是一个较高的层级。我国的语言服务生态系统功能的发挥力和影响力直接影响到语言服务生态系统能量流的强弱，包括语言的对外传播辐射力，对内提升人文素养以及信息技术领域的作用力。

目前，汉语使用者还较多局限于华人圈，其对外的辐射范围和影响力与第二大经济体很不相称。能量以物质运动为条件，物质运动的形式影响能量转换的形式。汉语传播渠道和传播方式的有限性也在一定程度上影响了汉语在语言服务生态系统中对外功能的发挥。当汉语在语言服务生态系统中的作用与力量的发挥不够时，对推动国际之间的互联互通、讲好中国故事的作用力就比较弱。

语言服务对内提升个人素养、促进社会生态的作用力也有待提升。这与国民语言素养培养的重视不够有关，也与行业用语不够规范有关。目前网络是语言发展的重要场所，开放的网络世界使大家的用语更加自由，加之各行各业的发展日益繁盛、竞争激烈，为求新求异，人们随意创造用语。语言的过度扭曲，不仅影响人们正确的汉语言文化认知，还容易对国民语言能力及文化素养产生负面影响。虚拟空间和行业语言治理与引导的力度不够影响了汉语在语言服务生态系统中的功能发挥。

随着科学技术的进步，人工智能成为语言服务不可忽视的重要领域。虽然语言服务在人工智能领域发挥了很多作用，如促进人工智能数据库信息的建立，帮助患者传达或恢复他们真实的语言等，但语言服务对人工智能发展的作用还有很大的提升空间。与此同时，语言服务于人工智能也存在着非生态的一面，如利用人工智能语音合成伪造特定对象声音打电话实施诈骗行为，模仿政治家传播假新闻或模仿国家元首实施假命令等。如果任由这些非生态现象蔓延，轻则会对使用者语言能力造成伤害，导致其语言能力下降，重则会给国家安定、社会和谐甚至世界和平造成威胁。

3. 信息流不足

在语言服务生态系统中，物质是基础，能量是动力，信息是关键。语言的句子等动态单位所传递的信息会形成一个像流水那样的信息流，信息流中一般包含多种信息元素（陆俭明，2018）。这些元素具有一定的层次性，基本性信息主要是字面的客观消息，而高层次信息则包含了表达主体的附加性信息，比如传递者的文化、理念、情感、态度、价值观等，前者关注表达是否规范，后者关注表达是否得体，是否传递了语言背后的信息。我国语言服务信息流的不足主要表现为宏观层面上国家对外的语言服务中文明历史文化等信息传递不足，微观层面上国民交际中的人文内涵、文化素养等信息传递不足。

从宏观角度来看，无论是"一带一路"的建设，还是国与国、地区与地区的交往，我们不能仅仅做到表层意义传达，还要关注言语交往中我们的外交理念是否恰当地传递给了对方。我们的对外交往更多的是需要传递深层信息，促进各国在政治上的互信、文明上的互鉴和经济上的互惠。对于语言服务生态系统来说，这种深层信息是多元化、多层次的，涉及政治、经济、历史、民族、宗教等多方面。语言是信息的载体，目前我国在语言服务上，不仅对相关语种应用能力较弱，对相关国家、地区和民族的语言与文化的了解和国内文明历史文化等信息的传递也不够。

从微观角度来看，人们在语言交际中有时会出现语言暴力，甚至粗鄙假恶等语言腐败现象，也即语言交际的人文内涵、文化素养等信息传达不足。语言不仅是一种符号，更是一种文化。语言交际过程是一种双线交际，在表层明意的同时，还蕴含着深层的思想情感传递。"良言一句三冬暖，恶语伤人六月寒"，和谐友爱的社会需要语言交际中关注深层的情感传递。冷漠的语言缺乏情感内涵，容易使人产生冰冷无情的情感效应，更不用说违反语言交际原则，使用"假大空""三俗"类语言去掩盖丑恶行径、欺骗攻击他人等语言行为。这种越过"真、善、美"的语言交际，危害语言纯洁性，造成了语言腐败。语言腐败必然制造假恶丑的语言，导致腐败的语言产生，腐败的语言产生势必产生语言污染（苏金智，2013）。语言污染侵害了语言原本"真、善、美"及其所承载的文化，甚至腐蚀人们的精神、伦理和道德，在社会生活中产生公害（张先亮、王敏，2013）。在语言交际中，语言营造了个人及与他人之间的价值情感世界，语言交际需要更多地传递富有真善美内涵的信息。

值得注意的是，干扰因素并不一定都是起负作用的因子，有时也能产生新的拉动力，使系统进化至新的更高水平的平衡状态。如新型城镇化的快速发展，人口急剧增加，打破了原先语言服务系统的平衡，但人与资源的聚合也促进了各种方言的汇聚渗透，无形中推动了普通话的普及，市民的语言能力得以提高，形成了新的平衡。

三　维护语言服务生态平衡的要素

生态平衡是生态系统进化锁链上的一个重要环节，也是生态系统与环境互动互适、协同进化的标志（李国正，1991）。要想使语言服务系统生态，就需要从资源、功能和空间三个要素着手维护语言服务的生态位，使语言服务生态系统的结构与功能更加完善，从而维护语言服务生态的平衡性。

1. 资源的开发

生物体对资源的利用是生态位理论的一个中心问题，生态学上用生态位广度来表示被生物体利用的各种不同资源的总和。资源的利用程度体现了生态位之间的差别，影响生态系统内物质、能量和信息的交换效用及整个系统功能的发挥。一个国家的语言资源拥有能力，在一定程度上直接决定着国家获取信息的能力、储备和利用信息资源的能力、拓展国际空间的能力、创造财富的能力以及应对各种突发事件的能力（徐琳、胡宗峰，2018）。对于语言服务生态系统而言，服务对象涉及的语言类型的多样化要求我们语言服务供给应该多元、丰富。着眼于当下和未来，人类现存的语言都是潜在的需求对象。正如李宇明（2011）所言，语言不仅是一种软实力，也是一种硬实力。占有语言资源的数量和质量将直接影响语言服务生态位的地位和作用，推动语言服务生态系统的和谐首先需要重视对语言服务资源的开拓。

要想开拓语言资源首先应加大语言资源的调查与留存，合众之力，完善语言调查数据。2015年，教育部和国家语委推动了语保工程，这一项目的开启具有显著的语言服务性质，其重大意义不言而喻，此外也需要对国际性城镇的语言进行调查、建立数据库并不断更新，对新语言现象进行规范和引导。语言服务生态的构建需要国家与专家的合力，从宏观和微观的角度对国内外语言资源进行调查与研究。在调查的基础上，还应积极整合语言服务资源，推动语言资源数据库的共建共享。在确保国家语言战略安全的情况下，开放和共享语言资源相关的数据，并引导民众参与数据库的资源更新等，将有利于提升我国语言服务资源的整合与利用的效用和质量。

此外，国家语言资源能力的提升与国民语言素养密不可分。这一方面需要我们在重视学校语言教学的同时，积极推动形成个人语言服务、家庭语言服务、社区语言服务、企业语言服务等各类语言服务系统，通过建立体系化的多语言学习开放平台和各行业常用语、专用语资源共享平台提升国民语言能力；另一方面需要我们积极发掘语言承载资源，引导流行语的发展。正如"治水宜疏不宜堵"，网络领域的语言服务不能仅仅依靠强制性手段，要寻找合理有效的"疏通"手段。如各类表情包、网络段子层出不穷，不免有心者为博眼球使其朝向恶俗、低俗化方向发展，我们可以顺势而造，推出百姓惊叹的甲骨文表情包、古汉语段子等，引导发展方向。用这种百姓喜闻乐见的方式展现中国传统文化和价值观的语言创造方式，在增强语言文化潜移默化的影响力的同时，也可以对网络语言发展进行"导航"。

2. 功能的提升

从生态位的观点看，每一种语言资源与特定语言环境相互整合，共同构成不同等级、不同取向的生态位。生态位占据数量的多少直接影响其生态系统适应环境的能力和发挥相应功能的程度，因此，对于语言服务生态系统来讲，除了开发与整合语言资源，还应在此基础上积极地提升语言资源在国内外的影响力。

从国际交往来看，语言服务生态的功能提升需要我们树立通过语言促进文化融通、文明互鉴、民心相通的意识。我们不仅要促进语言服务在沟通交流上的互联互通，更要发挥其在会通中外思想、超越文化樊篱、推动文明创新、促进人文交流等方面的重要作用。在跨境语言交流的基础上，要积极推进汉语的普及与推广，提升汉语的吸引力和影响力，这是讲好中国故事的保障。语言作为知识、政治、经济、文化、社会和权利六种资源价值整合而成的新型语言规划范式（沈骑、夏天，2018），要想推进民心相通，就需促进语言背后文化的理解和融合，这是各国人民心意相通的基础，是实现双方共识的保证。

从国内来看，语言服务生态的功能提升需要我们促进语言服务的标准化。作为一种社会性的语言服务，准确恰当的语义表达方式具有普遍性原则，各特殊行业也具有其行业标准。语言服务的标准化和规范化，有利于提升语言服务生态系统在能量流层面的交换效用，使表情达意更加合理有效。一般来说，生态系统越是高级，它的高层次传输功能也越精密完善。信息传输的复杂化和灵敏化标示着生态系统的成熟化和高级化，这意味着我们的日常交际用语不能停留在意思的简单表达，更要注重"真善美"思想情感的传递，这要求我们更加重视语言承载的人文内涵因子，用生态的语言营造生态的社会。

就语言服务中介来说，语言服务生态的功能提升需要我们建立人才储备机制。随着全球化的发展，特别是"一带一路"建设，我国对各行各业的人才都有很大需求，但国家和地区间存在着政治、民族、文化、思想、法律等方面的差异，需要的人才不仅要有过硬的技术，更需有较高的语言能力，尤其需要多语型人才，这样才能有效发挥语言在技术沟通中的作用。总之，构建生态的语言服务需要建立语言、技术人才储备机制，从多方面积极发挥语言资源在各领域的作用，提高语言在国内外交际中的功能。

3. 时空的开拓

每种语言都有自己的应用环境和制约条件，其生态系统存在于特定的时间和空间里。面对多元变化的外界环境，需要从时间和空间上积极开拓其生态位。地域的广度、阶层的渗透度都是影响生态位等级的重要因素。开拓语言服务生态位需要积极借助互联网和科技的进步，多方位扩大时间效用和空间范围。

语言服务的时间开拓，一方面需要我们审时度势，建立合理的评价机制，适时把握语言服务的时间进程，使语言服务既不超期也不落后于时代发展；另一方面还可依赖人工智能技术提高语言服务的时间效用。

人工智能的拓展不仅要深化语言形式化研究，而且还需远瞻其发展可能带来的非生态因素。前者要求我们寻找更加有效的途径将自然语言抽象为数学语言，为计算机语言提供简洁、精确的可识别和运行的元语言"符号"，以更好地适用于计算机。后者要求我们通过制定相关规范，积极发挥语言服务的保障和引导作用，让语言服务与人工智能相互促进、共同发展。人工智能的目标就是无限地接近人类的思维表达能力，自然语言形式化研究的发展将会极大地提高机器的语言处理和表达能力。反过来，人工智能的发展也有利于促进语言服务水平的提高，借助人工智能平台发挥语言服务在信息处理、分析决策、控制仿真等方面的效用。

空间范围的拓展需要现实中的国际空间拓展和网络上的虚拟空间拓展共同促进。国际空间拓展要求我们坚持国际视野，使国际政治经济合作与国际语言服务拓展协调推进，坚持"一带一路"建设，发展和完善对外的汉语服务。虚拟空间拓展可以凭借互联网平台和大数据建设，创造其发展新态势。2015年3月，政府工作报告中提出了"互联网+"行动计划，旨在借助当下的科技通信技术促进各行各业的深度融合。借助语言服务的数据智能终端和软件，可以有效调控各种语言资源、整合各类语言服务，从而扩大语言服务的范围，让语言服务更加便捷、快速和精准。开拓互联网领域的语言服务，首先需要提高网络通信和智能科技的水平。随着信息化时代的发展，语言服务的提升势必要以信息化平台为载体，创造高效精准的新服务模式。在网络智能的创新发展之下，语言服务可凭借科学技术的提高，打造高水平的全球语言服务系统。其次，未来的语言服务平台可以朝着全民参与、共建共享的方向发展。语言的发展源于大众，语言服务生态系统的构建需要以人为本。全民参与的模式，有利于提高语言服务的精确化和动态化。这种非传统、封闭的形式，可以使语言服务生态系统与时代和民众的语言发展变化相协调。此外，语言服务生态作为一种开放系统，尤其是在开放化的网络平台中，其发展不仅存在机遇，同时也有风险。信息化时代的语言服务发展需要我们树立良好的语言服务安全意识，这是实现语言服务生态健康有效发展的可靠保障。

第三节 结语

在新型城镇化建设中，语言生活备受关注，在生态视角下进行城镇语言服务的研究有利于语言环境的改善，城镇生态文明的建设以及地方文化软实力的增强。

城镇发展与语言服务建设相辅相成、相互促进，新型城镇化作为我国城镇发展的主流趋势，它秉持着生态的发展理念，为语言服务研究提供了相对完善的硬件设施，同时也提出了相应的具体要求。在这样的背景下，语言服务主体应该根据实际情况，结合语言服务的多种价值及自身特点，不断丰富服务内容，加强从业人员的培训和考评工作，提升服务质量以满足城镇居民的需求。文章从政府、社会、城镇居民和从业者、专家学者这几个不同的层面对如何完善语言服务进行了讨论，并提出了解决问题的相应措施，指出只有协调好从宏观到微观，从普通大众到专业人士等不同层面多个角度的关系，才能形成系统的全面的语言服务工作体系，真正促进城镇语言生态建设和公共环境语言服务质量的提升。

语言服务本身就是一种服务，是将语言理论知识与人类生活的实际需求相结合的产物，是解决社会生活中常见交际问题的途径，虽然其有一定依附性，但它独特的地位和作用却是不可忽视的。语言服务的各种具体活动也是为推动人类社会进步发展而产生的，新型城镇化促使语言服务在理念、形式、内容及语言资源的处理上产生变化。语言服务既要适应城镇现代化建设的趋势，也要助力城镇政治、经济、文化等多方面的发展。探讨语言服务与语言生态、城镇生态文明建设的关系和相互作用，不仅是语言生活研究发展到一定程度提出的要求，而且也是促进各城镇文明进步、提升城镇居民语言生活质量的必由之路。

语言服务也是一种产业，在城镇化进程中，语言服务产业不断进行技术升级，增加服务内容，改善服务质量，为城镇经济实力作出了重要贡献，但也存在一些问题。总的说来，语言服务产业只有不断创新，着重培养符合社会需要的人才，其潜在的经济价值才能被更好地挖掘出来。

生态视角下城镇的语言服务研究是对城镇居民语言生活的探索。语言生活是人们社会生活的重要组成部分，只要人类社会不断发展，语言服务研究就不会止步。本章基于新型城镇化背景和语言生态相关理论对城镇语言服务的现状等问题进行探讨，以期为新型城镇建设提供生态的语言服务。

语言服务生态系统作为生态系统的一部分，是不断与外界进行物质、能量、信息交换的开放系统。语言因子和外在环境因子相互联系相互制约，并处于不断的运动变化之中，共同构成一个不可分割的整体。语言服务生态的平衡与其系统的开放性、层次性、多元性和时代性密不可分，这些特点使语言服务系统能在一定的时空范围内，通过供需上的输入和输出平衡，实现整体的相对稳定性。

语言服务生态的平衡并非是静止不变的，生态系统内外部因子常处于不断变化之中，当外界因子发生变化而语言服务内在供给能力未能及时提升时，系统的内外对接便具有了一定的不对称，出现一定的失衡状态，主要体现在语言服务生态系统在物质、能量和信息上的不对等，这给语言服务生态系统带来各种不确定的干扰因素。其中物质流的缺乏主要体现在语种的缺失；汉语功能的发挥直接影响语言服务生态系统能量流的强弱；信息流的不足主要表现在语言交际中文化传递的不足。值得注意的是，干扰因素并不一定是只起负作用的因子，它能产生新的拉动力，从而使系统进化至新的更高水平的平衡状态。全球化和科学技术的发展对于语言服务生态系统来说，既是一种新的机遇，也是一种新的挑战。

语言服务内外系统间存在的不对称，可以通过正确发挥人的主观能动作用助推内外系统间物质能量信息对称交流。要想使其做到生态，就应该从资源、功能和空间三个要素着手维护语言服务的生态位。首先要重视对语言服务资源的开拓，加大语言资源的调查与留存，合众之力，完善语言调查数据，在调查的基础上，积极整合语言服务资源，推动语言资源数据库的共建共享。其次，在开发与整合语言资源之外，还应在此基础上通过树立语言促进文化融通的意识、提高语言服务的标准、建立人才储备的机制等措施，积极地提升语言资源在国内外的影响力和功能。最后在借助互联网和科技进步的基础上，通过提高网络通信和智能科技的水平和推动全民参与、共建共享，实现语言服务生态位时空、资源的开拓及功能的提升，以适应新型城镇建设的需要。

参考文献

一 著作

毕润成：《生态学》，科学出版社 2012 年版。
陈恩泉：《双语双方言与现代中国》，北京语言文化大学出版社 1999 年版。
陈望道：《修辞学发凡 文法简论》，复旦大学出版社 2015 年版。
陈寅恪：《陈寅恪史学论文选集》，上海古籍出版社 1992 年版。
陈章太：《语言规划研究》，商务印书馆 2005 年版。
程裕祯：《中国文化要略》，外语教学与研究出版社 1998 年版。
方竟成：《历史文化名城金华》，浙江人民出版社 2009 年版。
[瑞士] 费尔迪南·德·索绪尔：《普通语言学教程》，高名凯译，商务印书馆 2001 年版。
冯广艺：《语言和谐轮》，人民出版社 2007 年版。
冯广艺：《语言生态学引论》，人民出版社 2013 年版。
付长良：《地名规划概论》，中国社会出版社 2011 年版。
傅伯星：《杭州街巷旧闻录》，杭州出版社 2007 年版。
高宏存：《政府网络管理：案例—技巧—方法》，中国人事出版社 2014 年版。
郭锦桴：《汉语地名与多彩文化》，上海辞书出版社 2004 年版。
郭仲选：《杭州街路里巷古今谈》，中央文献出版社 2002 年版。
国家语言文字政策研究中心：《中国语言文字政策研究发展报告》，商务印书馆 2016 年版。

杭州市地方志编纂委员会：《杭州市志》第 1 卷，中华书局 1995 年版。
杭州市民政局、杭州市地名委员会：《杭州市地名志》（上、下册），杭州出版社 2013 年版。
杭州市上城区志编纂委员会：《杭州市上城区志》，方志出版社 2005 年版。
胡壮麟等：《系统功能语言学概论》，北京大学出版社 2006 年版。
［英］霍恩比：《牛津高阶英汉双解词典（第七版·大字本）》，王玉章等译，商务印书馆 2010 年版。
姜瑾：《语言·社会·生态：社会语言学动态应用研究》，东南大学出版社 2006 年版。
教育部语言文字信息管理司：《中国语言生活状况报告（2005 上编）》，商务印书馆 2006 年版。
教育部语言文字信息管理司：《中国语言生活状况报告（2013）》，商务印书馆 2013 年版。
教育部语言文字信息管理司组编：《中国语言生活状况报告（2011）》，商务印书馆 2011 年版。
教育部语言文字信息管理司组编：《中国语言生活状况报告（2016）》，商务印书馆 2016 年版。
教育部语言文字应用管理司编：《国家中长期语言文字事业改革和发展规划纲要（2012—2020 年)》，语文出版社 2013 年版。
金华市地方志编纂委员会：《金华市志》，浙江人民出版社 1992 年版。
金华市婺城区志编纂委员会：《金华市婺城区志》，方志出版社 2011 年版。
金华县志编纂委员会：《金华县志》，浙江人民出版社 1992 年版。
劲松：《社会语言学研究》，民族出版社 2009 年版。
朗瑛：《七修类稿》，上海书店出版社 2009 年版。
李国正：《生态汉语学》，吉林教育出版社 1991 年版。
李如龙：《地名与语言学论集》，福建省地图出版社 1993 年版。
李松：《现代汉语词典》，吉林人民出版社 2009 年版。
李宇明：《在中国语文现代化学会第八次学术会议上的讲话》，马庆株主编：《语文现代化论丛》（第八辑），语文出版社 2010 年版。

李宇明：《中国语言规划论》，商务印书馆 2010 年版。

梁丽萍：《中国人的宗教心理——宗教认同的理论分析与实证研究》，社会科学文献出版社 2004 年版。

刘长江：《信息化语境下大学英语课堂生态研究》，世界图书出版广东有限公司 2014 年版。

刘复：《读〈海上花列传〉》，《半农杂文》，河北教育出版社 1994 年版。

刘宁生：《关于店名的综合研究———商业语言心理研究之语言·社会·文化》，语文出版社 1991 年版。

刘鹏飞、周亚琼：《网络舆情热点面对面》，新华出版社 2016 年版。

刘润清：《西方语言学流派》，外语教学与研究出版社 1995 年版。

刘延东：《深入贯彻落实〈国家通用语言文字法〉全面推进语言文字事业科学发展——在纪念〈国家通用语言文字法〉颁布 10 周年座谈会上的讲话》，2011 年。

罗常培：《语言与文化》，语文出版社 1989 年版。

罗昕如：《社会用语用字规范化透视》，甘肃文化出版社 2004 年版。

骆中钊、张磊、夏晶晶：《新型城镇建设总体规划》，化学工业出版社 2017 年版。

马庆株：《街道名称及其构成方式》，《语言研究论丛》第 6 辑，天津教育出版社 1991 年版。

马时雍：《杭州的街巷里弄》（上、下），杭州出版社 2006 年版。

[澳] 迈克尔·A. 豪格、[英] 多米尼克·阿布拉姆斯：《社会认同过程》，高明华译，中国人民大学出版社 2011 年版。

美国不列颠百科全书公司编著：《不列颠图解科学丛书：生态学》，伍锋、徐锡华译，中国农业出版社 2013 年版。

牛汝辰：《中国地名文化》，中国华侨出版社 1993 年版。

齐沪扬、陈昌来：《应用语言学纲要》，复旦大学出版社 2004 年版。

钱理、王军元：《商店名称语言》，汉语大词典出版社 2005 年版。

屈哨兵：《语言服务引论》，商务印书馆 2016 年版。

屈哨兵、刘惠琼：《广告语言跟踪研究》，暨南大学出版社 2009 年版。

人民网舆情监测室：《指尖上的"政"能量——如何运营政务微博与微信》，人民出版社2013年版。

［美］萨利科科·S.穆夫温：《语言演化生态学》，郭嘉、胡蓉、阿错译，商务印书馆2012年版。

邵敬敏：《广告语创作透视》，北京语言学院出版社1996年版。

［苏］什维策尔：《现代社会语言学》，卫志强译，北京大学出版社1987年版。

［美］舒尔茨：《论人力资本投资》，吴珠华等译，北京经济学院出版社1990年版。

宋振华：《马克思恩格斯和语言学》，吉林人民出版社2002年版。

孙克强：《长三角年鉴2013》，河海大学出版社2017年版。

陶宗仪：《南村辍耕录》，齐鲁书社2007年版。

（明）田汝成：《西湖游览志》，东方出版社2012年版。

王宏斌：《生态文明与社会主义》，中央编译出版社2011年版。

王建华：《21世纪语言文字应用规范论析》，浙江教育出版社2000年版。

王建华：《语用研究的探索与拓展》，商务印书馆2009年版。

王建华、胡云晚：《中国语言生活状况报告》，"浙江政务服务网站语言文字应用现状调查"，2016年。

王建华、李华：《掌中"政"能量——"浙江发布"微信矩阵2013—2016年度选评》，浙江大学出版社2018年版。

王建平：《语言交际中的艺术——语境的逻辑功能》，中共中央党校出版社1992年版。

王立非编：《中国企业"走出去"语言服务蓝皮书（2016）》，对外经贸大学出版社2016年版。

王世凯：《汉语资源及其管理与开发》，中国社会科学出版社2014年版。

王树东：《城市街道景观中的广告元素特征研究 以哈尔滨市中央大街为例》，光明日报出版社2016年版。

［德］威廉·冯·洪堡特：《论人类语言结构的差异及其对人类精神发展的影响》，姚小平译，商务印书馆2004年版。

韦克难：《消费心理学》，四川大学出版社1995年版。

卫志强：《马克思、恩格斯、列宁、斯大林论语言》，中国社会科学出版社2015年版。

伍铁平：《普通语言学概要》，高等教育出版社2006年版。

习近平：《习近平谈治国理政》，外文出版社2016年版。

新玉言：《新型城镇化：理论发展与前景透析》，国家行政学院出版社2013年版。

邢福义主编：《文化语言学》，教育出版社2000年版。

邢欣：《都市语言研究新视角》，北京广播学院出版社2002年版。

徐大明、陶红印、谢天蔚：《当代社会语言学》，中国社会科学出版社1997年版。

杨持：《生态学概论》，高等教育出版社2013年版。

［比］伊·普里戈金、［法］伊·斯唐热：《从混沌到有序：人与自然的新对话》，曾庆宏、沈小峰译，上海译文出版社1987年版。

义乌丛书编纂委员会：《义乌地名故事》，上海人民出版社2016年版。

义乌市建设局：《义乌市城乡建设志》，上海人民出版社2010年版。

义乌市交通志编纂委员会：《义乌市交通志》，方志出版社2008年版。

义乌市志编纂委员会：《义乌市志》，上海人民出版社2012年版。

尹思谨：《城镇色彩景观规划设计》，东南大学出版社2004年版。

于根元：《广告、标语、招贴……用语评析400例》，中国社会科学出版社1992年版。

袁国宝：《政务新媒体：引爆指尖上的"政能量"》，中国经济出版社2020年版。

查灿长、孟茹：《现代广告语城镇文化》，上海三联书店2014年版。

张公瑾、丁石庆：《文化语言学教程》，教育科学出版社2004年版。

张先亮、陈青松：《新型城镇化进程中的语言生态建设》，中国应用语言学会、教育部语言文字应用研究所，《第八届全国语言文字应用学术研讨会论文集》，2013年。

张先亮等：《城镇语言生态现状研究》，中国社会科学出版社2017年版。

张占斌：《城镇化——推进城乡发展一体化研究》，河北人民出版社 2013 年版。

赵世举、李佳：《中国语情研究（2009—2015）》，社会科学文献出版社 2018 年版。

赵元任：《现代吴语的研究》，商务印书馆 2011 年版。

政务直通车团队：《政务新媒体时代——微博微信实战宝典》，新华出版社 2015 年版。

中国地名研究所：《中国地名研究论文集》（第 1 辑），中国社会出版社 2011 年版。

中国社会科学院民族研究所：《国家、民族与语言：语言政策国别研究》，语文出版社 2003 年版。

中国社会科学院语言研究所词典编辑室编：《现代汉语词典》（第六版），商务印书馆 2012 年版。

中国社会科学院语言研究所词典编辑室编：《现代汉语词典》（第 7 版），商务印书馆 2016 年版。

中国语言生活状况报告课题组编：《中国语言生活状况报告》（2005），商务印书馆 2006 年版。

中华人民共和国全国人民代表大会：《中华人民共和国非物质文化遗产法》，2011 年。

中华人民共和国全国人民代表大会：《中华人民共和国国家通用语言文字法》，2000 年。

钟毓龙：《说杭州》，浙江人民出版社 1983 年版。

周长发：《生态学精要》，高等教育出版社 2010 年版。

周光迅、武群堂等：《马克思主义生态哲学综论》，浙江大学出版社 2015 年版。

周有光：《新时代的新语文：战后新兴国家的语文新发展》，生活·读书·新知三联书店 1999 年版。

周芸、邓瑶、周春林：《现代汉语导论》，北京大学出版社 2011 年版。

祝畹瑾编：《社会语言学译文集》，北京大学出版社 1985 年版。

二　期刊

艾琼、王道全：《新词语中的方言词》，《现代语文》（语言研究版）2009年第2期。

安华林：《元语言理论的形成和语言学的元语言观》，《内蒙古社会科学》（汉文版）2005年第1期。

包庆德、夏承伯：《生态位：概念内涵的完善与外延辐射的拓展——纪念"生态位"提出100周年》，《自然辩证法研究》2010年第11期。

鲍士杰：《杭州方言略说》，《杭州师范学院学报》（社会科学版）1980年第2期。

蔡江：《Austin言语行为理论视角下的商店名称诠释》，《郑州航空工业管理学院学报》2014年第6期。

曹冬雪：《吉林省政务微博语言策略研究》，《现代语文（语言研究）》2017年第12期。

曹康林：《解读格乌司生态位原理》，《中国供销合作经济》2002年第5期。

曹荣：《"一带一路"背景下中国语言产业的SCP分析》，《广西财经学院学报》2015年第6期。

曹深、冯丹丹、任鲁峰：《方言节目热的冷思考》，《哈尔滨职业技术学院学报》2007年第5期。

曹雁：《英汉新闻语类CF标记性主位特点分析与对比》，《沈阳大学学报》2006年第1期。

曹志耘：《关于濒危汉语方言问题》，《语言教学与研究》2001年第1期。

曹志耘：《汉语方言：一体化还是多样性?》，《语言教学与研究》2006年第1期。

陈保亚：《从接触看濒危方言、濒危特征和濒危机制》，《长江学术》2006年第1期。

陈华平：《新型城镇化怎样留得住乡愁》，《中州建设》2015年第15期。

陈龙：《对立认同与新媒体空间的对抗性话语再生产》，《新闻与传播研究》2014年第11期。

陈鹏:《行业语言服务的几个基本理论问题》,《语言文字应用》2014年第3期。

陈强、曾润喜:《政府视角与公众视角:中国政务新媒体研究的议题与路向》,《情报杂志》2017年第4期。

陈庆祐:《略说"方言与普通话之争"》,《语文现代化论丛》2006年第七辑。

陈思、周兢:《儿童发展机遇与挑战的再解读》,《全球教育展望》2014年第5期。

陈雅:《城镇户外文字的文化意义分析》,《湖州职业技术学院学报》2004年第4期。

陈颖:《语言服务视角下城市国际语言环境建设研究》,《北华大学学报》(社会科学版)2014年第6期。

陈媛媛:《普通话能力对中国劳动者收入的影响》,《经济评论》2016年第6期。

陈章太:《继续做好新时期的语言规划工作》,《语言文字应用》2005年第3期。

陈章太:《论语言资源》,《语言文字应用》2008年第1期。

陈章太:《我国当今社会语言生活的变化和问题》,《中国教育报》2006年4月30日。

程名望、王娜、史清华:《语言对外来农民工收入的影响——基于对上海外来农民工情况的调查》,《经济与管理研究》2016年第8期。

啜春红:《信息时代语言服务体系研究》,《科技资讯》2018年第29期。

崔尔胜、王宗兰:《淮南方言与其农耕文化》,《淮南师范学院学报》2012年第5期。

戴红亮:《提升面向少数民族的语言服务水平》,《北华大学学报》(社会科学版)2012年第3期。

戴曼纯:《外语能力的界定及其应用》,《外语教学与研究》2002年第6期。

戴庆厦:《构建双语和谐的多语社会》,《民族教育研究》2007年第2期。

戴庆厦:《语言竞争与语言和谐》,《语言教学与研究》2006年第2期。

戴庆厦、邓佑玲：《濒危语言研究中定性定位问题的初步思考》，《中央民族大学学报》（人文社会科学版）2001 年第 2 期。

道布：《语言活力、语言态度与语文政策——少数民族语文问题研究》，《学术探索》2005 年第 6 期。

董洁：《"城市新移民"的语言身份认同》，《语言战略研究》2016 年第 1 期。

F. 劳伦斯金、张伟：《论对待语言集团和语言的态度》，《民族译丛》1987 年第 3 期。

樊中元：《农民工语言认同的实证研究》，《社会科学家》2011 年第 10 期。

范俊军：《生态语言学研究述评》，《外语教学与研究》（外国语文双月刊）2005 年第 2 期。

范俊军：《生态语言学研究述评》，《外语教学与研究》2005 年第 2 期。

范俊军：《我国语言生态危机的若干问题》，《兰州大学学报》2005 年第 6 期。

方朝晖：《今日中国最紧迫的任务是重建价值》，《新浪历史》2014 年 1 月 16 日。

方宁、陆小鹿：《跨文化交际视域中的语言运用和身份认同——基于文化差异的分析》，《外国语文》2012 年第 2 期。

方小兵：《从家庭语言规划到社区语言规划》，《云南师范大学学报》（哲学社会科学版）2018 年第 6 期。

方小兵：《海外语言与贫困研究的进展与反思》，《语言战略研究》2019 年第 1 期。

封梅芳：《英国专家语言服务公司》，《外语界》1983 年第 4 期。

冯广艺：《关于语言生态学的研究》，《湖北师范学院学报》（哲学社会科学版）2010 年第 4 期。

冯广艺：《论语言接触对语言生态的影响》，《中南民族大学学报》（人文社会科学版）2012 年第 9 期。

冯广艺：《生态文明建设与语言生态构建本质论》，《贵州社会科学》2011 年第 1 期。

冯广艺：《生态文明建设中的语言生态变异论》，《中南民族大学学报》2009 年第 4 期。

冯广艺：《生态文明建设中的语言生态对策》，《贵州社会科学》2012 年第 6 期。

冯广艺：《生态文明建设中的语言生态问题》，《贵州社会科学》2008 年第 4 期。

冯广艺、陈碧：《生态文明建设与语言生态》，《中国地质大学学报》（社会科学版）2009 年第 3 期。

冯广艺、陈碧：《生态文明建设与语言生态构建互动论》，《中国地质大学学报》（社会科学版）2009 年第 3 期。

冯素芳、王艺平：《语言元功能思想对于语篇分析的指导意义》，《湖北经济学院学报》（人文社会科学版）2011 年第 6 期。

付义荣：《也谈人口流动与普通话普及——以安徽无为县傅村进城农民工为例》，《语言文字应用》2010 年第 2 期。

傅志爱、官洁瑜、李艾文、姚碧樱、吴素珊：《再谈城市街道商店和单位名称的翻译》，《中国翻译》2005 年第 4 期。

刚翠翠、任保平：《语言特质对经济增长的影响：理论解释与经验检验》，《经济科学》2015 年第 3 期。

高洪波：《2020 年后中国贫困治理结构新变迁》，《人民论坛·学术前沿》2019 年第 23 期。

高晶、林曙：《省际边界、方言边界和一价定律》，《金融研究》2018 年第 4 期。

高玲：《从生态语言学角度浅析现代汉语》，《现代语文》（语言研究版）2007 年第 3 期。

高萍、汪瀚媛：《政务微博在政府公关中的运用研究——以"上海发布"为例》，《阴山学刊》（社会科学版）2017 年第 5 期。

高一虹、李玉霞、边永卫：《从结构观到建构观：语言与认同研究综观》，《语言教学与研究》2008 年第 1 期。

高煜：《语言对地区经济发展的影响——以西安市为例》，《价值工程》

2012年第20期。

郭建中：《再谈街道名称的书写法》，《中国翻译》2005年第6期。

郭龙生：《论国家语言服务》，《北华大学学报》（社会科学版）2012年第2期。

郭太生：《论公共安全危机事件应急处置过程对新闻与信息的管理》，《中国人民公安大学学报》2004年第3期。

郭先珍：《店名的社会文化属性》，《语文建设》1996年第4期。

郭晓勇：《中国语言服务行业发展状况、问题及对策——在2010中国国际语言服务行业大会上的主旨发言》，《中国翻译》2010年第6期。

国文：《语言文化生态化与高校英语教学》，《科技信息》（学术研究）2006年第12期。

韩军：《中国生态语言学研究综述》，《语言教学与研究》2013年第4期。

韩倩兰：《语言服务视角下翻译技术人才的培养》，《长江大学学报》（社会科学版）2014年第4期。

何菁：《从普通话与方言之争看构建和谐文化生态》，《青年记者》2007年第2期。

何伟、张瑞杰：《生态话语分析模式构建》，《中国外语》2017年第9期。

贺洁：《传媒发展对推广普通话的利与弊》，《历史与文化》2012年第2期。

胡邦岳：《强势方言亚文化对主体文化的自觉》，《怀化学院学报》2009年第12期。

胡范铸：《"学伴"指称的事件化、污名化及其社会动因》，《青年学者》2019年第4期。

胡范铸：《实话如何实说：突发公共安全危机管理中的政府信息发布——危机管理的语用分析之二》，《华东师范大学学报》（哲学社会科学版）2003年第6期。

胡琼云：《英语教学要利用好普通话和方言资源》，《广西教育学院学报》2004年第2期。

黄国文：《电子语篇的特点》，《外语与外语教学》2005年第12期。

黄玖立、刘畅：《方言与社会信任》，《财经研究》2017年第11期。

黄军、吴星翰：《主要看气质看够了没？盘点 2015 十大网络流行语（组图）》，网易新闻中心，2015 年 12 月 9 日。

黄炜：《论地名命名与更名的文化传承》，《中国地名》2012 年第 10 期。

黄行：《论国家语言认同与民族语言认同》，《云南师范大学学报》（哲学社会科学版）2012 年第 3 期。

黄行：《论中国民族语言认同》，《语言战略研究》2016 年第 1 期。

黄亚平、刘晓宁：《语言的认同性与文化心理》，《中国海洋大学学报》（社会科学版）2008 年第 6 期。

黄知常、舒解生：《生态语言学：语言学研究的新视角》，《南华大学学报》（社会科学版）2004 年第 2 期。

慧子：《杭州方言的文化特色及其成因》，《东南文化》1989 年第 6 期。

姬莉：《基层政府推进政务公开、信息公开的调查研究》，《内蒙古科技与经济》2014 年第 4 期。

吉尔斯·格雷尼尔、刘国辉：《论语言及其多样性的经济价值》，《云南师范大学学报》（哲学社会科学版）2018 年第 1 期。

姜瑾：《语言生态学研究面面观》，《苏州教育学院学报》2009 年第 2 期。

姜瑾、季芳：《苏州地方特色语言保护研究——对苏州地区语言生态状况的调查》，《苏州教育学院学报》2008 年第 3 期。

蒋艳灵、刘春腊、周长青、陈明星：《中国生态城市理论研究现状与实践问题思考》，《地理研究》2015 年第 12 期。

焦成名：《上海土著学生语言行为报告》，《语言文字应用》2009 年第 1 期。

教育部国家语言文字工作委员会：《国家语委关于启动中国语言资源保护工程的通知》，教育部门户网站，2015 年 5 月 25 日。

教育部语信司：《中国语言资源有声数据库建设试点启动仪式在江苏省苏州市举行》，《语言文字应用》2008 年第 4 期。

教育部语言文字信息管理司：《国家出版基金项目"中国方言文化典藏启动"》，中国语言文字网，2016 年 8 月 18 日。

金江、尹菲菲、廉洁：《普通话水平与就业关系的实证检验》，《制度经济学研究》2017 年第 1 期。

金璐、林楚依:《"老金华"竞选方言发音人很火爆》,《金华日报》2012年7月25日。

金婷:《浅析政务新媒体的发展现状、存在问题及对策建议》,《电子政务》2015年第8期。

金晳坤、马永俊:《方言保护与传承的意义浅析》,《黑龙江教育学院学报》2011年第5期。

金岩松、张敏、杨春:《生态位理论研究综述》,《内蒙古环境科学》2009年第7期。

劲松、马璇:《"非方言族"对本地方言使用和发展的影响——以太原市的个案研究为例》,《语言文字应用》2012年第4期。

井上史雄:《语言景观与语言经济》,包联群译,《中国语言战略》2018年第1期。

瞿继勇:《语言濒危的生态学观照》,《河北理工大学学报》(社会科学版)2006年第3期。

李葆嘉、张璇:《中国混合语的研究现状与理论探索》,《语言研究》1999年第1期。

李德鹏:《论我国公民语言能力的评价标准》,《理论月刊》2015年第12期。

李光勤、曹建华、邵帅:《语言多样性与中国对外开放的地区差异》,《世界经济》2017年第3期。

李光耀:《生态位理论及其应用前景综述》,《安徽农学通报》2008年第7期。

李国正:《生态语言系统说略》,《语文导报》1987年第10期。

李国正:《语言新论》,《厦门大学学报》(哲学社会科学版)1992年第2期。

李慧玲:《跨文化的互动与认同——义乌"国际社区"多元文化的考察与思考》,《广西民族大学学报》(哲学社会科学版)2008年第6期。

李嘉岩:《我国城市化发展的历史、现状与未来》,《当代中国史研究》2003年第10期。

李凌峰:《新时代民族地区贫困人口汉语语言能力扶贫路径研究》,《现代商贸工业》2018年第17期。

李荣刚：《城镇化对乡村语言变化的影响》，《重庆社会科学》2011年第10期。

李如龙：《汉语方言资源及其开发利用》，《郑州大学学报》（哲学社会科学版）2008年第1期。

李文蓓：《基于语言生态学的语言生态位研究》，《外国语言文学》2018年第5期。

李现乐：《语言服务的显性价值与隐性价值——兼及语言经济贡献度研究的思考》，《语言文字应用》2016年第3期。

李现乐：《语言服务研究的若干问题思考》，《云南师范大学学报》（哲学社会科学版）2018年第2期。

李现乐：《语言资源和语言问题视角下的语言服务研究》，《云南师范大学学报》（哲学社会科学版）2010年第5期。

李小云、屈哨兵、赫琳、党国英、袁伟：《"语言与贫困"多人谈》，《语言战略研究》2019年第1期。

李新兴、王欢：《汉语方言的现状及其作用》，《河北大学成人教育学院学报》2008年第2期。

李秀明：《元话语标记与语体特征分析》，《当代修辞学》2007年第2期。

李艳：《基于语言服务视角的语言康复行业状况及对策研究》，《语言政策与规划研究》2017年第1期。

李英姿：《和谐语言生活视角下的语言规范观》，《北京科技大学学报》（社会科学版）2017年第3期。

李宇明：《多维关注中国语言规划问题》，《中国社会科学报》2010年10月12日第8版。

李宇明：《公民语言能力是国家语言资源——序〈母语·文章·教育〉》，《中国大学教育》2009年第2期。

李宇明：《提升国家语言能力的若干思考》，《南开语言学刊》2011年第1期。

李宇明：《修筑扶贫脱贫的语言大道》，《中国语言生活状况报告》2018

年第 1 期。

李宇明:《语言服务与语言消费》,《教育导刊》2014 年第 7 期。

李宇明:《语言功能规划刍议》,《语言文字应用》2008 年第 1 期。

李宇明:《语言生活与语言生活研究》,《语言战略研究》2016 年第 3 期。

李宇明:《语言也是"硬实力"》,《华中师范大学学报》(人文社会科学版) 2011 年第 5 期。

李宇明:《中国现代的语言规划——附论汉字的未来》,《汉语学习》2001 年第 5 期。

李战子:《多模式话语的社会符号学分析》,《外语研究》2003 年第 5 期。

李志行、刘建如:《保定城乡儿童言语习惯比较调查与分析》,《陕西学前师范学院学报》2018 年第 2 期。

连洪泉、周业安:《异质性和公共合作:调查和实验证据》,《经济学动态》2015 年第 9 期。

连谊慧:《"语言与认同"多人谈》,《语言战略研究》2016 年第 1 期。

廖秋玲、黄远振:《英汉姓氏的生态学阐释》,《福建师范大学福清分校学报》2009 年第 1 期。

林丽臣:《媒体应科学配置方言资源》,《青年记者》2006 年第 18 期。

林伦伦:《论强势方言及其对推普的负面影响》,《语言文字应用》1998 年第 3 期。

刘国辉、张卫国:《中国城镇劳动力市场中的"语言经济学":外语能力的工资效应研究》,《山东大学学报》(哲学社会科学版) 2016 年第 2 期。

刘虹:《语言态度对语言使用和语言变化的影响》,《语言文字应用》1993 年第 3 期。

刘惠琼:《城镇商店名称演变的跟踪研究——以广州市北京路为例》,《华南农业大学学报》(社会科学版) 2009 年第 2 期。

刘乃仲、马连鹏:《网络语言:新兴的网络社会方言》,《大连理工大学学报》(社会科学版) 2003 年第 3 期。

刘泉:《外语能力与收入——来自中国城镇劳动力市场的证据》,《南开经济研究》2014 年第 3 期。

刘淑学、于亮：《汉语语言能力标准制定刍议》，《江苏师范大学学报》2013年第5期。

刘素勤：《语言服务视角下的语言应用研究》，《语文建设》2014年第35期。

刘信：《城市新区道路命名的创新思维与实践——兼议石家庄正定新区街路名称方案》，《中共石家庄市委党校学报》2015年第8期。

刘彦随：《精准扶贫当依靠科学体系》，《人民日报》2015年第5期。

刘涌泉：《谈谈字母词》，《语文建设》1994年第10期。

刘玉屏：《农民工语言再社会化实证研究——以浙江省义乌市为个案》，《语言文字应用》2010年第2期。

刘韵清：《论中国传统诚信文化》，《船山学刊》2009年第1期。

刘照雄：《论普通话的确立和推广》，《语言文字应用》1993年第2期。

龙惠珠：《从职业背景看语言态度的分层》，《外语教学与研究》1999年第1期。

鲁敏、李英杰、李萍：《城市生态学研究进展》，《山东建筑工程学院学报》2002年第4期。

鲁枢元：《汉字"风"的语义场与中国古代生态文化精神》，《文学评论》2005年第4期。

陆俭明：《两全其美：双语教学的理想目标》，《黔南民族师范学院学报》2015年第1期。

陆俭明：《再谈语言信息结构理论》，《外语教学与研究》2018年第2期。

吕志毅：《对保定旧城区街巷地名调整的几点思考》，《中国地方志》2006年第5期。

罗进军：《我省城镇中不规范店名的考察》，《湖南冶金职业技术学院学报》2004年第2期。

孟万春：《语言接触与汉语方言的变化》，《华南农业大学学报》（社会科学版）2011年第2期。

孟昭泉：《店名文化初探》，《中州大学学报》（综合版）1996年第4期。

孟昭泉：《店名文化探源及其老字号》，《河南社会科学》1998年第1期。

牛汝辰：《论城镇街道命名》，《中国地名》2000年第4期。

潘孝泉、马丽：《语言服务视角下金华市外语语言环境建设策略》，《科教导刊》（中旬刊）2017 年第 8 期。

彭泽润：《"英汉双语教学"跟"国家汉语战略"矛盾》，《北华大学学报》（社会科学版）2005 年第 2 期。

钱雪梅：《从认同的基本特性看族群认同与国家认同的关系》，《民族研究》2006 年第 6 期。

乔小勇：《"人的城镇化"与"物的城镇化"的变迁过程：1978—2011 年》，《改革》2014 年第 4 期。

秦勃、易保树：《政务新媒体话语主体的构建研究——以"中国政府网"政务微信为例》，《今传媒》2017 年第 12 期。

秦少康、李华：《基于语用学的多媒体文本效能评价研究》，《当代修辞学》2017 年第 1 期。

秦少康、李华：《语境对政务新媒体表达模式的影响——以政务微信为例》，《语言文字应用》2018 年第 1 期。

邱济芳、聂伟：《方言技能对进城农民落户意愿的影响机制——基于 2014 年全国流动人口动态监测数据》，《湖南农业大学学报》（社会科学版）2018 年第 3 期。

邱莹：《上饶市语言景观调查研究》，《语言文字应用》2016 年第 3 期。

屈哨兵：《城市化进程中的方言习用与国家认同》，《语言战略研究》2016 年第 2 期。

屈哨兵：《关于〈中国语言生活状况报告〉中语言服务问题的观察与思考》，《云南师范大学学报》（哲学社会科学版）2010 年第 5 期。

屈哨兵：《语言服务的概念系统》，《语言文字应用》2012 年第 1 期。

屈哨兵：《语言服务角度下汉语国际推广的几点思考》，《广州大学学报》（社会科学版）2010 年第 7 期。

屈哨兵：《语言服务视角下的中国语言生活研究》，《北华大学学报》（社会科学版）2011 年第 5 期。

屈哨兵：《语言服务研究论纲》，《江汉大学学报》（人文科学版）2007 年第 6 期。

任志萍：《中餐馆店名的语言及文化特点分析》，《修辞学习》2004年第1期。

单辉：《生物学视角下的语言生态研究》，《中州大学学报》2008年第2期。

尚玉昌：《现代生态学中的生态位理论》，《生态学进展》1988年第2期。

邵敬敏：《"语言服务业"与"语言服务学"》，《北华大学学报》（社会科学版）2012年第2期。

沈骑、夏天：《"一带一路"语言战略规划的基本问题》，《新疆师范大学学报》（哲学社会科学版）2018年第2期。

沈阳：《政务信息公开如何做到"六及时"》，《新闻战线》2019年第11期。

沈映梅：《生态语言学视野中的外语教学》，《河北师范大学学报》2008年第4期。

沈映梅：《外语教学的生态语言学解读》，《湖北教育学院学报》2007年第12期。

施麟麒：《政务新媒体的社会语境与语言选择》，《语言文字应用》2018年第1期。

史灿方：《从法律地位看汉语方言的保护》，《方言》2010年第3期。

宋晖：《关注中国城镇化进程中的语言问题——访国家语言文字工作委员会副主任、教育部语言文字信息管理司司长李宇明》，《中国社会科学报》2011年4月12日。

苏金智：《语言腐败与语言污染》，《人民论坛》2013年第4期。

孙德平：《语言认同与语言变化：江汉油田语言调查》，《语言文字应用》2011年第1期。

孙晓先、蒋冰冰、王颐嘉、乔丽华：《上海市学生普通话和上海话使用情况调查》，《长江学术》2007年第3期。

覃业位、徐杰：《澳门的语言运用与澳门青年对不同语言的认同差异》，《语言战略研究》2016年第1期。

谭培文、秦琳：《语言生态视野下的文化软实力》，《科学社会主义》2014年第2期。

唐青叶：《电视民生新闻的多模式积极话语分析》，《外语研究》2008 年第 4 期。

唐兴和：《从贫困到跨越的战略抉择——甘肃新型城镇化道路研究》，《兰州大学学报》（社会科学版）2014 年第 4 期。

田立新：《南京师范大学：大数据应用实践》，《中国信息化周报》2016 年 7 月 25 日第 21 版。

田鹏：《语言政策与国家认同：原苏联民族政策的失误与思考》，《俄罗斯东欧中亚研究》2013 年第 1 期。

万正方、单谊、陈婷、谢泽畅、沈月红：《必须重视城市街道商店和单位名称的翻译——对上海部分著名路段商店和单位牌名等翻译错误的调查》，《中国翻译》2004 年第 2 期。

汪平：《普通话和苏州话在苏州的消长研究》，《语言教学与研究》2003 年第 1 期。

汪宜丹：《政务微博与城镇形象的塑造》，《新闻与写作》2014 年第 4 期。

王春辉：《语言与贫困的理论和实践》，《语言战略研究》2019 年第 1 期。

王春辉：《语言忠诚论》，《语言战略研究》2018 年第 3 期。

王昉荔：《政务微博与政务微信应用比较及发展策略》，《福建农林大学学报》（哲学社会科学版）2014 年第 6 期。

王锋：《论语言在族群认同中的地位和表现形式》，《云南师范大学学报》（哲学社会科学版）2010 年第 4 期。

王海兰：《城市公共语言服务的内涵与评估框架构建》，《云南师范大学学报》（哲学社会科学版）2018 年第 2 期。

王海兰：《国内经济学视角语言与贫困研究的现状与思考》，《语言战略研究》2019 年第 1 期。

王建华：《语用学分析：政务新媒体研究的一种路径》，《语言文字应用》2018 年第 1 期。

王建华：《政务新媒体照片话语的视觉语法——语用分析》，《当代修辞学》2019 年第 2 期。

王建华、周毅：《政务新媒体语用表述模式述略》，《浙江社会科学》2019

年第 4 期。

王金平:《经济原则在网络语言中的应用探析》,《佳木斯职业学院学报》2018 年第 8 期。

王瑾:《语码转换的功能及其体现模式——中文报章中英语码转换的功能分析》,《外语与外语教学》2007 年第 7 期。

王莉、崔凤霞:《我国少数民族聚居区内的汉语言认同问题研究——以新疆维吾尔族聚居区为例》,《甘肃社会科学》2009 年第 5 期。

王立:《语言期望与中小学生的语言成长》,《语言文字应用》2008 年第 4 期。

王丽梅:《中国店名的文化特征》,《北华大学学报》(社会科学版) 2004 年第 1 期。

王玲:《农民工语言认同与语言使用的关系及机制分析》,《北华大学学报》(社会科学版) 2010 年第 3 期。

王玲:《言语社区内的语言认同与语言使用——以厦门、南京、阜阳三个"言语社区"为例》,《南京社会科学》2009 年第 2 期。

王倩、张先亮:《语言生态在新型城镇化生态建设中的地位和作用》,《语言文字应用》2015 年第 3 期。

王珊:《安徽水患调查:大量新城镇破坏生态增大洪水风险》,《中国新闻周刊》2016 年 7 月 16 日。

王树瑛:《加强福建语言生态建设,合理开发语言资源》,《福建师范大学学报》2017 年第 3 期。

王希恩:《民族认同与民族意识》,《民族研究》1995 年第 6 期。

王希杰:《从新词语看语言与社会的关系》,《世界汉语教学》1991 年第 3 期。

王宇波、李向农:《语言服务与"互联网+"的深度融合》,《华中师范大学学报》(人文社会科学版) 2016 年第 5 期。

王远新:《论我国少数民族语言态度的几个问题》,《满语研究》1999 年第 1 期。

王远新:《论裕固族的语言态度》,《语言与翻译》1999 年第 2 期。

魏晖：《国民语言能力建设刍议》，《语言科学》2014年第1期。

魏下海、陈思宇、黎嘉辉：《方言技能与流动人口的创业选择》，《中国人口科学》2016年第6期。

文军：《农民市民化：从农民到市民的角色转型》，《华东师范大学学报》（哲学社会科学版）2004年第3期。

吴利琴：《语言的"空间偏向"和语言生态》，《光明日报》2007年4月1日。

吴卓然：《推广普通话与保护方言》，《科教文汇》（中旬刊）2011年第5期。

武小军：《流动人口的语言接触与语言认同》，《语言教学与研究》2013年第6期。

武小军：《新生代流动人口的语言选择与变化》，《语言教学与研究》2015年第3期。

武小军、樊洁：《交际空间与话语选择——流动人口在务工流入地语言实态调查》，《语言文字应用》2012年第4期。

武小军、杨绍林：《返乡流动人口的语言选择与变化——基于交际空间的量化分析》，《语言文字应用》2014年第1期。

夏历：《城市农民工的语言资源和语言问题》，《云南师范大学学报》（哲学社会科学版）2009年第4期。

夏历：《农民工言语社区探索研究》，《语言文字应用》2007年第1期。

向阳、陈雅：《文化生态视角下城镇户外文字问题的几点思考》，《金华职业技术学院学报》2015年第5期。

肖仕琼：《语言生态与多元文化——基于漳州地区闽南话与闽南文化生存现状的调查》，《赤峰学院学报》（汉文哲学社会科学版）2009年第12期。

肖永贺、刘桂兰：《鄱阳湖生态经济区赣方言语言生态现状调查研究》，《江西教育学院学报》（社会科学）2012年第2期。

肖自辉、范俊军：《语言生态的监测与评估体系——生态语言学应用研究》，《语言科学》2011年第1期。

信明：《濒危语言，消失的文化多样性》，《光明日报》2012 年 7 月 24 日。

徐大明：《开展社区语言教育，放弃外语教育》，《琼州学院学报》2014 年第 4 期。

徐静茜：《杭州方言的社会变体及双语现象》，《湖州师专学报》（人文科学版）1987 年第 4 期。

徐琳、胡宗锋：《"一带一路"建设视阈下语言规划之语言能力与服务》，《西北大学学报》（哲学社会科学版）2018 年第 3 期。

徐现祥、刘毓芸、肖泽凯：《方言与经济增长》，《经济学报》2015 年第 2 期。

徐雪梅：《从金华市区商店名英译现状谈当前英语翻译教学》，《成才之路》2010 年第 26 期。

徐越：《从宋室南迁看杭州方言的文白异读》，《杭州师范学院学报》（社会科学版）2005 年第 5 期。

徐越：《杭州方言语音的内部差异》，《方言》2007 年第 1 期。

徐越：《新杭州话韵母系统的演变》，《杭州师范学院学报》（社会科学版）2004 年第 5 期。

徐越：《新派杭州方言对周边吴语语音的吸收》，《方言》2010 年第 2 期。

许海龙、宋昌进、吴亚晓岳：《政务新媒体话语体系建构路径研究——以安徽政务新媒体为例》，《学术界》2018 年第 10 期。

薛张伟：《浅谈我国政务微信现状及其几点思考》，《卷宗》2014 年第 2 期。

杨朝军：《生态语言学理论概述——兼论〈语言：生态学视域〉》，《外语教育》2008 年。

杨荣华：《语言认同与方言濒危：以辰州话方言岛为例》，《语言科学》2010 年第 4 期。

姚子照：《论沿海城市的特点和街道命名》，《中国地名》1999 年第 2 期。

叶慧美：《政务微信语言的修辞接受》，《新媒体研究》2019 年第 18 期。

叶治安、胡范铸：《话语生态在社会文明建设中的重要地位》，《上海城市管理》2018 年第 2 期。

易鉴林：《再谈城市街路名称如何才能脱俗》，《中国地名》2012 年第 6 期。

易江玲、陈传明：《心理距离测量和中国的国际直接投资——基于缘分视角的分析》，《国际贸易问题》2014 年第 7 期。

游汝杰：《方言和普通话的社会功能与和谐发展》，《修辞学习》2006 年第 6 期。

于漪：《语文教学现状的思考》，《中国教育报》2016 年 10 月 30 日。

余惠邦、兰木初：《现代社会需要双语服务》，《西南民族学院学报》（哲学社会科学版）1996 年第 3 期。

余渭深：《汉英学术语类的标记性主位分析》，《外语与外语教学》2002 年第 1 期。

俞玮奇：《城市青少年语言使用与语言认同的年龄变化——南京市中小学生语言生活状况调查》，《语言文字应用》2012 年第 3 期。

俞玮奇：《普通话的推广与苏州方言的保持——苏州市中小学生语言生活状况调查》，《语言文字应用》2010 年第 3 期。

袁娥：《民族认同与国家认同研究述评》，《民族研究》2011 年第 5 期。

袁军：《语言服务的概念界定》，《中国翻译》2014 年第 1 期。

袁其波：《政治认同的概念与特征初探》，《太原师范学院学报》（社会科学版）2008 年第 1 期。

曾毅平：《略论方言与共同语的关系》，《学术研究》1997 年第 4 期。

詹伯慧：《略论方言地区的双语应用问题》，《语文研究》2006 年第 4 期。

张淳艺：《善用网络语言应成政务公开标配》，《人民法院报》2018 年 9 月 28 日第 9 版。

张德禄：《多模态话语分析综合理论框架探索》，《中国外语》2009 年第 1 期。

张光明、谢寿昌：《生态位概念演变与展望》，《生态学杂志》1997 年第 6 期。

张洁：《国外贫困与儿童语言发展研究的回顾与展望》，《语言战略研究》2019 年第 1 期。

张璟玮、徐大明：《人口流动与普通话普及》，《语言文字应用》2008 年第 3 期。

张军：《蒙元时期语言认同建构之经历与经验》，《新疆社会科学》2008 年第 1 期。

张力月、肖丹：《"火星文"的生态语言学解析》，《沈阳教育学院学报》2008 年第 5 期。

张日培：《治理理论视角下的语言规划——对"和谐语言生活"建设中政府作为的思考》，《语言文字应用》2009 年第 3 期。

张世平：《关于"语言能力"问题》，《语言科学》2013 年第 6 期。

张世平：《通语是脱贫攻坚的治本之策》，《语言文字报》（语文时评）2018 年 4 月 27 日。

张维迎：《语言腐败是危机四伏的信号》，《法律与生活》2012 年第 10 期。

张卫国、孙涛：《语言的经济力量：国民英语能力对中国对外服务贸易的影响》，《国际贸易问题》2016 年第 8 期。

张伟、郑中原：《国际化城市的语言服务环境建设思路》，《重庆工商大学学报》（社会科学版）2004 年第 6 期。

张文宏、雷开春：《城市新移民社会认同的结构模型》，《社会学研究》2009 年第 4 期。

张文宏、雷开春：《城市新移民社会融合的结构、现状与影响因素分析》，《社会学研究》2008 年第 5 期。

张先亮：《从新型城镇化角度看市民语言能力》，《中国社会科学》2015 年第 3 期。

张先亮：《新型城镇化与市民语言能力》，《中国社会科学》2015 年第 3 期；《中国社会科学》（英文版）2017 年第 1 期。

张先亮：《语言文字——构筑和谐文化的基础》，《语言文字应用》2012 年第 2 期。

张先亮、陈菲艳：《城市化进程中的语言和谐》，《浙江社会科学》2012 年第 3 期。

张先亮、贾晓蕾：《城市化进程中外商群体用语现状的考察——以义乌为例》,《社会科学集刊》2013年第6期。

张先亮、李萃媛:《语言服务在新型城镇化中的地位与作用》,《浙江师范大学学报》(社会科学版)2018年第4期。

张先亮、苏珊:《语言认同:通往语言和谐之路》,《中国社会科学报》2011年12月6日。

张先亮、王敏:《试论语言污染的性质与范围》,《浙江师范大学学报》(社会科学版)2013年第6期。

张先亮、王敏:《消极修辞与语言和谐》,《渤海大学学报》2013年第5期。

张先亮、王敏:《新型城市化进程中的方言节目与语言和谐建设》,《浙江社会科学》2013年第9期。

张先亮、魏颖:《从语言生态位视角看汉语敬语》,《广西民族大学学报》(哲学社会科学版)2017年第5期。

张先亮、谢枝文:《生态观视野中的语言和谐》,《语言文字应用》2010年第2期。

张先亮、杨依希:《试论"语言生态"的属性特征》,《语言文字应用》2017年第4期。

张先亮、杨依希:《试论语言生态的属性特征》,《语言文字应用》2017年第4期。

张先亮、赵思思:《试论国民语言能力与人力资源强国》,《语言文字应用》2013年第2期。

张彦文、刁洁:《高校英语教学中的生态理念》,《山东省青年管理干部学院学报》2009年第5期。

张永斌:《黔西北民族杂居地区的语言生态及其类型分析》,《凯里学院学报》2011年第1期。

张忠霞:《学英语:被全球"重塑"的全球化产业》,《新华每日电讯》2005年3月19日。

赵爱英:《店名的语言特征及应用规范——以郑州市主要商业街店名为例》,《淮北煤炭师范学院学报》2009年第3期。

赵豆：《生态环境思想践行：从生态意识形成到生态位建构》，《南京林业大学学报》（人文社会科学版）2018 年第 2 期。

赵红梅：《汉语方言现象的生态语言学诠释》，《山东理工大学学报》（社会科学版）2007 年第 6 期。

赵丽涛：《中国传统诚信文化的变迁方式及其当代转化》，《兰州学刊》2013 年第 2 期。

赵伦：《相对贫困：从个体归因到社会剥夺》，《商业时代》2014 年第 18 期。

赵启正：《语言服务是跨越文化障碍之桥》，《中国翻译》2014 年第 1 期。

赵沁平：《营造和谐语言生活　为构建社会主义和谐社会做贡献——在"国家语委'十一五'科研工作会议"上的讲话》，《语言文字应用》2007 年第 1 期。

赵世举：《从服务内容看语言服务的界定和类型》，《北华大学学报》（社会科学版）2012 年第 3 期。

赵世举：《从语言的功能看公民个人语言能力的地位和作用》，《云南师范大学学报》（哲学社会科学版）2013 年第 3 期。

赵燕：《东南亚国家的语言政策与国家认同研究综述》，《东南亚南亚研究》2013 年第 3 期。

赵则玲：《"金华普通话"探微》，《浙江师范大学学报》（社会科学版）1996 年第 5 期。

郑磊、熊久阳、吕文增：《"上海发布"政务微信研究：前台运营与后台管理》，《电子政务》2016 年第 1 期。

郑梦娟：《当代商业店名探微》，《柳州职业技术学院学报》2002 年第 4 期。

郑妍妍、周昕、吴书瑶：《全球化与学英语的回报——来自中国微观调查数据的经验研究》，《中央财经大学学报》2015 年第 6 期。

郑远汉：《有关语言规范的几个问题》，《语言文字应用》2007 年第 3 期。

仲伟合、许勉君：《国内语言服务研究的现状、问题和未来》，《上海翻译》2016 年第 6 期。

周利娟、郭涛：《生态语言学研究中几个值得商榷的问题》，《人民论坛》

2010年第29期。

周明强：《论政务新媒体的语用特征与语用关系》，《绍兴文理学院学报》2016年第4期。

周萍：《开发海南方言资源保护文化的多样性》，《新东方》2011年第6期。

周庆生：《语言与认同国内研究综述》，《语言战略研究》2016年第1期。

周瑞敏：《自然选择与协同进化——生态语言学及语言生态认知探微》，《河南大学学报》（社会科学版）2006年第1期。

周绍珩：《马丁内的语言功能观和语言经济原则》，《国外语言学》1980年第4期。

周薇：《语言态度和语言使用的相关性分析——以2007年南京市语言调查为例》，《语言教学与研究》2011年第1期。

周振鹤：《从方言认同、民族语言认同到共通语认同》，《文汇报》2008年5月5日。

朱长河：《语言与认知的互动：语言系统生态批评的理论基础》，《西南政法大学学报》2007年第6期。

朱风云：《英语的霸主地位与语言生态》，《外语研究》2003年第6期。

祝克懿：《当下官场话语与生态文明建设》，《湖南师范大学社会科学学报》2013年第6期。

祝克懿、殷祯岑：《生态语言学视野下的官场话语分析》，《南昌大学学报》（人文社会科学版）2014年第4期。

邹韶华：《论语言规范的理性原则和习性原则》，《语言文字应用》2004年第1期。

祖利军：《全球化背景下的生态翻译》，《中国外语》2007年第6期。

三　学位论文

陈飞凤：《新闻文本的语言功能研究》，硕士学位论文，汕头大学，2008年。

陈娅：《基于网络平台的政务信息写作探究——以"三大政务网络平台"的信息联动发布为例》，硕士学位论文，长春理工大学，2016年。

程刚：《广西语言态度研究》，硕士学位论文，广西大学，2003 年。

程展：《新型城镇化建设中的城镇外观语言考察》，硕士学位论文，浙江师范大学，2013 年。

崔蓬克：《言语行为视角下的政府微博语言研究》，博士学位论文，华东师范大学，2014 年。

冯静：《行政机关政务信息语言特征研究——以沈阳市政务信息为例》，硕士学位论文，吉林大学，2012 年。

冯瑶：《政务微博语言特征分析》，硕士学位论文，吉林大学，2014 年。

李萃媛：《语言生态视角下城镇的语言服务研究》，硕士学位论文，浙江师范大学，2018 年。

李洁：《城镇化进程中的农村语言变异研究——以山东省乐陵市李村为个案》，硕士学位论文，汕头大学，2003 年。

刘国辉：《中国的外语教育：基于语言能力回报率的实证研究》，博士学位论文，山东大学，2013 年。

刘雯：《城市政务微信"上海发布"研究》，硕士学位论文，湘潭大学，2017 年。

牛雅兰：《政务微博"昆明发布"语言使用状况研究》，硕士学位论文，云南师范大学，2019 年。

盛灿灿：《城镇化进程中城镇路街名的语言文化考察——以浙江金华市为例》，硕士学位论文，浙江师范大学，2015 年。

王红艳：《语言生态位及其视角下的濒危语言》，硕士学位论文，中南民族大学，2007 年。

王敏：《生态文明建设中的方言生态位研究——以杭州方言为例》，硕士学位论文，浙江师范大学，2014 年。

王敏：《生态文明建设中的方言生态位研究》，硕士学位论文，浙江师范大学，2014 年。

杨荣华：《想象的言语社区：全球化语境下英国华人的语言认同研究》，博士学位论文，南京大学，2009 年。

赵庸：《杭州话的文白异读》，硕士学位论文，浙江大学，2006 年。

郑俏:《城镇化进程中杭州的地名文化保护研究》,硕士学位论文,浙江大学,2011 年。

朱晓文:《岳麓山植物群落数量分类——生物多样性及群落动态特征研究》,硕士学位论文,湖南师范大学,2008 年。

邹春燕:《生态语言学视域下的汉语网络流行语研究》,博士学位论文,华中师范大学,2015 年。

四　网站

《2012 年杭州统计年鉴》,杭州统计调查信息网,http://www.hzstats.gov.cn/web/。

《2016 年刷爆朋友圈的十大网络流行语》,搜狐网,2016 年 10 月 24 日。

徐杰峰:《汉语应用危机日显　专家称若长期存在汉语会退化》,中广网,2010 年 12 月 22 日,http://124.207.106.29:8080/mediaview/newsdetail.jsp?id=22515。

义乌市政府:《数字义乌——2019 义乌国民经济和社会发展概况》,义乌市政府门户网站,http:/www.yw.gov.cn。

五　外文

Appadurai, A., "The Capacity to Aspire: Culture and the Terms of Recognition", *Culture and Public Action*, 2004.

Banerjee, A. V., S. Mullainathan, "Limited attention and income distribution", *American Economic Review*, 2008.

Beckerman, W., "Distance and the pattern of inter European Trade", *Review of Economics and Statistics*, 1956.

Chen, M. K., "The Effect of Language on Economic Behavior: Evidence from Savings Rates, Health Behaviors, and Retirement Assets" (Article), *American Economic Review*, 2013.

Clark, H. H., E. Brennan, *Perspective on Socially Shared Cognition*, Washington D. C.: American Psychological Association Press, 1993.

Duncan, G. J., K. Magnuson, "Socioeconomic status and cognitive functioning", *Wiley Interdisciplinary Reviews Cognitive Science*, 2012.

Ernst Cassirer, *The Philosophy of Symbolic Forms* (Vol. 3), Yale University Press, 1957.

Gruen, G., D. Ottinger, E. Zigler, "Level of aspiration and probability learning of middle-and lower-class children", *Developmental psychology*, 1970.

Halliday, M. A. K., *An Introduction to Functional Grammar*, London: Arnold/Beijing: Foreign Language Teaching and Research Press, 1994/2000.

Ray M. Northam, *Urban Geography*, New York: John Wiley & Sons, 1975.

Richard Van Ness Simmons（史皓元）:《南通话、杭州话跟吴方言的比较》,《方言》1998年第2期。

后　记

新型城镇化和生态文明建设都是新时代国家发展的重大战略，而语言生态是生态文明的重要组成部分，在新型城镇化进程中发挥着特殊的作用，可以说没有语言的生态，就不可能有生态的文明，也难以实现新型的城镇化。其实，新型城镇化就是生态的城镇化，因此，在新型城镇化进程中如何同步实现语言生态应该是一个重大课题。早在10年前，我们就关注了这一问题，先后完成了国家语委课题和省高校重大招标课题，在此基础上申报了国家社科基金重点项目。本书就是该项目的最终研究成果。

这是一个集体的项目，有两点需要说明，一是书稿由多人写作，虽然在统稿时对有的章节作了较大修改，尽量做到体例统一，但仍有不够一致的地方，书中的缺点甚至错误在所难免，敬请专家学者批评指正；二是在项目申报及结题中，陈青松教授花了很多心血，在此表示衷心感谢！

感谢国家"万人计划领军人才"项目的出版资助，感谢出版社尤其是责任编辑郭晓鸿主任付出的辛勤劳动。

张先亮　王　倩
2022年